津门足坛双百颂

戊戌仲夏 中乐汕

津门足坛双百颂

戊戌仲夏　申惠湖

百年历史 | 百名宿将

津门足坛双百颂

戊戌仲夏　牛维泗

百年历史 ｜ 百名宿将

天津市体育局　编著

天津出版传媒集团

天津人民出版社

图书在版编目（CIP）数据

津门足坛双百颂 / 天津市体育局编著. -- 天津：
天津人民出版社, 2018.9
ISBN 978-7-201-14135-0

Ⅰ. ①津… Ⅱ. ①天… Ⅲ. ①足球运动—运动员—生
平事迹—天津 Ⅳ. ①K825.47

中国版本图书馆CIP数据核字(2018)第212071号

津门足坛双百颂
JINMEN ZUTAN SHUANG BAI SONG

出　　版	天津人民出版社
出 版 人	黄　沛
地　　址	天津市和平区西康路35号康岳大厦
邮政编码	300051
邮购电话	（022）23332469
网　　址	http://www.tjrmcbs.com
电子信箱	tjrmcbs@126.com

策划编辑	杨　轶　韩贵骐
责任编辑	杨　轶
装帧设计	汤　磊
封面设计	马明辉

印　　刷	天津市豪迈印务有限公司
经　　销	新华书店
开　　本	787毫米×1092毫米　1/16
印　　张	26.25
插　　页	5
字　　数	450千字
版次印次	2018年9月第1版　2018年9月第1次印刷
定　　价	388.00元

津门足坛双百颂

编委会

主　编：　　李克敏

副主编：　　张　欣　白金贵　徐明江

编　委：　　崇　勇　李长俭　宋恩牧　高复祥
　　　　　　史召环　蔺新江　左树声　曹国庆

撰稿、编辑：杨先华　张文元　赵　君　蔡朝刚　马明辉
　　　　　　许姗姗　贺　峥　寇　楠　郝　颖　宋翠翠

二〇一八年九月

序　言

　　受邀为这本天津足坛的英雄列传作序，我心中油然升起了敬仰和悲壮——毕竟，当今的中国足球仍然在艰难求索的路上，仍然在国人望眼欲穿的责备、惋惜、心疼、热盼与鼓励中很不容易地前行。

　　我窃想，这可能是历史留给天津的机会。

　　体育是社会文明的皇冠，足球是皇冠上的明珠。这本书里集纳的100位天津足坛代表人物汇成了绿茵场上的英雄图谱，面对这座令人击节扼腕的群雕，有梦想、有志气、有感情的人们会流下热泪。

　　这里映射着爱国主义、集体主义、英雄主义的光华，这里回荡着挥戈跃马、舍我其谁的担当，这里流淌着披肝沥胆、卧薪尝胆的意志，这里传颂着横扫千军、所向披靡的辉煌……当然，这里也浸透着壮志未酬、伏枥嘶鸣的悲壮。

　　足球的魅力，几乎浓缩了体育运动的所有精华，它之所以寄托了这么多天津人、中国人甚至全世界各国人的热情、激情、痴情，就是因为它能与所有人的生命节奏产生共振，就是因为它能与几乎所有人的所有人生滋味瞬间协同并自然叠加。所以，不管是运动员还是教练员还是裁判员，不管是领队还是助理还是队医还是陪练，足球健儿头顶的光环能够保持久远，唤醒一个时代的集体记忆，成为一段历史的精神标识。

　　在足球运动服务人民的生动实践中，无论是足球竞技还是足球经济，无论是足球改革还是足球教育，天津思路、天津做法、天津模式都有很多可圈可点之处；在中国足球走向世界的曲折行进中，每一次进步哪怕是很小的进步，每一次辉煌哪怕是瞬间的辉煌，也

都有天津足球健儿立功的身影，天津足球的奋斗历史和光荣往事，已经融入了天津的城市气质，成为我们自豪与自信的特殊符号。

中国足球运动正在顽强加温，天津足球能不能助力、助燃将其推向沸点？中国足球改革正在深水区不断深化，天津足坛能不能不辱使命有新作为？既然这本书里留下了近100年历史跨度中100位天津足球精英的美名和业绩，那么今后又会有哪个球员、又会有哪支球队、又会有哪家俱乐部能像他们一样，不，应该是比他们更响亮、更深刻、更辉煌地载入中国足球的史册？

我想，这些问题也一定是这本书里的所有人都想提问的，原因也简单——就是因为足球承载了他们太多的汗水和泪水、梦想和希望……

李克敏

中国 天津　2018年9月

足球情缘　圆梦今朝

　　"桃花潭水深千尺，不及汪伦送我情。"我不谙深奥的诗词，李白的这两句七言诗，却在我心底留存多年。诗人抒发的真挚感情，诗句反映的情深义重，正表现了我的心声。我曾是一位足球人，虽投身商界几十年，至今难以割舍足球情缘。我对它的爱可谓至深，它赋予我的是难忘的情。

　　于是我怀着对足球的一腔热血，对天津足球前辈的敬仰，对天津这座城市的眷恋，更有传承天津足球历史文化的渴望，自2016年9月30日开始，用了两年的时间，策划完成了《津门足坛双百颂》。难说它完美，但它应是目前中国绝无仅有的。它描绘了天津这座城市100年的足球风云和100名足球宿将，是六代足球人的梦想史、奋斗史、辉煌史。《津门足坛双百颂》通过视频访谈形式报道，后经过文字整理成书，该书图文并茂，留给世人的是城市足球运动100年奋斗的历史，它必将载入天津乃至中国足球发展史册。

　　在此之前从未想过，在自己的人生旅途中我还会是一个"书籍策划人"。坦率地讲，这本书是靠着我的真诚和耐心，无数次通过手机向被采访者发出邀请，向他们介绍《津门足坛双百颂》的历史价值和意义，经过反反复复地表达我的初衷，绝大多数昔日的、今日的优秀足球人，欣然接受访谈，并提供了珍藏的资料、图片，我对他们十分感激，并表示敬重！

　　《津门足坛双百颂》不仅记录了100名宿将创造业绩的个人奋斗史，更描述了新中国成立以来天津六代足球人的发展足迹。因受书名的限制，如100名宿将的数量，要求被采访者须健在，以及天津生人，或外地出生落户天津，曾进入级别最高的天津队并为天津足球事业做出过杰出贡献，等等，致使一些天津足球人没能进入100人之列，对此我们深表遗憾！但是我们相信，经过精心策划的分级别、定标准的历届天津足球甲级队球员、教练员、领队的名单，将会被人们铭记在心。

　　《津门足坛双百颂》的出版，我们首先感谢天津市体育局、天津市足球协会的领导。当本书正在紧张运作之时，他们伸出了热情之手，送来了诚挚之心，给予了很大的支持和协助。我们要由衷地感谢撰稿人、视频图片编辑团队和编委会全体成员；特别感谢年届八十的资深媒体人白金贵先生对文字的精心修订。他们不图名利，甘为绿叶；他们立志将出版收入全部捐赠给天津元老足球基金会，以回报那些曾经为城市足球拼搏的人。我们感谢他们成就了这本书，感恩他们记挂着天津老一辈足球人。

　　在编著《津门足坛双百颂》的日日夜夜中，大家精研每一个字，精修每一张图，我们采用国际最时尚

的开本与工艺、最考究的印刷装订技术，我们强调环保用纸用料，我们反复修订封面和版式设计……我们希望最终出版的书籍，便于阅读与收藏，让既是球迷又是读者的人们，享受可心、温馨的阅读体验。

　　人生苦短，才须念念不忘；念念不忘，方有励志之心。我们愿借本书，请足球人牢记过往，牢记足球给予我们的恩情。无论身处何方，从事何种事业，无论退休享受晚年，还是置身于校园足球，或是仍拼搏于绿茵，愿大家通过对本书的细读品味，再次感受不同年代足球带给人们的快乐，享受绿茵场的美好回忆，进而正视俱乐部作为一座城市的名片，必须注重培养和保护一定比例的本土成员。天津足球发展历史证明，足球本土化是打破球市不温不火的法宝。天津足球体育产业还有很大的发展空间，我们期盼借此书传承天津足球丰厚底蕴，重铸天津本土足球辉煌！

　　"喜百乐足球"微信公众号团队和编委们，带着对足球的情怀，带着圆梦足球强国的期盼，带着对传承城市足球文化的挚爱，牢记天津六代足球人的夙愿。然而客观地说，由于本书描写的足球发展史的年代跨度久远，涉及的名宿经历丰富，有些细节难免出现纰漏，在此，敬请各位读者宽容，并予以指点、补正。

　　非常感谢大家！

李明江

2018年8月28日

2018年8月8日《津门足坛双百颂》编委会于民园正门留影

后排左起：李长俭、杨先华、史召环、高复祥、宋恩牧、徐明江、

白金贵、蔺新江、左树声、曹国庆；

前排左起：马明辉、宋翠翠、许姗姗、郝颖、赵君、蔡朝刚、贺峥、寇楠

目 录

⊙ 名宿名将点评《津门足坛双百颂》 …………………………… **001**

⊙ 百年历史 光耀千秋 …………………………………………… **005**

⊙ 百名精英 功业永驻 …………………………………………… **023**

冯以理——校园足球先行者 ………………………………… 025

李朝贵——天津辉煌足球奠基人 …………………………… 029

王金丰——白队独有津卫将 ………………………………… 032

李元魁——白队宿将又一春 ………………………………… 037

严德俊——酸甜苦辣十春秋 ………………………………… 040

李恒益——激流伤退 风采横溢 …………………………… 044

陈少铭——攻守兼备 中场悍将 …………………………… 048

刘正民——敬业绿茵献一生 ………………………………… 051

张亚男——津门普斯卡什 …………………………………… 054

张宝贵——学子踏入足坛无怨无悔 ………………………… 058

孙霞丰——左右开弓 硕果累累 …………………………… 062

李玉森——桃李满枝老园丁 ………………………………… 066

刘家俊——从球员到民园当家人 …………………………… 070

李学浚——殚精睿智 奉献绿茵 …………………………… 074

田桂义——栽培门将 硕果累累 …………………………… 079

张大樵——国际执哨第一人 ………………………………… 083

朱玉田——挚爱足球 永驻心田 …………………………… 087

李长俭——终身享受快乐足球 ……………………………… 090

宋恩牧——中卫强将　儒雅率军 ……………………………………… 094

李家舫——奉献绿茵　无愧人生 …………………………………… 098

林贵荣——白队育出的后防新锐 …………………………………… 101

杨秉正——凶猛强悍固城池 ………………………………………… 105

魏锦义——场上场下　朴实无华 …………………………………… 109

陈贵均——攻防兼备　中场名将 …………………………………… 112

李季英——乐观豁达　追寻梦想 …………………………………… 115

韩　武——大洋彼岸育幼苗 ………………………………………… 118

高复祥——育苗成才　解说成名 …………………………………… 120

王美生——津门走出的优秀门将 …………………………………… 124

王建华——机敏灵巧显锋才 ………………………………………… 127

沈福儒——快巧突袭　锋芒毕露 …………………………………… 130

王杭勤——铜墙铁壁出津门 ………………………………………… 133

金光荣——金光闪现　荣耀绿茵 …………………………………… 137

王伯远——锋线有专功　书画展才艺 ……………………………… 140

周宝刚——铁血后卫　精心育才 …………………………………… 144

张来阳——心系华夏　青训育苗 …………………………………… 147

史召环—— 一张一弛　亦武亦文 ………………………………… 151

刘作云——敬业管理度半生 ………………………………………… 155

薛恩洪——缠斗能手　耐力超群 …………………………………… 159

冯建忠—— 一匹"快马"　奔驰半生 …………………………… 162

韩宗强——中场逞威一干将 ………………………………………… 165

李树农——津门第一高中锋 ………………………………………… 169

蔺新江——男足·女足·幸运·完满 ……………………………… 171

曹凯军——阅历丰富足球人 ………………………………………… 175

郭嘉儒——守门十八载　育有后来人 ……………………………… 178

刘俊鸿——七十年代一颗星 ………………………………………… 181

王仲仁——任劳任怨老黄牛 ……………………………………………… 183

刘小牛——绿草茵茵　猛牛骁将 ………………………………………… 187

李世光——青春逝去仍少年 ……………………………………………… 191

翟良田——风驰电掣“小摩托” ………………………………………… 194

左树起——“左大”开山领先 …………………………………………… 198

张贵来——敬业尽瘁　荣耀等身 ………………………………………… 202

刘春明——智能中场发动机 ……………………………………………… 206

王毓俭——迅捷精准的锋线杀手 ………………………………………… 210

裴恩才——戎马一生　心如白茶 ………………………………………… 213

周世钰——执着·投身·育玫瑰 ………………………………………… 216

韩志强——能攻善守　中场强将 ………………………………………… 218

陈胜利——军旅锋将出津门 ……………………………………………… 221

高海明——盐碱地练就的边防卫士 ……………………………………… 223

王建英——神奇门将誉足坛 ……………………………………………… 226

沈其泰——球员·执帅·教授 …………………………………………… 230

王广泰——固守门前一“铁闸” ………………………………………… 233

齐玉波——边路防线的勇猛悍将 ………………………………………… 236

冯天宝——洛杉矶侨队 NO.1 …………………………………………… 240

王群发——小快灵巧的得分手 …………………………………………… 243

陈金刚——中超土帅属金刚 ……………………………………………… 246

左树声——“左二”辉煌耀眼 …………………………………………… 251

乔世彪——从学子回归足球 ……………………………………………… 256

高俊亭——又一员“拼命三郎” ………………………………………… 259

李津春——高大快马驰疆场 ……………………………………………… 261

韩玉环——锋线奔驰小快灵 ……………………………………………… 263

吕洪祥——华夏骁将　扬名东瀛 ………………………………………… 265

马继明——急流勇退育俊才 ……………………………………………… 270

许　靖——攻防兼备战中场 ……………………………………… 272

尹　怡——从优秀球员到竞赛管理新锐 ……………………… 274

沈洪全——锋线快马屡建功 …………………………………… 279

王　凯——朴实无华　战功累累 ……………………………… 282

刘学宇——学者型执帅第一人 ………………………………… 285

王兴华——门前"重型轰炸机" ……………………………… 290

左树发——"左三"续写新篇 ………………………………… 294

霍建廷——锋线上的"火箭艇" ……………………………… 298

段　举——"高家军"无可替代的前卫 ……………………… 301

山春季——朴实就业　守中有攻 ……………………………… 305

施连志——承前启后　镇守津门 ……………………………… 309

宋连勇——年少成名　世青最佳 ……………………………… 312

王　俊——稳健藏杀机　出脚惊四座 ………………………… 316

刘　兵——体育世家走出的卫将 ……………………………… 319

韩金铭——一身是胆驰赛场 …………………………………… 323

魏　东——子承父业　不负众望 ……………………………… 327

侯　桐——铁腰甲Ａ屡建功 …………………………………… 331

石　勇——勇者无敌一猛将 …………………………………… 335

孙建军——泰达十年最佳前卫 ………………………………… 338

高　飞——前景可期的青年帅才 ……………………………… 342

于根伟——领军将才　一球金贵 ……………………………… 346

张效瑞——巴西留学"小天鹅" ……………………………… 351

王　军——"国字号"青年统帅 ……………………………… 356

迟荣亮——踢球执教常闪亮 …………………………………… 360

杨　君——力闯南北　名归故里 ……………………………… 364

曲　波——追风少年逞绿茵 …………………………………… 367

曹　阳——带刀卫士　老而弥坚 ……………………………… 371

毛　彪——沐浴坎坷　矢志不移 ……………………………………… 374

⊙ 附　录 ………………………………………………………… **377**

令人深切怀念的过世前辈 ………………………………………… 379

输送部队足球队代表人物名单（附：输送其他省市足球队代表人物名单）……… 380

天津队历届名单 …………………………………………………… 381

⊙ 后　记 ………………………………………………………… **401**

名宿名将点评《津门足坛双百颂》

人生在世，世事纷繁，苦乐交织，福祸同在，岁月无情，往事如烟。这册书真实描述了天津的足球发展史和足球人创造的业绩，可读性强，回味无穷，具有重要的意义和价值。

我深信《津门足坛双百颂》将会受到广大足球爱好者和读者的喜爱而赞许。

李朝贵

这本书带我们畅游天津足球的发展长河，拜会闪耀津门的知名球星，同时讲述了隐藏在足球后面与之密切相关的文化渊源。在人类历史上，足球始终是一个民族强健体魄的手段、提升民族气节的无形动力。这本有天津足坛精气神的书，值得传阅收藏。

吕俊生

光阴似箭，一晃而过，往事就像在昨天，历历在目。《津门足坛双百颂》记录了天津几代足球人为中国足球事业发展所做出的努力和突出贡献，给后人留下珍贵的记忆，传承了足球事业的正能量，鼓舞了人们为早日实现伟大祖国的足球梦而奋斗终身！

戚务生

天津是足球胜地，走出很多出色运动员，天津还有着狂热敬业的球迷。提起天津，我脑海中总能闪现很多激动人心的比赛场面……我们共同难忘的岁月都记录在这册传奇的书里。足球有专属文化信仰，感谢天津对中国足球的贡献，感谢这本书对中国足球文化的传承。

"不知过去，无以图将来。"本书翔实、严谨地为天津足球记录下一段段难忘的历史，既昭示了津门足球的深厚底蕴，亦展现了足球这项运动的无穷魅力与人文情怀。感谢喜百乐集团及所有为本书的出版倾尽心力的工作人员。

此书翔实地记述了百年天津足球发展历史、涌现出的代表人物，这在国内实属首创。百名人物的故事，真实生动，情趣盎然，回望历史，激励人心，值得新老足球人和读者永远珍藏，以传后世。为《津门足坛双百颂》点赞！

精心镌刻津门足球百年厚重印迹，
精细畅书津城足球百将多彩风姿，
精美展示津沽足球图文并茂长卷，
精意奉献津人足球赤心共筑之梦。

《津门足坛双百颂》一书的出版发行，虽不惊天，但必动地，当年的才俊如今已近夕阳，当年的骁将步入黄昏，割舍不断的足球情怀又让我们和读者走到一起。忆往昔，深爱足球情未尽；缘未了，更为足球继往开来。

作为编委之一，我甚为荣幸。此书的成功出版不仅让天津足球的凝聚力得以提升，更对中国足球的发展产生影响。承上，不忘历史；启下，耕织未来，这本书再现了百年的沧桑岁月，百人的光辉业绩。谈古论今，不忘初心，这是我读过的最值得读的足球好书籍。

这本书写足球，又不单单只是足球，挺有趣儿的。如果你是球迷，这本书能让你在沉醉于足球这项运动之余，领会它超越体育运动的更深层意义的内涵；如果你不是球迷，这本书会告诉你有关足球魅力的故事，然后让你爱上足球。

足球作为第一竞技体育运动，在天津这座城市有着十分雄厚的基础，海河水养育了众多优秀人才，在中国足坛颇具影响力。《津门足坛双百颂》翔实地记录了各个年代足球的发展史和百名人物付出艰辛，创造的光辉业绩，必将流芳百世、启迪后人，对天津和中国足球运动的发展起到积极的推动作用。

天津是中国足球的重要地理坐标，天津足球人代代传承，以他们的优秀传统书写了令人感奋的足球故事。《津门足坛双百颂》的出版，最重要的意义是昭示了"天行健，君子以自强不息"的深刻内涵。中国足球志存高远，还需要更多的足球人以自强不息的精神投入绿茵。"江山代有才人出"，相信未来一定更美好。

津门足坛双百颂

百年历史
光耀千秋

津沽大地，风水宝地；九河下梢，京畿门户；海防要塞，华北重镇；九国租界，西风东渐，逐渐形成南北沟通、中外融合的地域历史文化。"近代百年看天津"，从一定意义上说，在中国近代体育史上，天津同样有着特殊的地位。作为近代中国最早对外开放的城市，西方体育项目相继涌入津门，天津不仅是中国奥林匹克运动的发祥地，许多项目的体育运动也引领全国，而足球运动更有着深厚的底蕴，它随同社会、文化、生活而生存与发展，逐渐形成广大民众喜闻乐见的运动。

天津足球的兴起与发展，以四位典型且颇具影响力的人物为引领，展现最初时期天津足球的概况与风貌。

四大人物引领早期足球

张伯苓（1876—1951），20世纪初期先后创办了南开中学、南开大学、南开女中、南开小学，是闻名中外的教育家。

他认为足球能增强体质，能塑造民族性格，积极倡导足球运动。在校他与学生同场踢球，南开足球日益兴盛，逐渐超过教会学校新学书院。此后，足球运动很快扩展到工矿企业和民间社会阶层，张伯苓特别给以关注和支持。有两件事令人感怀：1935年，中华队首次夺得"爱罗鼎杯"足球冠军的次日晚，张伯苓在登瀛楼宴请全体运动员，席间发表了鼓舞人心的讲话，并率领大家到鼎章照相馆合影留念。另一件事，1937年北宁队访沪，战胜了以球王李惠堂为首的东华队，当时正在上海开会的张伯苓得知后，赶到队员驻地看望，高兴地说："你们胜了东华队，打破了足球北不如南的说法。南北要一致对外，为中华民族争光。"

20世纪30年代初的天津足球竞赛权，控制在以英人为主的足球协会手中。张伯苓为了争得体育的自主权，把天津体育促进会与协进会合并，他先后被选为会长和名誉会长。从此津门有了中国人自己的体育组织，负责举办天津的体育活动及比赛。

20世纪30年代的足球运动员和体育工作者每次回忆这段历史，都以那时的北宁队、中华队几次从洋人手中夺杯，出访日本获全胜，横扫南洋诸国为自豪，他们众口一词："张校长是津门足坛的先驱！"

1935年4月，中华队夺得第六届"爱罗鼎杯"国际足球赛冠军。时任南开校长、天津市体育协会名誉会长张伯苓在登瀛楼宴请全队人员并与全体会员到鼎章照相馆合影留念。

前排左起：毛恭和、孙永泉、赵启春、孙思敬、孙来福、姜璐

第二排左起：袁氏俊、胡宗益、杨茂隆、孙雅庭、陈尔德、刘宝恩、黄钟鸣、刘世藩、梁铭宗

第三排左起：齐宁愚（副会长）、赵泉（委员）、田种玉（干事）、张伯苓（名誉会长）、郝铭（委员）、赵文选（委员）、阮智珍（委员）

第四排左起：侯洛荀（委员、领队）、李清安（委员）、王子华（教练）、王宝书（干事）、谢希云（秘书）

孙思敬（1903—1961），天津首屈一指的足球巨星，一生奉献于足球事业。

孙思敬早年就读于新学书院。学生时代的他足球技术已臻上乘，为新学同门的柱石。1930年代表中国参加第九届远东运动会，战胜南洋诸国，威震东南亚。1931年应邀参加北宁足球队，并任队长一职。以北宁队为主的中华队荣获1935年"爱罗鼎杯"冠军、1936年"万国杯"冠军，1937年远征日本四战皆胜，孙思敬立下汗马功劳。

孙思敬在当时两后卫、三中卫、五前锋的阵型中担任中坚角色，是队中的核心人物，在其二十多年的足球生涯中，是天津足球首屈一指的明星。1928年，被誉为"中国球王"的李惠堂率领上海东华队与天津联队交锋，在孙思敬的严防下，李惠堂竟然没有一次施射的机会。赛后，李惠堂称孙思敬为中国最好的中后卫。后来二人曾组队到东南亚踢球，被传为一段佳话。1930年孙思敬入选中华足球队。

新中国成立后，孙思敬曾在空军部队足球队任教。1956年任天津市足球运动委员会副主席，先后在民园体育场、北站体育场工作，一生献给足球和体育事业。

侯洛荀（1901—1990），中国著名的体育教育家，津门足坛德高望重的元勋。

1980年天津元老队在北京先农坛体育场与原中国足协主席李凤楼
（后排左九）以及侯洛荀（后排左八）的合影

　　侯洛荀自幼喜爱运动，聪明机灵，极具天赋，游泳、跑步、踢球样样优秀。23岁时他以优异成绩毕业于南京高等师范学院体育系，被推荐到天津南开学校任教，成为张伯苓身边的第一任体育教师。1924年侯洛荀到学校后，重新组建南开球队，一边任教练，一边当裁判。在他的辛勤耕耘下，大批足球名将成长起来。有代表河北省、天津市参加民国时期几届全国运动会的队员，有在新中国成立后代表天津、华北参加全国比赛的队员，可谓桃李满天下，如傅信秋、金阿督、刘世藩等。

　　民国时期，在有众多外国队参加的津门"万国杯""爱罗鼎杯"等比赛中，侯洛荀是唯一能执哨国际比赛的中国裁判员。他能说一口流利的英语，足球理论有造诣，裁判业务有功底，判断公正准确，执法如山。刚直不阿的品格，征服了中外球员和观众，被誉为不惧洋人的"黑衣法官"。

　　新中国成立后，年近半百的侯洛荀除在南开大学担任体育教学工作外，还做了大量的社会体育工作。从1950年到1980年，他连续30年任天津足球运动协会主席。1956年他被国家体委批准为第一批国家级裁判，多次担任全国足球赛裁判长，为修订中国足球比赛规则出谋划策，并为天津和国家培养了大批裁判新秀。他出任过多届市人大代表和政协委员，多次被评为全国体育先进工作者，终生献给体育教育和足球事业，堪称体坛一棵常青树。

　　李凤楼（1911—1988），新中国体育的优秀开拓者、著名体育教

李凤楼

育家。

李凤楼踢球在全国赫赫有名。中国足球界素有"北李"（李凤楼）、"南李"（李惠堂）之赞誉。这源于他深厚的足球功底、高尚的球风球德。李凤楼自幼酷爱足球运动，中学时代踢前锋已崭露头角，基本功扎实，停带传射样样精通。在辅仁大学队改任右前卫，后经选拔入华北队，担任队长。领队马约翰见他有独特的过人、左右脚皆能射门的功夫，加之场上组织能力极强、视野开阔、传球准确，便让他改为中锋，与他配阵的左右锋则是名将孙鸿年和冯以理。

1936年10月25日，天津"万国杯"国际足球赛拉开战幕，历时半年，北宁足球队以不败的成绩夺得"万国杯"足球赛冠军。此照冠军合影，左为北宁队，右为西商队（亚军）。
北宁队前排左起：管学仲、赵启春、孙永泉、李惠逢、谭福祯、黄钟鸣
后排左起：王子华（教练）、梁铭宗、孙福来、李清玉、程世昌、李凤楼、孙思敬。

最值得一提的是，李凤楼在1936、1937年效力于天津北宁队，参加"万国杯"比赛勇夺冠军，这是中国足球史上华人第一次从洋人手中夺得此杯，大振国威。1936年"万国杯"夺冠榜上有陈尔德、张学尧、黄品长、李清玉、孙雅庭、李凤楼、谭福祯、管学仲、梁铭宗、安原生、姜璐、孙福来、王富生、孙永泉、赵洪德、姜琨、程式昌。他与安原生、黄品长被称为"北方三骑士"。当时的报界称李凤楼为"华北第一流中卫""中华第一中锋"。津门广大球迷用"一蹭即过"，"一人看不住，两人难对付，三人无招使"形容他的技艺。特别是背对球门时，他的突然转身射门，动作隐蔽且速度快，攻其不备经常得分，被人称为"背脸打门"一绝招儿。

七七事变后，日伪在北平办足球赛，借以进行反共反人民的宣传，李凤楼领衔实力不俗的紫星队，断然拒绝参赛，表现出崇高的民族气节和中国人的硬骨头精神，成为当时中国足坛上的一面旗帜。

李凤楼毕业于辅仁大学体育系，先后任辅仁大学附中、辅仁大学体育教员。1944年起，历任辅仁大

学体育系主任、教授等，培养了一大批学生和足球运动员。他的两个得意门生李朝贵和邵先凯每每回忆起德艺双馨的恩师时，都赞不绝口。李朝贵说李先生是一位教书育人、言传身教、品德高尚、球技超人的好老师、好教练。邵先凯则更难忘，他把自己所写的四篇足球论文送给李凤楼看后，很快收到老师的情深义重的回信，信中充满深厚的师生情缘和对中国足球的企盼。

1936年10月25日天津北宁队获得"万国杯"国际足球赛冠军

1952年，李凤楼被选为中国国家足球队首任教练，并带队赴芬兰赫尔辛基参加第十五届奥运会。1956年他任国家体委球类司副司长。1958年他作为中国足协代表参加了在斯德哥尔摩举行的国际足联代表大会。1979年他担任中国足协主席。

业余足球蓬勃开展

足球运动的发展，除拥有广泛的群众基础外，还必须有场地等条件做保障。20世纪早期，天津的场地设施在全国占优。天津最早的体育场，也是中国第一座体育场，当属英国球场（今新华路体育场），而后来居上的、最具代表性的则是闻名遐迩的民园体育场。1918年，英租界工部局一处空地上平整场地，建起围墙，修筑了木制和水泥看台，开辟出田径场地和两个足球场，这就是日后的民园体育场。新中国成立前后，多项足球比赛和综合运动会在这里举行。民园体育场经历了近百年风雨，是天津足球历史的坐标。

早年天津面积最大的体育场是位于宁园以东的河北体育场，为举办第十八届华北运动会而建，1934年竣工建成。

与优良的场地设施相对应的是，20世纪二三十年代蓬勃开展的天津业余足球活动，广大足球爱好者纷纷组建球队，工人业余球队如雨后春笋般涌现，现在的河东区在当时是工矿企业和人口集中的地区。譬如河东人赵璧臣，他联合同仁出资在大王庄、大直沽一带修建了两个球场，成立了"振津足球会"。中纺一厂厂长葛涤尘和厂福利股股长彭肇恢组建了大名鼎鼎的中纺一厂足球队，并修建球场开展工人足球活动。如此，河东区这些早期的历史积淀，恰好为今天的 "足球之乡" 做了最好的铺垫。

据不完全统计，在那个各方面条件甚为简陋的20世纪二三十年代，天津市的成人业余足球队已经超过百支，而最强者当数北宁队。它建队较早，1928年立户成家打天下，由北京铁路局的马一民热心

操持,他广揽人才,北宁队于1931年异军突起,实力强劲,一跃成为津门足坛的霸主。以北宁队队员为主组成的中华队,参加 "爱罗鼎杯" 和 "万国杯" 两个最抢眼的比赛,与洋人交锋颇具志气、勇气和技艺,1935、1938年两次问鼎 "爱罗鼎杯",1936年勇夺 "万国杯" 桂冠,为天津足球史写下光辉的一页。

七七事变爆发后,战火纷起,时局不稳,民不聊生,天津足球运动由此陷入低谷。

新中国成立后的首次比赛在津门

"一唱雄鸡天下白"。新中国成立后百业俱兴,国家十分重视体育事业,天津这块足球沃土如久旱逢甘霖,展现出蓬勃发展的景象。1951年12月,全国第一次足球比赛大会在天津市举行,时任市委第一书记、市长的黄敬亲自挂帅抓赛事。以东北、华北、华东、中南、西北和西南六大行政区组队,加上解放军和铁路系统共八支队伍参赛,新华路和民园两个体育场共承接了28场比赛。东北队、华东队、解放军队获得前三名,华北队与解放军队积分相同,因少4个净胜球,屈居第四。华北队由天津和北京两地名将组成:夏忠麒、姜延昌、孙德茂、赵光济、冯以理、张玉惠、姚宝珍、孟繁堃、梁振声、李朝贵、邵先凯、王俊生、张继耀、窄明积、史万春、年维泗、曹桂明、郑秉彝、侯致华等人尽列其中。

通过这次比赛选拔出30名队员,新中国成立后的第一支国家队在天津诞生了:张邦伦、徐福生、姜杰祥、高秀清、从安庆、干礼宾、干政文、干寿先、高保正、邵先凯、张杰、陈成达、曹桂明、金龙湖、李逢春、庄文权、邢桂福、方纫秋、钱允庆、何家统、郑德耀、史万春、李朝贵、郭鸿宾、年维泗、肖子文、崔曾石、孙福成、金炳奎、马韶华。全国第一次足球比赛大会选在足球沃土天津举行,天津球迷先睹为快,盛况空前,极大地推动了天津足球运动的发展。

1953年2月,更大规模的足球比赛在上海举行,除行政区的成年赛外,增加了十一城市和地区的青年锦标赛,旨在更快地选拔和培养后备人才。以天津选手为主组成的华北队有夏忠麒、徐敏、郑秉彝、梁振声、姜延昌、孙德茂、赵光济、陈朴、赵长兴、高玉树、杜宝贵、冯以理、王俊生、王陆、姚宝珍、米戎、孙鹏。选拔出15人组成天津青年队,队员大部分来自工厂,如张俊

1953年天津青年队参加在上海举行的第二届全国足球赛,张俊秀(前排左二)、孙宝荣(后排左三)、王金丰(后排左一)在这次比赛中被选进国家青年队

秀（天津汽车制配厂）、孙宝荣（大中华橡胶厂）、王金丰（天津制革厂）、马金才（天津火柴厂）、胡凤山（奶品工厂）、孟令扬（汽车制配厂）、丁文治（津沽附中学生）等。赛后天津青年队中的守门员张俊秀、后卫孙宝荣和王金丰三人入选中国青年队。

此时的中国足坛，需要一书的是，1954—1955年中国先后两次共选派24名优秀选手赴匈牙利学习深造。当时的匈牙利足球，打破了近50年老式"WM"阵型，蜚声国际足坛，推动了世界足球运动的发

1954 年在匈牙利塔坦训练营训练的中国球员

展。时任国务院副总理、国家体委主任的贺龙元帅，代表党中央做出决定，于是首批15人被派往匈牙利学习，他们是年维泗、陈成达、张宏根、方纫秋、崔曾石、成文宽、王陆、谢鸿钧、张俊秀、王克斌、朴万福、张水浩、金昌吉、金仁杰、崔豪均。后又选派曾雪麟、李元魁、孙元云、陈山虎、孙宝荣、王金丰、陈家亮、朴曾哲、丛者余九人，在匈牙利接受著名教练安培尔·尤瑟夫的精心指导，进行了为期一年半的集训，受益匪浅。正是这一段时间的磨练打造，中国的足球技战术水平得到极大的提升。1957年国家白队落户津门，其中到匈牙利留学的队员带回了先进的足球理念与技艺，促使天津足球面貌焕然一新。让中国人感到骄傲和兴奋的是，1955年在华沙世界青年联欢节的开幕式上，安排了波兰国家队与当时在匈牙利集训的中国青年球员们组成的球队进行比赛。赛场上，津门守门员张俊秀以矫健的身手扑救出一个个看来必进无疑的球，而且中国队曾两度领先，由此震动了华沙。第二天，波兰的《华沙论坛报》评论中国青年队的守门员像"万里长城一样坚固"，观众也欢呼"攻不破的万里长城。"从此，张俊秀的这一美名传天下。张俊秀荣幸地入选这场比赛的最佳阵容，也是唯一入选的一名中国运动员。

从匈牙利学成归国后，张俊秀、孙宝荣分到国家红队，王金丰去了白队。孙宝荣、张俊秀，这两位来自天津的老乡在场上一个是后卫、一个是守门员，相互依托，配合默契，转战国内外赛场，出访东欧、南美、亚非的几十个国家，立下不少战功。退役后两人都留在国家体委，张俊秀先后担任国家队领队兼教练、中国足协副主席，当选第一届、第三届全国人大代表，1958年被评为"群众最喜爱的十名运动员"之一。孙宝荣曾任国家二队教练，国家队、国青队、国少队领队，1990—1993年担任中国足协专职副主席。王金丰是国家白队到津落户唯一的天津人，先后担任白队和天津队队长。

天津诞生全国第一足校

1954年，我国第一所足球业余体校在天津成立，由于天津的校园足球普遍开展，众多小球员经身体素质、专项技术考核后被足校录取。第一任教练陈治发是华北队名将，他兢兢业业、全身心投入，结合学校的二部制和全日制，进行分班系统训练。国家体委对此给予了重视和支持，曾请苏联专家带课辅导，北京体院研究生前来实地调研考察，收集数据资料进行指导，对我国青少年足球训练起到促进作用。

这批业余体校学员在教练的严格训练下迅速成长，先后组成了由李朝贵、夏忠麒、陈治发、陈朴执教的天津青年队、少年队，在全国比赛中取得优异成绩。这一批学员近40人陆续成为天津足球队的中坚力量，并为八一足球队等队输送了人才。

1956年是天津足球的收获之年，诞生了天津第一支专业足球运动队——天津青年足球队。李朝贵从国家队调到天津，1956年4月他与夏忠麒在全市开展足球活动较好的学校和工厂中，挑选了首批21名队员组建天津青年队，当年参加全国青年锦标赛获得亚军。之后，这支青年军的部分队员又与成年队员组成天津队，在全国锦标赛中也荣获亚军。

白队落户掀起第一高潮

1957年是天津足球历史中具有转折意义的一年。在时任副市长、市体委主任李耕涛的争取下，国家足球白队由领队王伯青、教练邵先凯率领，集我国足坛南北14名精英落户津门。他们是东北三勇将：吉林的金昌吉（中锋）、崔泰焕（前卫）和沈阳的孙元云（左边锋）；京城两儒将：李元魁（后卫）、刘荫培（右边锋）；津沽独一人：王金丰（边后卫）；上海三剑客：张水浩、袁道伦、陈山虎（均司职前锋）；南粤四才子：曾雪麟（守门员）、任文根（守门员）、邓雪昌（中卫）、苏永舜（前卫）；川蜀一骁将：严德俊（边后卫）。

白队的到来，使天津足球面貌焕然一

1956年天津市市长李耕涛（左一）在新华路体育场踢球留影（韩庆云摄）

获得 1960 年全国足球甲级联赛、锦标赛冠军的天津队全体队员合影（1960 年 11 月 29 日）

新。1958年旗开得胜，获得全国甲级联赛亚军。1959年第一届全运会足球比赛在北京举行，以白队的曾雪麟、任文根、严德俊、邓雪昌、王金丰、李元魁、苏永舜、崔泰焕、袁道伦、陈山虎10人为班底，增加孙霞丰、李学浚、霍同程、宋恩牧、林贵荣、陈少铭、刘家俊、张尚云、张亚男、穆乃龙10名新秀，代表河北省队（天津当时为省辖市）参加比赛，再获亚军。

1960年的两大足球赛事——甲级联赛和锦标赛，天津足球队成为"双冠王"，足坛惊叹、津门盛赞！严德俊、邓雪昌、王金丰、崔泰焕宝刀不老，孙霞丰、李学浚、张亚男、宋恩牧、陈少铭、张业福、刘家俊、王克勤、杨秉正、霍同程、张心昌等一批新人锋芒毕露。1961年甲级联赛天津队再次捧杯。与此同时，天津陆续为国家队输送了很多优秀人才，1963年的国家足球队22人大名单中，天津队员占有9人，他们是守门员张俊秀、张业福，后卫孙宝荣、孙玉明、李恒益、宋恩牧，前锋李学浚、孙霞丰、孙元云。

邵先凯卸任天津队教练后，曾雪麟在津执教一线队长达12年。他只身一人在津，长期与妻子分居两地，一心扑在事业上，率队获"双冠王"和全运会冠军，为天津足球做出了巨大贡献。严德俊、邓雪昌、刘荫培、崔泰焕等四人则在天津安家立业。严德俊接过天津队主教练的重任，与霍同程、张业福组班。邓雪昌带过天津青年队和天津女足。刘荫培、崔泰焕长期从事青少年培训工作。津门涌现的新秀不断入选国家队，苏永舜、曾雪麟分别担任国家队主教练时，陈金刚、左树声、吕洪祥、王建英、王广泰等人都曾受教于他们的指导。

1965 年第二届全运会足球冠军河北队全体合影

1964年国家体委下发大力开展足球运动、迅速提高足球运动水平的通知，天津成立了足球办公室，把群众性足球运动推向新高潮。国家体委十分重视天津开展小足球活动的先进经验，于1965年在全国推广。

1965年天津足球又收获了优秀战绩。先是天津队出访越南，以六战全胜凯旋。后经国内选拔赛，天津队表现最佳，代表中国于8月赴朝鲜参加新兴力量运动会足球赛，朝鲜、越南、印度尼西亚、柬埔寨、几内亚等5支国家队参赛，天津队3胜1平1负获亚军。9月份在北京举行的第二届全运会中，天津队在足球决赛的第二阶段中以4胜1平的不败战绩夺得金牌。

回顾历史，1957—1965年间，天津足球一片繁荣景象，掀起了第一波高潮。在两届全运会和历年全国足球甲级联赛、锦标赛中，天津队共获冠军4次、亚军3次、季军2次，第四、第五名各一次。其间先后出访8个国家，迎访14个国家的球队。迎战当时的强队苏联泽尼特队、匈牙利二队、瑞典尤哥登队和巴西马杜雷拉队，四战皆1∶1打平，受到各界广泛好评。在20世纪60年代，天津队与河北青年队曾有过人员上的相互调配，从而充实和增强各自的实力。河北青年队在甲级联赛中取得第四名的较好成绩。

1966年"文化大革命"（下文简称"文革"）开始之后，受其影响足球运动一度消沉。1969年天津足球队的大部分队员下放，调到足球运动开展活跃的工厂，带动天津职工足球运动广泛开展。1970年恢复运动队训练和比赛，新组建的天津队参加国家体委组织的全国性的广州集训，在比赛中国家队不计名次，天津队获第一名。

时隔二十载重登冠军宝座

1980年天津队获得冠军时的合影

1979年国家体委把天津列为全国16个足球重点城市之一。天津市委、市政府高度重视，于1980年8月成立了天津足球运动领导小组。同年9月，天津市足球协会换届，市委第一书记陈伟达任名誉主席。11月2日在天津市人民体育馆召开了"把天津办成足球基地动员大会"，这是一次

新的进军动员令，随后天津足球在20世纪80年代掀起并形成了第二波高潮。

1980年由严德俊、霍同程、张业福组成的教练班子，率领"50后"的优秀选手王建英、李纪鸣、高俊亭、乔世彪、沈其泰、王广泰、马继明、齐玉波、吴泽民、韩志强、王群发、刘春明、吕洪祥、王毓俭、韩玉环、宋宝海、王兴华、陈玺波、张贵来，和两位老将郭嘉儒、刘金山（左树声和陈金刚当时在国家队，上半赛季冯天

1980年天津队获得冠军时的合影

宝也贡献了力量），在全国甲级联赛两个阶段的29场激烈争夺中，取得16胜9平4负，总积分41分的骄人战果，从上一年的第六名一跃荣升冠军。 此前，天津队在出访叙利亚和黎巴嫩的7场国际赛中也取得5胜2平的喜人战绩。1981年，由孙霞丰、宋恩牧、郭嘉儒率领的天津二队获全国乙级队联赛亚军，并晋升为甲级队，天津形成了两支甲级队、两支青年队的整体建制。1982年的甲级联赛和1983年的第五届全运会足球赛，天津队均获季军。1983年天津队又获得甲级联赛北区冠军。1984年全国甲级联赛天津队获亚军。1984年，由沈福儒、宋恩牧、张大樵执教的天津青年队参加全国青年足球锦标赛，夺冠后入选当年首届足协杯比赛，形成天津队、天津二队和天津青年队三支队伍参赛的格局，在中国足坛引起轰动。天津青年队初生牛犊不怕虎，与强队越战越勇，以出色的发挥跃升为甲级队，创造了1985年天津拥有一队、二队和青年队同城三甲的光荣史！ 1988年由崔光礼任教的港集队又有一次从乙级队联赛夺冠升甲的经历。

女足创业多年战果辉煌

20世纪80年代起步的天津女足发展史是一部创业史。李学浚、邓雪昌、李恒益三人搭班，后蔺新江加入，一个务实、精心、敬业的教练班子，从1982年11月底起步，严格要求，从队员实际情况出发，进行有针对性的科学训练，练赛结合，技战术水平迅速提高，两年便磨练成全国亚军；1984年参加西安国际邀请赛，是成绩最好的国内球队。1985年的全国女足锦标赛上，天津女足以全胜且不失一球的优异成绩登顶捧杯，随后赵梅、施桂红、唐昆、姚建玲四将入选国家队。夺冠功臣为张淑忆、赵梅、唐昆、姚建玲、施桂红、胡学艳、梁长萍、杨凤云、穆祥英、孙玉珍、刘志梅、赵艳军、武金旭、张秀珍、黄慧清、

获得 1985 年全国女足锦标赛冠军的天津女足全体合影

姜满丽、王倩、高凤萍、马艳艳。之后,李学浚、蔺新江分别出任国家女足教练。

1989年天津女足因故停办,空白了10年。1991年,广州举办了第一届女足世界杯赛,1996年奥运会女足被列为正式比赛项目,同年在亚特兰大奥运会上中国女足获亚军,这引起国人对女足的极大关注。1996年,天津市足球工作会议决定用三年时间恢复并重建天津女子足球队。

时任天津精英足球俱乐部董事长的王家春,胸怀志向,把握时机,毅然决然地担起组建天津女足的大任。在市足协领导的支持下,王家春联合多家企业,开始了天津"汇森"女足的创业。1972—1975年,王家春是天津青年队和天津足球队的队员,之后加盟昆明部队足球队。他与领队杨世来及前后搭班教练组的严德俊、沈福儒、曹凯军、张贵来、吴泽民、齐玉波、沈其泰、周世钰、许靖、翟良田、王群发、山春季、蔺新勇、霍建廷、陈胜利、李纪鸣等人,率领一批批女足姑娘,发扬艰苦奋斗、无私奉献、开拓创新、团结协作、精益求精、一丝不苟的精神,严格要求,鞭策自我,在19年的奋斗历程中一步一个脚印地创造新的业绩。2005年天津女足获全国

获得 2007 年中国女足超级联赛总决赛冠军的天津女足全体合影

女足联赛第二名，2006年一举夺得联赛、锦标赛和足协杯三项亚军，2007年成为足协杯和女足中超杯的"双冠王"，张贵来当选中超杯赛最佳教练员。三年登上三个高台阶，令人鼓舞！孙永霞、李冬娜、訾晶晶、宋冠男、江帅、王珊珊成为国家队选手，并且有多人入选国家青年队。

丰厚底蕴协力延续传承

在天津足球发展的历史长河中还有一支可敬的领队（团长）阵容，他们常年跟队一起生活，观看训练和比赛，随队南征北战一站又一站，与运动员、教练员风雨同舟、荣辱与共。天津足球的成功与辉煌，浸透着他们的艰辛付出和无私奉献。赵文藻、侯洛荀、马一民、傅国璋、吴功俊、闫学恭、霍连富、白兴秀、王伯青、纪裴芳、袁玉亭、史景云、王诚熙、杨腾、刘建生、李绍义、刘振山、李汝衡、焦克训、袁振铎、文进魁、洛一、赵佩琢、谢德龙、刘淑英、杨世来、沈代清、何竞，以及从教练员岗位调任此职的李元魁、陈少铭、李学浚、李恒益、刘作云、蔺新江、吴泽民、许连波、李海生、乔世彪、韩志强等人，在不同时期都做出了贡献。

1980年天津足球元老队就在这一鼎盛的年代成立，拥有25名宿将，参加了当年京、津、沪三城市的元老杯足球赛。随着时间的推移，元老队不断充实队伍，又有近40人加入。天津足球元老队从此成为常年建制，参加中国足协组织的历届比赛，被业内称为最正统的元老队。2018年4月25日，天津元老足球俱乐部有限公司正式成立，选举段举为俱乐部总经理。经历38年的风风雨雨，现今天津元老足球俱乐部有了自己的微信公众号和官方网站（www.yuanlaofc.com）。更值得庆祝的是，天津足球元老队获得了2018年"中华杯"全国足球联赛冠军。

天津足球历史进程中的各个时期都有雄厚的群众基础，使天津足球的光荣传统和优势得以延续。校园足球重在青少年普及，20世纪早期，天津足球就是以学校足球为引领和推动的，以新学书院、南开学校、北洋大学（现天津大学前身）为代表。自20世纪20年代起，天津工矿企业足球日渐兴旺，形成新的推动力，最强者当属北宁队。特别是新中国成立后，体育事业蓬勃发展，天津足球运动得以迅速推进天津各区许多中小学足球运动蓬勃开展，除河东区外，十八中学（汇文中学）、一中、十六中（现耀华中学）等，也都异常活跃，尤以十八中最为抢眼，是天津市第一所被国家体委授予的全国"足球传统学校"。各区的体育场普遍对外开放，不少中学又有自身的足球场，再加上胡同里、街道上的"小皮球活动"，踢球的青少年到处可见。工矿职工的足球运动更是在原有基础上广泛开展。1951年，由第二工人文化宫负责组建业余工人足球队，吸收来自纺织、公路运输等系统的队员，每周日进行练习或比赛，而纺织系统的几个工厂都有自己的球队。1954年，举行全市青年联赛，共有24支球队参加，其中工人队

多达18支。1951、1953年的全国足球联赛,以天津为主体组建的华北队中,不乏天津工人队的成员。1955年,全国各产业体协建立,准备参加1956年在北京举行的第一届工人运动会。在各产业足球队中,天津籍球员约占百分之四十。火车头队多年在津安营扎寨,以天津、上海、延边球员为主组成了第一支火车头队,其中有津门高德森、程德光、丁凤章、张景德等人,他们都是产业足坛的显赫人物。还有全国公路队、钟声队(教育系统)、红旗队(机械系统)、银鹰队(银行系统)等,无不有天津选手。

20世纪80年代,伴随着天津足球的新高潮,中小学足球活动和职工群众足球活动异常活跃。学校有市、区两级足球重点校,常年有不同年龄组的比赛。1980年,青少年四级训练网建成,校园足球走向正规;国家体委倡导主办的四个年龄组的小足球赛"希望杯""幼苗杯""萌芽杯""贝贝杯",天津大力推行,形成常规的年度赛,极大调动了各学校的积极性;1981年举办了郊区小足球赛,1982年还举办了女足邀请赛。全市各区的业余体校先后充实了一批专业运动员从事教练工作,训练水平得以提高。

天津足球运动的发展始终得到社会企业的大力支持和赞助。天津手表厂当仁不让,1985—1987年,天津手表厂连续三年以"海鸥"冠名天津足球队。天津队后由天津电子仪表局中环集团冠名为"中环队"。1985年天津二队由东亚毛纺厂赞助为"东亚队",其他还得到天荣板材有限公司、市政一公司、天津港集装箱公司、冶金局等企业的赞助。天津女足先后得到油漆厂、第三塑料厂的资助。天津《今晚报》从1985年起连续举办三届"今晚报杯"国际足球邀请赛,荷兰三次派队参加,还邀请了来自法国、日本的球队及八一队、中国青年队、山东队参赛,众多高手与东道主天津队、天津二队切磋技艺,吸引了国内外众多球迷的关注。今晚报社还在1986年成立了今晚报少年足球队。《天津日报》1985年创刊《球迷》报,成为以足球内容为主的专业报纸。天津电视台、天津广播电台等多家新闻媒体也都对天津足球的发展给予了最强有力的宣传和支持。

与体育事业和足球运动发展相呼应,并给予支持的还有天津市运动鞋厂,利生、春合体育用品厂和运动衣厂。他们深入运动队和赛场做调查,不断改进产品,服务愈加到位,其品牌不仅享誉国内外,对津门足坛也做出了贡献。

迈向职业征途一展宏图

1992年5月,中国足协举行足球职业化改革会议后,天津市人民政府高度重视,积极筹建天津足球俱乐部。1993年2月28日,以市体委为领导、市足协为指导、天津足球专业队为主体、民园体育场为基地、天津市高等院校科技开发集团月季花广告公司为依托的天津足球俱乐部建成。在当年5月中国足协召开的职业化专题会议上,国家体委予以肯定,称之为"天津模式"。 1993年天津队、天津二队征战甲

B，天津队晋升甲A。青年队获全国青年联赛第三名。1995年韩国三星集团冠名俱乐部，球队更名为天津三星队。1997年由天津市立飞集团公司接手，名为天津立飞足球俱乐部。

1998年，在市委、市政府的领导指示下，由天津经济技术开发区承接天津足球俱乐部，命名为天津泰达足球俱乐部。俱乐部陆续启用天津本土宿将担任教练、领队职务或青训工作，如蔺新江、刘俊鸿、左树声、陈金刚、吴泽民、李纪鸣、王建英、刘春明、施连志、刘学宇、韩志强、乔世彪、王俊、于根伟等，同时也引进多名外教和金志扬、戚务生、商瑞华等国内教练。20年间近300名中外教练员、运动员奋战在绿茵场上，起起伏伏处在中上游水平，最好成绩是2010年获得中超亚军、2011年夺得足协杯冠军。

2015年，在原天津松江俱乐部的基础上成立了天津权健足球俱乐部。2016年，天津权健队在全国甲级联赛中夺冠而如愿冲超。2017年球队一跃中超第三名，携手广州恒大、上海上港、上海申花进军亚冠比赛。如今津城有两支中超球队，利好球迷、球市，天津足球再现兴旺景象。

百年以来，天津足球在崎岖的道路上爬坡登峰，其艰难和艰辛不言而喻。有辉煌成就，有失落低谷，但是天津足球人和广大群众对足球的挚爱和信念矢志不渝，对天津足球充满着希冀与渴望，相信天津足球会有更为美好的未来。前中国足协主席年维泗，1990年在为《足球在天津》一书撰写的序言中说："1951年国家足球队组建后，在民园和新华路体育场进行训练，我是从天津起步的……我爱足球，更爱天津人民，对天津始终有一种特殊感情。天津对中国足球事业的发展做出了应有的贡献，从第一届国家足球队产生至今，历届国家队中都有天津的队员做主力队员……天津的足球社会化也搞得有声有色，不仅领导十分重视足球，群众也非常关心足球，全国的'小足球'热就是从天津兴起的。"这是他的肺腑之言，也是对天津足球的褒奖。

正道是：大浪淘沙数不尽足球人物随波逐浪立潮头，风云际会终有情绿茵疆场而今迈步后来人。

津门足坛双百颂

百名精英
功业永驻

冯以理——校园足球先行者

时光回转到2010年的一个秋日，移居美国的冯以理老先生回津探亲会友，最重要的活动是应曾经的十八中学（现汇文中学）弟子盛邀，庆九十大寿。那天的饭店里聚集了百余位六七十岁的昔日学生，一束束鲜花，一帧帧条幅，弟子们争先敬献；校友们把特意编撰的精美画册《恩师冯以理——十八中校园足球的开拓者》恭赠老先生。饭店大厅洋溢着欢乐的气氛，说不完的校园足球话题，道不尽的师生绿茵情缘。

冯以理

扎根校园　收获桃李

弟子们尊师、爱师，源于恩师的言传身教激励了当年的少年们成才，其中不乏优秀足球选手。特别是老人家几十年的经历，让他们深深体验到那一颗孜孜不倦、毕生追求的足球心。冯以理1921年生于北京，自幼喜爱足球。20世纪40年代在辅仁大学经济系读书时，他参加了校紫星足球队，在校体育部主

冯以理训练十八中学（现汇文中学）足球队

任、教练李凤楼的指导下，与邵先凯、李朝贵等校友驰骋球场。1946年，冯以理大学毕业。1948年他到天津海关工作，同时与足坛名脚钱立普、夏忠麒、孙德茂、管学仲等组成"旧友"队，活跃于津门。新中国成立后，从1951年开始，冯以理代表华北队参加首届和第二届全国比赛。1953年，怀着对足球的眷恋，他舍弃了海关工作，来到十八中学担任体育教师。从此，他把足球带进校园，在全校开展足球运动。每

当课余、午饭后和下午放学后,足球场上满是踢球的学生,许多足球在场地上飞舞、滚动,形成一大景观。班班有班队,学校有校队,比赛常年不断。在冯以理的极力倡导、指导、训练下,十八中学的整体足球水平名噪20世纪五六十年代,校代表队在全市中学生比赛中连年创造佳绩。在普及的基础上,冯以理为天津和全国各地输送专业人才50多名,其中张亚男、李长俭、乔宝林、张尚云、刘正民、张宝贵、贺洪山、周宝刚等,都是天津乃至中国足坛名将。多年来,十八中学的校门口一直挂着"足球传统学校"铜牌。冯以理作为高级体育教师,荣获全国体育传统项目学校优秀教育工作者称号。他还多年承担天津市和全国比赛的裁判工作,1983年被评为荣誉国家级裁判员。

先进理念　至今可鉴

1988年冯以理退休。在长达30多年的体育教育中,他开创了校园足球新模式,书写了校园足球新篇章。他常年不辞辛劳地在场地上指导学生训练,平时脸上带着微笑,和蔼可亲,而训练、比赛时则对学生毫不留情、严格要求。他十分重视体能和技术两个方面的训练,强调体能是前提、技术是根本,因此特别下功夫教学生苦练基本技术。后来成长为优秀球员的弟子们,无不在他的雕琢下夯实了基本功。

冯以理有着高深的文化素养,热衷学习,从中汲取营养。1956年,匈牙利队采用全新的战术打法,7∶1大胜足球强队英格兰队。他通过各种途径研究匈牙利队的创新打法,然后把他们采用的4前锋(424阵型)、三角短传、交叉换位的技战术讲解给学生。他还请苏联专家来校讲课、点评,使学生早早地了解到世界足球的发展趋势,并在平日训练和比赛中学习、体验。他的这些传授,让昔日的弟子们至今难以忘怀。

冯以理和李朝贵主持会议

冯以理教给学生们的不仅是技术、战术等实用层面的知识,更有对足球运动的先进理念。他常常讲:"足球运动不仅可以锻炼体魄,建设和保卫国家,更能磨练毅力,有顽强的意志才能战胜艰难险阻取得最后的胜利。""足球运动可以磨练我们的意志,增强我们战胜一切困难的毅力和决心。""在战略上要藐视对手,在战术上要重视对手。毛主席的军事战略思想在足球比赛中非常实用,很有现实意义,我们要认真学习,深刻

领悟。""足球不是拿球人的比赛，要有一盘棋的思想，要有集体主义精神。""要抬头踢球，要用余光踢球，要用脑子踢球，跑动是踢足球的生命。""踢足球要两只脚都会踢，除了手和胳膊以外要浑身是脚，一只脚一门炮，两只脚两门炮，加上头顶就是三门炮。"冯以理老先生60年前传授给尚在读中学的弟子们的诸多理念，至今仍不落伍，依然值得今天的足球人借鉴。

冯以理坚持锻炼身体

冯以理先生教书育人，辛勤耕耘，在足球场上十分注重培养学生的良好道德品质，造就出一批批德智体兼备的人才。冯以理不愧为体育教育工作者的楷模、开展校园足球运动的典范，为天津和中国足球事业的发展做出了可贵的贡献。

移居美国 颐养天年

退休之后的冯以理先生偕爱妻移居美国，与小儿子冯天宝共同生活。在他们寓所附近的运动场和绿茵场上，人们经常能看到这位老人的身影。多年来他坚持锻炼身体，八十多岁，仍每天踢球、跑步，还必去游泳。在当地每年举行的华人运动会上他大放异彩，多年获得老年组100米、200米短跑和投掷项目第一名。冯以理名声在外，社区的人们都知晓这位体魄健壮，来自中国天津的老年运动健将。

冯天宝每每提起父亲时会说："他从不服老，骨子里就是一条硬汉。"刚到美国时，冯以理已近70岁，执意考取汽车驾照，可这在美国何其之难，他一连考了7次，第8次终于通过。他特别喜欢大福特车，说它皮实、坚固、耐用、可靠，与自己很相衬。当老人家第一次驾驶"大福特"在夕阳下尽情驰骋时，那种豪迈和开心溢于言表。

冯以理老先生德高望重，在津弟子们思念恩师，于是他每隔几年必返津门与大家团聚，每次夫人也随归。不过他毕竟年事已高，自2010年那次弟子们为他庆寿后，至今也没能回津。2018年春天，汇文中学足球校友们在水上公园聚会，冯天宝特意代父亲回来参加。他介绍说，如今97岁的老人已经行动不便，坐上了轮椅，思维渐渐迟钝，言语也不甚清晰，住进了养老院。所幸养老院的设施、疗养水准堪称一流，冯老先生得以安神静养。

当家人把当年那册《恩师冯以理——十八中校园足球的开拓者》展示在他眼前时，他看到了

弟子们当年的一幅幅照片后，会点着头示意认得。那本画册的扉页上有老人家的一首诗作。

2007 年 10 月冯以理先生在汇文中学
校友会畅谈人生感悟

球把我们联结在一起，我们师生情谊深

你们是我的骄傲，你们是我的欣慰，你们是我的力量。

你们给了我丰富的硕果，你们给了我圆满的希望，你们给了我健康的身体。

同学们，我们虽然都步入了晚年，但我们的心如同孩童，

让我们快快乐乐，幸福地生活吧！

我非常感激大家，谢谢！

——八十九岁老人冯以理

2009.11.1

李朝贵——天津辉煌足球奠基人

2013年8月18日，津城一家大酒店高朋满座，喜气扬扬，热闹非凡。主桌背后一幅硕大的"寿"字赫然入目，李朝贵老先生八十八岁寿宴隆重开筵。前来祝寿的多是50岁以上的足坛人士，更有人从外地赶来，都是李朝贵亲手栽培的昔日战将，多达百余人！弟子们纷纷致辞敬酒，送上由衷的祝福，送上飘散着墨香的条幅。只见这位耄耋老人满面红光、笑容荡漾、声如洪钟、思维清晰，一席话句句打入人心，弟子们把阵阵掌声献给恩师。几十年的心血，见证了天津足球步入崭新阶段又不断发展的历史，根植于绿茵场浇灌出满目的桃李，李朝贵理应享受着人们的尊崇，享受着人们的爱戴！如今，这位年逾九旬的老帅，依然在愉悦中安度晚年，充满着旺盛的生命力。

1940 年的李朝贵

和许多前辈一样，李朝贵始终与足球相伴。他1925年出生，幼时生活在大连。由于大连港口城市的地理位置，足球运动被外国船员引入，也很受群众欢迎，李朝贵从小就爱上了这项运动。"小时候身边踢球的小伙伴就不少，我更是特别喜欢踢球，可以说我的足球启蒙就是从那时候开始的。"回忆起当年的时光，李朝贵这样说道。

李朝贵

新中国成立后，李朝贵开始了在北京的学习生活。他在大学学的专业是畜牧和养殖，但是他依然钟情于足球，由于出色的球技成为校足球队的成员，由此开始了他的足球生涯。从学校代表队开始，李朝贵的表现越来越突出，得到名帅李凤楼的赏识。1951年筹备新中国成立后第一次全国足球比赛大会，李朝贵和邵先凯、史万春、年维泗等人，经选拔代表华北队参赛。1952年组建国家队时，来自华北、东北、华东、中南、火车头等球队的上百名队员到京接受选拔。李朝贵等30人入选国家队。

1996 年李朝贵与左世菁在美国拍摄
的银婚纪念照

年轻时，李朝贵身体健壮、力量十足、速度甚快、脚头硬朗，与史万春同为国家队不可多得的双内锋、得分手，得到贺龙元帅和李凤楼教练的赞赏。在贺龙元帅的关怀和指示下，这支国家队得到了"特殊喂养"的待遇，有关部门为球队在训练、生活等各方面都创造了良好的条件，中国国家队迅速成长。作为第一届国家队选手参加1952年芬兰赫尔辛基第十五届奥运会，成为李朝贵一生的荣耀。

那时候李朝贵身在北京，已经与天津足球有了交集。李朝贵忆起当时天津足球的情况时说："1956年之前，天津虽然还没有专业的足球队伍，但是民间的球队还是不少的。其中有些球队的水平也非常不错，经常约我们北京的球队到天津进行比赛。"20世纪50年代，国家大力推广足球、篮球等体育运动，李朝贵和很多国家队队友们一起都被安排了新的任务，分别去全国各地培养足球人才。按照最初的计划，李朝贵是要被分配到四川工作的，但是时任国务院副总理、国家体委主任贺龙贺老总的一句话，让李朝贵彻底落户天津了。

原来，当年李朝贵在学校的女友左世菁是土生土长的天津人，毕业后左世菁女士回到天津任教，热恋中的两人暂时分离。贺老总得知后就说："怎么能让人家分开呢，李朝贵还是去天津吧。"就这样，李朝贵在1956年6月1日正式到天津体委报到。李朝贵说："当时贺老总非常重视足球运动的发展，我去天津前，贺老总对我要求，'努力工作，为国家队输送新鲜血液'。这句话，我记了一辈子。"

来到天津后，李朝贵在1956年正式组建了天津青年队，从此天津有了第一支正式编制的专业足球队。当时组队主要是从各个学校和工厂去挑人，由于没有专业比赛，李朝贵到处打听哪里有踢球不错的人，哪里有球赛，然后骑着车去看。虽然大部分学校和工厂都不太愿意放人，但好在最后还是把这支球队组成了。他带领这支球队在民园体育场和新华路体育场开始了专业训练，天津足球后来的辉煌，就是从这支不起眼的球队开始的。李朝贵说："最开始的时候，体委给我这支球队的名额，只有11个人有编制。我们当年想尽了办法，尽量把条件不错的小伙子们拉进这支队伍进行训练。当年的民园和新华路体育场根本谈不上条件，只能说是一块较为平整的场地。大家一起克服了很多现在都想象不到的困难。没有专业、系统的教材，我就自己琢磨，根据每一名球员的特点进行打磨。"李朝贵的爱徒沈福儒提到那时的训练说："李朝贵培养的学生从来没有出过'废品'，都成才

了, 李恒益、孙霞丰、胡凤山、李学浚、张业福、宋恩牧、崔光礼和我。当年李朝贵老教练为了教我双脚射门, 掌握好各种脚法, 他老人家把足球蘸上水, 再滚上泥沙, 加重球的重量, 让我练射门, 一踢就是几百次, 每次训练结束后我的脚都红肿起来。这样艰苦的训练让我吃了苦, 可是也让我掌握了扎实的基本功。"

1957年, 国家白队落户天津, 为天津足坛带来了清新之风, 但毕竟白队球员年龄偏大, 后备人才缺乏, 有待补充优秀年轻人才。于是, 李朝贵精心培育的本地多名才俊先后被白队挑走, 天津足球以老带新, 充满活力, 在全国比赛中取得诸多好成绩。1965年, 以天津球员为主的河北队夺得全运会冠军, 当时的主教练是曾雪麟, 但是其中大部分球员都是李朝贵选拔和培养的。从1956年起, 李朝贵培育出15名国脚, 如张业福、孙霞丰、李学浚、宋恩牧、李恒益、沈福儒、胡凤山、崔光礼等。许多优秀足球人才更是为球迷熟知, 如霍同程、张亚男、李长俭、陈少铭、杨秉正、陈贵均等。

20世纪70年代, 李朝贵由于时代的特殊原因被下放到工厂两年, 一直到"文革"结束, 才回到体育工作岗位。当时已经50多岁的李朝贵走出办公室, 主动选择了选拔和培养青少年球员的工作。"我心里还是装着贺老总指示给我的那句话'为国家队输送血液'。"李朝贵这样说道。"文革"后恢复专业队, 天津青年队在李朝贵的努力下, 也再次组建起来。后来的左树声等国脚也都是在李朝贵的选拔和培养下成长起来的。

1990年, 李朝贵正式退休, 之后的很长一段时间里, 他还在关心天津足球和中国足球的发展, 依然在青少年足球培训和推广上尽心尽力。正因为如此, 人们谈起李朝贵的功绩时, 一致赞誉李老是天津足球的奠基者之一, 他更称得上是天津足球的拓荒人。

李朝贵八十八岁寿辰照（左起张贵来、李朝贵、王广泰）

王金丰——白队独有津卫将

王金丰

当年，一批年轻的中国足球运动员赴匈牙利学习深造，有三个天津人位列其中，他们是张俊秀、孙宝荣、王金丰。归来后，张俊秀、孙宝荣所在的国家红队留在北京，王金丰跟随国家白队来到家乡天津，他是14名白队队员中唯一的天津人。今天的王金丰已是耄耋老人，精神矍铄、思维清晰，十分健谈。

1933年王金丰生于"足球之乡"现在的河东区。在王金丰老人的记忆里，搬运工会子弟小学旁边的空地就是他和小伙伴们最初的足球场。他说自己的球感、球性和几乎所有的基本功，都源自那个时候的孜孜不倦，足球给了他童年的快乐。一晃十多年过去了，王金丰在复兴庄一带已是踢出名气的左后卫，1953年的他风华正茂，代表天津青年队到上海，参加首届十一城市青年锦标赛及全国锦标赛。

王金丰身上后卫的潜质在比赛中得到尽情发挥，随即他入选中国青年队。他技术好、速度快，奔跑起来不知疲倦，防守极具侵略性，抢断成功后快速反击时助攻的能力令人瞩目，在很短时间里就坐稳了主力左后卫的位置。王金丰得到了新中国成立后第一任中国足球队主教练李凤楼先生的赏识，有了去匈牙利学习的机会。

新中国成立后不久，国内足球水平很低，第一支出访的球队八一队，以1∶17输给捷克斯洛伐克队；匈牙利三队来华，中国队在上海与之比赛，以1∶8落败。当年的匈牙利是世界足球强国，技战术先进，球星云集。1950—1956年，匈牙利队在国际比赛中取得了43胜7平的不败战绩，夺得了1954年世界杯亚军。中国方面曾选择足球水平颇强的苏联作为学习目的地，但未获应允，而匈牙利驻华大使得知后答复非常爽快："我们很高兴能为中华人民共和国培养足球运动员。"于是，通过全国青年锦标赛选拔出的24名20岁以下队员，在中央领导同志的特批下，于1954年4月踏上了匈牙利留学之路。

王金丰回忆他们到匈牙利后就是"刘姥姥进了大观园"，坐火车的路途中，他们就看到了许许多多

足球场。刚到匈牙利，这些优秀的中国青年队员们与匈牙利田径队比赛，结果打成1∶1；与宾馆的服务员、厨师比赛，竟然也难以占到优势。相比之下，中国队员的基本功十分薄弱，比如颠球只能两三下，甚至不及当地踢业余足球的人。

匈牙利有关部门对留学的中国足球队十分重视，特意派来著名教练尤瑟夫执教。王金丰至今难忘尤瑟夫教练："尤瑟夫是中国足球的恩师，也是中国足球的第一位洋帅，作为他的弟子，我很怀念他。"尤瑟夫曾是著名俱乐部费伦茨瓦罗斯队的边锋、中锋，后来率领该队获得三次联赛冠军、两次杯赛冠军。当年50岁的尤瑟夫作为匈牙利对中国足球的援助教练，他的工作是义务性质的。尽管如此，尤瑟夫的执着、敬业精神，深深地感染着中国队员。

王金丰十分赞赏尤瑟夫的执教理念，他说："尤瑟夫首先教我们如何认识足球，因此最开始教的并非是技战术，而是最基本的能力。于是我们第一次接触了网式足球——网球场每边三个队员，相互传递，可以用身体的各个部位控制球，控制多少次均可，但球只可以落地一次。这种训练是为了解决我们球感差和身体接触球能力差的问题。这种训练每天上午两个小时，让全队的基本功很快大有提高。"

尤瑟夫的教授循序渐进，向中国队员传授了先进的技战术。以往中国队员的进攻只是大脚往前开，他耐心地教授如何三角短传，通过地面配合层层推进。他强调全队风格，在"稳、准、巧、低、快、智"上下功夫。在阵型打法上，他把匈牙利足球经典的442阵型传授给中国队员们，令队员们耳目一新。

像今天的许多优秀教练员一样，尤瑟夫要求多打比赛。当时，一周内中国队至少要进行两场比赛，一年半内打了83场。技战术进步飞快，加上运用了新阵型，中国队的整体水平有了非常大的提高，逐渐成为会比赛的球队，不仅能赢下匈牙利三级联赛的球队，还具备了与欧洲一些甲级队对抗的能力。在阵容配备上，尤瑟夫通过训练观察球员，用心地分别指导培养，逐渐确定了每个人适合的位置，这些队员们的场上角色以后多年不变，王金丰的边后卫位置也就此稳定下来。

1955年底中国队留洋归来，随后出访印度，取得8∶1大胜，一时传为美谈。一年后中国队参加波兰世界青年联欢节，首场出战东道

青年时期王金丰

标赛双料冠军，在天津足球史册上谱写了新篇章。那几年间，王金丰和白队老将率领天津新秀，共取得五次全国冠军、五次亚军、五次第三名。

1962年，眼看一批批新秀在成长，王金丰欣慰地退役，他先是任青年队教练，后去北站体育场工作，任场长直至退休。

王金丰至今记得当时国家体委负责同志在动员他们去天津时说："天津是开展足球运动的肥沃土壤，你们将在那里生根、开花。""我想我做到了和天津广大球迷的心连在一起了。"对于天津卫的老球迷们来说，王金丰所在的老白队，承载了太多的光荣和梦想。那是没有太多功利色彩的时代，那更是整座城市为足球痴狂的年代。王金丰用他最炽热的青春岁月，带给这座城市难忘的荣誉感和归属感，也给人们留下了无法忘却的美好回忆。

他在场上永远兢兢业业，不惜体力，拼出来一条属于自己的左路走廊，在天津足球和中国足球历史上留下了浓墨重彩的一笔，做出了不可磨灭的贡献，值得人们永远铭记和歌颂。

今日的王金丰老人满头银发，几年前的头部手术让他担心自己的记忆力大不如前了，其实他早已把足球岁月深深地印在脑海里。他永远怀念那些逝去的日子，而它们也将永远伴随着他的生命和理想。

李元魁——白队宿将又一春

20世纪50年代是天津足球的兴旺时期，李元魁无疑是重要人物之一。国家白队14名队员来津，其中两位北京籍者即是李元魁、刘荫培。20世纪60年代初期，半数队员返归原籍，而二位北京人从此落户津门，成家立业。刘荫培英年早逝。李元魁在津任教几十年直至退休，后又长期从事电视足球转播解说、评述工作，2018年俄罗斯世界杯赛期间，他又投身网络赛事转播。1934年出生的李元魁，已然八十有四。

李元魁从小就对体育充满了兴趣，但他爱上足球运动却源于一次意外。谈到从小踢球的经历，李元魁说："我家住在北京牛街附近，从小其实是非常喜欢玩垒球的。四年级的时候，我冒失地去尝试滑垒，弄伤了手腕，没办法，就开始踢足球了。没有多长时间，我就彻底爱上了足球。当

李元魁

初家长问我想上哪所中学，我的回答很简单，要去有足球场的中学。这样，我就进入了崇德中学。幸运的是，我们当时的体育老师是在北京足球圈非常有名的守门员，他给了我们基础的足球启蒙教育，我的足球生涯就此开始了。"

中学毕业后，19岁的李元魁在1953年代表北京队参加了全国11个足球重点城市青年队的比赛，凭借自己优异的表现，当年就入选国家队。当时国家队称体训班，足、篮、排、体操、游泳、羽毛球等项目都在天津训练，住在重庆道100号，训练就在附近的民园体育场。说起民园体育场，李元魁有着特殊的感情，他说："1953年的时候，民园体育场还只是三面看台，场地都是土地。1957年，民园体育场建成了全国第一个灯光足球场，灯的架子都是木头的，虽然现在看很简陋，但在当时是非常了不起的。后来我们又在民园体育场下面的宿舍住了十多年的时间，训练也几乎都是在民园进行，所以我始终对民园体育场有着很深的感情。"1954年，李元魁成为第二批被选送到匈牙利学习的国脚，这也是他足球生涯中一个重要的亮点。学习期间，李元魁不仅接触到了现代足球，而且也最终确认了自己在球场上的位置。他回忆道："当年去匈牙利是非常有责任感的事情。记得去匈牙利的第一天，中国大使就跟我们说：'你们要记住，你们完成留学时，花在每一个人身上的人民币摞起来要比你们的身高都要高。'这让我们更

加坚定了一定要好好学习的决心。在匈牙利的训练跟在国内非常不一样,我第一次体验了现代足球系统化训练的方法。让我印象最深刻的是,训练结合球的内容非常多,而且关于各个位置的针对性训练也很多,这在之前国内的训练中基本没有。"去匈牙利之前,李元魁的位置是中后卫,但是到了匈牙利,他就被改造成了边后卫。中学时候他的身高是1.78米,当时算是比较高的,因此被安排在了中后卫位置上。但是到了匈牙利,教练尤瑟夫觉得他更适合担任边后卫,后来他的位置也就固定在了边路。

1954年李元魁在匈牙利塔坦训练营

1955年,李元魁和队友们结束了在匈牙利的学习,回到了国内。匈牙利的教练给李元魁的评语是"身体素质一般,场上意识突出"。回忆起当时的情况,李元魁有些遗憾地说:"我当时踢球很大的短板确实是在身体素质上。比如说,我当时百米也就是12秒的成绩,推举才能推46.5公斤。也正因为如此,我是场上比较愿意动脑子的球员。这个特点也一直保持下来了。"天津老球迷们或许记得,李元魁踢边后卫,不像队友严德俊那样气势凶、下脚狠,而是更注重技术,善于动脑。1956年,李元魁进入国家白队,转年随队来津,开始参加全国甲级联赛等比赛。1959年,李元魁出人意料地选择了退役。他说:"当时天津涌现出了一批非常优秀的年轻球员,孙霞丰、李学浚、胡凤山,还有后卫线上的李恒益、宋恩牧,等等。我也想给他们空出更好的位置,所以就退役了。但后来他们又让我复出踢了一个赛季,所以要是说正式退役应该是在1960年。"

从1961年开始,李元魁走上了执教道路。他先是协助李朝贵教练挖掘和培养天津优秀的青年足球人才,随后李元魁与李恒益等人组成教练组,带领天津二队,后又被委任为河北青年队主教练,这是他

1980年,接受援外任务的李元魁在中国驻毛里塔尼亚大使馆门前的留影

第一次正式成为主教练。可惜的是,由于"文革"的到来,河北青年队很快就停止了正常的训练和比赛,李元魁无奈地离去。直到1969年运动队和比赛恢复,李元魁才辅佐曾雪麟主帅,开始执教天津队。一批在"文革"期间自发组织起来坚持训练的队员重返赛场,在曾雪麟、李元魁等人的率领下,1970年参加在广州举行的全国24城市足球队集训赛,取得与辽宁队积分相同的佳绩,并以净胜球多而获得第一名。

1971年曾雪麟调往北京，李元魁接任主教练，不久后他先在体工大队训练科任科长，再去市体委训练处工作。1977年李元魁回归足球队，与严德俊、霍同程、张业福组建天津队，球队在南宁进行的全国联赛中取得好成绩，天津队后被派往越南、老挝出访比赛，以不败战绩而归。

1978年李元魁接受援外任务，前往毛里塔尼亚两年。归来之后，他和洛一、宋恩牧率领天津二队出战全国乙级队联赛，取得了晋级甲级联赛的好成绩。两年后他又被调到天津队，全力备战第五届全运会。说到当时的情况，李元魁至今心存遗憾，他说："当年那支队伍就是冲着冠军搭建的，是夺冠的热门队，但最后只拿到了第三名，这始终是我心里的一个坎儿。因为这是我带队距离全国冠军最近的一次。"第五届全运会结束后，李元魁暂时离开了足球，进入天津市体工大队训练科，分管网球、垒球等工作。

20世纪90年代初，足球职业化在国内兴起，1993年天津足球俱乐部（月季花）成立，成为全国最先实现职业化的队伍。李元魁受命与孙凤鸣、李学浚、孙霞丰、朱玉田、崔光礼组建训练部开展工作。随后俱乐部几度易手，李元魁又先后为立飞、泰达俱乐部效力，直至退休。

作为北京人，李元魁口音纯正、清晰，和当年的刘荫培一样，足球底蕴深厚。1999年李元魁开始了职业解说员生涯，他先是在香港卫视转播解说内地中甲足球联赛，后应娱乐与体育电视网（ESPN）亚洲分部之邀，在新加坡做世界足坛五大联赛转播解说嘉宾。其中解说最多的是英超、意甲和欧冠，名气也越来越大，以至于足球爱好者一提起李元魁，率先会想到他的"英超权威解说员"的身份。直至2007年，他在新加坡转播了8个赛季，归来以后，又曾在上海、陕西、北京延续他的这一事业，于今在电视屏幕上他的身影频频再现。李元魁直言："我解说比赛，英超等比赛我都说，但就是不会接触中超。因为我真的怕控制不住自己的情绪，说出一些有争议的观点。"

作为天津足球近60年发展的亲历者和见证者，李元魁对目前天津籍优秀球员的匮乏表现得无可奈何。他说："这些年来，从一开始的厂矿、学校足球队模式，再到后来的体委直管、职业俱乐部等，我都经历过。我不能说哪种方式更好，因为哪种方式都有一定的问题。我现在就是觉得，天津足球要是想再源源不断地涌现出顶尖人才，还是要打好基础，让踢球的人多起来，让更多的人参与进来。"

2012 欧锦赛期间李元魁在 ESPN 演播室

严德俊——酸甜苦辣十春秋

"良友远别离，各在天一方。"2017年11月15日，病魔缠身的严德俊告别了光彩斑斓的人生。原国家白队5位队友，苏永舜自加拿大，张水浩、孙元云从上海、沈阳，在津的王金丰、李元魁，原国家红队的老队友年维泗、陈成达等，天津的数百位昔日队友、弟子，纷纷送来哀痛的悼念。虽然严德俊从此免去胃癌折磨的万般痛苦，但是这位中国足坛一个时代的优秀人物驾鹤西去，令人们深感悲伤并痛惜不止！他的一生给人们留下了许许多多值得珍惜的记忆。

严德俊，1935年生于重庆资阳县的一个知识分子家庭。少年时代的严德俊是远近闻名的游泳健将。他和足球的缘分是从给哥哥背球靴开始的。遗憾的是，他的哥哥在抗美援朝战争中牺牲，但兄长的足球梦却在严德俊身上实现了。

1953年，严德俊作为西南联队的队员参加全国足球比赛，被国家队的首任主教练李凤楼选中。当时国家队分红、白两队，19岁的严德俊入选国家白队，担任右后卫。他身穿3号球衣，拼抢凶猛、作风顽强，皮肤黝黑，圈内人送其外号"黑三儿"。在白队他和王金丰、邓雪昌组成坚固防线，并称"三大后卫"，声名远播。1955年，严德俊胃穿孔，胃被切除三分之二。手术后4个月后，医生说他不能再踢球了，严德俊听了都要疯了。他软磨硬泡，终于被允许作为管理人员随队参加了全国足球锦标赛。碰巧的是，队里伤号很多，严德俊竟然有了上场机会。然而踢到第四场比赛时，严德俊在场上突然不省人事，转危为安之后，其骁勇的作风依然不减。

严德俊

1957年，国家白队14名队员在邵先凯教练的率领下落户天津，海河两岸再度掀起足球热潮。严德俊的人生出现了重要转折点，他在津门迎来了足球事业的巅峰。国家白队给天津足球注入了新的活力，又不断吸纳天津本土涌现的青年优秀人才，代表天津队和河北队连年征战全国联赛和国际比赛，成绩十分出色，成为全国数一数二的强军。1960年获得全国足球甲级

联赛和锦标赛双料冠军，其间的每场比赛，严德俊都立下显赫战功。后来严德俊右膝伤病越来越严重，迫不得已，驰骋绿茵场十多年后，他正式挂靴，开始了执教之路，曾辅佐曾雪麟带领天津队。

在严德俊的执教生涯中，有一段援外经历。20世纪70年代，毛里塔尼亚希望中国派送教练，乒乓球自不必说，把中国足球教练派到非洲有点出人意料，而严指却抓住了这次千载难逢的机会，主动找到毛里塔尼亚体育部部长，要求带青年队一试。没想到不到一年，他执教的青年队击败了毛里塔尼亚国家队。严德俊名声大振，被聘为毛里塔尼亚国家队主教练，并受到总统接见。此后，他又率领这支队伍在非洲国家杯上取得历史最好成绩。

在国家队时期训练头球的严德俊

再后来他又被布隆迪国家足球队邀去当主教练，征战下一届非洲杯。严德俊能讲法语，不需要翻译就能够与非洲球员沟通。布隆迪队与当时的非洲冠军喀麦隆队交锋，最终以2：2平分秋色。至此，在大多数中国球迷还不大认知世界杯时，非洲足坛就已经留下了一位中国足球教练的英名。非洲当地球迷知道严教练要离开布隆迪时，机场涌进了黑压压的人群。他们挥泪送别严教练的故事，被如实地写进非洲足球历史，也写进非洲球迷心里。

带着在非洲执教的经验和成果，1977年底，严德俊在天津开始了同样辉煌的执教生涯。他带领天津队夺得1978年全国甲级联赛第四名、1979年第六名，1980年在全国足球甲级联赛中一举夺魁。之后又获得了1981年全国甲级联赛第七名、1982年第三名、1984年第二名以及1983年第五届全运会第三名。

当年的天津队，严德俊由优秀前锋和守门员出身的霍同程、张业福辅佐，队伍三条线人员齐整，苦练技术战术，兼具南北两派的打法。统计数据显示出天津队高人一筹的水准：1980年天津队夺得冠军时，共积41分，进34球、失14球、净胜球20个。天津队鼎盛时期，国内强队北京队、上海

严德俊

担任2008年奥运会火炬手的严德俊

队、山东队根本不是对手，天津队与辽宁队、广东队交锋常是胜负各半或打个平手。1980年6月，联邦德国青年队（实为国家二队）在北京工人体育场与天津队交锋，两队1∶1战平。天津队的出色表现令福格茨不禁惊讶，并送上了赞美。

严德俊把人生最华美的时光献给了天津，在津执教10年，他是中国足球界出访最多也是成绩最好的教练。他率队9次出访，先后远赴尼日利亚、利比里亚、喀麦隆、叙利亚、黎巴嫩、智利、厄瓜多尔、印度尼西亚、泰国、乍得、法国、荷兰、苏丹、马达加斯加、阿尔及利亚等15个国家，也曾到访香港，共战44场，战绩为胜20场、平11场、负13场。在津执教10年，他先后带过三批队员，弟子超过百名。张贵来、王广泰、齐玉波、王毓俭、刘春明、郭嘉儒、王建英、李纪鸣、吴泽民、韩志强、左树声、陈金刚、吕洪祥、左树发、段举、山春季、王俊等，都是他的得意门生，其中有十余名国脚。

转眼又是7年过去，时间来到1995年，60岁的严德俊被重庆前卫寰岛队请去救场。本来德国人施拉普纳是球队主教练，联赛开战以来球队却连吃败仗。这时的前卫寰岛队高层把视线投向曾经带领天津队创造佳绩的严德俊。严德俊答应出山只当领队，让施拉普纳留任。到了重庆后，严德俊就根据中国队员的特点给骨干队员们开小灶，进行针对性训练。此后，前卫寰岛队没有输过一场，连连击败天津队、北京队等强队，直至击败了夺冠大热门上海申花队。知晓内情的上海申花队放出风声来，说严教练出山采用的《孙子兵法》"瞒天过海"之计，已经到了炉火纯青的地步。当施拉普纳得知这位领队暗中指导队员并取得成效后，无奈地辞去主教练职务回德国去了。严德俊接过教鞭，走到台前，在联赛已经过了五分之一的情况下，最终带领球队取得了联赛第四名的历史最好成绩。对前卫寰岛队来说，这个第四名比冠军的含金量还要高。

与严德俊教练经常交往的人，都深知他带队的严谨不苟、刻意追求、勤奋刻苦，不论平日训练还是外出比赛，十分规律的安排近乎刻板。一支香烟，一杯浓浓的茉莉花茶，一册笔记本，一支红蓝铅笔，一座小闹钟，伴随严指几十年。外出比赛时，晚饭后全队开准备会，然后教练组研究第二天的安排，严指不时找队员谈话。九、十点钟过后队员们入睡，他还要伏案写训练、比赛计划，记录心得体会，在一张张统计表上填写数据，每每到午夜才入睡。他的敬业精神在国内足球教练中实为罕见。

严德俊离开教练岗位后曾在市体委训练处工作,担任过体工大队副大队长,其间他同样兢兢业业,付出心血。新世纪之初,他应邀出任天津女足顾问,长达十多年,其间天津女足两夺全运会金牌。作为技术总监,他常说:"这是俱乐部和教练班子多年奋斗得到的荣誉,我不过是出出主意而已。"晚年,严德俊还经常和昔日弟子深入基层,开展校园足球辅导活动,深受校方和孩子们的爱戴。

严德俊的妻子肖黎辉对拖着病体仍旧奔忙的老伴心疼不已,又为老伴的执着精神而骄傲。她说:"我这辈子做得最对的两件事,一是学游泳,一是嫁老严。" 1959年这位来自广东的原国家游泳队选手,随严德俊来到天津,出任游泳队教练,两个人组成了令人羡慕的体育之家。两个女儿严华、严红都是优秀的游泳选手。作为国家队主力队员,严红获得亚洲冠军并多次创造全国、亚洲纪录。在第五届全运会上,严红为天津夺得一金一银一铜,誉满泳坛。如今,严华侨居日本,严红在天津体院任教,仍然献身体育事业。

严德俊一家全家福

李恒益——激流伤退　风采横溢

　　李恒益，身材高大、体魄健壮，是中国足坛难得的盯人中卫，他镇守防区时如一座难以被摧垮的铜墙铁壁，其声望誉满天津乃至大江南北，深受人们的喜爱，深得人们的尊敬，至今让广大足球爱好者忆念。如今，饱受腰腿病痛的折磨，李恒益变成佝偻瘦弱的老者，但是他那标志性的笑容、坚毅的表情，把我们带回昔日的绿茵场，让我们重温那段辉煌的时光。

　　1954年，18岁的李恒益中学毕业，被分配到天津纺织机械厂。从小热衷足球的他展示了才能，19岁便跟随厂足球队代表天津参加全国纺织系统运动会。1956年，在中后卫位置踢出名气的李恒益，又代表天津工人队参加全国工人运动会。1957年，国家白队落户天津后广纳贤才，李恒益凭借自身的足球才华，被调入天津体训班，也就是现在的体工大队。进入天津队后，在李朝贵、夏忠麒教练的培养下，李恒益在短时间内适应了队里的训练和打法。

　　21岁，净身高1.83米，头脑灵活、视野开阔、骁勇顽强，头球更为出色，作为防守中坚，李恒益的突出表现广受球迷追捧，被誉为"防空兵"。他的出现使天津队实力更强，更有朝气。1957年，作为全国甲级联赛的亚军得主，天津队出访埃及、苏丹和叙利亚三国，8战3胜4平1负，成绩斐然。这是天津队首次出访。这次出访任务原本是交给国家红队的，恰在这时，天津队在北京与八一队有一场比赛。时任国家体委主任的贺龙元帅几乎有赛必到，那天看了天津队1：0击败八一队的比赛。天津队踢得有板有眼、酣畅淋漓，贺龙元帅十分高兴，当场拍板让天津队出访。天津队在埃及打了3场比赛，2胜1负；在出访的第二站苏丹，1胜2平；在叙利亚则2平，任务完成得很不错，受到国家体委的表扬。当时还有件令李恒益印象很深的事，时任中国驻埃及大使陈家康看了天津队首场比赛，惊讶于天津队踢得这么好，于是特邀驻埃及各国使节来看天津队的另一场比赛，一时传为美谈。此行也是李恒益第一次出国，为国争光的荣誉感油然而生，他的场上表现可圈可点。

李恒益

　　1959年4月，天津队又接受了国际比赛任务，对手是位列苏联甲级联赛第三名的泽尼特队。这个队拥有数名国家队和国家青年队选手，到天津前已在全国赛过数场，获得全胜。绝不能让他们"扫平"中国！当时的国家体委球类司副司长李凤楼，亲临天津参加赛前准备会。领导和广大球迷对天津队寄予很大希望，队员们更觉身担重任。是役，双方短兵相接，瞬间展开了激烈争夺。天津队打得十分顽强，特别是邓雪昌、李恒益镇守的后场，顶住了对手一波又一波气势如虹的进攻，最终双方战平。在这场激战中，无论进攻还是防守，天津队都打出了应有的风格和水平，李恒益心中为国争光的雄心壮志愈发升华。

　　1959年11月3日至13日，瑞典尤哥登足球队访华。瑞典在20世纪50年代打破了北欧足球的沉寂，成为当时欧洲的头号劲旅。尽管瑞典位于较偏远的北欧，但由于与英国之间有便利的海上交通，

李恒益

所以足球运动传入的时间并不比其他欧洲国家晚。二战结束后，瑞典足球队在1948年第十四届奥运会上一举夺金，两年后又荣获世界杯季军，在1958年瑞典本土举行的第六届世界杯上，又夺得亚军。这个对手不容小觑。天津队全队上下一心，李恒益更是做足了功课。他成功盯防了瑞典队一米九几的高中锋，完全让对手没有脾气，最终双方握手言和。李恒益飞快的速度、干净的抢断，还有惊人的弹跳力，满场跑的敬业精神，深深吸引了瑞典主教练的关注，坊间传闻，他曾有意买走李恒益。也是这一年，李恒益正式入选国家队，有了更多机会展示他的才华。在国家队，他的头球，他的盘带，他的技术，他的意识，他的球品，他的为人，他的一切都为人称道。

　　1961年6月28日至8月3日，北京足球队在访问阿尔巴尼亚之后顺便访问苏联，北京队实际以国家队为班底。7月29日在列宁格勒的一场比赛中，李恒益遭遇对方恶意犯规，导致右膝严重受伤。做了简单治疗后，回国后李恒益数日高烧41度，伤口严重感染，再耽搁下去，有截肢的危险。回忆往事，李恒益说自己一生都要感谢一位医生，这位医生也是李恒益的忠实拥趸，当他看到李恒益的右膝，心疼得说不出话。不容分说，他立刻安排李恒益紧急住院彻底治疗。这位球迷医生知道截肢对李恒益意味着什么。他说他会拼尽全力，保住这条腿就是保住中国的球星。在他的精心又不辞辛劳的治疗下，膝盖积液渐渐止住了，熬到1962年又切除了病灶。这位医生终于兑现了承诺，保住了李恒益踢球的腿。1963年，国家

队赴印度尼西亚访问比赛,在这场比赛中,李恒益腿伤初愈复出便又挂彩。这次是前额,争顶头球时,球早被李恒益顶出,对方就是奔着李恒益的头去的,从下往上重重地撞击,鲜血瞬间从将近10厘米长的口子里流向脸颊。多年来李恒益在球场上奋勇拼争,身上留下多处伤痕,至今头上还有缝针后清晰的疤痕。但是他说道:"足球受伤在所难免,球场上的对手永远不能是敌人,永远不要去伤害别人!"李恒益经常这样告诫自己的队员。

1959年李恒益随中国国家队访问苏联列宁格勒

　　"文革"开始后,李恒益被下放劳动,重回纺织机械厂。"文革"结束后,他又被召回队中。1971年,李恒益依依不舍地告别队友,挂靴任教。他辅佐孙霞丰主教练,担任天津二队教练,率领年轻队员在技术、战术上精雕细琢,当年参加一线队分区赛便获得第三名。转年他与孙霞丰接管曾雪麟执教的天津队,连续多年保持全国前五名的成绩,并在1974年夺得全国甲级联赛亚军。1975年,李恒益响应号召,奔赴青海支援边疆建设。多年后返回天津,先后担任两届天津女足教练,球队成绩在全国名列前茅。离开一线队后,李恒益任天津网球中心副主任,直至退休。

　　说起李恒益教练,他的昔日弟子刘小牛、王仲仁等人都说:"李恒益指导是我们遇到的最好的足球教练员,他要求队员做的自己都会亲力亲为。不仅如此,李指导是真心拿球员当朋友、当孩子,用心交心,教踢球更教做人,我们永生不忘。"忆起自己的教练生涯,李恒益笑着说,他遇到的弟子都清一色懂事、敬业,特别怀念那段从教时光。他认为,带队训练其实并不像我们所看到的那样,只包括训练和比赛,还包括许多其他东西,他更愿意称之为"足球培养"。当年带天津二队,李恒益深知,只有当青

涩的球员感觉到教练对他们真的感兴趣的时候，他们才会努力与教练协作，这就需要教练员站在球员角度，增强他（她）们的自信。此外，教练还一定要说到做到，信守承诺，只有这样才能赢得球员的尊重和信任。因此，李恒益格外注意呵护队员的"自由天性"，叮嘱他们注意"保护身体"。同时他还非常善于倾听，他认为倾听是教练最重要的能力之一。倾听就是教练要对队员足球之外的生活感兴趣，友好、积极地倾听队员们谈论足球训练之外的生活和其他爱好。一句话，要做一个尊重球员的教练——可怕的教练不如亲和、会交流的教练。他说："我也是从他们那个年纪过来的，年轻人容易情绪波动，一时心高气傲，一时又自我贬损。所以我比较关注球员态度和情绪的变化。"队员踢得好，李恒益笑着鼓励；踢得不尽如人意，李恒益有时候也是面带笑容，他的很多弟子对这一点感受特别深。

李恒益（中间站立者）与队友们的合影

　　忆往昔，帅气英姿的李恒益，是一条在足球场上拼杀的汉子，很难想象今天的他，没有办法平躺舒适入睡，没有办法独自步行超过200米。然而每每见到昔日弟子和亲朋好友时，李恒益脸上仍然带着年轻时标志性的笑容。作为足球人，他在人们的唏嘘中默默承受着足球带来的伤病和痛苦。用长期的伤痛换来彼时的荣耀，他的回答无比坚定：从不后悔！他的笑容中流露出的是热爱足球、热爱生活，感谢足球让生活更加精彩！他把人生比喻成足球赛，要努力，要奋斗，不要计较，重在参与，重在体验。每个人的技术不一样，体能不一样，风格不一样，但每个人都要扮演好自己的角色。

　　现今的李恒益身居京城，在老伴和唯一的女儿的呵护下安度晚年。祝福这位充满笑容让人喜爱的老人。

陈少铭——攻守兼备　中场悍将

陈少铭，从天津工厂业余足球活动中涌现出的优秀人才，老白队第一批选用的天津本土足球选手，多年来率天津队出征，历任领队、教练，投身天津青年队教练和青训工作，天津第一支女足队伍的奠基人之一。陈少铭的足球阅历可谓丰富，他的收获可谓丰盈。

1936年出生的陈少铭，在贺家口子原六区第四小学读书时就喜爱运动，是校篮球、足球队队员，虽然没有接受过专业指导，但凭借天赋，球踢得不错。毕业后由于家庭条件较差，15岁的陈少铭进入712厂（天津电视机厂前身）当学徒工人。20世纪50年代前期，天津工矿、企业、商贸、学校的体育运动蓬勃开展，特别是篮球、足球运动十分活跃。最早在大企业踢球的王金丰、张俊秀、孙宝荣等，后来都成长为国家队选手。陈少铭和同厂的孙霞丰、念文汉等代表厂队，经常活跃于全市赛场。712厂隶属于中央二机部，部里组建足球队，他们几人入选，曾参加全国产业系统联赛，陈少铭等人很快有了名气。

1956年，李朝贵教练由北京调来天津，组建第一支天津青年队，将陈少铭招至麾下。在李朝贵的悉心指导下，陈少铭进步很快。转年，邵先凯率领国家白队落户津门，带来14名队员，由于报名参加全国联赛需满18人，1958年从青年队选拔出4人，陈少铭、李学浚、李恒益、胡凤山由此成为天津队队员。

最初陈少铭的位置是右边锋，有白队老大哥在比赛中压阵，他很难有登场的机会。转机源于一场在新华路体育场与八一队的较量，陈少铭至今记忆犹新。当时这两支队和北京队同为全国三强，比赛时恰逢天津队绝对主力中锋金昌吉离津探亲，邵先凯教练指派陈少铭出场。他身穿与金昌吉同样的9号球衣，精神抖擞、表现上佳，赢得观众阵阵喝彩。陈少铭笑道："大伙儿把我当成金昌吉了。"此后，他渐渐有了更多的上场机会。

陈少铭在天津队参加了全国甲级联赛、第一届全运会比赛，是1960年全国甲级联赛、全国锦标赛双料冠军成员，曾随队出访越

1965年陈少铭参加在朝鲜举办的第二届新兴力量运动会

南、苏联、朝鲜、埃及、苏丹、叙利亚等国。他说："从那时开始，我成为在比赛中首发的有力竞争者，更增强了信心。"而他由前锋改踢前卫，也源于一场比赛。出访苏联比赛时，对手比较强劲，邵先凯采用当时先进的打法，一改424阵型为433（4后卫、3前卫、3前锋），陈少铭后撤至前卫。这一变阵很有成效，天津队1：0获胜。从此，陈少铭改踢右前卫，并且坐稳了这一主力位置。

陈少铭（左）和好友李学浚（右）的合影

20世纪60年代初期，在天津的河北青年队取得参加甲级联赛资格，陈少铭被指派援战，并成为领军人物。在陈朴教练的指导下，河北青年队两年的比赛成绩都比天津队高一名。此时的陈少铭技艺更加成熟，经验更为丰富。他的意志品质甚强，防守拦断积极，脚法好，善于传出能让队友得到舒服射门机会的球，因此他的助攻常常最多。

1965年，陈少铭参加第二届全运会预赛之后进入教练班子，主要负责搜集对手情报，备战全运会决赛。他不辞辛劳，掌握第一手资料，然后进行分析研究，为教练组提供比赛应对方案。

"文革"开始后，一批优秀的老队员和教练下放工厂，队伍被解散。欣慰的是，有一批处于成长期的队员自觉组织起来坚持训练，才使天津足球的发展没有完全中止。"文革"后期，以这批队员为主组成天津队，由曾雪麟、孙霞丰、李恒益执教，陈少铭出任领队。

1970年在广州举行全国24城市足球队集训赛，这批不辍训练的队员表现不俗，一举取得第一名的好成绩。归来之后，陈少铭针对当时天津队年龄结构不甚合理、缺乏后备力量的问题，向领导提出组建青年队的建议。他说："我可以到二线队去，成立天津二队和青年一队、二队，这样能够选拔出更多的年轻队员，让天津队人才不断档。"他的这一设想得到了支持。陈少铭任领队兼教练，他和教练班子精心挑选有潜质的队员，并进行严格的训练，青年队带出了陈金刚、左树声、王广泰、齐玉波等人，后来带出二队的张贵来、翟良田、王毓俭等人。此后，陈少铭仍专心致志地从事青训工作，培育出段举、尹怡、王凯、山春季等一批才俊。时至今日，这些曾入选天津队乃至国家队的名将，仍然不忘陈少铭等教练的恩情。

进入20世纪80年代，全国足球传统省市掀起组建女足队伍的热潮，陈少铭又接受新任务。他和田桂义、刘淑英白手起家，从田径等项目中挑选队员改项，教她们从最基础的触球、带球、接球、传球练

起,艰难程度可想而知。训练、比赛,酷暑严冬从不停歇,以赛代练的姑娘们在艰苦的条件下刻苦磨练。1982年,这支女足队伍参加在北京举行的第一次全国比赛,成绩达到中游水平。两年间,陈少铭等教练培养出刘志梅、孙玉珍、梁长萍、唐昆、姚建玲、赵梅等中国第一代女足优秀选手,其中4人入选国家集训队。而这支女足队伍更为随后组建新一届天津女足,打下了

1965年陈少铭访问朝鲜时在金刚山体育场的留影

坚实的基础。接替陈少铭执教女足的是李学浚、邓雪昌、李恒益、蔺新江。这支队伍以老带新、攻守兼备,成绩突飞猛进,1985年为天津第一次夺得全国女足锦标赛冠军。

在之后的岁月里,陈少铭再一次接受新的任务,担任与足球项目近似的男子曲棍球队教练,带领天津队参加全国比赛,为天津开展这一项目做出了贡献。1985年他又来到天津市体校,再度投入青训工作,为天津队输送了石勇、侯桐等专业足球人才。进入20世纪90年代,陈少铭退休后,受聘在天津足协建立的足球学校中任教多年,其间韩燕鸣等球员脱颖而出。

从组建青年队到一心投入青训,陈少铭感触颇深。他表示,“文革”时期,天津足球也出现了后备人才断档的状况,但是经过努力很快扭转了局面,涌现出一批又一批青年才俊,重要的原因之一是全市各区都有业余体校,有曾经的优秀运动员甚至国脚在业校任教。凭借他们的思想道德修养和对足球的认识,更不用说他们的应用技战术的水平,能不带出好苗子吗?培养出来的好幼苗可以进市体校,再入体工大队进专业队,形成“金字塔”结构,才能保证优秀人才源源不断。陈少铭叹气地说:“现在天津足球人才多年断档并不奇怪,连足球业校都没有了。没有了培养苗子的地方,从娃娃抓起就是个空谈。开展校园足球是个办法,但是远远不及业校的培育,缺乏具有专业的教练,想培育出人才谈何容易!”

1964年陈少铭随队访越期间的留影

刘正民——敬业绿茵献一生

多年来，天津市河东区培养出了一批批足球名将乃至国脚，享誉国内足坛。河东区业余体校是个摇篮，功不可没，十几位甘为人梯的教练辛劳栽培，业绩卓著，刘正民即是其中一位。

刘正民1936年出生于河北省。来津后早年就读于法汉小学，中学入读津沽附中（现实验中学前身），高中在汇文中学跟着冯以理老师踢球，他和张亚男、李长俭、张尚云、张宝贵、乔宝林等同为校队队员。他身体素质好，作风泼辣。

1956年1月刘正民进入天津青年队，先后从师夏忠麒、李朝贵。其间他曾有过迷茫，觉得自己一个农村来的孩子能踢好球吗？于是他提出离队的想法，李朝贵教练说什么也不放行，并鼓励他坚持下去。

刘正民

1956年刘正民随队赴广东梅县（现属梅州市）冬训，队员都要自带行李，住在体育场外搭的席棚里睡大通铺，条件非常艰苦。在集训中天津青年队陪国家队打了一场热身赛，刘正民回忆："至今难忘，我负责看防当时国内著名前锋张宏根。到了场上我就傻眼了，这个人技术意识俱佳，根本看不住，你离他远了他突破，你离他近了容易被过掉，你逼紧，他可以随意把球传出去。通过这场比赛我也有所领悟，真正的高手都有过人之处，都身怀绝技，所以我要正视这种差距，看到自己的不足，迎头赶上。"

1957年队伍在沈阳冬训，参加冬训的还有沈阳青年队、北京青年队，由匈牙利专家执教。训练条件非常艰苦，球队住在体育场看台下面。那年沈阳多雪，队员们经常是上午扫雪，下午训练。但是大家收获很大，学到了很多新的知识和理念，学到了脚弓传递、三角传球等很多新的技术和战术，受益匪浅。

1957年上半年天津青年队到成都参加邀请赛，参赛的还有北京青年队、吉林青年队、沈阳青年队。邀请赛实际上是国家体委球类司选拔国家青年队队员。当时正值学习日本排球教练大松博文的大运动量训练时期，例如体能训练中的一项400米变速跑，要求直道100米快速，跑弯道慢跑，一练就是十几二十圈，大家练得很累，回到宿舍连手都不愿意洗就剥橘子吃。在一次与吉林青年队的训练比赛中，刘正民与对手争头球，落地时把跟腱蹲伤，肿得很厉害。一周后北京青年队和沈阳青年队联合与天津青年队比赛，教练要求他坚持

青年时期的刘正民

上场,刘正民咬咬牙打了封闭就上去了,比赛结束后他的伤情更严重了,恢复了半年才好。艰苦的磨练,让刘正民大有长进。

1958年下半年,各个省市、行业体协纷纷成立足球队,刘正民与念文汉、许家友等来到天津前卫足球队。后来公安部组织了两支队伍参加全国乙级队联赛,刘正民与刘汝兴等随其中一支队伍代表全国前卫队参赛。三年自然灾害时期,公安部的前卫队解散,刘正民等人返回了天津前卫队,但是训练和生活条件难以改善。这时有关领导出于爱惜人才的考虑,安排了前卫队与天津队打一场比赛,从中选拔队员。那场比赛前卫队发挥得很好,于是刘正民、许家友、念文汉被调回天津队,刘英、朱玉祥等人留在天津二队。一年后许家友、刘英、朱玉祥等又赴公安局工作,几位队友多年后都成为业务骨干并走上领导岗位(刘英曾任天津市公安局刑侦处处长,是电视连续剧《便衣警察》主角原型之一;朱玉祥曾任天津市公安局防爆、巡警总队大队长)。刘正民跟随教练曾雪麟在天津队效力,天津队在几年的全国甲级联赛中成绩保持在前三名,只有一年是第四名,刘正民始终作为主力左后卫贡献力量。

在这几年的联赛中,天津队虽然成绩稳定,但也有压力,在困难时期靠着全队不畏艰苦、忘我奋斗才无往不胜。那年在上海参加甲级联赛分区赛,最后一个对手是沈阳部队足球队,对方只要打平便可进入在天津举行的决赛,而天津队必须获胜。沈阳部队足球队队员多是辽宁籍,实力强劲,天津队的形势十分严峻,全队压力倍增。市领导知道这种情况后,立即派有关干部特地从天津赶赴上海给大家减压,找每个主力队员谈话鼓励。曾雪麟教练布阵周密,全队思想统一、全力以赴,发挥甚为出色,最终以4:2战胜沈阳部队队,如愿进入决赛。刘正民回忆说:"比赛结束后我去跟曾雪麟指导握手,感觉他的手冰凉,再看指挥席一地烟头。听说曾指导把烟点着后手里拿着,根本没吸几口,手一直在那儿抖,足见当时气氛之紧张。"

1964年年底,天津队去越南访问,出访名单中没有刘正民,他十分沮丧。后来领队跟他谈:"你父亲是'右派',你没有及时跟组织交代,对组织不忠诚。"对此刘正民十分不解,自己在队里是团支部书记,确实不知道父亲被划成"右派"的事。刘正民十分无奈。后来领导派他去搞"四清",工作组组长是市体委领导纪裴芳,让出身不好的刘正民进入工作组,已经是破例了。工作组内查外调,今天奔德州,明天去武汉,后天再去包头,到处奔波非常辛苦。1969年天津队部分队员开始下放劳动,刘正民第一批被下放到天津冶金实验厂。由于适应不了炼钢工作,刘正民又改去耐火材料厂。该厂有不少下放的足球运动员,比如胡凤山、杨彦桢,还有几个南京部队队球员,厂里非常重视足球运动,组织大家集训,然后参加天津市职工比赛。那个年代天津很

多企业都有自己的球队，刘正民有幸一直没有离开足球。

刘正民感叹自己的运动生涯，真是无心插柳的时候柳成荫了，但是正当打主力的时候，用心栽下的"花"却因"文革"无法成活了。足球曾经给他留下了一段美好的回忆，也有些许的遗憾。

1972年，一个偶然的机会，刘正民被调到河东体育场担任教练员，与先后到来的胡凤山、张大樵、李家舫、丁凤章、蔺新江等一批名将培育人才。在那个年代，大家对足球的认识，尤其对青少年训练的理解都比较有限。于是大家抓住一切机会学习先进的足球理念和训练理论，丰富自己。教练员们经常在一起讨论新的训练方法，互相学习的氛围也很浓。刘正民想到，孩子们选择了足球，作为教练员就要对他们的前途负责，尽一切努力把他们培养成才，通过踢球给他们一个美好的未来。因此他对每批队员都悉心指导，力求给天津、给国家输送更多更好的人才。他根据少年队员的年龄、生理特点因材施教，例如少年队员精力集中的时间短，要经常变换训练手段，使之总保持新鲜感；再有就是通过观察，对队员着重培养，尤其是场上意识的培养。他说，有了足球场上的意识，阅读比赛的能力就强了，水平和境界自然就不一样了。功夫不负有心人，刘正民带出的每期队员中都会有人被选入优秀运动队，比如，"62班"的王凯、沈洪全、刘学宇，"63班"的山春季、段举、刘洪、乔运良、张宝庆，"69班"的韩金铭、韩松、党杰、陈范军，"74班"的于根伟、卢欣、刘建强、班楷，等等。

刘正民带"74班"两年半以后高升，主要负责场地、业务和对外联系比赛，把他累苦了。时任国家队主教练高丰文是他的好朋友，刘正民一年邀请国家队两次来天津比赛，国家队逢请必到。那个年代已经开始出现商业化的苗头，每当国家队来津比赛前他就得有一段时间到处"化缘"，豁出老脸到处跑赞助拉广告，左磕头、右作揖，晚上八点半以前没进过家门，最多的一年竟然拉来14.5万的赞助款，这在当时是了不起的数字。

1996年刘正民退休后，他带领公安局前卫体协足球队连续两届获得天津市职工联赛冠军。当时队里有不少曾经他的队员，如刘学宇、乔运良等。同时他受聘担任段举足校教练员，每年的元老队比赛都参与，连续十几年不间断。他把儿子刘鹏也培养成了足球教练，现任河西区体校校长。他的亲戚朋友在美国也组织了一支华人足球队，经常一起娱乐。如今年逾八旬的刘正民，每天在海河边疾走8公里左右，健康的体魄，让长寿的他享受了更多足球带来的快乐。

1980年天津元老队中5位汇文中学校友合影
（左起：刘正民、冯以理、张亚男、张尚云、李长俭）

张亚男——津门普斯卡什

张亚男驰骋球场十余年，经历了天津足球20世纪五六十年代的辉煌，上演过诸多闪光耀眼的精彩时刻：天津队1960年夺得"双料"冠军、1965年捧得全运会金牌，都少不了他作为主力而荣立的功劳。转入执教事业，他带出过优秀人才，又遭遇过降级噩运。晚年他与死神擦肩而过，显示出顽强的生命力。年逾八旬的张亚男，足球人生五味杂陈，饱尝酸甜苦辣。

校园头号球星

张亚男在老球迷中名气很大。1937年出生的他是位十分优秀的内锋，后期改踢前卫。他曾回忆，1951年开始见识足球，天津有一场华北队对火车头队的比赛，华北队2∶0获胜。他看了这场球，被足球场上的激烈拼争深深吸引，和同学凑钱买了足球，尽兴踢了起来。张亚男进入十八中学后，恰逢冯以理老师把全校的足球运动搞得热火朝天，他头脑聪慧、技术出众，深受冯先生器重，在校队穿10号球衣，被委以队长之责。他还和哥哥张铁男自发组织了汇光足球队，哥俩打双内锋，相得益彰。张亚男成为学校足球队的领军人物、头号球星。

1956年老教练李朝贵组建天津青年队，张亚男入选，后来又进入以邵先凯率领的国家白队为班底组建的天津队。有了两位名师的调教，加上他练球达到痴迷程度，他的技艺突飞猛进，练就了最难掌握的正足背传球、射门的绝技。

崇拜普斯卡什

张亚男家境殷实，20世纪50年代父辈就订阅了外文画报。当年匈牙利队因讲究配合以7∶1大胜雄踞世界足坛的英格兰队而誉满全球。画报上的匈牙利球星普斯卡什是张亚男十分崇拜的偶像，以他为榜样，张亚男决心也踢出光芒四射的足球。果然，张亚男迅速成为天津队中的优秀得分手。时年，天津足球成绩达到前所未有的高峰，张亚男随队获得了1960年全国联赛和锦标赛冠军，1965年再夺第二届

西欧驻华使馆足球联队对阵天津市"海河"
足球队　10号张亚男

全运会冠军。在这届全运会与上海队的比赛中，天津队只需打平对手即可夺魁。然而，上半场天津队竟已0：2落后。下半场天津队死磕对手，先是沈福儒左路下底传中，张亚男突入禁区一脚劲射破门，打破僵局。上海队攻入一球，然而不久上海队自摆乌龙，比分2：2。当上海队又攻破天津队球门后，终场前孙霞丰门前建功，双方战成3：3。

20世纪60年代初，张亚男就有了"津门普斯卡什"的绰号。他笑道："这个绰号是我恩师冯以理先生起的，我都没进脑子里去。那会儿天津队有老白队的基础，严德俊他们还都在队里，双冠应是大家的功劳。"1963年，张亚男被评为全国优秀射手。

执教经历沉浮

正当事业达到巅峰之时，"文革"开始了，张亚男并没有下放工厂，在体工大队伙房工作了几年，至20世纪70年代带过天津青年队和天津体校队伍。1985年，国际足联第一届世界16岁以下少年锦标赛（柯达杯赛）在中国举行。备战期间，主帅高丰文组建教练班子时，力荐他的好朋友张亚男。这届比赛在7月底开幕，张亚男、肖笃寅和刘光标辅佐高丰文，率队于7月初来到天津，借红桥体育场训练、食宿。全队住在看台下的宿舍里，没有空调，个个挥汗如雨，顶着烈日冒着高温每日三练。张亚男更是以不懈追求、一丝不苟的精神，带领队员苦练技术和战术配合。这届中国少年队拥有谢育新、曹限东、孙博伟、涂胜桥、冯志刚、毕胜、李忠等全国精英，在世界大赛中不负众望，以小组第一名闯入八强。高丰文的教练组得到中国足协的嘉奖，张亚男的教练生涯又上了一个台阶。

1989年，张亚男迎来首次执教一线队的机遇。当年天津队在甲级联赛中处于保级境遇，临危受命的张亚男深知困难重重，仍然接过教鞭。他和领队

张亚男（左一）随队访问越南时的留影

张大樵、助理教练陈金刚、张贵来率领施连志、段举、山春季、霍建廷、王俊、韩金铭、高玉勇等苦苦奋争，然而积重难返，天津队最终还是降级。随后张亚男又担任了一年领队后黯然离去。

难言足球人口

张亚男的执教生涯并没有终止。他重返天津市体校，再次投入青训事业，一如既往的严格管理作风，始终如一的精雕细琢风格，终于带出众多可塑之才，孙建军、高飞、梁宇、田玉来、马云岭等人，都是20世纪90年代职业化开始后天津的第一批球员。

在执教市体校以后，张亚男先后执教过母校十八中学的汇文米盖尔足球学校、天津师范大学足球队，参加各类比赛和全国大学生比赛。那年他带领米盖尔足球小女足队前往美国达拉斯访问比赛，给他留下了难言的记忆。他说："我们的小队输给了对手十几个甚至二十个球，我问足协主席他们的足球人口有多少，回答是达拉斯的一个区的总人口有28万，在足协注册的女足青少年运动员有5000多人。咱们天津总人口1000多万，注册的青少年足球运动员只有2000多人。这就不难解释为什么美国女足成绩越来越好，我们中国女足每况愈下了！"

张亚男感叹道："我对足球寒了心。一是我们踢了一辈子球，至今别说世界，连亚洲最高水平都达不到；二是中国足球现在还很红火，是足球爱好者、球迷托着，我们干这一行的人实际上没有起到托起中国足球的作用。"他又提高了嗓音说："现在的中国足球我不看，太对不起观众，太对不起托起中国足球的人了！"

与死神擦肩而过

张亚男工作照

张亚男和爱人乔维骃青梅竹马，两人是小学同学，机缘巧合，高中毕业后在同学聚会上再度相逢。乔维骃喜爱文艺、体育，尤其崇拜运动员，于是便有了二人的美满姻缘。后来张亚男在天津踢出名堂，乔维骃则成了津门著名的外科医生，二人都是事业型，相濡以沫至今。"我印象特别深，当时体工大队颁发给我一个'优秀家属'奖，亚男不让我去领奖，后来我还是去了，还得了一条毯子。"乔维骃回忆起来是满满的甜蜜。

如今张亚男能享受生活要记老妻乔维骊大功一件。两年前也就是他78岁那年，一次与死神的擦肩而过，至今让她心有余悸："当时他儿子的同学在曹妃甸开了个高尔夫球场，让他去打。本来儿子安排上午休息下午下场，可他说早点吃多了就要下场地。当时他特别兴奋，第一下打完，第二下就倒下了。送到医院做CT，结果是房颤伴有脑梗。当时已经没有自主呼吸了，我感觉人不行了，不过我没有掉一滴眼泪，想下一步怎么办。我告诉儿子你爸不能死在这里，一定要回家。后来第四天他有了自主呼吸，我们又在曹妃甸医院住了三周，回到天津继续治疗，慢慢才恢复到现在的状况。"年轻时乔维骊忙事业，现在她基本上成了张亚男的私人护工，精心照料，无微不至。耄耋老人精神矍铄，令人羡慕张亚男有如此相伴相爱的老伴。

建言青训培育

对中国足球寒了心，可是说起青训的发展方向，张亚男还是有很多话想说："我认为中国足球的青训按现在这路子发展还是没戏。我有个想法，就是体育总局应该把青少年培养责任交给教育部，由教育部在学校里开展，体育总局一定要放弃青训这块。现在的青训工作，体育总局、教育部、俱乐部都管，但又难以调和，都想到学校去挖资源。说到底就是需要管理者敢于担当，不仅需要体育老师努力，还需要每个学校的校长重视起来、管理起来，要把钱花在点儿上。"

张亚男还建言中国足球应该有效利用退役运动员这一资源，到学校去培养青少年。"咱们青少年培养的科学性太差，小孩儿一开始适合从事什么运动，在国外都能看出来，可是国内就不行，还停留在教练用眼看的阶段，没有一个科学的指标。"在他看来，只有理顺青训关系，提升青训管理水平，同时不影响文化课学习，中国足球的未来才会有希望。"希望我们这辈人没有完成的心愿和目标，中国足球的后来人能接班完成。"

张亚男（中间）与征战"柯达杯"的中国少年队队员在长城合影

张宝贵——学子踏入足坛无怨无悔

睿智健谈，幽默风趣，和谁都能说到一块儿，见了邻里大爷大娘也能谈天论地，张宝贵人缘特好。他球踢得相当不错，可惜时间不长就转入足球裁判圈，一干就是30年。他与霍同程（毕业于河北大学）是在那个年代天津足球运动员中唯有的两位高校学子。他热爱美食，研习烹饪，是家里灶前掌勺的一把手。年届八十一岁高龄的张宝贵，虽然腿脚不太好，但依旧热爱生活，依旧情感丰富。

高校学子投奔足球

张宝贵从小就喜欢踢足球，从不耽误学业，成绩优秀。1953年他考入十八中学，学校优越的足球环境、浓厚的足球氛围，加上冯以理老师的辛勤培育，令张宝贵如鱼得水。他身高1.77米，主踢中后卫，头球甚好，加之聪明智慧，是个动脑踢球的人才。十六七岁的时候，张宝贵脸上长了络腮胡子，又不懂得刮净，于是"大胡子"的绰号和他的球技同样在校园里有了名气。高中毕业时，张宝贵有两个选择，他最后还是决定参加高考，并一举踏入天津大学化工系。

国家级裁判张宝贵

天津大学的足球运动氛围在全市各高校中最为浓厚，足坛名宿、天大体育教师赵光济先生组建校队，也和学生们一起上场比赛。张宝贵入队后，球越踢越好，书也念得不错。1956年李朝贵来津组建天津青年队，参加全国乙级联赛，由于队员缺少，把赵光济和张宝贵借调参赛。

乙级联赛每星期日打一场，天津市长李耕涛来看球，见了张宝贵和他打招呼问道："你的大胡子长得挺漂亮，几时进队的？"张宝贵回答："我是被借来帮忙的，队里人手不够。"李市长问他是否愿意进队，张宝贵说愿意。李市长高兴地说："大学生有的是踢球的，难得你愿意放弃学业来踢球呀。"就这样张宝贵进了天津市体训班。

受困伤病转投裁判

刚20岁的张宝贵前途一片光明，俨然一颗冉冉升起的天津足球新星。然而就在人生顺风顺水时，不幸也在一步步逼近。借调参加全国乙级队联赛，张宝贵还要参加天大的期末考试，一个多月没有随队训练，头一场比赛就遭遇了严重的右腿肌肉拉伤。后来他带伤坚持训练比赛，以至于发展为劳损，只要大运动量训练，肌肉就承担不了，大腿皮肤表面出现血丝。无可奈何，张宝贵不得不结束足球运动员生涯。1964年，张宝贵下放到天津市起重设备厂，成为一名工人。

张宝贵不仅聪明，而且做什么事情都特别认真细致，在车间里他做的活儿最细，又爱钻研，利用所学的知识对技术进行了改革、创新，加之性格好，深得工友们的喜爱，更得到了厂领导的器重，被委任为车间主任。张宝贵在起重设备厂工作到退休，厂里多次挽留，他一直到70岁才离开，这是后话。

身在工厂，张宝贵始终难舍足球，经常利用业余时间参与社会足球活动。1974年，名宿韩武、高复祥在新华路体育场业校执教。一次张宝贵前去帮助训练，适逢河东区体校孟庆成带队来打比赛，由于没有裁判，张宝贵第一次拿起哨子，吹了有生以来的第一场比赛。他回忆说："我的判罚虽不规范，但跑动积极，心有灵犀，得到了'伯乐'孟庆成的赏识，随后他给我创造了执哨的实践机会，然后对我讲评。当时声名远播的国家级裁判张大樵也是我的球友，给了我热情、真诚的指点和帮助，讲足球规则和裁判法，讲相关理论，我也主动上门请教，因此进步很快，转年的第三届全运会我就上场执法了。"

三个"闺密"都是汉子

由于同出自十八中学，张宝贵和津门足坛名宿张亚男、李长俭十分要好，几十年的友谊延续至今。"我们仨用现在流行的话说就是'闺密'，在一起无话不说，没事儿就打个电话通个气，他们结婚的房子都是我帮着收拾的。"他们三个人中张亚男最先结婚，张宝贵和李长俭去收拾新房，二人都是出名的做事细致，整整忙了一天，把新房擦扫得一尘不染，连柜子上的铜活都擦得锃光瓦亮。张宝贵回忆着当年的往

前排左起：刘正民、乔宝林、贺洪山、钱立信、张宝贵；
后排左起：王锡山、贾枢、冯以理、张亚男、李长俭、周宝刚

国家级裁判张宝贵英姿

事，总会露出标志性的笑容："再告诉你个趣事，李长俭的女朋友是女排名将于汇亭，张亚男是介绍人，他爱管这事儿。结婚那天张亚男喝多了，没辙了，晚上李长俭和张亚男睡的，他媳妇于汇亭和婆婆睡在一起。后来我们和他俩开玩笑：长俭你这是娶了亚男呀，哈哈。"玩笑归玩笑，老哥儿仨无论在生活中还是足球事业上都志同道合。张宝贵是李长俭家的常客，逢年过节更不必说，李家老母特别喜欢张宝贵，爱听他说话。张宝贵交朋友看中了当时天津体操名将、全国冠军杨波子，但对这位来自台湾的姑娘又有所犹豫。张宝贵幼年丧母，那天领着杨波子来到李家，让老太太相看拿个主意。老太太两三句话就让张宝贵吃了定心丸："娶了这个姑娘，你就享福啦！"如今，宝贵和波子相濡以沫携手走过几十载，是老队友羡慕的楷模。

绿茵执法感悟哲理

球员生涯并不太顺利的张宝贵，裁判生涯却一帆风顺。悟性极高又善于处理棘手问题，让张宝贵很快成为国家级裁判，并且在全国多项比赛中担任裁判长，后来被中国足协聘为全国联赛的比赛监督。从1974年到2001年，张宝贵担任裁判长达27年之久，堪称津门名哨之一。

当问起做裁判这些年最大的感悟是什么时，他眯起眼笑着说："吹比赛和过生活一样，都需要平和的心态。我记得有一次我在南京吹北京部队队和另外一个队的比赛，场上出现了一个犯规，北京部队队一名队员将对手铲翻在地。按理说那是一个吃黄牌的动作，犯规球员已经身背一张黄牌，再给一张肯定要红牌离场的。结果我教育了他，让他向对方道歉，没有给他黄牌。裁判如何判罚需要审时度势，一方面他不是故意犯规，再一个对手当时比分已经领先，如果再出红牌很可能导致场面失控。裁判吹罚的目的毕竟是控制好比赛，同时有利于比赛正常进行和足球运动的发展。这就和我们的生活一样，一次我骑车被一个小伙子不小心抹倒，我起来和他说没事儿，自行车我自己会修，他连连道谢，这事儿就过去了，否则激化矛盾，恐怕得不偿失。"

没踢过球怎么能当好裁判

又一个问题：为什么现在的中国足球裁判饱受争议？张宝贵的回答拨云见日："他们没踢过球啊，

张宝贵在秦皇岛足球训练基地为小学生授课

没踢过球怎么能当好裁判呢? 像我和张大樵他们, 都是从球员转到裁判的, 很多情况是球员还没出动作, 我们就能预判出他下一步要干什么, 会不会犯规。你再看看现在的这些裁判, 他们有几个踢过职业足球。"确实, 现在的中国裁判大多是大学体育老师出身, 而非职业球员。

张宝贵总结道: "说到底足球裁判是一个要求非常高的职业, 他不仅需要有球员经历, 需要有高学历和判断力, 还需要有在纷繁复杂的局面中抽丝剥茧处理好问题的能力。正因为要求高, 所以好裁判非常少。"

彻底回归家庭的张宝贵, 每天忙忙碌碌并不得闲。踢不动球了, 他说他的运动就是买菜、做饭, "烹饪一直是我的一大爱好, 这么多年我乐此不疲"。

2007年李长俭等人一起编撰图文并茂的《绿茵情缘五十春》, 张宝贵应邀热情投入, 奉献余热。耄耋之年, 张宝贵还有着年轻时的乐观心态, 他笑道: "人家退休金6000多块, 我才3000多。我没有不平衡, 什么多的少的, 够花就行了。"

张宝贵感慨道: "足球(运动员)是我一生最大的遗憾, (裁判)给了我一生无数的荣誉, 也是我一生割舍不掉的挚爱。拥有的一切回忆和现在的所有, 我都无怨无悔。"

张宝贵与夫人杨波子

孙霞丰——左右开弓　硕果累累

现侨居加拿大的孙霞丰，这些年经常往返两地，2017年的一个冬日回到天津，一件红色运动衫鲜艳夺目，老人容光焕发、精神十足，一见面便说："足球有让人感动、边哭边笑的魔力，我是那种不在乎功名利禄，只在乎快乐随性的人。"年届八十高龄的孙霞丰还像当年那样个性十足、快人快语："足球是我一辈子的事业，这是我20多岁的时候就已经下定的决心。"作为天津足球黄金时代的亲历者，颂扬他做出了非凡的贡献，毫不夸张且实至名归。

走出工厂奔球场

孙霞丰出生于天津市河东区，在第八中学上学时是篮球爱好者，经常和同学打球，技艺出众，是校篮球队队员、全校闻名的灌篮高手。其实他的足球才华早在小学时就显现出来，在河东区体育场周边的马路上、胡同里，孙霞丰和小伙伴们经常踢球，他天资聪颖，脚法在玩玩闹闹中练得有模有样。

后来孙霞丰进了天津国营712厂（现天津电视机厂前身）工作，恰逢厂里的足球活动开展得火热，他和同事陈少铭、念文汉等组成厂代表队，经常参加企业之间的比赛。孙霞丰几个人是为数不多的从企业走向专业队的足球运动员。孙霞丰踢出了名气，1956年被李朝贵、夏忠麒选入天津青年队，当年与张业福、刘正民、马金才等人在北京参加全国青年锦标赛，获得亚军，并有出色的表现。1959年他入选邵先凯、曾雪麟执教的天津队。

青年时期的孙霞丰

全运会崭露头角

1959年，天津市作为省会城市代表河北省参加首届全运会。此时队伍中的白队队员多为老将，孙霞丰、李学浚、宋恩牧等人开始挑大梁，河北队获得这届比赛的亚军。在与解放军队进行的半决赛中，河北队获得了关键的点球，队友们正在犹豫谁去主罚的

时刻，孙霞丰站了出来："我来罚！"随后，22岁的孙霞丰以其良好的心理素质和优秀脚法，一蹴而就！赛后，时任天津市市长李耕涛专门看望大家，对孙霞丰大加赞赏和鼓励。

孙霞丰的耐力极强，冲刺跑速度甚快，这些都源于平日他对自己的严格要求。他练长跑制定了长距离路线，以天津市人民体育馆为起点，沿贵州路、吴家窑大街，转向南开大学、天津大学、岳阳道，最后回到体育馆。跑步中他有时兴致起来，会瞄准前面的自行车奋力追赶。球队住处移地后，孙霞丰的另一条长跑路线是沿昆纬路、狮子林大街、中山路往返跑。如此坚持不懈，耐力、速度大幅度提高，为他在比赛中充分地发挥技术打下了根基。

驰骋锋线有绝活儿

进入一线队之后，孙霞丰征战过每年的全国联赛、锦标赛，在1960年夺得"双冠王"的比赛中，在获得1965年第二届全运会冠军的比赛中，在朝鲜举行的新兴力量运动会获得亚军的比赛中，他均作为主力前锋登场。他是闻名中国足坛的射手、得分手，那些年间几乎每场比赛都有进球入账，到底有多少，连他自己也数不清楚。

孙霞丰的射门特别有想象力，突破、抢点快速、猛烈，左脚右脚都有得分功夫，临门一脚令人叹服。他有三个得分绝活儿——在快速冲刺中的"捅射"、门前抢点的"铲射"、18码线附近的"抽射"。他说："很多人在快速行进中，因快够不到球时才想起用脚尖射门，我就不同，球在我脚下正前方位置，我随时都可以采用脚尖射门，球速快，因而守门员不好防。铲球的关键是我的跑位和胆量。"他又说："我的抽射是高抬大腿，快摆小腿，用足的正背猛击球，球在空中一个抛物线旋转，然后突然下坠，如同乒乓球的下旋球。"几十年前，国家体委文史工作委员会出版的《中国足球运动史》一书中，专门收录了他的射门照片，赞赏孙霞丰的射门颇具特色。

孙霞丰的射门绝活儿，看似无师自通，实乃经常思索又艰苦磨练的成果。对此，他有感而发："足球不是野蛮的游戏，是力与美的充分展示。它不仅仅靠身体和技术，还有心理和意志。足球比赛的意义也不仅仅在于赢得胜利，还包括赢得尊严，

孙霞丰夫妻合影

同时让人们分享快乐、传递文化、传播精神。"

实至名归神射手

1960年，孙霞丰以优异的表现入选国家队，直至"文革"开始。遗憾的是，那些年国家队虽有出访和在国内迎战来访的外国队的任务，但是没有机会参加正式的国际赛事。1965年第二届全运会，又给了孙霞丰一个大显身手的好机会。在预赛和决赛共10场争夺中，他惊人地一人包揽9个入球。特别是对上海队的"生死战"，打平对手即可获得冠军的河北队，在0∶2的极度劣势下，奋力反击，把比分追成2∶3。孙霞丰在最后几分钟突入禁区，在两名后卫夹击、守门员出击的刹那间，顺势倒地射球入网，3∶3！孙霞丰不愧是这届全运会河北队夺魁的第一大功臣！

20世纪60年代初期，天津足球处于鼎盛时期，天津队多次被国家体委指派迎战外国球队和出访比赛。1964年访问越南，"内战内行，外战亦内行"的天津将士不负众望，以善打硬仗的风格连克4支东道主强军。越方不服输，又加赛两场，仍然未能摆脱失败的命运。6战告捷，收获22个入球，孙霞丰每战表现都闪亮抢眼，进球数占全队进球数的三分之一。

夺得全运会冠军的天津诸将，当年又代表中国队参加了在朝鲜举行的第二届新兴力量运动会。首场比赛对阵印度尼西亚队，孙霞丰上演"帽子戏法"，中国队以3∶0完胜。随后，中国队以0∶3负朝鲜、3∶1胜柬埔寨、3∶3平越南、2∶0胜几内亚，最后获得亚军。在5场比赛中中国队总共打进11个球，孙霞丰贡献了6个。

教练征途不平坦

孙霞丰夫妇与曾雪麟教练的合影

"文革"期间，孙霞丰下放到天津起重设备厂，重操旧业当钳工。工作之余，他时常同下放各工厂的队友踢球比赛，热热闹闹又高高兴兴地度过了几年。1971年7月，他重新归队加入教练员行列，在此岗位上工作了整整18年。20世纪五六十年代，天津各支足球队的主帅如李朝贵、邵先凯、陈朴、曾雪麟、严德俊等人，无不来自外省市。孙霞丰自豪地说："我是正儿八经天津成长起来的本土教练。"

孙霞丰先是出任天津二队主教练，1972年至1975年

为天津队主帅。其间，他率队于1973年获得全国甲级联赛第五名，1975年获得第三届全运会第七名，并率队出访非洲十国，取得良好战绩。1976年至1982年，孙霞丰先后执教天津青年队、天津二队。他带领的天津二队在1981年给天津、天津球迷带来了惊喜，在这个赛季的全国乙级联赛中，球队以30场比赛胜22场积得44分的战绩获得第四名，从而晋升全国甲级联赛，促成天津在16支甲级队中占有两个席位的格局形成。孙霞丰执教天津二队，以他特有的个性、科学的管理、严格的要求，把队员们训练得心服口服，为后来的天津队输送了可用之才。然而当他在1984年再次带领天津二队征战在武汉举行的首届中国足协杯赛时，这支队伍因战绩不佳而跌入乙级队。当年，由以严德俊为主帅的天津队、沈福儒率队的天津青年队也取得了本次比赛的参赛资格，在天津和全国各地引发强烈反响。但是为了均衡三个队的实力，不得不进行人员调整，难免有分散兵力之嫌。天津二队的掉级，令在赛场上从不认输服输的孙霞丰很是无奈，他坦然面对，留下了其教练生涯中的一大遗憾。

教诲弟子有心得

孙霞丰的性格如同场上的风格，在天津乃至全国足球圈内是出了名的——直言率真、铿锵有力，说到的必是自己先做到的。回忆当年的一次会议，他在市体委负责人面前毫不保留地说出自己对振兴天津足球的观点，听似有些不合时宜，但言语中充满着对足球的热忱。至今，他仍重复着那次会上说过的话："不是为自己，为了足球事业，不要徘徊彷徨，也无须在意别人的闲言碎语，要去奋斗，要当强者。"

带队伍时孙霞丰对队员不仅严格、严厉，甚至大声呵斥，但他也会循循善诱。他告诫弟子，做事就要做到底、做到好，不动脑子、怕苦懒惰，就没有出息、没有前途。如果自己觉得哪方面技能不足，就努力去学去练，别人练百次自己练千次。有了热爱的心，人才会充满热情、全心投入，而且不觉得辛苦。

1985年之后，他曾经应邀到天津体育学院足球队任教。那时的校园足球刚刚起步，孙霞丰花了不少心血。在他看来，足球运动除了比赛、输赢、奖牌之外，还有着育人的内涵和价值，在一定程度上有品格教育功能。爱踢球的学生在球场上都是全力以赴、顽强拼搏、奋力进取、永不言败。有追求、有理想、有品格，才能练就过硬的功夫和高超的技能。

孙霞丰于美国留影

李玉森——桃李满枝老园丁

　　足球场上见不到李玉森的身影,他却与足球结缘颇深,是天津足球界中资格甚老的"园丁"。作为原河西区体育场场长的他,几十年间孜孜不倦地投身业余训练,培养出一大批优秀足球人才。如今,1936年生人的他已年逾八旬。

从足球指导员起步

　　天津市河西区的大型工厂、企业众多,体育运动特别是足球运动很有传统,活动开展得十分活跃。李玉森曾就读的棉纺二厂小学、第四中学的足球氛围都很浓厚。在四中上初中时,李玉森练田径,创造过学校百米纪录,又在黎国良老师的指导下练足球,是学校足球队的队长。李玉森介绍,20世纪50年代天津有4所中学的足球运动享有盛名,一中、十八中、七中和四中,天津最早组建的青年队,队员多是从这几所学校中选拔出来的。1956年,李玉森接到通知准备去天津青年队报到。当时正值学习苏联经验而大力组建业余体校,足坛名宿陈志发、夏忠麒找到时年20岁的李玉森,希望他去新华路体育场任教。于是,从1957年开始,李玉森成为天津第一批足球指导员。

　　当时天津市区共有8个体育场,李玉森最终来到河西区体育场。在河西区体育场扎根40年,他从青涩的足球指导员成长为优秀的业余训练教练员。20世纪60年代他担任副场长兼业校校长,河西区的足球、排球、网球、田径等优势运动项目人才辈出,不仅在天津而且在全国也有很大影响力。

慧眼识珠出成果

　　李玉森担任足球指导员,带的第一批队员是沈福儒、王美生、韩宗强、王凯、柯振亚、郭嘉田等,后来这些弟子分别进入专业队,有的成长为天津队乃至国家队的生力军。

　　说起爱徒沈福儒,李玉森对往事记忆犹新。当年他受命组建一

李玉森

李玉森在辽宁省安东市的留影

支青少年队，便到处选拔好苗子，从四十二中找到沈福儒、郭嘉田，还从外区选来韩宗强、韩孝忠等人。经过一段时间的刻苦训练，这支队伍的水平日渐提高，与河东区的李家舫、薛恩洪、田桂义的球队比赛，双方不相上下。他回忆道："沈福儒特别能吃苦，练习非常认真。从土城走着去新华路体育场训练，他和队友都拿着一块大饼，不觉得累和艰苦。"时至今日，沈福儒始终不忘恩师。"每年春节，第一个给我拜年的就是沈福儒。大年三十电话一响，我说肯定是沈福儒。他说：'老教练我给您磕头拜年啦！'他总是说，没有李朝贵，没有我，就没有他的今天。"

还是在土城这片土地上，李玉森又在比赛中挖掘出左树声。他和田桂义主选，还选出了李德安、赵亚旺、李刚和河东区的裴恩才等人。李玉森说："左树声身体健壮，起动很快。第一次看他踢球就感觉这小子特别能拼。后来经过精雕细琢，把他输送到李朝贵、邓雪昌教的天津青年队。"几十年来，从河西区走出的足球人才超百人，左氏三兄弟和张来阳、刘俊鸿、翟良田、刘小牛、张大山、齐玉波、吴泽民、王毓俭、沈奕、石勇、刘云飞……其中不少都出自李玉森和教练组任职的河西区业校。

社会体育助发展

担任河西区体育场场长、河西区业余体校校长之后，李玉森又将选材范围扩展到许多运动项目，名震国际体坛的兵乓球世界冠军马文革、柔道名将佟文等人都来自这所业校。能从河西区走出众多优秀体育人才，李玉森说他有一套独特的选材标准和方法："就拿足球为例，我感觉看一个运动员的素质很重要。一个是素质，再一个接受能力。当时我教沈福儒带球旋转，他很快就学会了，脑子非常好。在我看来，每次选材都要通过身体素质测验，通过比赛观察接受能力、反应快慢、跑的动作是否协调，等等。不是人人都能踢球，也不是人人都能成为优秀的运动员。"

除了伯乐慧眼识珠，培养出人才还受方方面面因素的制约。"那时候天津体育运动氛围浓郁，足球最好的是河东，河西也很不错，家长也重视。孩子在球场训练，家长就拿着馒头在场边看着。那时候天津市工人足球比赛相当活跃，棉纺二厂、棉纺四厂、钢丝绳厂、第二冶金修配厂、造纸总厂、起重设备厂、电焊条厂、化工机械厂……都有足球队，邓雪昌、王金丰、张宝贵他们都下放到起重设备厂，天津队下来的

队员，工厂都会抢着要。"社会体育的蓬勃发展，学校体育的备受重视，还有孩子家长的热心支持，成就了河西区各项体育运动不断发展，李玉森对此感触颇深。

天津土城小学举办足球工作会议欢迎年维泗、张俊秀一行。图为少先队员给李玉森佩戴红领巾

吃苦精神是根本

在李玉森扎根河西区的40年里，他本来有机会去天津足球队当领队，也有机会去市体委任职，但他无法割舍对河西这块体育人才沃土的感情，几次都婉言谢绝了。正是这种无私的"园丁精神"，铸就了李玉森如今的桃李满枝。

大道理人人都会讲，但论吃苦，李玉森为他的学生和后来人树立了榜样。"干业训不吃苦根本成功不了，当时我们河西体校被称为'南泥湾精神永放光芒'。白队下基层时，我和国家队教练孙宝荣、张宏根关系不错，我们仨下点儿到台儿庄路小学，带着在校的刘小牛、李世光、张志强、翟良田他们获得1964、1965年两届全国冠军，在先农坛体育场3：0大胜北京队。那时候我们就睡在学校，两个多月不回家，天天和学生们吃住在一起。"

成为河西区体育场场长、河西区业余体校校长之后，李玉森更是三十多年没有在家过过一个年三十。"我又是书记，我就得在那儿值班盯守，别看我这小老头儿，做人还是要讲点儿素质的。既然干了这行就要把事业干好。教育孩子也是如此，我会告诉他们：明是非，讲诚信，做人多考虑别人的感受。"

让孩子回到足球场

1997年，李玉森从河西区体育场党支部书记、场长、业余体校校长的位置上退休。在四十多年的业训事业中，据不完全统计，他为天津输送的足球运动员及其他运动项目优秀人才数百人。

如今虽然已经远离业训一线，李玉森还在思考，想着撰写对青少年足球人才培养的感想体会。他说："我感觉足球还是应该从娃娃抓起。在国外，一个公园有三四个标准的足球场，咱们体育场都没了还怎么踢球。要想培养运动员，第一，思想基础必须要打好，把爱钱变成爱国，不爱国是没有前途的，为祖国争光是运动员的指导思想。第二，请了这么多外教外援，花费国家百姓多少钱？老同志石坚当年的建议很对，应该把外援外教的投资用于青少年。中国怎么就不能用中国的教练呢？当年没有外国教练，中国足球是这个状态吗？比如左树声、沈福儒都是有过国家队经历的，通过多年的经验积累，他们带运动队有什么不好呢？人家C罗、梅西是球星，球队可以围着球星打，你中国有球星吗？国家队有球星吗？"

李玉森说："很多事情，我们作为一个足球园丁，只能给国家提建议，开展青少年培训不是一朝一夕的事情，先让更多的孩子回到足球场，和教育局配合好，才是需要迈出的第一步。"

20世纪60年代末李玉森在河西体育场当场长时的留影

刘家俊——从球员到民园当家人

刘家俊

在1957年天津青年队补充到国家白队的队员中，踢中卫的刘家俊是比较踏实低调的一位。退役之后，无论是短期从事教练工作，还是后来长期从事体育行政工作，他始终不张扬，踏踏实实，默默无闻，至今仍是如此。

小皮球踢进专业队

刘家俊自称他步入足球圈是从踢小皮球开始的。依稀记得，新中国成立初期，天津体育运动的群众基础雄厚，足球更是如此。刘家俊从小学就踢"野球"，是那种小皮球，后来在南开中学上学，经常在校门口和同学踢小皮球。刘家俊说："我没进过业校，当时足球在天津中学里发展很普遍。像十五中（南开中学）、十六中（耀华中学）、十八中（汇文中学）、一中都出人。十八中有冯以理，他以前是华北队的队员，到汇文教书，组织校队特别强，所以十八中出人特别多，刘正民、张亚男、李长俭、张尚云、张宝贵等都很优秀。一中出了李学浚、宋恩牧、张业福、韩孝忠。足球普及程度很高。"

当时足球运动在学校中开展得很广泛。刘家俊从南开中学到二十一中，1956年天津青年队组建，他被征召到市体训班，在重庆道100号，大部分队友都是高中生。这些有一定知识的队员对足球有很好的理解，大家在一起很团结，很用心，如果输球，中午大家都不睡觉，一起分析为什么输，该怎么踢，更不会有人抽烟喝酒。正因为有了如此奋发向上的集体，加之教练的悉心指导和队员们的刻苦训练，天津足球在不久以后迎来了上升期。

"苦"字伴青春

1956年的七八月份，李朝贵指导来到天津，为天津青年队开辟了成功之路，刚组队就获得了全国锦标赛亚军。随着李朝贵的到来，天津青年队人员逐渐增多，队伍趋于稳定，到1957年已经夺得全国锦

标赛冠军。"后来白队来了，我们这批人的训练更刻苦了，一天三练到四练。早晨不用教练喊起床，大家都很自觉起来练球，教练到的时候，我们都一身汗了。"刘家俊说。

1957年白队到天津时只有14个人，陈少铭、李恒益等相继补充到白队代表天津队，而刘家俊则继续在天津青年队锤炼自己。刘家俊拿着照片回忆往事："那年我们去广州冬训，苏联国家队也在那里冬训，我们向他们学习。那时候到广州我们都是自己带行李、带铺盖，坐火车还不要卧铺。那时我们住的破棚子是人家放器材的仓库，四处透风。即便条件艰苦，我们也没有任何怨言，大家还是比着训练、比赛，没有偷懒的。"

念恩师难忘父子情

国家白队的到来为天津足球掀开崭新的一页。在白队前辈的影响下，天津青年队已经在国内打出了名堂。刘家俊对此印象深刻："白队到来的贡献不可磨灭，他们让天津足球提升很快。不过当时我们这批人已经成长起来了，1957年我们去广州和国家队打比赛，国家队有年维泗、张宏根那批人，我们也曾赢了他们。记得当时报纸标题写道'天津白袍小将将国家队拉下马'。当然那时候白队的水平已经达到相当的高度，也把我们带动起来了。"

青年时期的刘家俊

那时候有天津队（一队）、天津二队，后来有河北青年队、南开学生队，天津四支球队并驾齐驱，人员上下很频繁。"现在想起来，李朝贵对天津足球的贡献是不可磨灭的，"刘家俊说，"我们形容二队

就是个大鱼缸，李朝贵是'养鱼'的，一队需要就在里面捞，不需要了就回到鱼缸里，李朝贵继续养。他不图名不图利，勤勤恳恳，一批批地为天津足球输送人才。没有他的付出，白队难有源源不断的后备力量。"正是因为多年的师徒情谊，刘家俊这批队员都与李朝贵情同父子，有什么事儿只要一个电话，弟子们义不容辞，随叫随到。

忆领导关爱运动队

1960年天津队获得全国甲级联赛和锦标赛双冠，经历过那段历史的天津队成员，回忆起来大同小异，但刘家俊的记忆与众不同。拿着那张夺双冠后的大合影，刘家俊笑着说："你别看照片上服装整齐，每件衣服上都有'天津'二字，但都是找体委借的，照完之后又还回去了。拿个全国亚军，体委奖励我们每个人一件白布衬衫已经难得了。双冠之后，体委以市委的名义在干部俱乐部请大家吃个饭完事儿。过去真没有所谓名利、锦标主义。"

1960 年天津队获得"双冠"时的颁奖照

天津足球在那段时间的辉煌，离不开深厚的群众基础、白队榜样的激励，同样也离不开领导的关心与支持。刘家俊回忆说："那时候天津市市长是李耕涛，他下班后常常来到重庆道100号，坐在高台阶上和我们聊天，他谁都认识。有一次晚上我们正在聊天，天津女排转天要去外地比赛，队员雷怡夹个布包袱走过来。那时候穷，没有什么行李箱、手提包之类的，正好让李耕涛看见。他开玩笑地问：'雷怡，你这是干嘛，回娘家？'雷怡回答说是去外地比赛，没有提包。结果李耕涛市长马上要求体委给每个人买个包。第二天姑娘们提着包出征了。这就是那时候的领导，特别关心运动员和运动队，这只是个小例子。"

逾八旬年迈不服老

1965年第二届全运会刘家俊因故没有参加，后来他和严德俊还带过一段时间的天津青年队。1970年，刘家俊退役去民园体育场当场长，从事行政工作。在民园刘家俊一待就是十多年，除在业余体校培育青少年外，每当体育场担负全国和国际重要足球赛事、田径比赛、运动会及大型活动时，他就带领全体员工操持多种多样的竞赛和繁杂的事务工作，可谓尽心尽力。后来民园体育场改造，刘家俊被调到市体校，依然从事行政工作，直至退休，始终潜心敬业。

在体训班时，刘家俊结识了后来的妻子，她也是原天津女篮队员。两人育有一儿一女，儿子原来在天津男子手球队，现在在奥体中心游泳馆工作，女儿曾在天津女排效力。一家四口均从事体育，可谓名副其实的体育之家。

由于爱人两腿膝盖都做了人造关节置换手术，行动不是很方便，如今年逾八旬的刘家俊担起了家里的大事小事。"前些天女儿教会我骑'小黄车'，人家和我开玩笑：'行啊，还玩上高科技了。'"刘家俊笑着说："我还学会了拿手机等公交时看'车来了'，还有几分钟到站，省着挨冻。虽然人老了，但思想还是要与时俱进，手机看看新闻、用用软件都没问题。人嘛，就活个精神劲儿。"

至于足球，现在刘家俊已经很少关注。用他的话说："天津队没有天津人，一到全运会就傻眼，有嘛意思。"他的话表达了那一代足球人的心声。而现在天津足球正在下大力气培养后备人才，国家对于青训也较以往更重视。重温辉煌，对于天津足球也许并不遥远！

刘家俊全家福

李学浚——殚精睿智　奉献绿茵

　　足球圈内的人谈起李学浚都异口同声:"他踢球不单是跑动积极、速度极快、脚法精准,最主要是他会动脑子踢球,站位、时机、预判、意识各方面都很出色。"李学浚更体会到:"足球是运筹帷幄的智慧运动,但现在的中国足球多少缺失了点儿大智大慧。今天谈论足球,不可以忘却过去,要重拾传统,在继承的基础上发展创新,追求新形势下的先进理念,二者不可或缺。但重要的是讲'心',不能遗忘初心。"李学浚是一位不忘初心的足球人,又是对足球用心的人。

　　1938年李学浚出生在天津北塘一个颇有名望的家族,兄弟四人中他最小。他四五岁时,全家搬迁到天津市里。他先后在耀华小学和实验小学上学,又喜爱上了足球。后来李学浚考上天津一中,品学兼优,球踢得好,特点突出,是校足球队的主力队员。幸运的是,他就读的天津一中又是闻名遐迩的体育传统校,除了足球,李学浚还喜欢田径、短跑、跳远,在全校和区级、市级中学生田径运动会上总是名列前茅。田径是一切体育运动的基础,他在绿茵场上显示出的优秀身体素质,也得益于田径。1956年读高二时,在一次足球比赛中他被号称"津门球圣"的李朝贵发现,选入天津青年队。由于李学浚是高才

李学浚

生,班主任舍不得,学校不放手,李朝贵指导费了很多口舌,做了很多工作,最后通过市体委、市教育局才把李学浚调到麾下。说到这段经历,李学浚至今不忘李朝贵、夏忠麒、邵先凯,是几位伯乐识良驹,成就了李学浚的足球人生。

　　进入天津青年队后,夏忠麒、李朝贵教练因材施教,重视提高李学浚速度的同时,狠抓基本功练习,跑动射门、定点打门、头球冲顶,一练就是几百次。李学浚至今仍记着李朝贵对他说过的话:"一支球队没有几名快速、准确的得分手,就别想在比赛中获胜。"忆往昔,李学浚不胜感慨:"那时候练得非常辛苦,特别是夏训,顶着烈日,忍着酷暑,一天下来累得晚上睡不着觉。"这支青年队的勤学苦练,终于收获了成果,在1957年举行的全国12城市青年足球锦标赛中,李学浚和队友齐心协力,为天津夺得新中国成立后

的第一个足球冠军。

　　同样是1957年，国家白队在领队王伯青、教练邵先凯的率领下，14位精英来到天津安家落户。自此，天津有了一支高水平的足球队。国家白队来天津后不久，因为赛事频繁，伤号增多，又因有出访任务，14人的队伍兵力不足，于是从天津青年队遴选了李学浚、李恒益、胡凤山、陈少铭4名新秀加入。从此，以机智灵活、起动快、善于巧射建功著称的前锋李学浚披上了天津队的战袍，那年他刚19岁。1957年，天津队访问埃及、叙利亚、苏丹三国。在埃及的3场比赛中2胜1负，在苏丹的3场比赛中1胜2平，在叙利亚的两场比赛均与对手握手言和。但凡有登场比赛的机会，李学浚都表现不凡。1959年9月，第一届全运会在北京举行，由于李学浚在天津队中尚属小字辈，比赛中更多的是当替补，并随队伍获得亚军。此后，李学浚和队友再接再厉，为天津足球捧回1960年全国甲级联赛冠军和全国锦标赛冠军，成为"双冠王"。这一年，李学浚充分展示了技能，他与陈山虎、袁道伦、孙霞丰、胡凤山被誉为津门"锋线五杰"。国家队教练年维泗、陈成达看中了不可多得的前锋李学浚，把他调入队中。李学浚凭借自己的特点和优势，很快取得了国家队主力前锋的位置。对于李学浚的球技，名宿年维泗的评价很高，他说李学浚是一个知识型运动员，是一个用脑子踢球的优秀前锋，生活中的文质彬彬与绿茵场上的彪悍机警，形成很强烈的反差。1960年8月17日，北京工人体育场，中国队迎战印度尼西亚队，这是双方第二次交锋，中国队在三个月前以 2∶1 力克对手。这场比赛面对对方的3241阵型，中国队注重边路进攻，进攻速度又慢，因而上半场徒劳无功。下半场比赛中国队做出调整，善于观察动脑的李学浚任内锋，跑动穿插收到奇效，第50分钟时张志诚在禁区外右侧传球，李学浚快速摆脱对手，跑动中转身劲射，足球应声入网。随后队友又连入两球，最终中国队3∶0击败对手。李学浚打破了僵局，显示出他在门前的机警和把握战机的能力。1964年12月，李学浚随天津队访问越南。在此之前的新兴力量运动会上，中国队曾负于越南队，越南队认为打败天津队更不在话下。然而，天津队在原定的4场比赛中都获得胜利，随后越南队又要求加赛两场，结果又都败在天津队脚下。6场比赛天津队一共打进22球，李学浚一人独得8球。首场比赛，天津队攻势如潮，开场仅4分钟，李学浚巧妙过人，突入禁区左侧劲射破网；第30分钟李学浚再插腹地，见门将出击便用脚外侧吊射，球飞入网底。他的精彩表演可谓出尽了风头！

　　1965年9月第二届全运会在北京举行，这时的天津队已经全由本土队员组成，李学浚已经当上了队长。天津队的阵容十分强大：守门员张业福，后卫从右到左是李抗、宋恩牧、王杭勤、杨秉正，中场张亚男（或李长俭）、崔光礼，右边锋李家舫（或霍同程）、右内锋李学浚、左边锋沈福儒、左内锋孙霞丰。与上海队的冠军决战中，在比分落后的情况下，李学浚和队友们顽强拼搏，一鼓作气连下三城，双方3∶3战平，天津队最终以净胜球多而获得冠军。

李学浚在一次次国内外征战中，不断审视自己，总结、提高，从而形成独特的风格。用他的话说，他十分崇拜世界名将克鲁伊夫，踢法也很像克氏。的确，李学浚作为内锋，经常回撤中场接应，在积极跑动中串联；他脚法娴熟，善于给同伴传舒服的球，一旦机会到来，他突然起动，快速抢点，冷静又果敢地直捣龙门！

谈到自己的成长，李学浚强调："新中国成立前，天津是中国足球发源地。天津的优势就是有足球的底蕴和重视传承，底蕴这东西看不见也摸不着，没了就彻底垮了。那时风

入选国家队时期的李学浚

气好，大家一心扑在训练上，不管比赛输赢，过后马上总结讨论，我就是在这样的氛围中练出来的。"

"文革"开始后李学浚离队。1971年全国各地又重新组建足球队，名将曾雪麟再次成为天津队主教练后，李学浚在天津队担当教练员，辅佐曾雪麟工作，为恢复天津的足球运动再次发挥了重要作用。20世纪80年代，全国很多城市出现了女子足球队，天津也组建了一支。后来，李学浚在这支队伍的基础上重新组建。当时，天津有女足运动基础的中小学很少，只有河东区卫国道中学和塘沽八中有球队。为组建这支女足，李学浚奔走于全市许多中学、体育院校和运动队，他从卫国道中学选来赵梅、唐昆，从塘沽八中选来施桂红，从田径队里挑选了刘志梅、孙玉珍、姚建玲，又动员几个其他球类项目的女队员改项，七拼八凑总算拉起了队伍。这支女足中的不少人不会踢球，有的甚至没看过足球比赛，更不了解足球规则，李学浚在教练邓雪昌、李恒益的辅佐下，带着这些姑娘们练起了足球。可以想象这样一支队伍参加比赛会有什么成绩。 在1982年和1983年的全国女足邀请赛中，天津女足都是倒数第二。面对整体上的落后，李学浚深知要迅速提高技战术水平，必须在日常训练中首先抓个人技术训练，在练就扎实基本功的基础上充分发挥个人特点，提高她们对足球的理解能力。经过李学浚等教练员的调教和姑娘们的刻苦训练，天津女足成绩提高很快，1984年在全国女足锦标赛上获得了亚军，1985年，组建三年的天津女足在全国女足锦标赛上一举夺得冠军，创造了奇迹，引起了足球界的轰动。

李学浚执教女足的能力和出色成绩，获得中国足协的认可，1984年年底他被调到国家女足，和足坛名宿、时任辽宁女足主教练丛者余一起担当中国国家女子足球队的教练，在广西和广东进行严格刻苦的训练。一年多之后，这支队伍第一次出访，参加在意大利举行的两个女足邀请赛，并获得其中一项赛事的冠军。1986年，中国女足首次亮相亚洲，参加了在香港举行的第六届亚洲杯女子足球锦标赛，中国队战胜了日本队、香港队、马来西亚队、印度尼西亚队，决赛中再次以2：0的比分战胜日本队，获得了冠军。刚刚成

立两年的中国女足取得的优异成绩，为后来"铿锵玫瑰"的绽放奠定了基础。担当教练的李学浚依然是勤于思索、善于创新的智者。国家队的训练主要由李学浚负责，为了打造一套强有力的边路进攻阵容，他果断地改定几位队员的位置，如温莉蓉打左前卫，而把打前锋的水庆霞撤到左后卫位置，打右前卫的王斐撤到右后卫，这样左右边后卫都是中前场出身，助攻意识、能力强，攻势更加凌厉。他的知人善任还体现在不断雕琢中场队员的全面能力上，在他的刻苦调教下，辽宁的李秀馥、天津的赵梅都成为中场核心，扬威亚洲，达到当时的世界水准。左右边锋孙庆梅、吴伟英，中锋牛丽杰，都在严格的、有针对性的训练中成为优秀选手。李学浚说："教练员的艺术是什么？是让球员训练出自己的特点，是能把队员的体能、心理、技战术发挥调整到最佳的状态。"也是从这个时候开始，中国女足开始了长达15年的辉煌历程，李学浚是功臣教练之一。

李学浚训练照

　　和男足不同，带一支女孩组成的队伍，教练员在严格要求外，更须细心、耐心，姑娘们的日常心理、生活中的细枝末节都要处处关心留意。李学浚自己就是两个女儿的父亲，他把每一个队员都视为自己的女儿。李学浚看到这些女孩子付出的辛苦常常超过男队员，她们的身体病痛让他记挂，她们的心态压力让他惦念，他会想尽办法帮她们舒缓压力。李学浚和队员们在一起的时间比女儿多，两个女儿多少受到"冷落"，还小小地吃过醋。

　　说起妻子和女儿，李学浚骄傲地说他家里有三个温柔似水的女人。妻子曾经供职旅行社，在"国旅"是位靓丽且工作尽职的职员。多年来丈夫全身心地投入事业，她由不谙家务被"逼"成"煮妇"，成为一家的主妇。她深知丈夫带队十分辛苦，李学浚每次回家，她总是把关怀的心意传递给他。她优雅从容，讲究品位，喜爱戏曲，尤其是越剧，常去观看。

　　从中国女足回归后，李学浚坐过市体委竞赛处的办公室，做过电台足球评论员。足球职业化后，他又一度担任过天津三星队领队。在之后的年月里，他一直关心天津足球和中国足球的建设和发展，并且为天津足球出谋划策。谈论起当今的足球，李学浚更关注预备人才和优秀选手的培养，认为不可急功近利、本末倒置，否则后患无穷。李学浚认为，渴望有一个好的未来，搞好学校体育是关键，通过体育课和课外活动，培养学生健康的、全面的身体素质，沿着这条道路才能发现并选拔适合从事不同运动项目的人才。在此基础上积极普及校园足球，多创建足球特色学校，让更多的学龄前儿童、小学生、中学生都参与进来。

　　"校园足球需要经历一段时期，可能是默默无闻，尔后则是厚积薄发，我们要给自己一点儿时间，理清思

路才能走好每一步!"他说:"我们那个特殊的年代,要么踢球,不再念书;要么读书,放弃踢球。当时专业足球运动员的培养和文化教育完全脱节。其实体育本身就是德育,不仅可以促进智育,还能提高人的审美能力,所以德智体美四育是相互交融的。但体育的功能过去被忽视了,现在要回到根本的位置上来,真正成为实现立德树人根本任务中不可缺少的一个环节。"

在李学浚看来,踢足球有助于孩子的身心健康发展,有助于培养孩子们坚强的意志品质。李学浚倡导足球回归校园,还因为通过足球运动,孩子们同样能锻炼学习所需的能力、素质,如意志力、注意力、理解能力、记忆力等。足球的魅力是无法替代的,它还可以让孩子学到从书本上学不到的团结、合作、如何对待成功与挫折,等等。

球场上的李学浚

李学浚深刻地指出:搞好校园足球,才能谈及中国足球的未来,中国足球不缺热情,也不缺钱,一是缺场地,二是缺人,尤其缺少懂校园足球的教练,即那些踏踏实实、闭关修炼、潜心钻研、扎根基层、不图名利、真正干事的人。抓好校园足球,也需要快速普及科学严谨的校园足球教材。比方说,青少年每一个年龄段,最好都有一部教材,结合男女儿童不同生长发育阶段的身体变化,制定出可行的有依据的教授方法。另外多搞一些以赛代练,比赛最能激励孩子身心向上、奋勇争先,增强集体荣誉感、个人成就感,能够促进孩子全面成长。

李学浚与天津女足弟子们的合影

如今的李学浚步入八十高龄。从18岁到80岁,无论做队员还是当教练,他的人生轨迹清晰可见,更充满着荣耀,不为名誉所累,不被功利牵绊,追求淡然超脱。他小有脾气,对众多弟子既严厉,又善解踢球人的艰辛。他小有个性,在足球圈内捧人但不恭维,夸人超真实,谦虚而不卑不亢。李学浚的足球人生应该是痛并快乐的。离开球队后的日子里,李学浚更是洒脱,在天津乃至全国各地的桥牌桌上,每每再现他的智慧。李学浚是十分值得人们推崇的一位足球人。

田桂义——栽培门将　硕果累累

守门员在足球比赛中占有特殊的位置，起到的重要作用不言而喻。但是，"守门员不仅仅是守门的人！现代足球里，守门员需要有更多样、更复杂的应变处理能力"。第一次听到这一概念时，田桂义还是三十二中学的一位中学生。

上小学时，田桂义练过田径。参加体育活动只要对身体有益，家人都会全力支持他。后来他又练起体操，展体、跳跃、飞身、翻滚……田桂义渐渐地练出了结实又灵活的体魄。学校开运动会，他能跑能跳，十分引人注目。当时的三十二中学地处河东区，足球活动开展活跃，校足球队缺个守门员，基于多年训练打造的身体素质优势，田桂义很自然地被推荐，从此走上了足球守门员的成长道路。初中毕业后，由于家境的原因，田桂义曾一度有放弃学业及足球运动的想法，但在家人大力的支持和劝导下，田桂义很快打消了务工挣钱养家的念头，努力学习并升入河东区第七中学高中部。

在七中念高中期间，成为校足球队主力守门员的田桂义遇到了人生中的第一位伯乐。1958年，天津市成为河北省省会，这时出现了一位令田桂义感恩终生的人——陈朴。1958年5月，时任河北省足球青年队教练的陈朴，在一次比赛中看到田桂义的表现，赛后约见了田桂义，劝说他放弃学业，加入河北青年队。同年7月，田桂义被调入河北青年队，正式开始职业足球生涯。进队后田桂义开阔了眼界，接受了专业化的规范训练，技战术水平快速提高。为此他也付出了艰辛、伤病、苦痛，以及没有念完的高二学业的代价。当人们赞叹门将以灵敏的反应，精彩扑救每一个险球时，难以想象他们背后长年累月付出的艰辛。田桂义说，这源于日常基本功的刻苦训练。单调枯燥的动作，每一次重心下去，身体瞬间倒地，突然跃起……他谈到那时候每天要完成基本训练动作成百上千次。在熟练掌握的各项基本动作中，最让田桂义自豪和队友称赞的是他那几乎横在半空的鱼跃扑球。八十高龄的田桂义笑着说，基于体操训练的底子，这个动作练的时候很轻松，也很漂亮。但在鱼跃扑球后，落地顺势

田桂义

田桂义赛场精彩瞬间

翻滚，再连接下一个动作。如此反反复复经受摔打，其艰苦程度可想而知。而门前反应的训练，同样近乎"残酷"。他说，比赛中只面对一个球，但训练时可能是两个球、三个球，甚至更多。面对来球，左扑一个，右扑一个，倒地、飞身，目不暇接。只有通过这样"残酷"的训练，才能练就瞬息万变中的敏锐判断及正确反应。

"没有必进的球，是每一位门将对自己要求的底线，"田桂义说道，"只要我站在这里，就一定要把球扑出去。如果是我的失误导致失分，我会懊恼和反思许久，然后变成文字总结。"田桂义说："特别感谢不同时期不同阶段的教练，他们在训练中都对我悉心指导，锻炼不同高度、速度和角度的射门，并且严格要求，力求完美。但在实战中有时候扑救是不完整的，虽然接球是首选，但往往不可能。在这些情况下，只有把球击出去，还至少要能够控制球往哪里去，立即做好第二次扑救的准备。这些能力不经过日复一日年复一年的成百上千的苦练是做不到的。"

在谈到守门员不仅是守门人时，他的体会是一个优秀门将不仅能守住球门，而且截获到球后能快速有效地发动进攻。由于所处的位置便于观察场上情况，因此要求守门员善于分析比赛动向，协助指挥防守和进攻。这一理念现在看来理所当然，但在60年前，田桂义便在比赛中有所领悟，并有意尝试扩大自己的防守范围。

球赛的焦点仍然是射门和阻止进球，因此守门员发挥得好与坏，直接关系到球队的命运。1960年，国家体委为了更好地培养后备力量，决定在全国甲级联赛中增加6支优秀青年队参加，河北青年队得此良机。从1960年开始至1966年，田桂义一直参加全国甲级队的比赛。河北青年队从1960年的第十二名，跃升到1963年的第四名，并一直保持全国前六名的水平。天津的报纸曾这样评论："河北青年足球队在20世纪60年代是一支朝气蓬勃、奋发向上的生力军，对天津足球发展做出了很大的贡献，有着光辉的一页。"

那时的天津足球正处于高峰，不少球队都以攻破天津队球门为荣，当时在主力阵容中的田桂义的压力可想而知。他大练特练身体素质，把技术练得娴熟，变压力为动力。比赛时他积极贯彻教练员的战术意识，放松心态，尽情发挥。由于田桂义在赛季中的优异表现，前国家队一位老教练称赞说："国内我

到现在还没有见过田桂义这样漂亮的扑球动作!"令田桂义最难忘的还有和国家队的一场比赛,他扑出了一个又一个必进之球。"当队友把我抛向空中时,所有的苦、累都被喜悦代替了。"他说。

转眼间12年过去了,32岁的田桂义退役,成为一名守门员教练。组织安排他在市体校为专业队培训后备力量。田桂义扎根基层一干就是20年,尽心尽力地挖掘好苗子,全心全意培养津门新一代门神。他年复一年地和孩子们一起训练,同吃同住,兢兢业业,培养出王建英、袁国庆、李敦、施连志等多位守门员,为天津队和国家队输送了优秀人才。1981年,田桂义被任命为国家少年足球队主教练。同年,他率领包括付博、张振强在内的这支队伍赴新加坡参加"狮城杯"冠军赛,获第四名的优异成绩。

田桂义

提到爱徒施连志,田桂义回忆起,施连志报考体校时,篮球、排球、田径无一不报,结果均以各种原因落榜。正当怀揣体育梦想的施连志彷徨时,遇到了时任主考官田桂义。面对这个对梦想锲而不舍的少年,田桂义拿起了足球,让施连志做了几个基本动作,凭借多年的选材经验,田桂义看出这是一块守门员的好材料。他向体校领导推荐说,施连志身体瘦长、反应灵敏、判断准确,经过正规训练将会很有前途。施连志被录取后,在田桂义的严格训练下,不怕苦、不怕累,凭借自身的领悟,他的技术水平飞速提高。1982年,田桂义把施连志介绍到时任天津队守门员教练张业福的门下,为后来施连志的一路崛起奠定了基础。1987年,施连志已是当时国内的优秀门将之一,并入选当年高丰文执教的国家队。在国家队期间,他参加了亚洲杯和世界杯预选赛。其后,他多年为天津队效力,作为主力立下诸多战功,又是天津足球职业化以来第一位出色的门将。退役后的施连志继续坚守在门前,成为天津队的守门员教练。他借鉴了当年田桂义教授的训练方法,结合自身经验,带着年轻守门员刻苦训练,收获硕果累累。

每每说起曾经培养过的弟子,田桂义总是充满深情和爱意。他说,当年训练时,他们从来不怕吃苦,而且能细心领会,自觉下功夫。经过田桂义细心指导过的弟子们,有的如今已是津门足坛的门将教练,在各级梯队培养着新生代。他为昔日的弟子们成长起来后又继续培养新苗、一代一代孕育着更具活力的新鲜力量而深感自豪。

田桂义强调,作为一名合格的守门员,还要具备两个方面的本领,即手上功夫和脚下功夫。手上的

技术都好理解，而脚下功夫也是门将必备的一项技能，毕竟足球就是要用脚踢的运动。对于现代足球而言，守门员是同伴后场倒脚必不可少的一个接应点，因此门将不能忽视脚下基本功的练习。除了一些基本的球感训练外，还需要重点练习20—30米接球，即门将与后卫连接配合时的传球，因为门将是一个队的后防核心，要统筹好后防线。田桂义的这些体验和训练要求，当年都用于队员身上，使他们得以全面发展。

田桂义（右）和好友薛恩洪（左）的合影

多年以来，"天津足坛出门将"在全国一直传为美谈。田桂义说："天津为什么出门将？因为我们有自己的东西，有自身的特点，没有亲身经历过天津足球青训，恐怕不会知道答案。我希望能够保留住咱们天津足球这些好的传统，千万不要丢失。"

亲历天津足球青训体系的建设，田桂义从中总结出以下五点：一、发现好苗子，培养好苗子，发展他的优势，就成功了百分之五十；二、面对少年运动员要采取多样化方法示范性训练；三、训练中要有明确的目的性，因材施教；四、启发队员的自觉性、创造性，开动队员的脑筋，把合理的动作运用到实战中；五、不断培养队员的战术意识、与全队配合意识，不断培养队员的自信心和顽强的战斗力。

看到国家队中已经很多年没有天津门将，田桂义有些伤感。他希望天津的校园足球广泛开展，在优越的俱乐部梯队建设条件下，教练能够不忘初心，在培养球员中不要忽视守门员，期待着优秀门将尽早扬威赛场。

田桂义与爱人合影

张大樵——国际执哨第一人

2018年是农历戊戌年，张大樵满寿八十高龄。

他是天津足球史上一位特殊的人物，是集专业运动员、教练员、高水平裁判员于一身的第一人，在裁判事业中成绩卓越，被授予中国足协裁判终身成就奖，曾经位至中国足球协会裁判委员会副主席。国际足联批准的第一批中国国际级裁判员，张大樵位列其中。

1957年12月，张大樵被李朝贵、夏忠麒教练选入天津青年队担任守门员。当时在耀华中学读书的张大樵，学习成绩优秀，他并不情愿从事专业足球运动，理想是报考清华大学等名校。张大樵是学校文体活动的骨干分子，身体素质好，身为共青团员的他服从国家需要，于是来到天津青年队开始了足球人生。1958年至1964年，他分别代表河北青年队和天津队参加了历年的全国甲级联赛，与任文根、张业福、田桂义等人轮番镇守大门，其间曾分别师从曾雪麟、李朝贵、徐福生等名师。1965年张大樵退役，在天津青年队担任教练员。1969年下放到天津卫东电机厂当钳工。1973年，张大樵与刘正民、胡凤山等人调入河东体育场业校担任教练员。1983年张大樵调入市体工队，后历任天津青年队、天津海鸥队、天津队守门员教练。

在耀华中学和青年队期间，张大樵经常客串吹教学比赛，有了接触裁判工作的机会。1965年，第二届全运会预赛分为四个赛区，身处贵阳赛区的天津队没有人去了解各路对手的军情，张大樵被派往前去。在马金才指导的带领下，他一面从事裁判工作，一面刺探军情。在贵阳赛区执哨两场比赛，他得到了老裁判翟家钧及裁判长的赏识，从而开始裁判生涯。

1972年，全国足球比赛全面恢复，张大樵参加了五项球类运动会的裁判工作，好评如潮，从而成为中国足协重点培养对象。张大樵开始喜爱裁判工作，开始勤学苦练。在天津青年队、天津队的运动员和教练员经历，令他对足球场上的一切有着深刻的了解，为他从事裁判工作并得以发展提供了得天独厚的条件。

首批中国国际级裁判员中的
一员——张大樵

在张大樵的裁判生涯中，他坚持古为今用、虚心学习、博采众长、与时俱进，不断丰富自己，逐渐形成独树一帜的执法风格。他说："所谓古为今用，就是学习包公铡了驸马的胆略，学习包公无私无畏的精神。作为一名裁判员也要心无旁骛，依据规则，铁面无私大胆执法。" 1979年第四届全运会足球决赛，张大樵被指定执哨。吹罚如此重大的一场决战，对他是严峻的考验。面对自己曾经的教练曾雪麟率领的北京队，他毅然决然地在终场前11分钟判了点球，山东队主罚成功，最后以3∶1战胜北京队获得冠军。面对自己的恩师，面对北京主场的六万多名观众，能够顶住压力下如此大的决心，体现了裁判员不徇情面、公正执法的优秀品格。其时，张大樵的执法水平已经声名鹊起，这场比赛为他在裁判界树立起"黑包公"的形象。

张大樵所言的博采众长，是坚持自己的执法风格，同时虚心学习众多裁判员的特长，例如广东钟博宏的跑位观察、北京崔宝印的准确判罚等。通过学习他人的特长，努力钻研、消化吸收、兼容并蓄，不断提升自身的执法水平。

通过不断地努力，张大樵创造了许多无人企及的历史。1978年，在中国足协对80多人的考核中，他以理论和实践第一名的成绩，被批准为国家级裁判员；他连续执法第四、第五届全运会足球决赛，并在第五届全运会上获得金哨奖；他连任第一、第二届足协杯赛裁判员，并主吹重要场次；他参加了历年的全国联赛执法工作。至1986年退出现役前，他执法国内各类比赛达700多场。

在国际足球赛场上，张大樵也有着非同寻常的成就。1979年中国足协在国际足联获得合法席位，国际足联授予的第一批中国国际级裁判，张大樵就位列其中。1981年起张大樵援外两年，在也门联赛中执法，并做裁判员培训工作，成绩斐然；1982年参加新德里第九届亚运会裁判工作，并在决赛中执哨；1983年由国际足联委派，参加墨西哥世青赛的执法工作；1984年执法在新加坡举行的奥运会亚大区预选赛；1985年执法世界杯外围赛和在中国举行的"柯达杯"赛。多年间共执法国际比赛100多场。

值得一书的是，在第九届亚运会上，亚足联裁判委员会主席、来自菲律宾的阿尔

张大樵执法国际赛事

瓦莱茨先生对过往的中国裁判员的水平缺乏信任，因此前几轮一直未安排中国裁判员，后来给了张大樵一次机会，日本队对尼泊尔队，双方实力虽有差距，但是比赛较为激烈。张大樵在本场比赛中连续的有利判罚促成进球等精彩场面，受到阿尔瓦莱茨先生的好评，也得到了同行们的尊重。比赛结束后大家给予张大樵拥抱，握手祝贺。他凭借良好的表现一路进入决赛执法工作，从此奠定了在亚足联的地位，逐步获得亚洲重大比赛的执法机会。1983年，经亚足联推荐、国际足联委派，他参与了墨西哥世青赛的执法工作，有机会看到了与欧洲足球强国裁判员间的差距。他扬长避短，在巡边员的岗位上寻求突破，几场执法表现出色，被路透社评为最佳巡边员。由此，国际足联也对中国裁判的能力与水平有了新的认知。从此，越来越多的中国裁判走上了国际大赛的舞台。

1986年，48岁的国际级裁判员张大樵退役，开始了天津足协裁判管理和裁判员培养工作历程，并于1988年至2009年担任中国足协裁判委员会副主席，为天津、为全国培养了一批优秀裁判员，直至71岁高龄才离开心爱的裁判事业。

作为国际级裁判员，掌握英语是不可或缺的。为此，张大樵付出了极大的努力。由于在耀华中学期间学的是俄语，所以需要从头开始学习英语，幸好他父亲在民国时期的美国花旗银行工作，有一定的英语基础。张大樵一方面向父亲求教，一方面参加广播电视英语讲座，并将英语卡片装在衣兜里，利用训练、比赛后的业余时间背诵单词，熟悉语法，逐渐能够熟练地运用口语。在天津队当教练期间，张大樵利用训练、比赛之余，熬夜一个月完成了一本裁判英语日常用语手册的编写。这本书深受中国足协裁委会领导和同行们的好评，凡出国执行任务的裁判员都需要拿着它学习或参考。当时的中国裁判员英语水平普遍偏低，虽然手册编写中有一些语法上的纰漏，但毕竟对一些裁判员出国执法提供了有益的帮助。同时，为他参加亚足联讲师培训班打下了一个良好的基础。

1992年，张大樵受中国足协委派，到吉隆坡参加亚足联讲师学习班，并获得了亚足联讲师证书。此后多年，他经常承担各级别比赛的裁判长、比赛监督工作，并开始了培训工作。1999年，中国足协在广东清远举办了第一届高级裁判学习班，当时的裁判精

张大樵与国际足联原主席阿维兰热合影

英悉数参加，张大樵作为主讲师，为中国顶级联赛培养了很多裁判中坚力量。2000年中国足协再次举办高级裁判员学习班，他亲力亲为，继续培养出一批堪用之材，例如后来执法顶级联赛的王学庆、王津等。2001年，他开始负责女子裁判员的培训工作，带出孙玉珍、张冬青、左秀娣等出色的女足裁判员。2004年，张大樵再次肩负起培养优秀青年裁判员的任务，培养出王迪、王哲、石祯禄等一批国际级裁判员。

在张大樵担任天津足协管理裁判的教员期间，天津足球裁判事业最为兴旺发达，天津裁判员在全国有着举足轻重的地位。裁判员的学习交流活动积极活跃，培训工作常年不断。训练、实践贯穿全年，总结了很多行之有效的经验并在全国推广，例如坚持理论学习制度、每年两次体能考试制度等。多年来，天津裁判人才源源不断，成为中国足球顶级联赛的裁判骨干力量，培养出国际级裁判7人，其中有王学智、李海生、张宝华，女足裁判孙玉珍、周秀云、孟四新，室内裁判刘炳成，以及后来的国际裁判李玉红，国际助理裁判穆宇欣等。穆宇欣入围2010年南非世界杯执法队伍，崔永梅参加了里约奥运会及加拿大女足世界杯的裁判工作。

2009年，71岁的张大樵结束了裁判生涯，仍然心系足球，被天津电视台邀请，主讲一档叫"大樵评哨"的节目，为广大球迷答疑解惑，客观公正地评价裁判员在联赛执法中的得与失，从专业角度对比赛中的每一个热点、难点判罚进行解释，既开阔了球迷的视野，又进行了足球场上的"普法"。

这一节目的收视率一直很高，尤其在比赛中出现争议判罚的情况下，观众都争相收看他的评判。为做好这一节目，张大樵搜集了大量原始素材，逐条多次观看、研究，结合规则做出最客观、公正、符合比赛规律的评判。对于年近八旬的老人来说，前期准备的工作量是很大的，而他始终坚持不懈、一丝不苟。

对后辈裁判的传承和成长，张大樵寄语道："时代不同了，年轻人的享乐主义比我们那时候要严重，所以首先要克服享乐主义，要肯于吃苦，加强自我管理，加强基本功训练。场上一分钟，场下十年功，要知道功夫在场外。二要博采众长，善于引进、消化、吸收同行的优点，把别人的长处学到自己的身上。三要把握住机遇，机遇是给有准备的人提供的，所以要时刻准备迎接机遇和挑战。"他说："天津曾经是出优秀足球裁判的重镇，期盼继续潜心抓好后备力量的培养，多出人才，多出精品，再展当年雄风。用两句话形容我的心情：'满腔热血育新秀，笑看后人争上游。'"

今天的张大樵坚持锻炼，身体健康，安享晚年，而一颗挚爱足球的心依然炽热。

朱玉田——挚爱足球　永驻心田

　　1939年出生的朱玉田始终钟爱足球，他说与足球结缘是因为上的小学和第八中学都在河东区第四体育场附近，好多同学都是球迷，有的亲友还在东友队、福星队踢球，他们也看大人们踢球，听他们说球，特别过瘾。河东区本来就是天津的"足球之乡"，在这种得天独厚的环境中，朱玉田耳濡目染，可以说他的童年是泡在足球场里的。

　　最初朱玉田和同学孙霞丰是学校的灌篮高手。后来体育老师建议他俩踢足球，于是受启蒙老师管学仲指导，朱玉田来到民园体育场足球业校训练，在教练员孙思敬、陈治发的培养下，球技突飞猛进。1957年他代表天津少年队参加全国比赛，崭露头角。1958年，作为全队核心中卫，他参加了全国十二省市足球锦标赛，助球队拔得头筹。1959年，他进入河北青年队，成为主力拖后前卫。此时的朱玉田只有20岁，风华正茂，足球生涯进入鼎盛时期，然而好景不长，几年后的一次比赛中的右腿半月板严重受伤，不得不进行手术。

　　朱玉田忘不了得知半月板受伤后的伤心、沮丧，忘不了手术后伤痛的撕心裂肺，更忘不了想到未来生活时的忐忑不安。然而朱玉田立志要坚强起来，向命运发起挑战！他改踢中后卫，镇守禁区，成为守门员前面最后一道屏障。那个年代的朱玉田，无论技艺还是经验，几乎达到炉火纯青的地步。他身材虽然不高，但左右脚技术扎实，头球相当出色，特别是防守中善于控制局面，眼观六路而指挥全局，是位稳健老练的中后卫。他在这个位置上尽职尽责、任劳任怨，并且承担以老带新的责任，一直踢到"文革"时期退役。

　　退役之后的朱玉田，几十年就干了一件事——当好一名足球教练。他有方向和目标，有热情和动力，数十年如一日，默默无闻、孜孜以求。起初朱玉田给自己定的目标是脚踏实地做业余少年足球队的基础训练，没想到孩子们也争气，成绩特别出

朱玉田（1963年摄）

色。进入20世纪70年代后，朱玉田、张亚男、田桂义接受任务培训天津青年队一组，主要是挖掘1955年出生的足球新苗。朱玉田说："天津那时候的梯队建设非常有体系，不同的年龄段分布也合理。很多后来的天津队主力都是在青年队一组成长起来的。这一批队员里面，我对两个'明'记忆犹新。第一个'明'是徐明江，他踢足球很有天赋，身体素质、弹跳能力都出类拔萃，而且特别勤奋，为人还格外随和，无论是对师长还是队友，都谦和友善、彬彬有礼。后来伤病折损了他的实力，更断送了一个出色的足球健将的未来。不过这也成就了一个有足球情怀的企业家，这些年，他率领的'米盖尔'为天津的足球、天津的体育事业真是做出了相当大的贡献。"

还有一个"明"是高海明。朱玉田回忆："当时我觉得海明是个好苗子，那时他在塘沽盐场，从市里到那儿不通车，两旁是海滩，中间有一条光秃秃的路通进去。夏天特别热，没处躲没处藏，太阳干晒着，冬天更是冷得不行。握着海明冰冷粗糙的手，我心是真疼，这么好的苗子如果一辈子扔在这块地上不就废了吗？我先后去找他五次，最终把他挖来。还好后来海明的成长证实了我的眼光，他改变了自己的人生，我为他也为自己骄傲。"

好多人说朱玉田是沉默而有耐心的教练。朱玉田表示："足球对于我不仅是一种运动，更是一种生活方式。我对足球从一开始热衷，一步步到依赖直至珍爱。我是党员，我告诉自己，组织分配我干这个事情，我必须干好，就算是烧锅炉都要比别人烧得好。"

1987年在体委足球办公室工作的
朱玉田

朱玉田勤勤恳恳地带出一批批队员，成为全国教练员培训班毕业的首批高级教练员。他带领孩子们训练，目标十分明确，也颇有心得。他的观点是：要让孩子们通过艰苦训练争取达到专业水平，要让他们知道专业和业余的差别，等将来他们想清楚自己想干什么的时候，能够知道达到什么水平才算入门、什么才算顶尖。如果他从来没有达到过专业的水平，可能他这辈子无论做什么都不过是足球爱好者。

从20世纪70年代开始，在朱玉田和教练组的共同努力下，青年队为一线队输送了大批队员，20世纪七八十年代，天津队的几届主力队员多数经历过他们的培育。1975年，朱玉田与张业福辅佐孙霞丰带队参加第三届全运会。随后，他又与林贵荣训练青年女足，培养出王梅、王春玲、郭艳芳等多名选手，输送到天津女

足。1992年，孙霞丰任天津青年队主教练，朱玉田又协助主帅带队在全国锦标赛中获得亚军。足球职业化之后，朱玉田受聘泰达俱乐部任训练部副部长，后又在几个俱乐部中出任领队、教练多年，直至退休。

多年来，朱玉田无论做教练、做领队，还是做泰达俱乐部训练部副部长，始终全心全意地把精力用在事业上，基本上没有什么业余生活，不在足球场就在为其他足球工作做准备。他说自己师承了很多足球前辈的言传身教，一路走来被传统塑造，竭尽全力传承天津的足球传统。随着城市建设的不断发展，一些老体育场纷纷不见了踪迹，这让朱玉田很焦虑："我知道这是城市进步必不可少的举措，但好多珍贵的回忆也随着体育场的拆除消失，这种难以割舍的情怀令人留恋。"

朱玉田有满满一床头柜的相册，他的爱人，他的三个宝贝女儿，他的美好记忆，都在这一本本相册里。那些色调柔和的照片，有的已经泛起一层灰白的光，他还是时时情不自禁地翻看着，冥想着。三个女儿都毕业于高等学府，都有稳定的工作和各自的小家，而老伴几年前过世，朱玉田执着地享受独居的生活。

1989年朱玉田（右）与林贵荣（左）执教天津女足二队

朱玉田的晚年绿茵生活

李长俭——终身享受快乐足球

　　20世纪50年代，天津不乏喜爱体育运动的少年，尤以足球、篮球为甚。他们上学读书，学业有成；他们身体健壮，运动成绩优秀。其中不少人成长为优秀的专业运动员，并将体育作为一生的事业。先后成为冯以理、李朝贵、曾雪麟爱徒的李长俭，便是他们中的知名人物。李长俭驰骋足坛十多载，当过干部、领导；做过《天津日报》业余通讯员，撰写比赛新闻数百条；是天津"体育之光书画院"成员，常有书法佳作问世；又喜投"方城"领域，被推任天津麻将运动协会副主席。如今年近八旬的李长俭身体康健、精神矍铄，从知"足"常乐到知足常乐。因为始终与足球为伴，李老知足地说自己是幸运的，更是幸福的。

　　李长俭以足球为毕生事业，充满了机缘与必然。他祖籍山东，幼时在足球沃土大连度过，对足球的喜爱在他身上打下烙印。后来全家迁居天津，1954年李长俭进入十八中学上初一，当时十八中学的足球风气很浓，体育老师冯以理组织了校足球队，他和张亚男、刘正民等同学入选。

1965年李长俭在朝鲜参加第二届新兴力量运动会足球比赛的留影

　　"当时开始踢球受两方面影响，一方面是学校球风浓郁，就和老大哥们一起踢；另一方面我父亲也踢球，周日带我去南开体育场活动，"李长俭回忆起当年踢球的起步阶段，"那时候天津市已经有了足球业校，有个教练叫陈治发，和李朝贵同岁。那时候练球就到民园体育场，每周三、周六下午，各个学校下午都没有课，我们这些孩子有充分的时间去业校踢球。业校一批一批接收孩子，培养了不少好苗子。" 1956年，李朝贵受国家派遣来到天津，组建了天津市第一支专业足球队——天津青年队，从天津市各个业校、行业足球队中挑选了一批天津孩子。 1957、1958年，天津青年队都获得了全国冠军。1958年李长俭正式进入天津青年队。1957年国家白队落户天津，为天津足球增添了新的活力，天津足球呈现出崭新的局面。李长俭和白队的前辈们一起生活、一起训练，有了学习的榜样，他的技艺大有长进，逐

1965 年在朝鲜举办的第二届新兴力量运动会
足球比赛亚军颁奖留影

渐走向成熟。

1959年第一届全运会，天津队补充了部分青年队队员，最终获得亚军。在开幕式上，国家体委点名让天津青年队和实力不俗的火车头队进行表演赛。只有20岁的李长俭第一次走进容纳六万观众的北京工人体育场。"上半场怎么踢的我都不记得了，脑子都是蒙的，人山人海我特别紧张，"李长俭说，"就记得最后比分是1：1。"尽管如此，经受一次实战的磨练，李长俭增长了才干。他自觉刻苦训练，善于虚心向前辈学习请教，渐渐形成了自身的技艺风格。他身体健壮、腿足有力，司职前卫勤于奔跑、善于拼抢、视野广阔、穿插有序。难得的是，他在场上拼搏讲究技术，从不粗野，从不与对手、裁判员发生纠纷，表现出优秀球员的道德涵养，因此成为队友们信赖的天津青年队队长。

1965年，这一年对于天津足球和李长俭来说都是值得回味和纪念的。第二届全运会前在朝鲜举行第二届新兴力量运动会，朝鲜、越南、几内亚、印度尼西亚、柬埔寨和中国参加，国家体委决定派地方队去，于是在全国搞选拔赛，天津队表现出色，获得了这次机会。李长俭回忆道："很珍惜有这么个机会戴上国徽，代表中国去国外参赛。最后我们0：3输给了实力强劲的东道主朝鲜队，获得新兴力量运动会亚军。"尽管未能夺冠，但这次比赛为天津队随后的第二届全运会征途完成了很好的热身。全运会预赛在青岛进行，天津队状态一般，但到了决赛越来越好。那时候队里的主教练是曾雪麟，助理教练是严德俊、陈朴，这批队员正值当打之年，最终一鼓作气夺得全运会冠军。这是继1960年天津队获得全国联赛、锦标赛双料冠军后，天津足球的又一座全国冠军奖杯，也是天津足球辉煌的历史时刻之一。

回顾往昔，让李长俭印象最深刻、对他人生影响最大的几位恩师，一位是冯以理，一位是李朝贵，一位是曾雪麟。2017年曾雪麟去世，李长俭怅然若失，他说："曾雪麟是一个非常好学、很聪明、对足球很执着的人。在白队期间，他很少回北京家中，一心

李长俭苦练凌空射门

李长俭夫妇为李朝贵庆祝生日

扑在天津足球上，十多年中大部分时间都是在天津度过的。"李长俭说，1958年巴西拿到世界杯冠军，曾雪麟就觉得中国人的身体力量不占优，应该更多学习巴西灵巧的足球风格，于是他自创了一套训练前的热身操，这说明他肯动脑子。

另外一位恩师李朝贵，李长俭将他视为"天津足球的祖师爷"。"李朝贵很严肃、很正统，那时候大家都怕他。不过后期他变了，自己培养的人一拨一拨被一队调走，他就没了脾气。这也从另外一个角度说明，李朝贵选材和培养年轻人的能力突出，为天津队输送了众多的后备力量。到了后来虽然叫天津青年队，但实力已经'成年'了，在全国也是响当当的。"李长俭回忆道。李朝贵当时是以队为家，两个男孩一个女孩都交给师母，自己白天带队训练，晚上还要看二十多人的训练日记。正是因为李朝贵桃李满天下，所以到现在很多弟子学生为他过生日，逢年过节也都去看望他，每逢有足球圈聚会，大家都会想起这位"天津足球的祖师爷"，还要把他请出来。

1966年"文革"开始了，正值27岁黄金年龄的李长俭的足球生涯戛然而止，正处于鼎盛时期的天津足球也就此停摆。李长俭去了运输四场，很多人也都离开或者改行，比如张业福改打篮球，原班人马的天津队不存在了。但是这批优秀运动员的下放带动基层足球运动火热起来。在那时，天津的足球氛围依然浓厚。比如，只要运输四场有比赛，场里那些开油罐车的师傅们就一早去大港，只为早一点儿回来看球，河东体育场周围经常停满了油罐车，成了一道风景。后来恢复五项球类，李长俭也在1974年被调到民园体育场从事行政工作。从民园体育场到担任市体委办公室主任，再到任韩家墅训练基地主任、市体工大队大队长、天津市足协副主席，李长俭始终没有离开足球。1980年，天津队时隔15年再夺全国冠军的那一刻，他感慨万千。

李长俭如今已是奔八十的高龄，年轻时他爱好广泛，唱歌、读书、写写画画，是体工大队文艺活动的领头人。他写得一手好字，现在以挥毫书法为乐；他结识了一群"麻友"，在天津乃至全国各地会友，他眼不花、耳不聋，思维敏捷，屡次在竞技麻将比赛中获奖；他健步如飞，早几年还能参加马拉松比赛。年迈的李长俭过得快活自如，用他的话说就是保持一个好的心态："我总说知足常乐，能做到的其实没几个人。"2007年，曾经的国家白队在天津相聚，李长俭忙前忙后，最后与几位圈内朋友合作出版

了画册《绿茵情缘五十春》。现在，这本画册中的很多主角都已离世，那次聚会是白队的最后一次齐整聚首的绝唱。

李长俭有一位志同道合的好伴侣和文采出众的好女儿，他的家庭是有口皆碑的模范家庭。老伴于汇亭从事排球事业，是20世纪五六十年代天津女排主攻手。日本著名教练大松博文来华传授技艺，她是大松博文的专训队员之一。于汇亭带队曾获全国青年女排赛三连冠，并被国家体委外派科威特执教两年，带领俱乐部队两次获得冠军。每每回味二人的体育人生，李长俭平静而感慨："我们当年经风云、得甘甜，如今更要珍惜时光，健身养性，自息保健，多些同娱乐，多些共相伴，生活简约清淡，心态平和。"

近几年，李长俭对国内足球的关注并不多，他热爱足球，但对足球的现状产生失落感。用他的话说："现在足球好像失去了自己本身的东西。过去天津足球之所以蓬勃发展、成绩斐然，在于各个区的业校积极开展，比如河东、河西、和平、南开，有一批好教练精心工作，不求回报。可是现在职业化在不成熟的情况下展开，盲目与国外接轨，俱乐部不断烧钱，很多孩子家长急功近利。"对于中国足球的现状，李长俭用了一个非常贴切的比喻："中国足球就好像得了一场病，现在最重要的是找到病根，然后彻底根治才行。那么病根在哪儿？我个人观点就是路子不对。"

对于中国足球的发展之路，李长俭有自己的思考："想让中国足球回到正确的轨道，说到底还是要找对路子。中国叫校园足球，国外来说就是梯队。按照职业化的规律来搞，先搞好梯队才行，没有别的路可走。我希望中国足球的领导者们，能多听一听专家、球迷、企业等各方面的呼声。"

李长俭还认为，提高足球水平不单纯是足球人的事，还包括教育等方面的配合支持。"各行各业的人才离不开天赋，足球也不例外。还是要从兴趣开始，爱踢球就让孩子去踢，在他们玩儿的过程中发现天才，可是现在更多是硬生生地培养，结果可想而知。同时还需要有一批默默无闻的基层足球教练的奉献，上上下下共同努力，中国足球的未来才有希望。"

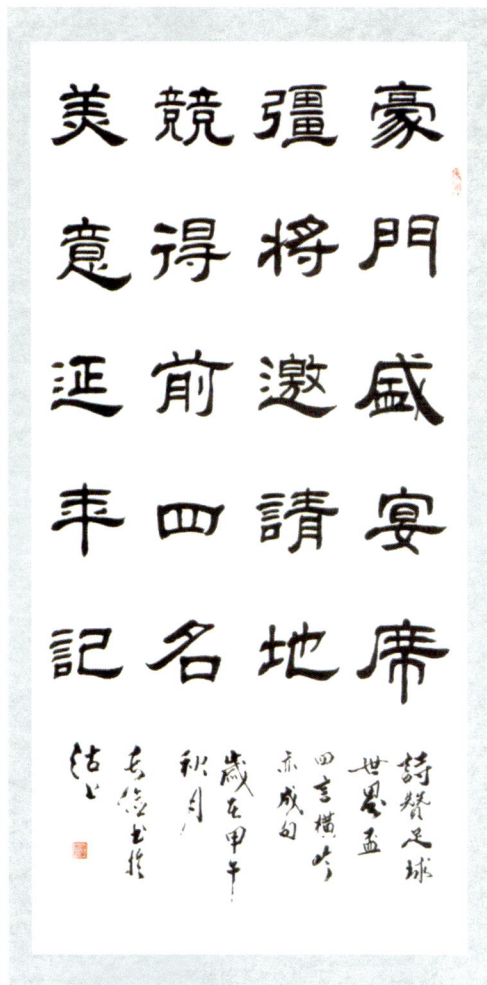

李长俭书法作品

宋恩牧——中卫强将 儒雅率军

在老球迷的津津乐道中，20世纪五六十年代的天津足球，每个位置都拥有享誉全国的名将，每一届中国队中同样不乏津门国脚。而说起后卫，特别是中后卫，人们印象最深刻的当属身高超过一米八的邓雪昌、李恒益、宋恩牧。其实，一米八三的宋恩牧曾踢过前卫，即今天俗称的后腰，又担当过突前的中锋角色。当然，无论在国家队还是天津队，中后卫的另一搭档多年不断变更，宋恩牧始终不可或缺。踢了16年球，当了16年教练，宋恩牧的足球生涯光环萦绕、业绩显赫。

宋恩牧回忆自己的大半生，发自内心地说："感恩足球，足球带给我很多很多。"

宋恩牧从小喜欢足球，和许多小朋友一样，这是一种兴趣，是一种娱乐活动，然而正是这一爱好成就了他的足球人生。宋恩牧不光踢球好，学习成绩也十分了得，小学毕业考取了天津八中。"学习是自己的事情，训练花去的学习时间，就用零碎时间弥补。"宋恩牧说。念书时，特别是冬天，人都爱偎着热被窝儿，但他不同于其他孩子，依然能够准时起床。他对自己要求很高，从小就非常独立。回忆起小时候，宋恩牧的眼睛闪闪发光。

宋恩牧

上中学时的宋恩牧学习成绩也甚为优秀，不过他并不觉得自己是"学霸"。那时候还是以学习为主、踢球为辅，他认为学习和踢球不矛盾，"反而更要感谢足球，它让我独立和成长得更快更好，它促使我如何在有限的时间内提高学习效率，找到适合的学习方法，这对整个人生都是有意义的"。直到中考过后，宋恩牧来到人生的十字路口——是向踢足球发展，还是继续求学？1956年，此时的宋恩牧已经以优异的成绩考入天津一中高中部，但他在紧张的学习之余从未放弃足球。"好在我父亲很开明，他对我是一种放养的状态。他知道我对自己的要求很严，懂得自律，不会因为踢球降低对学业的要求。"在一中"学霸"芸芸的环境中，他更加努力学习，告诫自己学的时候专注地学，玩的时候尽兴地玩，该做什么时候就做什么，不要辜负那些鼓励自己的人。此时的宋恩牧遇到了足球的机缘。宋恩牧至今不

忘感谢年少时的那位小伙伴，高中一年级时正是他带着宋恩牧去北站体育场测训。尽管家中没有一人从事足球运动，自己也从未学习过足球的相关知识，仅仅凭着对足球的爱好和良好的身体条件，宋恩牧最终脱颖而出，被正在组建天津青年足球队的教练李朝贵和夏忠麒选中，入选体训班。

至此，年仅16岁的宋恩牧经历了一次重大的角色转变。他总是谦虚地说自己运气好，赶上了好时机。实际上运气始终是给有准备的人。入队次年，他代表天津青年队参加全国青年足球锦标赛。他为比赛付出的努力得到了回报，这支青年军一举夺冠。进入专业队的宋恩牧依然重视学习，他认为学习无处不在，教练的教诲，队友、室友的优点都有学习的地方，因此宋恩牧学到并掌握的技能，并不仅限于担当一个位置，反而能在场上踢多个位置。

教练组最初安排的中卫位置，他踢得游刃有余，得到老帅李凤楼的赏识。1960年，宋恩牧进入国家队，在方纫秋、陈复赉、年维泗、任彬的指导下，他担任中卫、边后卫时均为主力，在打不开局面的情势下，他又被调往中锋位置，利用身高和头球功夫创造得分机会。在国家队期间，他随队出访缅甸、巴基斯坦、印度尼西亚、朝鲜、苏联等多个国家。凭借着0.85米的弹跳能力、优秀的百米速度以及身高优势，宋恩牧可以全场奔驰，球踢得风生水起。看看宋恩牧的运动成绩：1959年入选河北队并参加第一届全运会，司职主力前卫获得亚军，同年入选国家二队；1963年借调八一队任中卫，参加社会主义国家友军运动会；1965年回到天津队，又以主力中卫身份获得第二届全运会足球比赛冠军；在此之前，曾代表北京体院（实为国家队）参加全国甲级联赛获得第一名。

宋恩牧坦言，足球让他学到了书本里学不到的本领，球队的集体生活培养了他的自理自立能力；足球是一项集体运动，教会了他如何与队友合作，培养了团队精神；而观察能力、思维能力和空间想象力的提高，更是他在成长为优秀选手的过程中所受用不尽的。总结自身的特点时，宋恩牧直言自己比较全面，尤其是恩师李朝贵当年身体素质训练抓得紧，打下了坚实的基础。宋恩牧刚入队时是一张白纸，没有条条框框的束缚，完全可以任意发挥、释放个性，练就了左右脚、头球等各种技术，最终做到"用脑踢球，以智取胜"。足球带给宋恩牧的是驰骋绿茵场的恣意和快乐。

执教时期的宋恩牧

1971年12月，宋恩牧挂靴执鞭，成为宋指导。他先是在天津民园体育场业余足球体校，带领中学生、少年队训练，成绩斐然：1972年带队获得全国少年足球比赛

亚军、第一届全国中学生运动会足球比赛亚军,1975年又带队获得第三届全运会少年足球比赛亚军。1974年他还主动援藏,在自治区足球队担任6个月主教练。回津后,他曾辅佐孙霞丰、王杭勤、崔光礼、沈福儒任教。担任主教练时,他曾与张大樵、张业福、郭嘉儒等人合作,受到他们的启发和帮助,在训练与管理上形成了自己的风格,并为津门足坛培养了不少人才, 山春季等优秀队员都出自他的门下。

1976年,宋恩牧任职天津市体校专职足球教练。1977年到1991年,宋恩牧在天津体工大队任职足球教练,这14年也是他花费心血较多的一段时光。可圈可点的是,他为人谦虚,甘当配角,协助王杭勤带天津青年队;与孙霞丰、崔光礼带天津二队升入甲级队;与沈福儒带天津队夺取全国冠军,同年升入甲级队;作为主教练,他同张业福率领东亚队参加全国甲级B组比赛。1994年,随着中国足球职业化进程的加快,宋恩牧出任乙级队天津缘诚足球队教练员兼技术顾问;1996年任秦皇岛中国足球学校教练员;1997年任甲B万科足球队技术顾问;1998年任滨海足球学校总教练、技术总监;1999年任天津体院华北中级足球教练培训班讲师;2003年开始任泰达足球俱乐部技术顾问,之后几年出现在天津电视台足球转播评论席上。

一名教练员综合素质的高低决定着一支队伍是否有高昂的士气、勃勃的生气、团结进取的朝气,宋恩牧凭借自己所具有的德与才的特质,几乎赢得运动员的一致赞赏和喜爱。宋恩牧的独特之处就是乐于接受挑战,善于接受挑战。用他自己的话说:"我希望永远面临难题。"于是,他带队始终严格要求、一丝不苟,但他又不是不通情理、拒人千里。宋恩牧特别擅长做队员的思想工作,他可以在训练和比赛中对队员严苛,又在场下抓住时机与他们谈心沟通,从爱护的角度鼓励他们自信自强,激励他们张扬个性,在比赛场上充分发挥。他信任队员,对新秀知人善任,能够把二十多个特点迥异、个性十足的队员整合成一个整体,形成了强有力的战斗集体。宋恩牧说:"思想工作对运动队来说内涵丰富,绝不是简单的说教、道理的堆砌。在任何情况下,使这个集体的成员能团结进取,热爱自己的事业,这就是最好的思想政治工作。"评价自身执教的特点和心得时,宋恩牧言简意赅:"我最大的特点是比较爱才惜才,不放过对他们的爱护,给他们释放的时机、机遇。除此之外,一个足球教练的职业素养包含三个方面:第一个是认知,对自己、对队员、对对手的多重认知,第二个是经验,第三个是知识。"应该看到,宋恩牧认识到,要对队员有深刻的了解和定位,有什么特点,有什么欠缺,然后扬其优、弃其劣,耐心培育,促其成长。几十年来,宋恩牧始终是位热爱学习的球员和教练员。在训练和比赛中学习技能武装自己,在教练班子中学习方法充实

1965 年宋恩牧随队访问朝鲜时
的留影

自己，在足球发展中不断学习新的先进理念。同不少在青春时代端坐学校课堂认真读书的前辈一样，宋恩牧是个儒雅有知识的足球人。

谈及当今的中国足球发展，宋恩牧有自己的真知灼见。他认为，中国足球要大踏步发展，逐步地健全、完善应有的基本的行业自律，要大力普及和推广全民健身、全民足球，我们的足球工作者更应该加强自身的使命感、信念感。中国足球职业化这么多年，什么是职业化应该搞清楚，就是专业专业再专业，专业

宋恩牧与爱人的合影

到不犯错，尤其是在关键时刻。比如在比赛中最考验能力的瞬间，不掉链子就是专业，能不失临门一脚就是专业，能把握该把握住的机会就是专业。作为从业者，还必须具有应有的职业素养、职业态度，包括道德、自律、进取心、事业心，等等，否则跟业余有什么区别？就中国足球现状而言，职业还仅仅停留在口头上，远远达不到应有的地步，这是我们的水平至今还落后的重要原因。

宋恩牧指出：中国足球正在持续发展，要迎来新一轮发力，更要重视足球传统和足球文化，甚至是足球科技、足球装备等的积蓄储备。而提升运动员和俱乐部的整体水平，除了系统训练和科技辅助外，教练员对足球传统、足球文化的传承特别重要。我们想要有更好的教练，就要有更好的教练培训机制，通过培训提高他们的学习、思考能力，一方面继承我们自身的优良传统，一方面学习足球强国的先进的科学的理念。提高中国足球水平，聘请外教是一种途径，但如果我们不能从他们身上学到东西来提升自己，请外教不过是权宜之计。

同样，宋恩牧十分关注足球后备人才的培育和成长，呼吁必须狠抓校园足球。要将校园足球纳入教育体系，并加大投入力度。他说："凡事不能急功近利，这么多年过去了，投资人把大量的资金投资到眼下，那未来呢？我们要把眼光投向未来，为中国足球的未来投入财力、物力、人力和精力。"通过校园足球，把喜欢足球的孩子吸引过来，支持鼓励他们投身这一运动。他饶有兴致地说："我女儿在澳大利亚墨尔本大学留学的时候，发现很多学生经常挂着拐去上课、去食堂吃饭。问他们怎么回事，他们说踢球受伤了。但是他们的心态都很平静，觉得在运动中受伤是很正常的事情。而我们的孩子如果在球场上出现类似情况的时候，首先是家长的态度：别踢了，太危险了。我想说的是，我们需要心态的调整，需要对足球文化有充分和正确的认识。从管理者到俱乐部，再到球员、球迷、家长和踢球的孩子，我们需要做的还有很多。"

李家舫——奉献绿茵　无愧人生

在20世纪60年代的天津足球名将中,李家舫无疑是非常重要的一员。他被公认为天津"足球之乡"的标志性人物,同样堪称中国出色的右边锋之一。

李家舫1939年出生在静海。1958年入选河北青年队,1963年至1973年代表天津队参赛,是1965年第二届全运会冠军主力队员,1965年至1970年为国家队主力队员,1973年至1985年任河东区业余体校教练,1986年至1999年任河东区体委副主任、区政协委员、区人大代表。

成长在"足球之乡"河东区的李家舫,读小学时喜欢上了踢球。李家舫读书的靶档村小学周围都是空地,非常适合孩子们一起踢球,而且距离第四体育场非常近,他经常去看大人们踢球,耳濡目染,对足球着了迷。

青年时期的李家舫

升入初中以后,李家舫的足球天赋体现得更加明显,1958年被主教练李朝贵选中,后来入选河北青年队。这支青年军在教练陈朴的带领下,在北站体育场吃住、训练。进入专业队的队员们都十分珍惜机会,一天三练,练得十分刻苦。李家舫凌晨4点钟起床,球队6点钟出早操时,李家舫已经训练了一个多小时。李家舫的基本功、突破过人和射门意识都比别人突出,就是那时候练就的。李家舫很快就在全国比赛中崭露头角。当时河北青年队的打法非常明确,中场、后场布置多人防守,前面指派李家舫反击。这一打法让李家舫的技能得以充分展示,在队友的支援和配合下,他屡屡得分建功。这支青年队曾经在全国甲级联赛中获得第四名的好成绩。

1963年,李家舫迎来了足球生涯中的重大转机,由于他出色的表现,被借调天津队,随后又代表河北队参加了1965年的第二届全运会,为队伍取得冠军立下汗马功劳。在对广西队的比赛中,天津队4:2大胜,张亚男、孙霞丰各进一球,李家舫更是一人贡献两球。另一场对辽宁队的关键之役,他射入制胜一球。最后对决上海队,天津队战平对手即可夺冠。在两球落后的劣势下,李家舫的快速突破发挥得淋漓尽致,最终天津队与上海队3:3打平。在这届全运会决赛的5场争夺中,李家舫作为主力,一人独得

李家舫与爱人段双琴的合影

3球。李家舫说:"那时候正是我踢得最好的时期,感觉特别好。不仅全运会,特别是在家乡河东体育场比赛,只要上场总会进球,或者助攻得分。"

在足球圈内,人们公认李家舫为人憨厚、待人诚恳、谦虚平和。球场上的李家舫司职右边锋,不仅速度快,而且爆发力强,起动甚快,突破时善于结合假动作,常常把对手远远甩在身后。由于他脚法优秀,传球助攻屡次成功,临门一脚得分也是拿手好戏,令众多后卫难以防守。这些特长更像他的为人一样朴实无华。在全国联赛和全运会比赛中每当遇到上海队时,均由著名左后卫徐根宝防守李家舫。后来两人在国家队成为队友,徐根宝毫不掩饰对李家舫的欣赏:"最不愿意跟你对位了,实在太难防了!"

1965年,李家舫顺利入选国家队,有了更广阔的展示空间,在国内外诸多比赛中屡立战功。遗憾的是,"文革"中,李家舫被分配到山西一所国家体委干校劳动锻炼,丧失了球员生涯的黄金时期。"文革"结束后,李家舫回到天津,又代表天津队踢了两年球,1972年正式退役。

退役后的李家舫回到了培育他成长的"足球之乡",在河东区业余体校工作,从教练到校长,工作越来越繁重,但是他始终把心血倾注于事业中。他经常深入全区中小学校,挖掘足球幼苗,帮助学校教师培养孩子。他亲自在业校带队训练,把自己的优秀技艺毫无保留地传授给弟子,每堂课都严格细抠他们的基本功。他爱徒如子,细心照料他们的饮食起居,帮助他们健康成长。多少年来,他不辞辛劳,几乎每天晚上八九点钟才回到家里吃晚饭。在李家舫的悉心培育下,一批少年脱颖而出,他亲手调教的段举、王凯、宋铭合、王兴华、侯桐等众多人才都升入一线队。

回忆起那段时光,李家舫说:"当时带着孩子们训练,心里想的就是怎么让他们踢出来,根本没想到有什么经济上的回报。也正因为这样,我们这些教练跟孩子家长说话也硬气。当年段举他父亲天天在球

李家舫

1986—1999年，李家舫任河东区体委副主任、河东区政协委员、河东区人大代表

门附近看我们训练，就算孩子吃再多的苦，或者有了什么委屈，也都是一言不发。"凭着这股执着的精神，在李家舫任职期间，河东区的各年龄组球队在全市比赛中的成绩名列前茅，还多次获得冠军。

针对天津优秀足球人才匮乏的现状，李家舫也表达了自己的看法，他说："带我们的教练，或者说后来我们带球员，都是亲自去做示范，一点一滴地给球员抠技术动作，这样才有好的效果。后来很多基层教练不是专业足球运动员出身，或者说曾经是水平较为一般的专业足球运动员，很多动作他们都做不好，怎么去带球员呢？但我们也应该看到，现在从上到下都重视足球了，群众基础好了，那么就有了未来提升的可能。另外，我也希望现在的球员们要多一些荣誉感，把足球当作事业，而不完全是当挣钱的职业，这样才能真正地提升自己的发展空间。"

做了近20年的业校教练、校长后，李家舫出任河东区体委副主任，主要分管足球。他没有把这一位置视为荣升，整日坐在办公室里，还如从前那样，在全区中小学普及足球运动，全年组织不同年龄组的男足、女足比赛，不断选拔、输送人才。为了推动河东区足球运动不断发展，他所在的河东区体委连续多年承办全国足球赛，并且邀请国家队或地方强军来河东体育场打表演赛，举办"区长杯""河东杯""打桩杯"等专业、业余比赛。以他在河东区的声望，全区许多大工厂、企业都给了赛事赞助和各方面的支持。那些年间，全市各区中只有河东体育场的足球运动搞得热火朝天。

李家舫为河东奉献，为天津奉献，为国奉献——这种奉献精神无愧于他的足球人生。

林贵荣——白队育出的后防新锐

20世纪50年代，国家白队落户天津，带动天津足球走上了发展的高峰，同时一批本土青年才俊脱颖而出，其中就有19岁便打上主力右边后卫的林贵荣。

年龄最小的右边后卫

林贵荣精神矍铄，十分健谈，根本不像79岁的老人。他手拿一沓黑白照片，最上面的一张是一个帅气的青年抱着一座冠军奖杯。"那就是我，1959年19岁时就进了天津一队，那时候主力右后卫严德俊腿不行，全运会预赛我就上去踢了。当时中卫是邓雪昌和李恒益，教练是邵先凯。"当年的林贵荣英气勃发，充满青春气息。

青年时期的林贵荣

国家白队来天津之前，李朝贵等教练跑遍了全市的学校、企业，遴选了一批青少年进行培训，这些成长后的青年球员，相继补充到天津队。在这支人才济济、以老带新的队伍中，一些有才华的队员都难有出场机会，倒是年龄最小的林贵荣因为位置原因和机缘巧合，早早打上了主力。机会总是留给

有准备的人。从四十五中到天津少年队，后来被李朝贵调入天津青年队，再后来邵先凯选他进天津队，林贵荣凭借良好的身体素质和拼抢作风，得到几位教练的赏识。当时严德俊腿有伤，给了林贵荣登场机会，虽然年轻，但他没有杂念，有一种初生牛犊不怕虎的劲头。林贵荣说还要感谢故去的前辈严德俊："虽然严德俊有伤在身，但从他身上我还是学到了很多东西，特别是顽强。再有，在当时的天津队中，不会用脑子踢球肯定上不去，比如李学浚、孙霞丰、袁道伦都是兼有脑子与灵活的典范，是我学习的榜样。"

1960年随天津队获得"双冠"时的林贵荣

在白队的带领下成长

白队来津后，在广大球迷中掀起观赛热潮。林贵荣道出其中缘由："那时候的天津队，前锋是南派的，技术细腻、讲究配合、灵活多样，后卫是北派的，大刀阔斧，有技术和制空权。天津队南北结合，进攻水银泻地。陈山虎身高只有一米六几，但一般后卫根本防不住他。"

天津队的打法不仅极具观赏性，其成绩在全国也始终名列前茅。"每年冬训去广州的时候，大年初一排比赛，不是天津对广东，就是天津对八一。"林贵荣回忆道。广州球迷也很欣赏天津队，大年三十晚上早早睡觉，就等着转天看比赛，比赛时越秀山体育场爆满，盛况空前。

1960年，天津队夺取联赛和锦标赛双冠，登上了顶峰。林贵荣对锦标赛的艰难至今印象深刻："那时候锦标赛不能换人，就这11个人，伤了或者被罚下就少人了。和广东队的淘汰赛在先农坛，比赛真是踢到头破血流。记得一个角球，邓雪昌跃起顶球，和对方后卫撞到一起，脑袋开

林贵荣比赛中的精彩瞬间

了花，对手两颗牙齿插在邓雪昌脑袋上，大邓缠着纱布继续拼。就这样我们最后拿到了冠军。"正是在白队的带动下，以林贵荣、宋恩牧、魏锦义等为代表的一批后起之秀脱颖而出，并且出色地适应了白队的战术打法，很快接班坐稳了主力位置。

忆恩师感激曾雪麟

从第一届全运会获得亚军开始，白队成员陆续离开天津返回故里，最后只留下五六个人。1960年曾雪麟从邵先凯手中接过天津队教鞭，一直到"文革"开始。他十分器重包括林贵荣、李学浚、孙霞丰、宋恩牧等人在内的天津本土球员，在不同位置委以重任。林贵荣说曾雪麟是他的恩师之一，至今对曾雪麟充满感激之情，并且为曾雪麟屡次在同一个问题上跌跟头而抱不平。苏联斯巴达克队来中国比赛，天津队全体到上海观看，回津后做好了应对准备。严德俊腿有伤，之前比赛一直是林贵荣踢右后卫。在赛前的准备会上，时任中国足协官员李凤楼前来督战。得知林贵荣上场后，他问曾雪麟，他那么年轻打右后卫行吗，还是让老队员先打。一句话，曾雪麟改了阵容，严德俊打着绷带加上两个护膝，打了封闭上场。比赛中严德俊一个回传球，刮来一阵风，守门员任文根没有扑到，自摆乌龙，球队最终以0∶3失利。林贵荣说："曾雪麟跌得最重的跟头是'5•19'，从准备会开始就有来自各方的干扰。咱们在开会，人家香港队比赛当天上午去游颐和园。后来曾雪麟说他当时脑子都是麻木的，这样的比赛怎么能不输。给曾雪麟寄刀片、寄绳子的都有，后来每次见到他我们也都会说这个事儿，他都是笑而不语，但心里的苦只有他自己知道。"

林贵荣

一生没离开过足球

　　林贵荣年少成名，从1959年到1972年，林贵荣从右边后卫踢到中后卫，始终是天津队的主力，也是天津足球鼎盛时期的见证者。退役后，林贵荣到天津市体校从事青少年培养工作，先后执教女足青年队、女足二队、天津少年队等，曾培养出赵斌等年轻选手。

　　提到赵斌，林贵荣披露了当年的一个小细节："最初健力宝主帅是高丰文不是朱广沪，队员也不是后来去巴西的那一批，最早天津定的是赵斌。后来赵斌去了火车头，失去了入选资格，张效瑞才获得机会。现在回想起来，赵斌都懊悔不已。而高丰文一看名单全变了，一生气不干了，由朱广沪接替高丰文。如果当年是高丰文带着另一批队员去巴西，不知道后来中国足球的历史会如何书写。"

参加元老队比赛后林贵荣和爱人的合影

　　2002年，林贵荣在韩家墅基地退休，不过他还是没有闲下来，当时正赶上全国各地的青少年俱乐部如雨后春笋般出现，林贵荣和张亚男、宋恩牧等老友也投身其中，为天津足球发挥余热。可以说林贵荣始终没有离开足球，将自己的全部精力都奉献给了足球。

杨秉正——凶猛强悍固城池

论起天津足球的光辉岁月，前中后三条战线多年间兵强马壮，而后卫线上更是显现一抹亮色。王金丰、严德俊、邓雪昌、李恒益、宋恩牧、王杭勤、魏锦义、林贵荣等一代代球员，为津门屡创佳绩，而他们的继任者，能够扛起后卫线大旗的，就是场下内敛腼腆、场上凶猛强悍的杨秉正。杨秉正19岁那年正式进入专业队，在球场上奋斗了16年，直至35岁仍驰骋绿茵场，在当年实为罕见。

杨秉正

杨秉正1940年出生于现天津市河东区，在家中排行最小，备受全家宠爱，也最被家人寄予厚望。他不负众望，顺利升入天津第七中学高中，学习成绩一直名列前茅。七中是所体育传统校，足球活动开展得热火朝天，杨秉正融入其中，踢球成为课余的最爱。然而正当他做着未来的"清华梦"时，一个人改变了他。

这个人便是李朝贵教练。说起自己的足球生涯，杨秉正觉得练足球是命中注定。他回忆，上高二的时候，李朝贵指导与打篮球的杨秉正的三哥杨秉钧同在体工大队，机缘巧合，李指导认识了杨秉正，并由衷地欣赏他的身体条件、综合素质。于是，李指导多次登杨家门，苦口婆心地说服他的父母，让杨秉正入队。李指导的诚意终于打动了杨家父母的心，由此成就了杨秉正的足球人生。

1959年9月，19岁的杨秉正入选天津青年队，司职左后卫，后来改踢中卫，成为后场核心。时值天津足球的黄金年代，更有恩师指路，杨秉正说是自己运气好赶上了好时候，凭借自己的综合实力，一跃成为天津足球队主力。赛场上的顽强作风，出色的脚下球和头球功夫，让他又登高一级，在1963年入选国家队，开始步入运动生涯的巅峰时期。"对于天津我有深厚的感情，天津是我依恋的家，当我第一次为天津出场比赛时，内心激动得不能自已。披上天津队战袍，我对自己有很高的期待，我必须证明自己。从那时开始，我觉得我背上了一份责任，多年来从没有放弃过。"

今天提起足球风光的年代，杨秉正没有过多说自己。他说："现在的人别说看，可能都很少听说过国家队来天津比赛时的情景。那时每次国家队来津都会掀起热潮，每一场国家队与天津队的比赛都是精彩得令人

回味无穷。因为当年的天津队是国内足坛一支劲旅，尤其让人觉得有看头的是，天津队每逢与国家队交锋就表现极佳，几次让国家队在津门尝到败绩。"

杨秉正绘声绘色地说："尤其是白队来到天津之后，天津队很快就成为一支与国家队不相上下的球队。国家队有比赛任务或是出访，都要来天津热身。记得有一次巴西队要来中国访问，国家队先来天津热身备战，在民园体育场和北站体育场都踢过。民园体育场内观众爆满，场外的观众从一个进口的大门拥了进来。比赛开始前，工作人员把散落在地上的鞋一筐一筐地抬走，那些挤进场内的球迷，光着脚仍然坐在看台上，为天津队助威。天津队那时实力很强，国家队虽有精兵强将，那场比赛最后还是0∶1输给了天津队。"国家队把天津队看作"假想敌"，通过比赛检验训练成果和战术配合，同样给天津球员创造了更多的锻炼提升机会，相得益彰，杨秉正也历经了考验，增长了才干。

作为全队核心，杨秉正年过30岁依然体能充沛，35岁时仍宝刀未老，驰骋绿茵场。作为队中的老大哥，他处处关爱队友，常常提携后辈。"骨折、流血都不怕。"杨秉正回忆起这么多年来在足球场上摸爬滚打的经历，颇有些将生死置之度外的超脱。场上场下的杨秉正给年轻队员做出了榜样，并且挑起球队大梁，尽到了一队之长的职责。他的技术、作风和经验得到教练的赏识和队友的信赖，身材高、速度快、选位准、视野广、意识强、脚法精，是人们对他的评价。他的年岁比同场人大一倍甚至两倍，而一登场就踢满全场，常令人不可思议。

杨秉正走上教练员岗位，同样扮演着传承人的角色。他手把手地教一批零基础的孩子练传中球，给他们示范纯熟的控球，向他们传授短传配合的技术与意识，还强调团结在比赛中的重要性，他把技艺毫无保留地奉献给天津足球的幼苗。他亲力亲为，不分寒暑，奋斗在教学一线。他因人而异，独辟蹊径，常常给个别球员开小灶。有的队员只关注脚下复杂多变的盘带，忽略抬头观望队友，视野太窄，他就有针对性地让队员多跑动，拉开大幅度站位，并在体能上下功夫。有的队员总是把握不好节奏，他就耐心地从分析理论数据入手，然后在实战中加以指导。他鼓励远射，重点培养队员的任意球脚法。哪个队员的特长突出，他第一时间给予大力鼓励；哪个队员的某个环节薄弱，他想尽办法下心血攻克。他示范起动加速，把动作有节奏地分解成木偶一般，队员

赛场上的杨秉正

们在说笑过后全都记下了这个有点卡通的技术讲解动作。他的课不枯燥、不呆板，队员们总能在他深入浅出、寓教于乐的课上有所收获。每次看到队员们展现水平，踢出成绩，杨秉正心中充满了幸福感。

做青少年足球教练，不如带成年队容易出成绩，因此教练员不能心浮气躁，不能急功近利，需要踏踏实实。这其中的苦与累，杨秉正没说过一个字，他认定在这个岗位上培育足球苗子是自己的职责。足球是身体对抗十分激烈的运动，队员们年少气盛，一旦情绪上来，难免放肆，对此，杨秉正态度鲜明，要求他们随时克制、控制情绪。杨秉正说："足球倡导团队合作精神，重视培养道德修养，这有益于青少年的成长。只有掌握良好的技术，学会运用战术，凭借智慧战胜对手，这样的队员才有不可限量的未来。"

健硕的杨秉正

杨秉正根植于基层足球土壤，还得益于老教练李朝贵的熏陶。李朝贵特别关注青少年足球，杨秉正对此印象十分深刻。当年李朝贵率领杨秉正等一行人，坐着一辆20世纪50年代的"大鼻子"公共汽车去郊区千里堤，和一个学校足球队打比赛，推动了学校足球运动的开展。当时很多足球名将都是青少年心中的偶像，大街小巷、体育场、海河两岸到处是踢足球的人们，一些小学生做完作业后就是踢球，足球运动遍布全市的各个角落，足球人才辈出。今天恰恰相反，青少年足球人口锐减，培训工作也跟不上，因此，杨秉正接手青训工作后，一种继承优良传统的意念驱使着他，做出了应有的成绩。让杨秉正更为感慨的是一次经历。他回忆，有一年比赛途经法国，当地俱乐部的青少年比赛，对他的震撼相当大。七八岁小孩子的比赛，双方球队的小队员都是家长开着汽车送来，有爷爷奶奶、姥爷姥姥、叔叔阿姨。球赛开始了，裁判着装整齐地领着两队精神抖擞的孩子进入场地。比赛过程中，家长为每一个孩子的精彩表现欢呼着、尖叫着，加油声一浪高过一浪。比赛结束后，大人们跑进球场将进球的孩子举起抛向空中，欢呼着、叫喊着。看到这一幕，杨秉正感到，中国与世界足球强国之间的差距，不仅仅是国家对足球的重视程度，也存在于普通国民对足球的认识。

杨秉正说："中国要发展足球，上上下下都要付出努力。在城镇化中，比如我们当年的足球之乡广东梅县、辽宁大连、天津等地，都要把孩子的足球场好好规划，把足球场作为城市的重点工程之一去对待，让孩子们有踢球的空间。像巴西、法国、德国、西班牙一样，城市、乡间到处可以看到足球场，家长把孩子送进足球场，抱着锻炼孩子身心的心态，用自己的实际行动支持中国足球。现在的足球人赶上好时候了，只是较之

赛前杨秉正（右）和对手交换队旗

过去，最大的不同在于粉丝聚合的速度加快了，当下的足球人想的、关注的、在意的、追求的都多了很多，同时喧嚣也多了。这就更加需要我们从业者时刻保有内心的宁静。这么说吧，我们都知道自己内心的需要，但我们更应该知道不需要什么。"

青春是人生的黄金时代，短暂而美好，逝去而不复来。退休后的杨秉正积极投身天津元老足球队的一系列活动，从第一届元老杯踢到第二十届。直到三年前摘除了左肾，他不得不面对现实——他不能再踢球，他的内心充满了对足球、对绿茵场、对老伙伴的思念。

"我要和足球说再见了。"杨秉正脸上挂着淡淡的微笑说道。大半生的足球经历让他知道如何与伤病抗争，但这一次不同以往。他动情地说："天津队是我唯一效力过的球队，它给我带来荣耀和骄傲。我很光荣能从一而终代表天津，无论是年轻或年老，胸前的'TIANJIN'分量十足。"杨秉正概括自己的一生，说了四个字：一帆风顺。做运动员时一帆风顺，当教练员时一帆风顺，即便是经历了严酷病痛，还是说"一帆风顺"。而走过的那些崎岖之路，他就是不说。"嘻，谁还没点儿坎坷啊。"杨秉正激动地说。他说这一生的一帆风顺，要感谢的人很多，感谢恩师李朝贵，感谢过去的所有同事，感谢曾经的队员。"还要感谢我的爱人。"的确，杨秉正长年专心足球事业，回到家里洗衣、做饭样样不会，真真正正地是衣来伸手饭来张口，什么都不用管。爱人为他生了两个儿子，一家三个壮汉，日常生活起居全靠她一人承担，更有操持孩子学业的辛苦，多年的操心劳累可想而知。

1968年，杨秉正和杨洁喜结良缘。正可谓"不是一家人不进一家门"，夫妻二人同姓，又有同时从事体育运动的机缘。杨洁曾是天津女篮选手，也是一名后卫，一度作为全队核心，和丈夫一样担当组织防守和进攻的重任。两个儿子遗传了爸妈的基因，颇有运动天赋，尤其是身高，大儿子1.96米，是一位男排运动员，二儿子是一位网球运动员，退役后做教练工作。一家人囊括了三大球和网球，顽强竞争和倾力奉献的体育精神在杨家人身上展现得淋漓尽致。

魏锦义——场上场下　朴实无华

20世纪六七十年代，是天津足球迎来的第一个辉煌期。其间，天津队涌现出一大批优秀人才，为天津足球实现了联赛冠军、锦标赛冠军和全运会冠军的大满贯，魏锦义就是夺得大满贯的见证者之一。至今许多老前辈提起魏锦义，仍记忆犹新，都说："那个大个儿为人老实憨厚，少言寡语，上场踢起球来却相当硬朗拼命。"

魏锦义

进入天津队像做梦一样

1941年魏锦义出生于现天津市河东区，自小就在河东体育场一带踢球。和大多数同批入队的队友不同，魏锦义没有进过一天专业体校，能够进入天津队可以说是机缘巧合。1956年，初中毕业的魏锦义和同学去河东二宫游玩，碰巧看到有工厂在发号招工，他就和同学去抢号，当时发号的两个工厂是东亚毛纺厂和汽车制造厂。拿到号之后，魏锦义和同学先去位于建设路的汽车制造厂考察了一番，又去东亚毛纺厂看了看，觉得东亚毛纺厂条件不错，就这么进厂成为一名电工。

当时天津各个工厂的足球氛围浓厚，东亚毛纺厂也不例外。厂足球队教练是老华北队的王俊生，作为工作之余的消遣，魏锦义也跟着踢球，没想到一次到河西体育场进行的交流比赛改变了他的命运。东亚毛纺厂队与李朝贵率领的天津青年队打比赛，司职中卫、身高达到1.84米的魏锦义，被李朝贵一眼相中。赛后李朝贵对王俊生说："那个大个儿我们要了。"就这样魏锦义进入天津青年队，开启了他的足球人生，现在回想起来魏老都觉得像做梦一样。

津门铁"魏"　力筑防线

刚进队时，魏锦义没敢和家里说，怕家里知道自己放弃工人身份去踢球，可后来总是出门踢比赛，瞒也瞒不住，他才"如实招来"。后来魏锦义入选天津队，和他同队的还有张业福、张亚男、孙霞丰，而魏锦义进队时间最晚，在队中年龄也是最小。不仅如此，当时天津队中人才济济，后卫严德俊、邓雪

魏锦义早年比赛瞬间

昌等都是白队元老。魏锦义面对激烈的竞争没有消沉，而是跟在老队员身后学习他们的技术和精神，等待登场比赛的机会。"当时我跟严德俊学的比较多，每天训练从体育馆走到民园，他总是很耐心地告诉我怎么打比赛、练技术，在他们的言传身教下我也慢慢提高。"

经历了1960年联赛冠军、1965年全运会冠军之后，魏锦义终于成为天津队中卫位置的铁打主力。因为在队中个子最高，魏锦义被队友们亲切地称为"大魏"。"我印象最深的是1965年全运会决赛，在北京和上海队比赛，当时主席台上坐着邓小平副总理，还有河北省领导、上海市领导。我们赢下了上海队，终于获得了全运会冠军，"魏老回忆道，"那几年国际比赛天津队也是谁都不怕，谁都不输，不论巴西球队、古巴队还是非洲球队，只要来到中国和天津队比赛都占不到半点儿便宜。"魏锦义踢拖后中卫，身材高大头球好自不必说，视野宽阔，善于把握节奏，不盲目出球，分球传递颇具威胁。他的选位稳健牢靠，与盯人中卫王杭勤搭档，相得益彰，组成队友信赖的后防线。

一次受伤成就一生姻缘

1970年，因为"文革"的原因，刚满29岁的魏锦义不得不选择退役，进入天津合成纤维厂。此时魏锦义已经完婚，爱人巩建良生了女儿魏巍。说起和巩建良的相识相知，魏锦义如数家珍："我爱人是老河北省天津队的运动员。1960年的时候，有一次我在比赛中被北京队门将李松海扑倒，导致膝盖十字韧带断裂，就到北医三院去治伤。恰巧那时候老队友孙霞丰在国家队，看望我时说有个河北队跳高运动员巩建良你看看怎么样。认识后我们彼此都挺满意，就这样走到了一起。现在孙霞丰每年从加拿大回国，我们都会去看看这个大媒人，那次受伤成就了我一生的姻缘。"

在天津合成纤维厂待了大约6年，一次机会令魏锦义调入北辰区体育场。"那是落实干部政策的最后一年，合成纤维厂不放，爱人巩建良也不愿意让我去，但还是割舍不下对足球的热爱吧，最终决定离开厂子到了北辰体育场。"从此魏锦义在北辰区体育场投入青少年足球培养，直至退休。

虎父无犬子　两代为天津

提起魏锦义，今天的年轻球迷不太熟悉，但是说起他的儿子魏东，那可是一代天津球迷记忆中的

偶像级球员。魏锦义是足球运动员，巩建良是田径运动员，大女儿融入了妈妈的基因练习跳高跳远，而儿子魏东则融入了爸爸的基因，从小就展现出了足球方面的天赋。"小时候也没有刻意去培养，我当时在北辰体育场，有机会就带着魏东到处去看球，"魏老说，"小时候他姐姐总是带着他练田径，后来红桥区的业校教练冯建忠说：'让你儿子来我这练吧。'"就这样魏东开始接受正规的足球训练，并在"猛犸杯"等青少年比赛中崭露头角。由于继承了魏锦义的身高和身体素质，魏东的综合实力在同年龄的队员中鹤立鸡群，一度力压宿茂臻、小王涛，成为国青队的主力中锋。

魏锦义与爱子魏东的合影

不过由于当时天津足坛状况较为特殊，年轻气盛的魏东选择了远走他乡，先后效力于陕西国力、成都五牛、长春亚泰。至今谈起儿子魏东，魏锦义都有些许愧疚："魏东要不是我儿子，也许早就出来了。"不过懂事的魏东总是安慰父亲，自己并没有因为过往而对天津足球失去信心。如今魏东已经成为基层体育教师和足球教练员，他希望自己的遗憾不要在下一代身上重演，同时能够帮助天津足球培养出更多的人才，重现老父亲当年的辉煌。

摄影开车　享受生活

早年为足球奉献，中年为儿女奔波，如今儿女生活稳定幸福，孙子也已经大学毕业，77岁的魏锦义终于有时间享受属于自己的生活了。"早在天津队时，我就和严德俊学了摄影。我们的黑白照片都是严德俊拍，然后拿回家里冲洗，他就经常叫上我，"魏老说，"我从那时候开始对照相有了兴趣，到合成纤维厂工会，也让我给冲洗照片。原来买天津照相机厂出的12张照片的那种相机，魏东他们小时候的照片都是我给照的。后来我让魏东路过香港时买了台摄像机，再后来闺女给买过一个，我们老两口自己去香港旅游又换了一个好的。"无论是元老队聚会、李朝贵九十大寿还是白队五十周年聚会，他都负责拍照摄像，这既是他的爱好也是责任。

现在魏锦义开着他的小车"知豆"，每天接送女儿上下班，帮她打理生意。当然，他丢不掉自己的爱好，他和老伴已经去过新疆、福建等地旅游摄影，未来还计划到西藏、北欧和美国自由行。年迈的魏锦义有好的心态，对生活充满希望。

陈贵均——攻防兼备　中场名将

20世纪60年代的天津足坛名将陈贵均，令老球迷至今印象深刻。他踢前卫位置，稳稳贴贴，不事张扬，脚下技术出色，组织进攻时传球准确，并时常带有隐蔽性；防守快速到位，紧逼、抢断令对手怵头，博得队友的信任。陈贵均堪称那一代天津队的中场核心。

陈贵均1941年出生。在和平区十六中（现耀华中学）上初中时，为校足球队中的佼佼者。踢球很费钱，他的家境并不富裕，听说去距学校不远的新华路体育场踢球，踢得好有机会得到球鞋，陈贵均想去试试。结果他不仅有了一双崭新的白球鞋，还得到了一身运动服，然后又有了去河北省保定市打比赛的机会。

"跟你说实话，当时去保定打什么比赛，全称我都没打听清楚，那是我第一次离开家代表天津踢足球。那时候我正好升初三，每天都在想自己将来的足球出路。一上场我的情绪就来了，脑子里、眼睛里就只有足球。那场和旅大队没踢了多久，对方一个严重犯规铲翻了我，右脚腕钻心地疼，我当时害怕极了。"陈贵均说他要郑重地感谢一个人，原国家队名师、在津"蹲点"的陈成达教练。陈教练意识到他伤势不轻，火速派人送他去医院。陈贵均心存感激，只盼着能早日上场，好好表现回报教练、回报球队。当时陈成达已经看上了陈贵均是可造之才，于是最后一场比赛派他上场。伤痛还在的陈贵均咬紧牙关，表现出一股子韧劲儿。在回天津的路上，陈教练指着他说："8月份去体训班报到。"陈贵均一时兴奋得说不出话来。

青年时期的陈贵均

1958年，17岁的陈贵均如愿走进专业足球队，他觉得没有比足球更适合自己的选择了。踢球能让人生更加有规划、有秩序、有条理、有章法，因为运动员不允许睡觉睡到自然醒，不允许太过随性，尤其足球是集体项目，不能全由着自己的性子。陈贵均心知肚明，他努力地严格管理自己。

运动员生涯的11个年头，陈贵均随队南征北战，立下赫赫战功。

"作为一个天津本土成长起来的足球人，我觉得很幸福，在最好的

陈贵均

年华每天奔跑在球场上,你从事的工作刚好是你的爱好。那时候训练真是顶着星星起床,又披着星星归来。每天清晨先是跑圈,不分寒冬和酷夏。每天训练完毕,四仰八叉躺球场上。"艰苦训练的日子,陈贵均记忆犹新。

1960年后陈贵均和一批新秀进入一队。他说道:"我们这一代前有白队的榜样,后有火速成长起来的一批新生力量补充战斗力,这就要求我们既要突破原有技术瓶颈,又要传承优良传统,并且发扬光大。60年代前期,在老白队前辈的铺垫下,天津足球呈现良性发展的可喜变化,尤其很多足球老一辈留下来的精髓,我们不敢忘更不敢丢。我们心里都有数,越是这样便越需要努力,千万不能给天津足球丢脸、拖后腿。"陈贵均说掌握足球技能没有捷径,唯有苦学苦练:"一是自己闷头练,二是跟人学。远射、劲射、挑射、点射,哪怕是似神来之笔的轻轻一甩的头球,都是日常所学所练的展现。而且那个时候天津足球氛围很浓,球迷们都在看着,他们超级懂球,对对手的分析,对比赛的预判,哪个位置漏人了、哪个环节衔接不到位、谁发挥失常什么的,都能说出不少门道,非常专业。"如此这般,更使陈贵均和队员们在训练中、比赛中从不懈怠。

陈贵均认为,踢球往往容易被禁锢,适应了一种脚法就不愿再尝试新的技法,这是通病。踢球不光要研究对手的技战术,还要观察各方面形势的变化,比如根据场地、草皮或天气变化等决定用什么方法打破僵局或扭转比赛走势。积水的坑坑洼洼的场地,草皮磨损严重,这就需要球员们尽快适应环境,支配脚下动作做出少许改良,这就叫"因地制宜"。

除了技艺、脚法,陈贵均还被人称颂的是踢文明球、干净球。他铲球、拦截干净利落,阻拦、断球从不拖泥带水,手上也没有杂七杂八的零碎动作。"咱踢的是足球,又不是柔道、摔跤或是打手球。踢得起踢,踢不起别瞎耽误工夫。"陈贵均说。他觉得踢足球要做到

训练中的陈贵均

训练，但我们还是自发组织起来，每天坚持训练。训练地点就在成都道，现在的奥林匹克大厦，以前叫小车场，地方只有足球场的四分之一那么大。大家训练都很投入，最典型的是蔺新江，什么都不掺和，就自己训练，他的好脚法就是那时候练出来的。"

时间到了1970年，足球运动重新在全国开展起来，在广州举行了全国24城市足球队集训赛，曾雪麟等教练带领天津队参赛，最后获得第一名。李季英对当时的情形记忆犹新："那时候我和林贵荣搭档中卫。虽然'文革'不可避免地给我们带来了一些影响，但比赛证明天津队当时依然是全国最棒的队伍。如果没有'文革'，那支天津队应该会取得更多好成绩。1975年以前，天津足球在全国没有下过前三名。"

远离足球　与世无争

在那段最艰难的岁月里，李季英始终坚守着绿茵梦，直到1972年退役。他在球员生涯中没有受过太严重的伤病，但有些伤痛却延续至今，左脚腓骨骨裂到现在都没有愈合。李季英说："1965年到南京比赛，发角球我上去争头球，快出底线时倒地铲球，结果上海队陈家根从后面铲了我，我当时就躺倒在地，队医过来喷了点儿药，缠上绷带继续比赛。后来照片子队医也没说什么，就说有点儿骨裂，没事儿。第二天打着封闭缠着绷带继续比赛，那时候一切以不影响比赛为原则。就这么着后来一直没有治。前两年我去医院检查，大夫说你骨裂了，我说我没受伤呀，我一想还是那年的事儿，陈旧性骨裂。看看现在，我看不惯球场上一撞就躺，哪有一点儿精神。"

李季英

退役后李季英被分配到第二游泳池工作。他说："我在陆地上的项目还可以，水里的不行。"他放弃了干部编制待遇，进入二机局下属的工厂当起了机修钳工，三年后又调到了科技局（后改为科委），直到退休。远离专业足球的李季英享受了与世无争的生活。

操心泰达　最爱权健

和一些一辈子投身足球却被足球伤了心的人不同，李季英如今依然拥有对足球的关注与热情，十分难能可贵。李季英说："我还是一直关注着天津足球，毕竟还是喜欢啊。对于足球的发展也常常跟人讨论，一直在想天津足球什么时候才能回

到辉煌年代,怎样才能改变现状而不让广大足球爱好者寒心。"这几十年中,他对职业化以后的海鸥、中环、三星一直都在关注,也看比赛,最近几年对泰达不感兴趣了,心想天津足球怎么成这样了!他说:"当年赛前开准备会,我们后卫说:'你们前锋只要进球这场球咱就赢了,我们决不让他们进球。'现在泰达后卫谁敢说这话?"

不爱看泰达队,李季英却喜欢看其他球队的比赛。他说:"中超现在我爱看咱权健队,还有恒大队、华夏幸福队。为什么这么喜欢看这几个队?看比赛时我就在想这球应该这么传,结果人家球员真是这么传。可是泰达队不是,我想这球应该这么传,但最后却是那么传。不清楚什么原因,可还是希望天津足球能重振当年雄风。"

元老队的大管家

从进入工厂到退休,李季英基本上过着远离足球的生活,只是在1995、1996年那段时期,他又和足球走到一起。那时正值职业联赛初期,各种足球学校和俱乐部雨后春笋般在天津出现,老队友杨秉正找到李季英希望他出山带队,就是在那几年他成了教练,还是因为和足球有缘分。

1998年,李季英加入天津元老足球队,当年就随球队获得了全国元老足球赛冠军。如今全国元老足球赛已经举办了26届,每年一届,李季英自1998年之后几乎就没有缺席。老队友都还记得,当年他在队里和张宝贵、范继正担任生活委员,吃喝拉撒睡都管,十足的热心肠。加入元老队之后,李季英又承担队务工作,从服装鞋袜、足球装备管理,到外出比赛订车票、安排食宿,都承担起来,俨然元老队的忠实管家,深得老伙伴们的赞赏。他说:"2003年我脑栓塞,现在能恢复到这样真要感谢元老队和这帮老队友们,感谢他们带我玩儿,不然我可能早就瘫痪在床上了。"说话间他拿出珍藏的数十张天津元老足球队参加每一届比赛时的合影,对于当时的情形如数家珍:"我是元老队的管理员,所以在我这儿的照片应该是最全的。"

因为年龄和身体原因,李季英现在已经不再随元老队外出比赛,但每周三和周日在体工大队的两次元老队训练活动,他只要没事儿必到。年近八旬的李季英还能享受足球带来的快乐,如此积极乐观的心态,实为可遇而不可求。

李季英

韩武——大洋彼岸育幼苗

时间回到1999年6月23日，美国纽约巨人体育场，中国女足征战第三届女足世界杯赛，与澳大利亚队交锋。定居新泽西州的韩武先生得知昔日弟子陈金刚、《天津日报》体育记者莅临，驾车赶来欢聚，并一起欣赏了这场比赛。中国的铿锵玫瑰势不可挡，以3∶1击败对手。时年58岁的韩武先生欣喜异常，兴奋地说："这是我头一回看咱们女足比赛，水平真是不得了呀！"一嘴天津味儿，乡音不改。

韩武移居美国至今已接近40个年头。在为编撰本书而专访百位人物的过程中，编委会曾通过他的昔日队友等诸多渠道，每日与其联络，历时半年有余，很遗憾地始终没有回应。但是编委会还是决定书写一篇韩武先生曾经为天津足球做出奉献的往事，并渴望他老人家能早日捧书展阅，与家乡人们共享。

1941年，韩武出生于天津，他自幼便展现出体育运动天赋，在第十六中学（现耀华中学）读书时，是学校足球队中的佼佼者。1958年，他入选李朝贵教练率领的天津青年队，打下了坚实的基本功。1961年至1969年，韩武代表天津队、河北队参加了其间的各类足球赛事，立下诸多战功。1965年韩武代表河北队参加第二届全运会，是夺得冠军的功臣之一；同年随队赴朝鲜参加第二届新兴力量运动会，获得亚军。

他身高1.78米，体魄健壮，当年踢内锋位置，速度并不快，但是脚下技术甚好，不仅动作规范且十分实用，而且头脑清楚、门前意识好，与队友孙霞丰、李学浚等人在前场配合默契，攻门常有斩获。他的昔日队友回忆，韩武的腿部力量十足、脚头硬朗，这得益于当年李朝贵教练的严格训练，举着杠铃下蹲一练就是上百次，他在队中练得最苦。令队友们记忆犹新的是，青春年代的韩武，人长得帅气，手风琴拉得非常好，是体训班各运动队中唯一的乐手。训练之余，他的手风琴一响，即刻引来一群人齐声欢唱，更是开联欢会的主角。

韩武

1972年，韩武来到新华路体育场，任和平区业余体校足球教

练，与高复祥等教练培养出陈金刚等一批优秀人才。1979年，他到美国定居后，年近40岁的韩武仍苦读电脑专业，毕业后从事电脑营销工作。

在美国，韩武割舍不掉足球情，业余时间从事青少年足球训练工作。1995年他带领的业余少年队，参加美国东部地区12岁以下足球联赛，一举夺得冠军，韩武教练声名鹊起。那个时候适逢美国青少年足球热升温，在华人的帮衬下，韩武在1995年树起了"中美长城青少年足球俱乐部"大旗，出任董事长兼教练。俱乐部迅速崛起，拥有20块草皮球

陈金刚、韩武、徐明江相聚留影

场，食宿条件甚好，长年参加训练的孩子有近百人，参加走训的达200多人，其中三分之一是女孩子。俱乐部成立后的5年间，韩武和同事们培养了六七百名足球青少年，不少人被选入东部各赛区的冠军队。韩武自豪地说："我为咱们中国骄傲！"

韩武始终不忘家乡。1998年，韩武以美国足球教练员委员会委员身份，率俱乐部队来津交流比赛。同时他表达出一个愿望，希望自己的俱乐部能成为天津—美国青少年足球交流的基地，欢迎包括女孩在内的青少年到美国训练。

在美国观赛时的留影（左三为韩武）

高复祥——育苗成才　解说成名

高复祥50周岁时的留影

高复祥在广大球迷中鼎鼎有名，不仅因为在天津电视台体育频道中频频亮相，还因为曾经作为足球运动员、教练员的他，见证了天津足球几十年发展的兴衰历程。多年以来在足球圈内外的社会活动中常见他的身影。请看高复祥丰富的阅历：

1942年出生，原籍北京。从1958年开始，先后入选北京少年、青年足球队。1963、1964年先后进入天津青年队、天津队。1965年进入和平区体委，后任新华路体育场业余体校教练。1970年，高复祥受聘于天津电视台，担任体育顾问、足球解说员。1988年起连任四届和平区政协委员。1993年，中国足球开始职业化，任天津足球俱乐部董事会董事兼副秘书长。2000年任天津大学生足球俱乐部副秘书长。2016年受聘任泰达俱乐部技术顾问。现为天津瑞龙足球俱乐部总监。

扎根基层　收获桃李

高复祥退役后扎根基层，为天津足球青少年人才的培养做出了贡献。高复祥于1970年开始在天津市新华路体育场业余体校执教。高复祥回忆道："我正式带的第一拨队员有徐明江、陈金刚、郑易，第二拨是张效瑞、商毅，随后是宗磊、韩燕鸣、何杨，他们后来都入选天津队，成为有才华的选手。1992年我去了天津足球职业化筹备领导五人小组，副市长钱其璇挂帅，其余是刘建生、王学智、孙霞丰和我。1993年2月18日，天津足球俱乐部三星队正式成立，我是俱乐部董事会成员、副秘书长。再后来2000年去了天津大学生足球俱乐部任副秘书长，和天津师大合办，也让一批人受益。2002年，我成立了天津市坤威体育文化传播有限公司，先后为百事可乐连续三年举办千队中小学比赛，我也被评为天津百事代言人，去英国曼联、利物浦等球队考察。在公司10年期间，主办了'天津女排夺冠庆功会''天津足球队成立五十周年''白队返津''天津泰达队壮行会'及各种形式的基层足球赛等活动。"

高复祥虽然没有去成年队执教，但始终扎根业余体校，倾力于培育幼苗，桃李收获颇丰。执教期

间，受他启蒙训练的陈金刚、张效瑞、商毅、宗磊、韩燕鸣、何杨6人先后入选国家队，刘大明、陈国仲、赵凯、孙照贤入选国家青年队。1993年，中国足协在秦皇岛基地开会，高复祥被评委评为"最佳启蒙教练"并获得金奖。

慧眼识人　赞赏弟子

在高复祥的门生中，最让他得意的有两个人，一个是陈金刚，另一个是张效瑞。提起陈金刚，高复祥打开了话匣子："陈金刚小时候身高腿长，不大壮实，外号'豆芽菜'。但是他有脑子、有速度、有技术，我很看好他。他家里经济条件不好，我每天给他订一袋奶。前几天从长春回津，他请我去津利华酒店，送了我3瓶15年的茅台。转天回长春，亚泰俱乐部老板和他签了无限期长约，工资多少自己填，他说五六年没像今年这么痛快放松过。"

陈金刚深得高复祥真传，2017赛季中途接手长春亚泰队，不仅带队早早保级，还取得了不错的名次，这都源自他对亚泰队的了解。"他带队有自己的独创，让队员们自己制订训练计划，队员可以自己练，哪一方面不行自己可以补练，启发队员自己找毛病的积极性。现在队伍好管，凝聚力特别强，张笑飞、杜震宇都听他的。陈金刚不怒自威。保级之后陈金刚找外援伊哈洛谈话，伊哈洛说：'明年你还要干，你要不干我就走。'伊哈洛特别信服他。"高复祥对弟子的赞赏溢于言表。

怜爱弟子　喜见成才

高复祥说他在张效瑞身上花费的心血最多。"张效瑞家里更穷，条件更差，9平方米的房子里没有床，有一个阁楼，他和妹妹住在二层阁楼，他爸他妈睡地板，什么都没有。选他进业余体校，就看重他不服输的那股劲儿。当时给我启发最大的是马拉多纳，中国队员带球过人、控球不行，我就格外精心练张效瑞一个人，"高复祥说，"当时我做电视转播，社会关系多，有外贸罐头、奶粉，我都分给队员们。考虑到孩子们在成长发育期，我在体校执教期间，（每月）每个人发35块钱补助，不交钱还发钱，我给张效瑞发双份70块钱。当时在天津业余体校中独此一家。

高复祥与张效瑞、张玥的合影

有一次他不好好练，他爸爸打他，我说你要打他就把他带走。我从来不打孩子、不骂孩子，我把他爸爸批评了一顿。当时效瑞父亲挣的钱还没孩子多。"

高复祥又回忆说："按照张效瑞的条件很难踢出来，他脚是平足，但小时候不服输那股劲儿特别打动我，后来就练他一对一、一对二、一对三，后来七人制比赛他一个对七个，盘带、过人、射门，对手都拦不住他。1988年，我们代表天津少年队去日本比赛，10战10胜，日本两个俱乐部要留他，送来巧克力，专门来看他踢球。有一场球，张效瑞连过8个人，连守门员都过了，把球带到门里去，那可是大场地呀。"因为技术出色，张效瑞和商毅入选健力宝队，到巴西留学，张效瑞回国后直接入选国家队，一度风光无限。高复祥也因此被和平区区委、区政府批准荣立二等功。

让高复祥教练惋惜的是，后来因为伤病等原因，张效瑞的足球成就没有达到应有的高度。如今，张效瑞在天津权健俱乐部担任副总经理，负责青训，并担任预备队主教练，对于张效瑞来说这是转型，也是延续恩师高复祥未了的心愿。

活跃荧屏　宝刀不老

天津球迷真正认知高复祥，并非通过他的踢球和执教经历，而是他足球比赛解说员的身份。至今他做解说已经有52年了，比踢球和执教年头都长。他说："我第一次解说是在天津电台，1965年国家队和天津队比赛，当时也不知道怎么解说，电台著名播音员关山在前面给我呼号'天津人民广播电台现在开始转播，由高复祥教练解说'，就在民园体育场，一辆面包车里有点儿设备，没有画面，车窗打开直接看比赛解说。到了1972年电视台邀请我，那时候刚有电视，第一次电视转播就是我，到后来被聘为天津电视台体育顾问、解说嘉宾。"

在电视台体育频道解说，高复祥最开始和蒋群合作，后来和柴盛昆搭档，再后来是王喆、杨威，到现在是王寅初、于洋，他的解说时间比踢球年头还多。说起这么多年的解说生涯，高复祥认为受益匪浅："那时候进电视台解说时，我还带着陈金刚他们，同时收集各方面资料和数据记录下来。也是从那时候开始更加钻研足球理论，还在日报、晚报投

2000年高复祥在曼联训练基地的留影

稿,写了不少新闻、评述。还有我和曾雪麟家都在北京,放假时曾雪麟让我给他抄教案,我从曾指导身上学到了很多东西。"几十年的解说、评述,时至今日高复祥依然活跃在荧屏上,依然广受观众欢迎和好评,可谓炉火纯青,宝刀不老。

寄望未来　充满信心

无论踢球、当基层教练还是解说,几十年来高复祥始终没有离开足球。对于天津足球的过往和未来,已过古稀的他说:"天津足球1959年获得第一届全运会亚军,1960年咱们是双冠军,'文革'前天津足球在国内地位举足轻重,年年是冠亚军水平,'文革'后也是前六名水平。一直到职业化之前,1980年严德俊带队又达到一个顶峰,拿到全国冠军。随后出现青黄不接,现在可以说天津足球后继无人,虽有校园足球,但远水解不了近渴。"

即便如此,高复祥依然对天津足球的未来充满希望。他说:"我们应该花大力气培养后备力量,充分发挥退役球员的作用,毕竟他们有一技之长,把他们的作用发挥出来,假以时日肯定出人才。根据我个人体会,培养一个孩子从小学一年级到初二,最少要六七年时间,这是一个周期。六七年之后,天津会再出一拨人,未来天津足球肯定在国内足坛有一席之地。"

高复祥对天津足球的前景十分乐观。他说:"现在国家重视青训,天津权健和泰达两家俱乐部青训投入不断增加,训练、比赛条件也不错。如果我们有的放矢,有规划、抓落实,踏踏实实、坚持不懈,不出人没有道理。2007年,李长俭、白金贵等人合编画册《绿茵情缘五十春》,颂扬了天津足球50年的光辉历程,我也参加了编辑工作。今天,让我们共同期盼绿茵春天的到来!"

2000年高复祥(右)与恩师史万春(左)的合影

王美生——津门走出的优秀门将

王美生

1956年暑假的一天，14岁的王美生和同学踢足球，不经意间被大家推到球门线当守门员。别人要么嫌摸爬滚打容易受伤，要么觉得没有进球的快感，只有被进球的失落，选守门员时都躲在一边。王美生倒随和，"守门就守门"，就这样站到了门前，并且扑出了对方势在必进的点球。王美生一战成名，理所当然地成为校队门将。

没料到这意外的选择成就了他的门将生涯。1957年，河西区体育场李玉森教练看中了王美生的身体条件和反应能力，吸纳他成为河西区少年足球队成员，并在转年推荐他去民园体育场参加天津少年足球队试训，而后入选天津少年足球队。这么多年过去了，王美生始终记得试训的场景：那时民园体育场建造了一圈水泥看台，足球场地也由原来的沙地改为草坪，并在体育场的四角搭建起24米高的木制灯架，成为当时中国第一座灯光球场。气势如虹的场面，点燃了这位少年的激情，王美生顿时觉得自己有了新的天地，有了得以实现理想的无限空间。1959年，王美生通过了陈治发、李朝贵教练先后考核，顺利进入河北青年队。当时队里的张业福、张大樵等多位师兄担当着门将重任，更多时间里，王美生都是在默默地观摩比赛，汲取营养，学习各家所长，不断提高。1960年底，同为守门员出身的时任天津队总教头曾雪麟，叫上王美生去广州参加冬训。这对王美生来说是一个全新的契机，他要求自己无论上不上场，也无论什么时候上场，时刻要保持一个门将应有的状态，这便要求他比别人付出更多。身体状态通过日常训练来保持，教练也会针对不同守门员的技术和身体上的特点进行一些针对性的训练。"守门员这一位置的特殊性对球员的比赛状态要求非常高，这种对竞技比赛适应和理解的

王美生训练照

程度, 主要取决于心态和经验。有时候经常上场的人心态就愈发好, 反过来越是替补越容易手生, 发挥失常。在某种意义上, 这对替补守门员来说不大公平, 但没有办法, 这就是竞技体育。这也要求大多数替补守门员不断调整比赛状态和磨练自己的心态。"王美生说道。

对于王美生这样长期担任替补的守门员来说, 天赋之外, 自信、专注、坚韧都是格外需要培养的重要品质。王美生认为守门员是个看似放松, 其实时刻面临危机的角色。穿着与其他10名队友不同的球衣, 戴着手套, 仅仅从外形上, 守门员就已经与众不同了。守门员不是最具存在感的角色, 但一旦面对对方的猛烈攻势, 绝对能吸引最多的目光。从这个角度来说, 守门员相比于其他位置的球员是幸运的, 如果门将能带几步球, 甚至过一次人, 就是神一般的存在; 至于献上扑出点球而拯救球队的出色表现, 更是一大功臣了。诚如布冯所言: 自大和自虐是并存的——如果你搞砸了, 招来的嘲笑也会超过任何一个位置的球员。有了如此的体验, 王美生深知, 唯有努力在训练中提升水准, 珍惜一切比赛机会, 能够做到给点阳光就灿烂。但是当替补对于一个正当年的球员来说是一种折磨, 在这样的折磨里, 王美生不急不躁地度过了5年。

时间来到1965年, 王美生通过不断摸索总结, 在联赛中的表现也越来越得到教练的认可。遗憾的是, 正当事业朝更广阔的天地发展时, 一场突如其来的"文革", 让一切都戛然而止。好在王美生和张业福、贺洪山等门将不甘寂寞, 他们志同道合组织了一支篮球小分队, 没事儿就打打篮球, 盼着有一天重新回到足球场时, 身体不至于荒废。

5年后的1970年, 竞技体育恢复比赛, 王美生重返绿茵场。他成为天津队主力门将, 参加了多项国内外比赛, 技艺愈发成熟, 在比赛中总有超常发挥。津门老一辈优秀门将张俊秀看了他的比赛表现后, 给予了热情的鼓励: "你的守门越来越好, 好好努力, 还有前途。"天津队当时的主帅曾雪麟也给他很高的赞赏。王美生吸引了北京部队足球队的关注, 1973年的一纸调令, 将原本准备退役的王美生调入北京。

王美生形容1973年是自己立业成家的关键一年。他来到北京部队足球队后放开手脚, 没有了任何包袱, 轻装上阵的他总是充分发挥水平。王美生以军人的标准要求自己, 严于律己的训练, 顽强的比赛作风, 门线前的飞翔扑接, 更统治着广阔的防区。他的无所不能, 广受人们称道。34岁那年, 王美生开始辅佐北京部队队主帅吕登岭, 做起了

王美生

王美生的场上英姿

守门员教练，一干就是3年，其间北京部队队连续三年获得全军足球比赛冠军，他多次获得北京军区的嘉奖。1979年，王美生调入北京军区体育馆，从干事升至馆长，直到退休。

做教练工作的王美生仍然善于开动脑筋，并有颇多心得，至今他还关注足球运动的发展趋势，总结后传授给后辈。他说："我那个年代，强调身高体壮，强调门线技术，后来我做教练，守门员开始大范围活动，用手抛球和长传发动进攻。如今，守门员开始加入运动战，被赋予了后卫，甚至防守型中场的任务。我欣喜地看到，时代在进步，推动着守门员技术与战术体系发展保持同步，甚至引领着其他队友的攻防节奏。"

在过去的赛场上，王美生需要紧盯球的动向，判断下一秒球会被踢向哪里，会不会突然射门，球可能会从哪个方向飞来……全神贯注，不放过瞬间变化，光是站在球门前，都能让王美生大汗淋漓。

"后来我做教练，我要求门将的注意力一定要集中到比赛局势上，注意力不集中的那一刻，往往会被一些突然反击或者吊门打得不知所措，所以一定要多在平日练习专注度，紧盯飞来的皮球的飞行路线，"王美生说："门将应该随时把重心放低，有利于迅速起动，根据大脑的判断快速移动到防守路线上，能够及时倒地侧扑或者弹跳飞身扑救。日常还要练好手抛球、脚下传球和停球，重视各种高度和方向的来球。"

王美生在实战中体验多年，深谙守门员还应具备更高的素养。他认为，尽管在战术体系趋于整体化的今天，守门员拥有了更多运动战的职责，也越来越难身处"拥有自己小宇宙"的状态，但这个位置的孤独属性却从未改变——站在10名队友的后面，不需要频繁跑动，有大把的时间放空；与此同时，却要像教练一样观察场上局势，指挥队友防守。

尽管守门员在大多数时间里是看客，但脑子却总在"放空"和"专注"两种状态间频繁转换。作为球队的守护神，需要做的事情非常多，技术要求也非常全面，需要付出非常多的练习才能成为球队的定海神针。王美生忘记了是谁说的——归根结底，守门员是"受虐狂"和"自大狂"的结合体。

进入戊戌年，王美生七十有六，身体硬朗、思路开阔。他在北京定居多年，常常想念天津，与家乡老友多有联系，常常说起难忘家乡的培养："没有天津的养育就没有我的今天。我给天津足球总结了四句话——精诚团结、作风顽强、敬业忘我、永争第一。这对我的一生影响深刻。"

王建华——机敏灵巧显锋才

在众多从河东区走出来的天津足球人才中，有一位"边路快马"给老一辈球迷留下了深刻的印象，他是1968年到1972年任天津队队长的王建华。虽然后来多年淡出公众视野，但鲜为人知的是，王建华始终没有离开过河东区这块足球沃土，他也始终将"感恩"二字挂在嘴边。

忆念恩师严格培养

年已75岁的王建华，言语朴实低调，聊起足球眼睛闪着亮光。小时候的王建华家住李公楼一带，最早接触足球就从老河东第四体育场开始，一群小学同学在一起踢球。后来河东区成立了业余体校，王建华成为第一批学生中的一员，其中还有他后来的天津队队友也是好朋友的薛恩洪。王建华说："记得1959年16岁，代表河东少年队参加全国青少年比赛，拿了个石家庄赛区的第二名。从那以后我们就落户在河东体校，在河东体育场训练，一年后我们几个表现比较突出的被调进了河北青年队。"

当时河北青年队的主教练是老白队的刘荫培，队中有李家舫、万连成、韩孝忠、蔺新江。当时天津市是河北省省会，河北青年队落户在北站体育场，属于省体训班。1967年天津市改为直辖市，河北青年队回归天津，因为河北青年队是一支甲级劲旅，所以依然独立参赛训练。在河北青年队的8年里，王建华从毛头小伙子成长为球队进攻的中坚力量。"刘荫培指导是我的偶像，当年在白队他踢过边锋。后来当教练他对我们特别严格，比如训练中抻腿不到位都不让吃饭，长跑他和我们一起跑。从那时起我和薛恩洪练出了出众的体能，薛恩洪还参加过天津市长跑比赛，场上外号'跑不死'。"

王建华

一门心思踢好足球

1968年天津队与河北青年队完成合并，在"文革"那段特殊的日子里，年龄在队中偏大的王建华承担起天津队队长的使命。当年他出任右边锋，有速度，有技术，身体灵活，头脑机敏，与薛恩洪在场上分工明确、密切配合，屡立战功。薛恩洪是盯人前卫，负责盯死对方的核心人物，对手见到薛

127

王建华

恩洪都发怵，因为确实难缠；王建华的任务就是不停地在边路突破分球，创造得分机会。在王建华的记忆中，印象最深刻的是在民园体育场的一场国际友谊赛，天津队1:0力克阿尔巴尼亚队，那场比赛队长王建华出任旗手，手持国旗的自豪与激动令王建华至今难忘。

"那个年代确实挺艰苦的，和现在大不一样。我们每周都要帮着食堂干活儿，推着小车去采购粮食和菜，后来改成了汽车，给我们美的。每年还要学农、学工、学军，到部队体验生活，"王建华回忆道，"记得有一年我们从广东冬训回到北京，在北京等天津女排，凑齐了一起拉练回来。从北京走回天津，要走上一天时间，学习解放军精神。说苦是真苦，可大家思想很单纯，心里唯一想的就是踢好球。"

回河东业校育新人

和王建华同批的天津队队友有薛恩洪、林贵荣、冯建忠、刘作云、王伯远、杨秉正、王杭勤、史召环等。不过美好的时光总是短暂的，1972年，29岁的王建华下放离开了天津队，到天津市棉纺一厂当了一名工人。在那个年代，工人光荣而且待遇好，本来是干部身份的王建华"以工代干"，转为工人。在棉纺一厂王建华干了4年，1976年落实政策他回到了曾经培养自己成长的河东体育场，成为河东区业余体校的一名教练员。

当时王建华已经结婚，爱人是昔日队友朱玉田爱人的同事。提起这段姻缘，王建华的爱人张月琴笑着说："当时家里不同意，认为踢球打弹的还能养家？又不是铁饭碗。不过后来也认可了，因为他人挺好，很实在。那时候总去现场看球，受伤也揪心。他这个位置跑得快容易受伤。现在这髌骨软化的毛病，就是当时落下的。"

出自河东又作为教练反哺河东足球，王建华怀着感恩之心投身其中，培养出刘海军、杨启鹏，还有不少后来天津女足的主力球员。在河东区业余体校的教练岗位上，王建华干到退休"河东出人才，这里是天津足球之乡，也是全国足球之乡。我当时就想，让足球之乡的名声保持下去是我最大的愿望。"

关注足球不离不弃

边锋出身的王建华，性格开朗乐观，用他自己的话说"我是活泼型的"。即便退休在家，王建华也闲不住，经常从河东万达广场走着去水上公园，权当锻炼身体，一走就是俩小时。有足球运动员的底子，他的体能远超同龄老人。直到2010年前后的一场大病，王建华才减少了自己的运动量，即便如此，现在也会经常步

行去天津市第二工人文化宫锻炼身体。"在路上也会遇到认识我的老球迷，也会聊上几句，他们问我身体状况，还会聊聊足球的话题。"

退休在家，王建华始终关注现在的中国足球，通过电视他观看了U23国足在亚洲杯上的表现。"首场3∶0赢阿曼，我会从队伍是否成型、踢得是否有章法这个角度去看，看和咱想的能不能碰到一起。举个例子，外围倒脚要看目的是什么，如果战术需要，队员倒脚转移之后突然前插进去，那我爱看，知道这是教练要求。如果只是倒脚不进攻，除非教练有这要求，比如踢成0∶0就能拿冠军那可以，否则就是无谓倒脚。我还看个人技术，个人技术运用合理看着才漂亮。虽说足球是集体运动，但没有个人技术，整体战术也打不出来。"在王建华看来，足协的"U23新政"是对的，年轻球员必须在实战中锻炼。"没有实战经验怎么会出成绩呢？"他说，"要有少年比赛、青年比赛，经过实战才能出人才，输送到一线队。而且还不能太急于求成，让老的带小的，这样才能走上良性发展的轨道。"

渴望孩子们踢足球

王建华的心始终没有离开足球。眼看着现在中国足球青少年后备力量不足，踢球的孩子越来越少，他相当着急。王建华说："都说足球从娃娃抓起，但很少有人去好好想想应该怎么抓起。我认为首要问题是让更多的孩子们和孩子家长想来踢足球。"

在王建华看来，如今踢球孩子少有两方面原因，一方面是大多数家长担心的学习和踢球不能兼顾的问题，另一方面是需要大量资金投入。"现在每年花好几万，真不是一般工薪阶层花得起的，更何况花了都未必能踢出来。我们那个年代，踢球练球都免费，学校球队还发衣服和鞋。后来到河东体育场练习，一开始是从李公楼走着去，后来可以坐公交车，拿着票去学校报销，别看就两三分钱，把我们美得够呛。我在河东业校当教练，一开始业校对学生也是不收费的，只收一些伙食费，教练的训练补贴都是河东区体委给。如果将来改到孩子们练球不交钱，或者只收一些合理的钱，然后还能兼顾学习，我想踢球的孩子会多起来的。"

除了这方面的思考，王建华认为对孩子的思想教育同样不可忽视。"都说现在中国足球发展如何快、投入多，可是很多东西是不能被忽视的，至少应该先教会球员们做人，然后再学会踢球。"

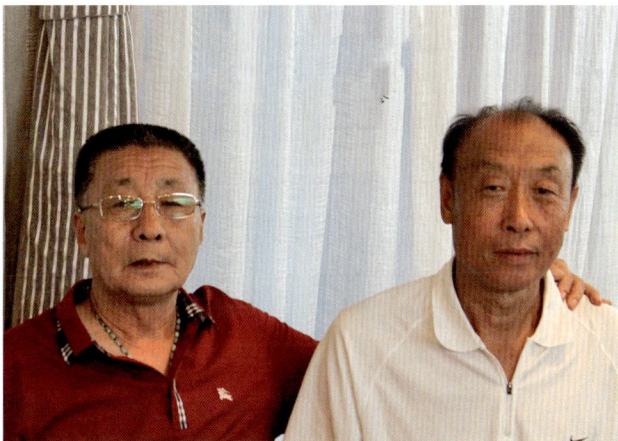

王建华（左）与冯建忠（右）

沈福儒——快巧突袭 锋芒毕露

青年时期的沈福儒

从20世纪50年代后期开始,天津涌现出众多优秀的足球人才,沈福儒是其中最有代表性的一员。他不仅球踢得漂亮,而且相貌英俊,是津门球迷的偶像。沈福儒毕生的足坛阅历,见证了其光辉的运动生涯和丰富的人生内涵,1959年入选天津青年队。1963—1974年效力天津队。1965年代表河北队获得第二届全运会冠军。1965—1973年是国家队主力边锋。1974—1990年,先后任天津队、天津青年队、天津二队(东亚队)主教练。1993—2000年,先后出任火车头队、湖南队、厦门队、广州白云山队教练。2002年任天津立飞队教练。2003年任天津女足总教练。2004年任天津市东丽区体育局足球学校总教练。曾获天津市劳动模范称号。

1942年出生的沈福儒是地道的天津人,上小学时开始与足球结缘。沈福儒回忆道:"我当年在河西土城小学上学,学校前面是一大片空地,我们这些孩子就在那里踢球。当年我姐夫送了我一个小皮球,很简陋那种,那个球陪了我好几年。虽然条件简陋,但是不平的场地和不太好控制的球反而给我练好技术打下了基础。"升入中学后,沈福儒很快入选了四十二中校队,随后又进入体校足球班,开始了专业足球训练。适逢组建天津青年队,主教练李朝贵慧眼识珠,选中了具有潜质的沈福儒。在天津青年队中,沈福儒不仅技术拔尖,而且训练十分刻苦,比赛尽心尽力,从同龄球员中脱颖而出,深得教练青睐。沈福儒在民园体育场的成名是从1963年开始的。当时天津队和国家队比赛,小将沈福儒登场后不畏强手、敢打敢拼,在一次射门中一脚将球打进了死角,最后天津队1:1与国家队踢平。赛后观众拥入球场,把沈福儒举了起来,让他激动不已。其实当时很少人知道,沈福儒正忍受着病痛的折磨。

那是1962年,在与昆明部队足球队的比赛中,沈福儒的脊柱被对方球员踢成了骨折。在后来很长一段时间内,沈福儒都在与伤病顽强地抗争着,并最终走出了伤痛阴影。他的技艺日臻成熟,实现了入选

球场上的沈福儒

国家队的夙愿。

当时的沈福儒正值青春年华，不仅长相出众，球技更是响当当。沈福儒笑着说："当初我们一拨国家队的球员都挺帅的。记得1965年我们去朝鲜参加一个杯赛，在欢迎晚宴上，朝鲜的电影明星们都争着过来和我们合影。当然，我们当时球踢得更棒，跟朝鲜队相比并不处于下风。要知道，第二年朝鲜队在世界杯赛上可是大放异彩的，进了前八名。"现在不少老球迷提起当年的沈福儒依然赞不绝口，说如果放在现在，沈指导绝对称得上的是津门C罗和梅西。对此，沈福儒笑着说："有点过奖了。不过我和梅西、C罗最像的应该是我们都是左脚球员。当年我在边路确实挺有特点的，带球过人几乎不怎么费力，而且下底后铲传是我的一绝。当然，当年为了练这些，我可是腿上几乎没有好皮肤了。而且我也经常得分。不得分让你踢前锋干嘛！现在不少老球迷和我聊天，还总问我当年一些比赛中怎么就能在边路把球射进球门的呢？不就是玩儿命练出来的嘛！如果真要比较的话，其实我觉得我踢球还是和梅西相似的。"

在国家队期间，沈福儒得到教练的重用，出战国内比赛、出访亚非欧国家二百多场比赛。由于伤病等原因，沈福儒1974年离开国家队退役，回到天津后开始了执教生涯。善于挖掘年轻球员、大胆使用年轻球员，是沈福儒指导最大的特点。带天津队期间，刘俊鸿、翟良田、刘金山、王毓俭、王广泰、齐玉波都很年轻，天津队连年取得好成绩，曾获全国联赛亚军。他与宋恩牧、张大樵带领天津青年队两批小将，如段举、左树发、霍建廷、王凯、尹怡、山春季、王兴华、宋连勇、张俊强等，曾获十六城市赛冠军，并于1984年一举夺得全国青年队联赛冠军，被中国足协指定参加当年第一届中国足协杯，并升入全国甲级队，使天津拥有两支甲级队，被评为全国精神文明队第三名。此后，沈福儒率领的东亚队，成绩一直保持在前八名的水平。他的善于"抢救"中下水平球队的能力，得到一些外地城市的认可。1997年，他用一些不被看好的球员组成广州白云山队，竟然成功冲入甲级队行列。后

随队出访的沈福儒

来，天津立飞队等球队在遇到困难的时候也会请沈福儒出山，都取得良好的效果。

在执教生涯的后期，中国足球的环境发生了很大变化，沈福儒无奈地慢慢退出。2000年，西南的一支球队请他去带队伍。到达的当晚，一位市委书记出来接待，许诺给他非常高的待遇。吃完晚饭后沈福儒独自到球员公寓附近去看看情况，结果是虽然公寓大门锁了，但是好多球员都从阳台爬出去游乐。沈福儒十分灰心，第二天找了个借口，迅速离开了。当外地

教练员学习班里的沈福儒

一些球队聘请他任教时，他依然坚持自己的标准：看这支队伍是否可塑、是否有希望。随着年龄的增大和一次意外的车祸，沈福儒后来离开了成年队教练的岗位，转为做一些顾问工作。但只要有机会，他还会去学校和少年队进行辅导。发现了好苗子，沈福儒都会全力去挖掘和帮助。他说："中国足球和天津足球应该参照世界足球发展，结合中国人的身体特点和特长，充分发挥中国人的智慧与速度，发展适合中国人的足

沈福儒

球之路。天津足球现在人才不多了，我觉得从根儿上说，还是教练水平有限。我们那个时候，都是从国家队下来带着队员在球场上摸爬滚打。但看看现在呢？而且俱乐部的足球理念和管理水平也必须提高。现在大的氛围越来越好，我相信未来会有更多的小球员能够脱颖而出。期望着天津足球的后辈人才像当年那样源源不断，无愧于我们这座大都市。"

随着中国足球超级联赛的日渐火爆，沈福儒有了展示才能的机遇。这些年来，他被天津广播电视台聘为特约评论员。每一轮中超比赛，荧屏上都会出现他的身影。电视台现场直播，他和主持人并肩而坐，二人侃侃而谈。沈福儒的评说专业地道、直言率真，无论褒贬，句句到位。那满口的天津话、耳熟能详的俗语，让天津球迷乐而点赞，也令外地球迷领略了天津卫语言的诙谐与妙趣。

王杭勤——铜墙铁壁出津门

王杭勤

大名鼎鼎的"二黑"王杭勤,1942年出生。作为20世纪70年代的老牌国脚,他堪称当时国家足球队后防线上的一面铜墙铁壁。

河北省人王杭勤回忆自己的人生:"天津是我的福地,我的发迹就在天津。"当年,王杭勤就读于河北省石家庄四中,这所学校的校园足球搞得如火如荼,15岁的王杭勤有机会接触足球,跟着同学踢球,一板一眼学着颠球,兴趣越来越浓,足球对他来说是如此的有趣有魔力。不久王杭勤入选石家庄少年队。

1958年天津市划归河北省,并成为省会城市,各运动项目的河北队相继成立,多在北站体育场扎根。王杭勤和小队友刘作云有机会来到天津北站体育场试训,并被选入河北青年足球二队,走上专业足球运动员之路。走出校门进球队,队员们吃住训练在一起,朝夕相处,十分融洽;教练像父母、像老师,关爱体贴队员们。王杭勤回忆,河北青年足球二队是一个团结友爱、刻苦向上的集体。

来到天津的王杭勤感受到浓浓的足球氛围,从学校、公园到街头、胡同口,随处可见踢球的人。他感受到了这座城市中老老少少对足球的热爱。1961年,王杭勤调入河北青年队。

1964年11月5日,广东省体育场,实为国家队的北京体院队对阵河北青年队。当时河北青年队以433阵型应战,着重中后场防守,体院队没有打出应有的速度,有威胁的进攻机会不多,只在第30分钟时由孙云山左侧开出角球,门将将球击出,丛者余得球劲射破门。下半场河北青年队

王杭勤代表中国国家队与智利队比赛时争头球

展开反攻，并在最后阶段借顺风高吊冲击，身材高大的后卫王杭勤频频助攻，第84分钟时他前场争得高球，脚下一推高速向前，力压对方后卫高丰文，一脚捅射打破张业福把守的大门，1:1双方握手言和。

另一场比赛，王杭勤同样记忆犹新。1965年第二届全运会，以曾雪麟为主帅的河北队出战。预赛过后，河北队、吉林队、上海队、广西队、辽宁队、解放军队进入决赛。经过三轮较量之后，河北、上海两队均三战三捷，积分遥遥领先。第四轮比赛两队相遇，河北队战平对手便有望夺冠。

比赛开场后，上海队利用右边锋王后军的突破，向河北队阵地发起进攻，河北队专派王杭勤形影不离紧缠对手。上海队毕竟是一支强军，攻势一浪高过一浪。第16分钟时，左内锋陈家根在禁区前得球抬脚劲射，球被挡出后，右内锋李正民迅速抢点射门，首开纪录。比赛进行到第20分钟时，王后军在边线得球，带球飞速向中路内切，突然劲射破网，上海队以2:0领先上半场。

易地再战，下半场第31分钟时，河北队边路突破后传中，右内锋张亚男及时跟上射门告捷。5分钟后，孙霞丰在左路将球高吊禁区，李家舫拍马赶到，上海后卫杨振江慌忙救驾，乱阵中把球踢进自家球门。2:2以后，上海队毫不示弱，边锋夏长发从左路突破后传中，队友飞速迎球冲顶破门，上海队再度领先。终场前8分钟时，王杭勤中场抢断成功，一路冲杀，迅即把球高吊禁区中央，上海门将急忙出击，混乱之中孙霞丰冲前怒射，一脚破门，双方打成3:3。最后，河北队以四胜一平的战绩力压夺冠热门上海队，获得这届全运会冠军。

那个年代的王杭勤，意气勃发、充满激情、体力充沛，在边后卫位置上勇猛、凶悍，向前助攻意识极强，是令各队边锋怵头的人物。第二届全运会这年他如愿入选国家队，除"文革"中一度中断外，在国家队任主力边后卫直至1975年。他与戚务生、高丰文、相恒庆等人组成最后一道坚强防线，在亚洲赛场亦堪称一流。那些年王杭勤在国家队深得主帅年维泗器重，是年指导的爱徒。值得一书的是，他在比赛中每战必表现得十分勇猛，但整个职业生涯中没有受到过红牌处罚，在中国足坛绝无仅有，因此享有极高的口碑。

退役之后，王杭勤曾在天津队、河北队出任助理教练。20世纪80年代中期，王杭勤与归国华侨、曾是中国羽毛球单打第一号优秀选手的妻子梁小牧回到广东佛山，在一片新天地中探索足球

王杭勤（左）代表中国国家队与日本队进行比赛

职业化。45岁那年，王杭勤在广东青年队执教时，佛山市领导邀他去佛山，他欣然应允。王杭勤追忆，佛山30个企业联合集资500万元，组成佛山发展足球基金会和佛山足球队。佛山市人民政府非常支持足球改革，允许随队家属落户。1988年3月佛山队组建，王杭勤任首任主教练。在那个年代，佛山队这一独有的足球模式，备受各地关注。

1988年是佛山足球职业化的元年，王杭勤说："当时各省的足球人才流动性很差，球员无法自行加盟其他球队，跨省就更难了。"最初组队的年代，佛山本土队员极少，王杭勤先从梅县队和广东万宝二队选出一批队员作为班底，又请来原河北队名将李福宝和原广东队门将吴阿七组成教练班子。他们赴北京、辽宁、山东等地物色队员，组成一支"多国部队"。来自五湖四海的人才汇聚一起开始参加比赛，佛山是1989年全国足球乙级队联赛预赛的赛区，身为东道主，佛山队在比赛中发挥出色，以锐不可挡之势取得赛区头名，获得出线权。预赛中，队员们不仅打出了水平，更打出了信心，原先觉得可望而不可即的"冲甲"如今已有了一线希望。教练员和运动员们决心抓住这个好机会，"跳一跳龙门"。此后，他们并未只停留在"想"甲级上，全队拉到三水市进行封闭训练。决赛前夕，王杭勤又率队北上天津"充电"，秘密训练了一个多星期。9月中旬，佛山队情绪饱满地杀奔最后的战场——延吉。

延吉决战，佛山队先以4∶2战胜四川队，开局顺利。但是次仗出战天津火车头队，队员们想赢怕输，思想包袱过重，未能发挥出应有水平，以0∶2败北。这样一来，佛山队能否出组就取决于四川队与天津火车头队比赛的结果。好在天津火车头队击败了四川队，佛山队得以出组。最后决战，佛山队发挥得酣畅淋漓，3∶1力克实力强劲的武汉队，把进入甲级队的梦想变成现实。"天津又一次给我带来好运，"王杭勤说，"佛山队在短期内冲入甲级队行列是与足球基金会的资助和政府的关怀、支持分不开的。当时各方面条件还不成熟，职业化还在雏形中，但是我们运用了这一机制，使这个队有了吸引力，很好地调动了运动员的积极性。同时全队发挥出快速、顽强、高效的鲜明特点，对冲甲成功起到至关重要的作用。"

进入20世纪90年代后，随着中国足球职业化快速推进，作为国内首支带有职业化色彩的球队，佛山队曾长期雄踞甲B前列，可以说王杭勤缔造了佛山足球最辉煌的时期。当时一年中有十几场甲B比赛在新广场体育场举行。每逢比赛日，南海、顺德、三水的市民也会骑着摩托车或搭车过来观看，能容纳1.8万人的体育场座无虚席，盛况空前。那些年佛山足球红红火火，人们对足球怀着深厚感情。王杭勤说："每周从周一开始盼周末，盼佛山队打比赛，四面八方的球迷就像朝圣一样蜂拥而至，好多一家三口都来看球。有个球迷那时月薪200元，看球就花掉一半。30元一张的足球票，'黄牛'叫价到50元，依

然有不少球迷愿意掏腰包。"看到佛山足球运动的盛况,王杭勤时常会想起天津:"天津球迷非常懂球,会根据场上形势做出反应,但从不与客队球迷发生冲突。天津球迷的热情和文明观球,我印象很深刻。"王杭勤后来再来天津,好多地方都变得不认识了,觉得自己真成了外乡人。"怎么说呢,感情相当复杂。之前旧的记忆里的场景几乎没了,只能在脑海里缅怀一下。"王杭勤感慨地说。

足球在佛山的群众基础一点儿不亚于天津,即使在农村,人们的足球热情也丝毫不减。当地农村晒稻谷的平地被称为"地塘",一块块"地塘"就是农村足球小子踢球的地方。王杭勤说:"晒完稻谷,孩子们就摆上两块砖头当球门,拿着一个破皮球就开始踢。"一场村际比赛,也是村子里最重视的赛事,观看比赛人山人海,很像当年的天津城。但是仅仅几年时间,佛山的足球命运和天津相似,蓬蓬勃勃的情景日渐逝去。球队梯队建设青黄不接,不重视青少年培养的球队注定被时代抛弃。这可能是天津和佛山足球甚至是中国足球的通病。

王杭勤与夫人梁小牧的合影

足球运动的沉寂不只是体育问题,更是社会问题。对此王杭勤感触颇深:"首先是踢球的场所没了,其次是应试教育导致学生压力大,也没心思踢球,这是社会各方面造成的。天津是这样,佛山也是这样,南北双城折射出的也是整个中国足球的现状。"然而他又认为:"好在现在我们欣喜地看到,人们对足球的观念在改变,甚至有家长自费送孩子到国外接受足球培训。如今佛山校园足球和业余联赛又开始活跃,让人们看到前景,相信佛山与天津两地足球终会度过严寒迎来热浪。"

金光荣——金光闪现　荣耀绿茵

金光荣，身材不高，1.67米，踢左前卫位置。如果问他的昔日队友：金光荣最拿手的是什么？回答异口同声：带球过人假动作逼真，当然还有超强的耐力、冲刺的快速——一位特色鲜明的前卫。

1942年金光荣出生在"足球之乡"河东区，他在家中是长子，深受父亲疼爱。上小学之前，金光荣就知道找爸爸要几毛钱，买一个"永"字小皮球踢来踢去，入学后更是有空就和同学踢球。父亲也给了他最大的支持，踢球费鞋，父亲顶着一人养活全家9口人的压力，并不吝惜地给他买球鞋。除了父亲，家里没有人支持金光荣踢球。奶奶说："踢球能踢饱吗！"然而金光荣还是痴迷足球，他说："那时我也争气，小学三年级时能跟高年级大孩子们过招儿，他们占不了我任何便宜，渐渐地同学们都踢不过我。"

后来他想，奶奶的话对极了，自己排行老大，爸爸又太辛苦，想过不读书不踢球，早一点赚钱孝敬家里。父亲却说，能读书就读书，踢球和读书不冲突。这些话对金光荣影响很大。从那时一直到上中学，他天天离不开足球，放学后写完作业，经常拿着干粮跑到体育场看大人们踢球，看他们怎么防守，怎么盯人、缠人、紧逼，看怎么带球、传球……耳濡目染，回来后他便和同学们按大人的样子边学边练，脚下也渐渐有了"足球感觉"。

进入三十八中学上初中时，金光荣在同学中就有了"粉丝"。这时一个机遇摆在面前，他代表天津参加全国少年队比赛，是队中主力中锋，表现得相当不错，在河东区有了名气。1958年，金光荣被推荐到新华路体育场足球业校接受训练，在陈治发教练的指导下，从基本功到各项专业技术，打下了牢固的基础。在随后的5年中，他自觉要求用心习艺，同时参加各种比赛，体能耐力、脚下功夫、冲跑速度等方面的特点，都一一显示出来。

1963年，金光荣如愿进入天津队，不过由于当时队中还有优秀的老队员，最终他只能打替补。他说做替补特别是出色的替补很不容易："这意味着很多时候你必须调整自己的状态，随着场上形势的变化做好心理准备。谁都想上场为球队建功，但坐板凳，服

金光荣

从教练员安排，也是以另一种形式配合和帮助球队。"金光荣很清楚自己担当的角色，他内心平静，恪守职责，每每有机会替补登场，常常成为重量级"奇兵"。他还可以胜任多个位置，根据战术、阵容需要替补接班。尤其是下半场登场，金光荣经常以充沛的体能、快速的奔跑冲击对方阵地；有时他超常发挥，起到的作用往往不亚于首发的同伴。金光荣说："我在板凳席上仔仔细细观察对手的一举一动，分析他们的特点、优势和弱点，做好上场准备。到了场上我会通过组织或者策应解决对手。再比如我的突破过人，根据事先观察对手，有真动作也有假动作，而有些假动作在场上的灵光一现，还是夜里睡不着觉琢磨出来的。"此时的他脸上挂着洒脱的笑容，透着得意和自我赞许。

"国内当年踢我这个左前卫位置的，我只服容志行。"容志行在中场控制球、组织进攻、突破过人等方面的能力都很出色，是国家队中多年的核心，但其速度和冲击力还不及金光荣。但是金光荣说他从容志行身上学习借鉴过不少东西，用来充实自己。后来金光荣成为天津队中的首发主力，平日的训练更专心刻苦，比赛更为竭尽全力，随之而来的是伤病缠身。他的右膝盖和脚腕经常疼痛，劳损严重，但金光荣没有退缩，照常忘我训练，照样在赛场上冲锋陷阵。训练、比赛过后，他不得不用冰敷等理疗方法疗伤，然而膝盖的疼痛经常让他睡不着觉。在队友都休息之后，他就用砖头绑在腿上，抬腿放下再抬腿放下，一次次咬着牙"刺激"腿部肌肉，恢复腿部力量。金光荣就这样坚持首发出场。他说："那个时候全队26个人，比赛都能贯彻教练意图，都付出足够的努力，任何人都是最棒的。大家过的是苦行僧的日子，人人都乐乐呵呵，这种天津足球人的精神一直感染我到今天。"

"文革"开始后，金光荣的足球生涯被迫中止，无奈的他只能离去，被分配到民园体育场工作。"文革"后恢复竞技体育运动，他被借调到市体委竞赛处工作，长年累月忙于竞赛赛务，还如赛场上那样敬

赛场边的金光荣

业执着。在此之前，他和妻子离异，净身出户。那些年间，除去到体育场安排组织比赛，他多是在办公室"享受"孤独，而且烟瘾越来越大，酒量越来越大，实在无聊的时候还去玩牌。这还是昔日队友眼中的"小金子"吗？不过一到工作岗位，金光荣就像换了一个人，亲力亲为、周到妥帖，在外地来津的运动员中也颇有口碑。他始终是个热心、诚恳，热衷于做事并把事情做好的人。当然，经过第二次婚姻之后，他也渐

渐变得平静起来，又享受了美好的新生活。

当足球运动重新唤起人们的热情，一些少年足球学校成立的时候，金光荣也曾被聘请，业余时间使劲教孩子们踢球，但他并没有坚持下来。性格倔强又爱较真的金光荣，看到很多家长省吃省喝，把钱都花在孩子身上练球，可很少有真正懂足球的人教孩子们踢球时，心里就很来气，于是就退出了，再也没有心境跟孩子们在一起。

从小踢球到进入专业队，十余年的过往让他有切身的体会："有时候我在外边看一群孩子们踢球，不管认识还是不认识，都习惯性地过去跟他们踢几脚。我总想告诉孩子们，踢球就是玩儿，培养你们的兴趣，练出健壮的身体，练出更加全面的素质，这是将来无论做什么事情的根本。"金光荣还说："过去河东区的街头足球活动多活跃，到处都有孩子们踢球，大伙儿自发组织起来，开始是游戏，后来队和队相互比赛，几年下来能不出苗子和人才吗？现如今，连前几年出现的孩子足校也没有了，更多的家长们也不主张不支持孩子们练足球，看重的是学业第一，但是身体、健康状况都被忽略了。我经常看到，许许多多孩子的所谓业余时间中低头玩手机。"

金光荣对当今的教育问题亦有自己的看法，认为只是大讲德智体全面发展，而实际上过分重视书本教育，特别忽视体育。我们的教育部门似乎没有认识到体育的功能和潜能，它不仅能够锻炼孩子们的体魄，更能培养他们刻苦耐劳的意志品质、不畏艰难的精神。而体育中的足球运动，更是对培育孩子身心健康具有特殊的效果。

步入晚年的金光荣，回忆起昔日与足球结缘，有过荣光与欢乐、伤痛与坎坷。如今这一切都已过去，他更加关注自己的生活，过得平静而惬意。他依然难舍足球，每周必和老队友们在球场上相聚两次，像年轻时那样开心舒畅。他喜欢美食，喜欢到市场买菜，下厨为妻子烹调美味。他是个好饮之人，善饮而不贪杯。每有可口好菜，每有开心之事，尽情干杯，直至微醺。

工作中的金光荣

王伯远——锋线有专功　书画展才艺

在昔日天津优秀足球运动员中，大凡有着较高学历者多来自和平区的几所著名中学，王伯远就是其中一位。他有着丰富的足球阅历，从运动员转型为教练员，从带少年队到青年队，还执教过职业队，带出众多优秀后备人才和职业球员。他富有学识，擅长书法、研习丹青，其作品颇有影响，在天津乃至全国的体育工作者中实属罕见。

王伯远

舍弃高等学府踢足球

王伯远出生于1943年，自幼展现出体育运动天赋，小学时期爱踢足球。升入坐落在河北路的三十四中学后，当民园体育场有足球比赛时，他常常溜进去观看，彻底爱上了足球。王伯远记得，当时老师对他说，想踢球没有速度不行。于是他每天坚持五点多钟起床，从老城里的家里走到新华路体育场，练身体、拼速度，然后带着一身汗水去上课。苦练终有成果，百米速度终达到12秒以内，那年他才15岁。当时在十八中学执教的冯以理先生从几所中学里挑选队员，组成和平区足球队，王伯远入选并担任主力前锋，从此快速成长。高三那年，足坛名宿、天津大学教授赵光济先生青睐这批学生，待转年毕业后招他们进天津大学组队、深造。恰在此时，组建天津少年队的邵先凯教练也很器重王伯远。最终王伯远没能进入高等学府，他的人生轨迹也就此改变了。

曾是全国冠军一功臣

从天津少年队到青年队，邵先凯刻苦训练王伯远这批队员，一个动作反复磨练，王伯远渐渐练就了速度快、技术全面、善于过人的前锋、边锋技艺。"文革"后期，曾雪麟、李元魁、陈少铭率队，一直未停止训练。1970年，王伯远已是天津队的领军人物。当年还没有恢复全国联赛，在广州举办了全国24城足球队集训赛，拥有戚务生、徐根宝、李国宁、李宙哲等名将的国家队也应邀参战。比赛竞争十分激烈，以王伯远、张来阳、史召环、杨秉正、周宝刚和冯建忠等人为代表的天津队，在与各

队对抗中都没有处于下风，最终以净胜球优势获得第一名。但是天津队的这一实实在在的战绩，却在当时的"友谊第一，比赛第二"的口号下，未予公示。对此王伯远至今十分遗憾："1965年天津队拿了全运会冠军，我由于受伤没能参加，这次作为主力，进攻、防守样样俱佳，圆了我的梦，但这一成绩始终没有落到我们这批队员身上，非常遗憾。"不过他说："邵先凯先生是对我影响最大的教练。当时我很感慨，我感觉自己完成了老先生交给的任务，传承天津足球的优秀传统，为天津足球争得了荣誉。"

精心栽培少年多成才

1972年，王伯远结束了球员生涯。在那个年代，他想过离开足球，有老领导找到他，要求他必须留下。当时正值各项体育运动恢复，天津亟待培养足球后备力量，于是王伯远义不容辞，走上了教练岗位，在这个位置上一干就是33年。多年以来，他付出很多心血，在艰难的环境中依然坚持带队，兢兢业业培养人才。值得王伯远欣慰的是，他培养出许多优秀球员。

最初他到民园体育场业校任教，带出了吕洪祥、李纪鸣、宋宝海、韩玉环等人，几年间先后为专业队输送了28名队员。1980年他调任天津体校足球班班主任，指导1965年出生的施连志、宋连勇、张俊强等一批小队员，获得全国少年比赛冠军，并被指派组建国少队，参加在新加坡举行的亚洲少年锦标赛。几年后招收韩金铭、高玉勇、张凤梧等1969年出生的队员，他率队出征又获全国少年比赛冠军。除

王伯远与学生于根伟和王毅的合影

上述年龄组外，王伯远还培训过"79班""83班"学员。除上述队员外，于根伟、石勇、侯桐、王俊、孙建军、刘云飞、何杨等人都是他的得意弟子，这批人中又有11人入选过国家队。

谈到自己的爱徒，王伯远特意提到两个人——施连志和于根伟。天津体校当年选拔队员时，施连志本来报考篮球班而未被录取，因为身材不错被推荐到足球班，王伯远等教练看他条件不错，为他争取到了留队名额，后由田桂义教练指导练习守门。于根伟当年也险些被舍弃，王伯远坚持把他留下来。此后几年，王伯远经常带着于根伟加练各种技术，特别是转身动作。王伯远说："多年来天津有很多足球好苗子，如何发现和挖掘很关键，这是个大问题。"至于培育输送这么多人才，王伯远说："这有我的付出，但也是我们搭档的教练班共同努力而结出的果实，大家都有苦劳、功劳。"王伯远在青训工作中取得了可喜的成绩，1987年全国教练员评审资格委员会进行教练员资格评定，王伯远获得高级教练员称号。

痴迷书画　潜心国粹

1991年，王伯远调任中环队即天津一队教练，开始与沈福儒搭档指挥成年队参加全国联赛。两年后中国职业联赛开始，他先后与沈福儒、蔺新江、左树声等人率领三星队参赛，直至1997年退出。1998年王伯远再回天津体校，带领天津青年二队一批17岁队员，参加19岁年龄段的全国青年联赛，并进入前八名。一年后泰达俱乐部成立三线队，王伯远来到远离市区的韩家墅基地，在十分艰苦的条件下带队训练，率队在秦皇岛举行的全国少年比赛中夺得冠军。2003年，王伯远正式退休。

有着高中三年学习经历的王伯远，字写得本来就不错，退休后从喧嚣的足球场回归到家中，沉下心来，喜爱上了书法，成为天津市书法家协会会员。十多年来，春夏秋冬，他几乎每日展纸挥毫，勤奋精心，习书王羲之、赵孟頫、文徵明等古代名家帖迹，逐渐遂成工小楷、擅行草之格。他笔耕不辍书写多达几百万字，数量与笔力为长江以北地区行家们赞赏。他潜心书写多部经书达上百万字，其中《金刚经》被普陀山普济寺收藏。他的书法作品被加拿大博物馆、朱德纪念馆、中国体育

王伯远进行书法创作时的留影

博物馆收藏。王伯远还潜心国画艺术，泼墨山水，颇见功力。2014年7月，全国唯一一家由老运动员、教练员和体育工作者、体育爱好者组成的天津体育之光书画院成立，王伯远被推举为副院长。

专心书画艺术的同时，王伯远仍然关注中国足球，关心对青少年足球人才的培养。他说："希望更多有职业联赛经历的人带带青少年，有关方面要重视提高教练员的工作水平，并给予相应的待遇。我期待着天津足球的荣誉有后来人传承，像邵先凯前辈当年对我们的期待一样。"

王伯远和家人的合影

周宝刚——铁血后卫　精心育才

　　周宝刚是20世纪六七十年代天津球迷喜爱而公认的优秀后卫之一，在全国各类比赛中奋力征战十余年，年过30岁才离队。退休后的他长期扎根足球青训一线，育出一批批青少年选手，并输送到专业一线队。如今周宝刚75岁，仍效力于天津权健俱乐部江苏盐城大丰训练基地校园足球部，延续他的青训事业。

　　幼时的周宝刚家住和平区重庆道与桂林路交口的地方，距离第二游泳池和民园体育场很近，最初他在和平区业余体校练游泳，也爱和小伙伴们踢球娱乐。周宝刚十多岁的时候，来津的国家白队在民园体育场训练，一次严德俊路过周宝刚家附近时看到孩子们踢球，便对他说："你别练游泳了，练足球肯定是块好材料。"严德俊看上了周宝刚的身体潜质，于是喜欢足球的周宝刚改项练起了足球，投到和平区业校刘荫培教练门下。周宝刚说："刘指导是我的第一位恩师。"进入十八中后，周宝刚又在冯以理老师的指导下醉心于足球运动。1960年他入选被称为南开学生队，直至1963年。1963年至1975年，他先后代表河北青年队、天津队，参加包括全国甲级联赛在内的各类比赛。

　　周宝刚的身体素质确实出众，健壮有力，且速度快、爆发力强，加上训练积极、吃苦耐劳，很快练就了边后卫的本领，深得教练员器重。进入天津队后，他和薛恩洪都被队友们称为"拼命三郎"，原因是他们掌握了那个年代还不多见的倒地飞铲、倒钩等惊险动作，并在比赛中经常使用。周宝刚回忆道，往往一个赛季下来，他的髋关节两侧、大腿外侧的伤口几乎没有愈合过，常年在土场地上摸爬滚打，经常新伤套旧伤，苦不堪言。队里的领队、教练看着也心疼，于是特地给他做了棉裤衩。他说："现在回想起来有些后怕，伤口不愈合得了败血症怎么办？我们那一代运动员就是不怕吃苦，顽强的精神远远胜过现在队员。"

　　20世纪六七十年代还没有电视直播，至今老球迷依然清晰地记得周宝刚，他在左后卫位置上勇猛异常，有速度，脚法好，对手

青年时期的周宝刚

想从他脚下突破难上加难，而且他还经常上演快速冲刺，越过中场传球助攻的好戏。周宝刚认为："观众能记住你，往往是你表现出了技术特色。那时我们多数人都有自己的绝活儿，特点比较鲜明，不像现在的队员同质化比较严重，而我们每个人的特点组合在一起，就有了强的战斗力。"周宝刚还谈到，他们踢球没有什么奖金，工资每月不过十几、二十几块钱。没有人为了钱踢球，没有人嫌工资少，思想都很单纯，凭着一种城市的荣誉感、责任感在比赛中拼争，为天津、为球队争光的信念始终支撑着每个队员。

离开赛场多年，周宝刚的技艺和拼搏精神还常常被昔日对手记忆并赞赏。当年曾与周宝刚过招儿的上海队著名得分手、国家队队员王后军，在接受天津体育记者采访时说："你们天津的周宝刚可是全国优秀后卫之一，跟他比赛真不客气，很难对付。"曾任天津队、国家队教练的张俊秀曾问他的前锋队员："你们几个是不是碰上天津队周宝刚就腿软了？"他还评价周宝刚有速度、身体硬、技术好，一句话，碰上他的话还真的很难突破过去，他是个好后卫。

1975年退役后，周宝刚走上教练员岗位，先后辅佐崔光礼执教天津二队，辅佐李恒益执教天津青年队，辅佐张贵来执教打甲B联赛的天津万科队。周宝刚作为主教练，带过天津青年二队、天津青年队、天津市体校队、天津足球学校队等。特别是任教于天津体校期间，他培养过各年龄段的学员，其中涌现出"61班"的尹怡、"63班"的霍建廷、"69班"的韩金铭、"76班"的张效瑞等，先后为中国少年队、青年队和国奥队输送多名优秀选手。

周宝刚至今记得，1991年率领"76班"学员赴广西梧州参加全国冬训。天津这支队伍获得技术测验第一名、比赛成绩第二名、综合评定第二名的优秀成绩。在周宝刚的悉心而严格的调教下，这批学员苗壮成长，除张效瑞随健力宝队留学巴西外，全班人马都升入天津青年队，有的后来入选职业队，张效瑞、王军、朱毅、王鹏等成为中超赛场的肱股之臣。"能为天津培养输送这些优秀人才，我感到非常欣慰和骄傲。"他说。

2003年周宝刚年届60岁，应新加坡麒麟俱乐部总经理王津辉邀请前去执教。麒麟队由参加过中国国内联赛且比较有发展前途的中国年轻队员组成，在新加坡参加职业联赛。然而在

执教甲B球队天津万科队时的周宝刚（右一）

1965年出征甲级联赛前的留影

当时当地不良足球环境的影响下，很多队员参与赌球活动，队伍纪律废弛，人心涣散，一盘散沙，在12个队参加的联赛中排名在第十一名。在新加坡经商的天津人王津辉本是一名老球迷，深知家乡足球教练的高水平，于是邀聘周宝刚前往救援。周宝刚不负期待，接队之后进行大力整顿，做每个队员工作，灌输正能量，调整队员位置，组成新阵容……球队状况果然大有起色，成绩节节攀升，连续7场比赛不败，最终排名联赛第四名。如果不是俱乐部工作人员的疏忽导致违规被罚掉3分，名次还可提升。联赛结束后，周宝刚被新加坡足球协会授予最佳教练员称号。周宝刚为此感慨："在国外我享受了荣誉，当地华人有了自豪感，也培养了队员的国家荣誉感。"

时光荏苒，周宝刚已经迈过古稀之年。他昔日栽培的队员如今一个个成长为多有建树的人才。王军不仅担任过天津泰达少年队和天津女足主教练，还挂帅中国青年女足；张效瑞一直在职业俱乐部打拼，现为天津权健俱乐部副总经理、预备队主教练；王鹏现任泰达俱乐部副总经理……周宝刚特意说起，他把儿子周鹤忻也培养成足球运动员，曾代表天津队参加全运会，后来在中甲、中乙俱乐部效力，退役后于2015年前往盐城，担任权健俱乐部大丰基地校园足球队教练。

周宝刚的执教能力和为人做人，多年来备受称赞，尽管年迈还是被圈内人记起，也被邀去盐城基地，和儿子一起工作。他说："虽然身在江苏，但权健是咱们天津的名号，是为了天津足球的未来发展而努力奋斗的俱乐部。我离不开球场，离不开孩子，也算是为了足球献青春，献了青春献终身，献了终身献孩子啊！"

李朝贵八十八岁寿辰，周宝刚（右一）敬献祝寿花篮

张来阳——心系华夏 青训育苗

张来阳从事足球运动带有一定的偶然性,并非自幼喜欢足球离不开足球,只是他爱运动。1960年张来阳在天津四中读高二。他看到一张报纸上刊登了天津少年足球队招收队员广告,这一信息让他动了心思,一方面他向往当运动员,另一方面又想一圆工程师父亲曾经渴望的大学梦。爸爸是纺织工程师,张来阳非常希望将来可以上大学。

但是老师的点名把张来阳拉回到现实。原来体育老师黎国梁挑选了包括张来阳在内的7名学生,推举他们到民园体育场参加天津少年队的选拔。结果7个人全部被选中,成为南开学生队队员。

1959年周恩来总理来天津视察时提出建立南开学生队。1960年初,天津市体委任命邵先凯为南开学生队教练,并开始从全市各区的业余体校挑选队员组队,这批队员中的大多数人和张来阳一样,都出生在1943年。

入队时,张来阳的技术不是最好的,速度不是最快的,他寻思着首要任务是想办法提高跑步的速度,对于一个后卫来说,这十分重要。经过一段时间的努力,张来阳的步频、步幅逐渐提升,速度自然有所提高。他又侧重耐力训练,循序渐进加大运动量。训练中,张来阳的意志品质也得到了锻炼。

在足球比赛中,球员除了要有出色的技术之外,思考问题、提高意识也很重要。在这一点上,张来阳对自己比较满意。他有着较高的足球智商,他的足球意识得以帮助他在球场上迅速提高。

经过3年的训练,南开学生队的战术成形,每个球员的个人技术都有了很大的提高,在全国性比赛中的成绩也越来越好,获得1963年全国青年联赛北方区冠军、1964年全国乙级队联赛第四名。尽管南开学生队只存在了4年,但是一些队员随后仍然为天津足球效力。张来阳说:"南开学生队不但记录我们的青春,也实现了我的理想。如果它可以持续的时间再长一些,或许还可以创造更好的成绩。"

张来阳后来调入河北青年队,继续征战绿茵场。"文革"后期恢

1972年张来阳随队出访西非时的留影

147

复比赛，全国24省市球队聚集广州，天津队以424阵型对阵国家二队排出的433阵型。上半场结束，天津队1球落后。张来阳看出一点儿门道，自告奋勇请缨出战。果然经他助攻，天津队得分，最终2:1反超获胜。15年的运动员生涯，征战过上百场比赛，张来阳颇有感触。他认为球场意识的重要性要远高于技战术。以往大家普遍认为，后卫的主要任务是防守进攻队员，阻止对手突破自己的防线从而获得射门机会，而现代足球的发展，要求后卫助攻或抢断后组织进攻，要能有效地利用场地的宽度和深度，与队友配合创造更多的得分机会。后卫运用进攻技战术，头脑要清醒，目的要明确，视野要开阔，这才是一名合格的后卫。

1975年，32岁的张来阳挂靴后留在市体工大队任教练员，开始了多年辅佐崔光礼等教练带天津各支足球队的经历。经过一段时间的工作，他更加关注时代赋予足球人的责任，他希望自己成为新时代的教练员，他需要继续求学深造。结果他真的通过了考试，去天津体育学院全脱产学习了3年，好多亲朋好友对此不理解。

张来阳坚信自己是对的。这个理论进修班上，许多同学是其他项目退役的优秀运动员和出色的年轻教练员。大家都期待通过学习可以在新的岗位上取得新的成绩。作为进修班的领队，张来阳认为运动员转型教练员，不学习是绝对不可以的，将来社会发展会更快速，吃老本儿是万万行不通的。果然，学习了一段时间之后，大家一致觉得这课真是上对了。通过专业系统的"充电"，大家开阔了眼界，改变着旧有的观念，思考着体育市场今后如何健康、有序地发展，作为各项目的新领军人如何肩负起时代责任，完成历史使命。毕业时，张来阳终于成为一名会管理、管得住、管得好的足球教练。他孜孜以求，一干又是10年。

2017年12月张来阳夫妇巴哈马旅游照

1988年，张来阳有3个月赴美探亲的机会，于是他带上14岁的女儿，去了美国纽约。当时只是觉得去几个月就回国继续投入工作，没想到机缘巧合，张来阳很快拿到"绿卡"，女儿也顺利地进入了新学校。安顿下来后，张来阳开始四处寻找打工挣钱的机会。此时的张来阳已45岁，一个英文单词也不会，他只能去自己不喜欢的中餐馆的后厨碰碰运气。"在美国打工很苦！"张来阳说。在美国餐馆打工，对英文的要求不高，如果在厨房干活就基本不用英文，但你要忍受非常呛鼻的油烟味道。每一次恶心的气味袭来，几近

2014 年全国 U14 锦标赛期间张来阳（左二）
给小球员们布置战术

要干呕时，张来阳告诉自己撑下去："你是在打工啊，不是在度假，所以只能忍着。如果你觉得不适应的话，也可以走，没人要留你的。"三年中，张来阳在餐馆里由打下手逐渐上灶掌勺。

他的世界就是每天往返于餐馆和住所，没有任何空闲和娱乐。48岁时张来阳开始怀旧。慢慢地，张来阳换了工作，在一家工厂做工。有一天他上班路过一处球场，一群小朋友在踢球。张来阳一下子来了精神。简单轻松的几脚触球，小朋友连同他们的爸爸妈妈都看呆了，力邀他做孩子们的教练，教孩子们踢球。张来阳从未想过，过去这么多年，他还能与足球再有交集。他考取了美国足球教练执照，重新踏入足球世界。这一年他57岁。

张来阳说，相比于中国，美国校园足球的发展早已进入新阶段。美国足协全力推动青少年足球运动发展，各个大联盟球队都建立了自己的青训体系，所有教练都要求持证执教。美国足球球迷人口年轻、种族多样，数量也呈上升之势，人们一个月观看约8.8场足球比赛，包括电视直播、网络直播或是去球场观看。张来阳感谢足球的包容，不同肤色、不同年龄、不同性别、不同国籍的人可以在语言不通的情况下围绕一个球玩上大半天，其乐融融。他认为，足球不仅包括足球本身，还包括交流，包括别人的认可，而这些足球之外的因素促成了人们对它的喜爱。他清楚，作为教练员，如果融合不同文化的能力强，他就能在当地足球领域中站稳脚跟。

张来阳最初在美国新泽西州带的队在州里踢进前三名。他说，想踢好足球的小孩儿都会参加各地方俱乐部的训练和全年不断的比赛，使得俱乐部之间的联赛水平很

旅居美国悠然自得的张来阳

张来阳退休后惬意的旅游生活

高。足球人口越来越多，走向职业球员的几率也随之增加，而最顶尖的那一批"足球天才"，一般都是小小年纪就已经进入欧洲的青训体系，以谋求更好的发展。每个暑期至少有上百个大大小小的足球夏令营，参加总人数至少接近万人，这样日积月累下来，将是不得了的数字。

美国各年龄段的足球教练和职业俱乐部的教练一样，都有很高的水平，而且观念很新，真能带出好幼苗。张来阳坦言，美国青训质量要求很高，特别是需要高质量的比赛，好球员不是练出来的，是打比赛打出来的。他说："我家附近的几所小学都有足球课，高中和大学就是以社团俱乐部的形式组织足球比赛，没踢过足球的孩子很少，而且现在很多社区的幼儿园也开设了足球课，幼儿园的足球队也经常在公园里组织比赛，特别有意思。我身边就有很多踢球的男孩和女孩，因为孩子踢球，所以家长就会陪孩子一起踢球，一家人其乐融融。"他以新泽西州一所普通高中肖尼高中为例，全校运动队多达18个，校园里有大片运动场地供学生使用，学校还专门修建了体育名人堂，鼓励学生将更多时间用于体育锻炼。

史召环——一张一弛 亦武亦文

史召环作五言诗《梦游》，以示他身居经历的一生："秦岭六月娃，皇城根下爬。励志望海楼，浪迹走天涯。"

远程射门 技惊四座

史召环祖籍陕西三原，1943年出生于北平，就读于北京汇文小学，受教务长孙敬修先生早教点拨，14岁随父母工作调动来到天津落户，生活至今。与足球结缘是兴趣与爱好使然，他是在北京胡同里摆上两块砖头当球门，踢着"山"字、"永"字小皮球和小球友一起长大的。史召环在初中、高中时期分别就读于天津二十六中、塘沽二中，因爱踢球，被恩师谢荣璋看中选入塘沽二中校足球代表队。当时每周固定课余训练四个小时，比赛也从未间断，与苏联船员组成的球队、天津港务局、天津碱厂、大沽化工厂等成年队多次交锋，史召环得以发挥和锻炼。

1960年陈治发教练带领天津少年队到访塘沽比赛，史召环被看中，两星期后被选入天津体训班天津青年队。17岁的他又遇到了第三位恩师李朝贵，开始了足球专业化训练。

1963年，史召环与四位师兄队友李长俭、念文汉、许嘉友、王克勤被借调到河北青年队参加全国足球甲级联赛，当时河北青年队全国排名第十三名，他们加盟后当年即随队取得全国第四名的历史最好战绩。这是史召环足球生涯中第一次参加全国足球甲级联赛，他身高1.8米，踢内中锋位置，脚下有技术，善于策应做球，打左边锋时与左前卫蔺新江多年配合默契，更能充分发挥水平。1963年全国足球联赛首场对江苏队的比赛中一次角球机会，他用左脚外脚背踢出了强有力的旋转球，直接越过处于混乱争抢状况的对方门前，旋转到后上角强势入网。这粒"香蕉球"的完美弧线始终印在史召

1970年广东全国足球锦标赛（24省市集训赛）赛前史召环代表天津队讲话

1964年史召环（左）随天津足球队在广州二沙头训练基地冬训时与队友李家舫（右）的合影

环的脑海里，他回忆道："这一横空出世的罕见进球让全场观众大饱眼福。这一惊天弧线运动的入球，可以说颠覆了物理学定理，是日常勤奋训练、用脑踢球的结果。"

1964年底史召环等人又回到李朝贵指导身边，后陆续进入天津队。

1966年他跟随李元魁、陈朴指导奔赴大连参加全国足球甲级联赛，联赛由于"文革"开始而中止。1970年天津队再次出征，由曾雪麟、李元魁、陈少铭率队参加在广州举行的全国24省市足球队集训赛，天津队的表现给国内足坛留下了深刻印象。在对广东队的比赛中，一次快速反击，队友王伯远右路突破沉底传中，史召环在距对方球门40米处一脚高凌空抽射，球瞬间旋转有力地打进球门右上角，被同伴称为又一粒"世界波"。天津队在这次比赛中获得第一名，这一年史召环已27岁，他的运动员生涯画上了圆满句号。

统筹竞赛　业务高手

史召环带着走南闯北的经历，带着足球生涯中精典进球的美好回忆，带着恩师的多年教诲，也带着与队友风雨同舟的思念，于1972年退役，结束了12年的运动员生涯。退役后的史召环转变了角色，他全身心地投入新的工作，改做体育行政管理干部。自1972年起，在新的工作岗位市体委竞赛处，他又遇到了培养他从事体育竞赛组织与管理工作的恩师彭宝声。史召环说："那时哪有什么星期天、公休日，8小时以外和节假日大家都有比赛，是我们竞赛处最忙的黄金时段，虽然很少动脚了，却开始动手、动笔、动脑、动嘴，跑路，扎根于基层了。"

史召环在这个岗位上一干就是近40年，其间他有幸主持了国内及国际足球、篮球、排球、游泳、田径、击剑、武术、体操、网球等各竞技项目的比赛。组织了1985年的"柯达杯"赛和1986年的"长城杯"国际足球邀请赛。1990年他接到国家体委的临时调令，受天津市体委指派，去北京跟随时任中国足球协会主席的年维泗先生参加了第十一届亚运会足球竞委会工作。此后他还参与主持了1995年在津举行的第四十三届世界乒乓球锦标赛、1999年世界体操锦标赛、2008年北京奥运会足球赛、皇马来访比赛、国际马拉松等大型体育赛事的策划组织工作。他工作严谨、注重细节、善于协调，任职期间没有发

生重大失误，高效、高质量地保证了各项赛事的顺利进行。他被公认为天津体委对内对外业务骨干、下属干部工作生活中的"主心骨"。史召环历任天津市体育局主任科员、副处级调研员、办公室副主任，市体工大队党委常委、竞赛处处长，天津体育总会副秘书长、竞赛部部长，天津体育竞赛管理中心主任。曾荣获国家体育总局颁发的"全国体育贡献奖章"和天津市总工会颁发的"八五"立功奖章。

1990年史召环在第十一届亚洲运动会足球竞赛委员会工作期间的留影

荣誉属于真正在竞技场上拼搏的人，属于顽强奋斗的人，属于敢于追求远大目标的人。一路走来，史召环见证了天津竞技体育的发展历程。一张张照片里随处可见光阴的故事，一本本荣誉证书再现了他光彩的阅历。史召环微微一笑概括一生："我仅仅是体育战线上的一块普普通通的铺路石。"

舞文弄墨　醉心书画

史召环退休以后从未停下续写人生的脚步。他的感悟是："一个人从出生到离世，总要为社会做些事情，不要认为自己老了，只图安逸，很多事情都是你吃了苦后才觉得很甜，很有生活的情趣和成就感！"2002年以后，他多年积累的竞赛组织工作经验仍然有用武之地，各单位经常聘请他任职、指导。2012年天津举办全国大学生运动会，史召环被市教委聘为组委会竞赛顾问，筹划运行工作流程。全国大学生运动会成功举办后，史召环被市教委授予了特殊贡献奖。

步入古稀之年，面对新兴的信息传播手段，史召环兴致盎然，不仅潜心学习如何操作，还像年轻人一样热衷于微信、微博，并参与许多相关活动。在一次全国网络对联、诗词比赛中，他的一副对联"体坛藏俊秀 文苑溢清香"和一首五言绝句，从上万名参与者中脱颖而出，双双夺得一等奖。

2013年，史召环不甘寂寞，萌生了组织体育界书画团体的想法。他说："谁说体育人没有文化！在天津这个文化之城就活跃着一些热衷文化的人，他们大多曾经叱咤体坛，退役后弃武从文，挥毫泼墨，书画了一段同样精彩的后半生；他们从开始的个体绽放到渐渐开始串联，形成一个团体的雏形。"史召环为此邀集7位体育人，经过近一年的奔波筹划，经过注册，于2014年7月19日正式成立了天津体育之光书

画院。史召环骄傲地说:"书画院是新中国成立以来天津体育史、甚至是中国体育史上第一个成立的体育文化团体。书画院是我发起创建的,那年我已70岁,进入古稀,只是为了证明我们不仅能武,还有习文的夙愿和才能。我深知体育事业的发展离不开体育文化的支撑,对此责无旁贷。"

当得知书画院成立之后,中国足坛老帅年维泗、张俊秀,游泳"蛙王"穆祥雄,体操奥运冠军马燕红,跳水冠军张秀伟,天津足坛宿将李长俭、王伯远、贺洪

1995 年第四十三届世界乒乓球锦标赛颁奖仪式前,
史召环与这 7 座奖杯分手的一刻

山、张心昌、刘作云,天津排球名将王淑珍、郝宝善,体育工作者刘春雨、刘光焱、程仲康、杨忠良、郑有秋,"铁杆体育迷"王寅、王超、杨建国、汪蓉萍、戴照林、邵宏、李克龙、韩继泉、于力、杨俊玲、张树林、于焕瑛、吕立等知名书画家一致支持并入院加盟。

两年之后《天津体育之光书画院作品集》问世。作品集遴选56位书法家、画家、摄影家之精品佳作177幅,展示出体育人钟情国粹艺术、追寻传承传统文化的精神风貌。作品集的内涵丰富,它的问世在天津卫这块书画沃土上开拓了一片新天地,实为难能可贵。

历经3年不断发展壮大,书画院成为在全国唯一有影响力的集书法、绘画、摄影、雕塑、篆刻、陶艺、油画为一体的体育界艺术团体组织,其中6幅优秀山水及油画作品被中华人民共和国第十三届运动会组委会选中,悬挂在主会场接见厅,其中一幅巴赫先生肖像作品赠予到访的国际奥委会主席巴赫先生,为全国体育文化的发展开了先河。"多少年缘不断,多少年情未了。让我们同心同德、不忘初心、牢记使命,共圆中国足球梦,共圆中国体育梦。风景这边独好!"史召环激动地说。

不忘初心的史召环,满腔热血倾心足球;75岁的史召环,紧跟时代发展的步伐,醉心于网络,依旧放眼广阔的足球天地。

2017 年 8 月 28 日上午, 史召环与国际奥委会主席
巴赫先生交流奥运体育文化时的合影

刘作云——敬业管理度半生

刘作云是一位从运动员成功转型的行政人员,是天津市足球运动管理中心成立后的第一任领导者,经历过十五年赛场岁月之后,他从事了二十余年行政管理工作,仍没有离开足球,为天津足球运动的发展做出了开拓性贡献。

刘作云1943年出生于现河北省石家庄市。他的运动生涯可以用"无心插柳柳成荫"来形容。1959年,河北省组织青年足球比赛,刘作云代表石家庄三中参加了比赛。1960年,刘作云高中毕业的时候,一纸调令,他来到河北省体训班。其时,他并不想从事专业足球运动,而校长、老师、同学都来祝贺,并夹道欢送,由此他无奈地开始了足球人生。

天津市成为河北省省会后,刘作云来津。1961年,他进入河北青年二队,当时队友有薛恩洪、蔺新江等,1964年他上调河北青年一队。1969年重新组建天津队,刘作云是第一批队员中的一员。此时的刘作云,技艺日臻成熟,比赛经验丰富。他身高1.77米,体魄健壮,踢中锋位置,作风十分朴实、敬业,跑位穿插积极,善于为同伴策应。

1965 年在朝鲜参加第二届新兴力量运动会足球比赛时的刘作云

1970年以曾雪麟为主帅的天津队参加在广州举行的全国24城市足球集训赛,刘作云多有斩获,天津队也夺得第一名(国家队参加但不计名次)。1974年,他代表天津队参加甲级联赛,获得亚军。令天津队惋惜的是,当时规定头球入球算两分,尽管天津队战胜八一队而两队同分,但计算小球天津队比八一队少一个,从而屈居亚军。1975年,因第三届全运会对年龄有限制,刘作云遗憾地离开了天津队。

退役后,刘作云调赴天津市体委办公室做行政秘书工作,后于1977年返回体工大队足球班,任宣传委员兼二队领队,一年后任体工大队办公室主任。随后他又辗转多个单位,曾做过市领导同志的秘书等工作。1990年,足球办公室成立,刘作云回归,开始了与足球的"第二次握手"。

1996年,随着足球改革的大潮风起云涌,天津市成立了足球管理中心。当时天津足球界各种问题、

矛盾纷繁复杂,工作千头万绪。刘作云当时是作为"二把手"主持工作,在其他同志的有力配合下,他付出了很多努力,做了很多基础性工作。确定了以服务好天津足球队为主要工作目标,做好足协内部各个岗位人才的选拔、培训工作,为长远规划储备人才。1997年,天津市足协进行了换届,调整了领导架构,并确定由刘作云担任天津市足协秘书长,他名正言顺地走上前台。

比赛中的刘作云

刘作云带领足协的工作人员,克服了时间紧、任务重、人手少等困难,积极开展工作。1996年至2000年,正值全国掀起足球热潮,足球学校及各种青少年俱乐部雨后春笋般在全国各地成立。足协紧抓竞赛杠杆,及时推出了天津市"小甲A"联赛,采用主客场制,为小队员们提供了锻炼的平台,也使竞赛管理人员、裁判员、教练员都得到了很好的锻炼。比赛一度搞得红红火火,为未来的甲A、甲B等职业联赛提供了很多堪用之才。

刘作云深知培养裁判员的重要性,他依靠当时的中国足协裁委会副主席张大樵,对裁判员队伍进行了严格的培训和管理。经过几年努力,天津足协培养出一批实力雄厚的裁判中坚力量,在甲A、甲B联赛及天津市、全国比赛中执法,涌现出李玉红、穆宇欣、孙玉珍、孟四新、崔永梅等国际级裁判,同时也为天津培养了很多后起之秀。

刘作云在广州二沙头训练基地

20世纪80年代后期天津女足解散,令足球人心急如焚。当年,河西精英足球俱乐部王家春先生找到刘作云,想加大投入力度搞青少年足球俱乐部,而刘作云建议他投资女足俱乐部,并对他说:"天津女足有着辉煌的历史,至今有着底蕴,作为发展中国足球的重点大城市,应该有自己的女足队伍。"经过权衡,王家春先生终于承担起这一历史赋予的重任。确定了方向之后,他所领导的女足俱乐部投入了大量的人力物力,到全国各地网罗人才。正值全运会前

一年,市体育局要求女足打入全运会决赛。按照当时天津队的人员配置、组队时间、训练水平,几乎很难完成任务。但是在足协的协助下,组队当年王家春就投资150万,球队取得了比较好的成绩,并且进入转年的全运会决赛。随着对女足的投入逐年增加,队伍建设不断完善,在后来的全国女足超级联赛、锦标赛、全运会等重要比赛中,天津女足取得了诸多荣誉。

天津市足球运动管理中心成立后,还有一项重要工作是配合和协助当时的天津足球队,从专业队向职业化的俱乐部改制。但是由于各种复杂的原因,最初的月季花俱乐部和后来的立飞俱乐部都未能存留。时间来到1998年,在市委、市政府的重视与支持下,天津经济技术开发区管委会接手了天津足球,从而使天津足球队有了稳定的"婆家"。足协被要求协助泰达俱乐部做好管理工作,刘作云出任泰达队领队。刘作云先后经历了马特拉齐、金志扬、内尔松、戚务生等几任主教练,和他们都保持了良好的合作关系,基本完成了任务。

刘作云青年时期训练照

2003年,在天津市塘沽区召开了中国足协工作会议,天津市足管中心周到细致的组织与服务工作,使会议开得很成功,受到了中国足协领导的好评,也得到了兄弟协会的认可,这一年足管中心获得了中国足协颁发的先进会员协会奖。与此同时,足管中心还与天津卫生职专联合成立了一所足球学校,共设三个年龄组,双方利用各自的优势展开合作。学校提供场地、住宿等,足协提供优秀的教练班子,天津的这支U21队参加全国比赛取得了好成绩,并为职业联赛输送了优秀人才,例如国奥队守门员宗磊等。

长期从事足球管理工作,并且重点之一是对青少年的培养,刘作云有颇多感受。他认为:"现在国家很重视青训、校园足球,而且投入巨大,但是我觉得要实事求是,不能搞花架子、太浮躁,为了搞人海战术而套取人头费用。搞青少年培训,是为了增加足球人口,但是选材还是有一定的科学规律,不是随便什么人都能够成才,需要基层教练员有一双慧眼。所以,对基层教练员的培训也要跟上。如何选材、如何科学训练、如何掌握少儿足球的训练特点、运动创伤的防治,等等,都需要有新的理论基础指导。我希望加大教练员培养力度,使他们不断接受新知识、新理念。同时我也呼吁解决好基层教练员待遇问题,基层教练员很辛苦,而且有些校园足球老师是完成本职工作后利用业余时间带领小队员训练。这样,我们就要解决如何给他们提供更好的经济报酬问题,使他们安心为青训工作服务。"

刘作云说:"我们要加大力度研究如何衔接好青少年运动员的上升空间和分流问题。到了一定时间,运动员的天赋就会显现出来,教练员需要选择那些有潜质的孩子继续深造,以后走向职业道路;而另一部分则可以以足球为兴趣爱好,把主要精力放在文化学习上,以免造成人才浪费。现在各区没有了业余体校,使得人才培养少了关键环节和层次。过去各区体校为天津队输送了很多优秀人才,我们要争取把这个行之有效的组织方式恢复、健全、发展。"

作为曾经参与职业俱乐部管理工作的刘作云,他对职业俱乐部的发展有着如下见解:"天津现在职业足球形势喜人,有了两支中超球队,但是两支队伍的境遇不同。权健队的中超两年形势可喜,而泰达多年未见起色,苦于每年在降级的边缘挣扎。市领导、泰达集团、俱乐部及广大球迷对此不满。我曾担任泰达领队,对泰达有感情,对俱乐部也有一定的熟悉程度。泰达属于国企,俱乐部的领导流动性比较大,而且俱乐部的管理者大都是门外汉,如果以外行来管理一个动辄几个亿投资的俱乐部,难度是很大的。俱乐部现在无论哪位同志担任领导,都一定要一心扑在足球上,聚精会神地深入了解足球规律,把全部精力用于俱乐部建设和运动队成绩的提高上。切不可'身在曹营心在汉',只关注自己的政治生涯,生怕在足球俱乐部这个费力不讨好的岗位上耽误了自己的政治前途。希望俱乐部领导把心思全部用在足球上,团结周围懂足球、爱足球的人士,共同管理好俱乐部。当年我在俱乐部时的老总,虽然都是门外汉,但是他们都能潜下心来认真摸索足球的规律,摸索如何掌握好一家俱乐部,比较出色地完成了在俱乐部任内的任务,在集团内部获得领导及同事的认可,并得到升迁。所以我建议,泰达集团在俱乐部领导的选派方面,尽量让那些懂足球、爱足球的人士担任。这样对于他们个人的发展、国有资产的保值增值,十分有意义。"

刘作云是位具有一定学识的足球人,他的高中学历在足球圈里并不多见。他的志同道合的妻子苏杭,曾是天津市作家协会会员,是具有高级职称的天津市文联文学评论工作者,夫妻多年相濡以沫。后来苏杭老师重病在身,刘作云在繁忙的工作中悉心照料陪伴左右。几年以后妻子病逝,刘作云尽到了丈夫的责任,表现出有担当、有情义的男人品质。

退休以后,刘作云依然关注足球。他说:"我从小喜欢足球,命运让我从事了喜爱的足球运动,15年的专业运动员,能为天津足球做出一定贡献很荣幸;8年的管理工作,让我也享受了其中的过程。足球能够伴随着我一生很幸福。天津是足球之乡,我作为一个非天津人,无论是踢球,还是在机关工作的时候,大家都没有把我当外人,让我感到很温暖。非常感谢一路走来我曾经的领导、教练、队友、同事等给我的关心、帮助。在此向他们表示诚挚的感谢!"

薛恩洪——缠斗能手　耐力超群

薛恩洪在足球场上有个"拼命三郎"的美誉，还有个"橡皮膏"的绰号。他身材不高，能跑、能拼是他最大的特点。对方进攻队员一旦被他盯上，无不烦恼，无从发挥了。

薛恩洪是土生土长的天津人，踢球一直没离开天津。1957年进入河东少年体校。1957年至1958年，他参加天津市小学足球赛获冠军。1959年进入交通局公路足球队。1961年进入河北青年二队，同年进入河北青年队。1965年随队参加第二届全运会，获得冠军。1971年代表天津队参加甲级联赛，获得冠军。

薛恩洪1943年出生，来自天津的足球之乡——河东区复兴庄地区。薛恩洪家子女多，家境并不宽裕，常年踢球买不起球鞋，经常捡人家的鞋再系上麻绳固定，有时一踢球鞋就随着球飞出去了。当时复兴庄地区老少都喜欢踢球，后来出了不少优秀球员，像王金丰、李家舫、张景德、王建华等。

1957年至1958年，薛恩洪既参加田径训练，又练足球。他在田径比赛中获得天津市小学组400米跑和800米跑双料冠军，同时代表学校参加足球比赛。由于家庭条件不好，他光着脚参加训练、比赛，而田径跑道都是灰渣材质，体育老师王老师看了心疼便送给他一双球鞋，令他兴奋不已。薛恩洪一直记着王老师的恩情，成年后常常从工资里挤出一些钱，买些衣服、物品报答老师。他说："艰苦的条件为我的足球生涯打下了两个良好的基础，一是刻苦顽强的精神，二是良好的奔跑能力。由于我打前卫，前卫队员要求攻守都到两个禁区，没有很好的奔跑能力，是很难完成任务的。"

1958年，薛恩洪被选进河东区体校，教练员是孙福来等。由于表现出色，他后来到天津交通局公路足球队踢球。当时天津的大型企业中足球运动开展得很好，比赛十分活跃，企业联赛的水平也很高，他的能跑能拼、顽强凶猛的风格得以展现。后来被原国家白队宿将、时任河北青年二队教练刘荫培相中，1961年调进河北青年二队。刘荫培教练前卫出身，非常重视基本功训练，作风要求也严格，薛恩洪在他的指导下大有长进，受益匪浅。

1961年12月，薛恩洪正式调入河北青年队，到广东梅县参加冬训。教练陈朴是当年国内顶级名帅李凤楼的学生，思想很超前，爱读书，爱学习。薛恩洪说："当时很多队伍都沿用424阵型，陈指导带领我们使用433阵型，实际上是全攻全守打法的雏形。河北青年队在陈朴教练的调教下，队伍比

1965年在朝鲜参加第二届新兴力量运动会足球比赛时的薛恩洪

较团结,能跑善拼,每个人的能力单独比可能不如天津队,但是在团结、拼搏的氛围下,爆发出来的战斗力不可限量,所以在全国甲级联赛中成绩好几年都好于天津队。由于陈指导与李凤楼的关系好,遇有外国队来访问,一般派河北青年队去陪练,与外国队比赛的机会也多,这对于队伍的成长和我个人能力的提高,都十分有益。"1965年,他荣幸地入选全运会队伍,代表天津参加了第二届全运会,并获得冠军,享受到很大的荣誉。"省市分家"后,薛恩洪又有幸代表天津队参加联赛,再次夺得冠军(国家队和上海队有出访任务,没有参赛)。1974年,因第三届全运会限制年龄,薛恩洪与另外几名队员遗憾地离开了天津队,并直接退役。

回忆往昔的经历,薛恩洪甚为感慨。他说:"自己的身体条件一般,个子较矮,身体也比较单薄,但是我最大的特点是训练、比赛作风过硬,能跑善拼,意志顽强。记得当年训练的时候,我一般提前到场练上一会儿,然后再跟大家一起训练。比赛时我主要负责盯防对方重点人物,如当时上海队的张宏根、辽宁队的盖增圣、广东队的容志行等,紧跟不舍,死缠烂打,往往让他们失去核心作用,为此十分'痛恨'我。而且我经常在比赛中做一些高难度的动作,几乎每场比赛都有倒钩、铲球等高难度动作。想起在与上海的一场比赛中,我在炎热的天气下跑休克了,害得教练员陈朴和队友都手忙脚乱,半天我才清醒过来。后来他们跟我说,吓得他们一身冷汗!"

当年执教辽宁队夺得全国联赛十连冠的"东北大帅"李应发回忆道:"那时候辽宁队碰上天津队是一场恶仗,两队都死磕,谁也不服谁。天津队到沈阳踢客场,沈阳球迷给,天津队起哄,叫'天津队包子'。可是天津队前卫薛恩洪能鱼跃顶球和凌空倒钩,这样的高难动作,让挑剔的沈阳球迷也情不自禁地为他叫好。"1965年,天津队在第二届全运会上获得冠军,薛恩洪是夺冠的功臣之一。时任主教练曾雪麟谈到薛恩洪时这样说:"这个队员让教练员用起来放心,管理时省心。比赛和训练中薛恩洪那股拼劲儿,那股艮劲儿,是队里的表率;生活中和大家团结相处,从来不让教练分心。我曾经和领队李汝衡说,薛恩洪这样的好队员太让我省心了,在比赛中越是硬仗,薛恩洪表现越出色。"

退役后的薛恩洪来到民园体育场任职。民园体育场履行足球、田径等项目的中心体校职责,同时承担大型足球、田径竞赛任务,薛恩洪从事业训和竞赛业务管理工作。足球训练方面,当时民园体育场有林贵荣、宋恩牧、王伯远、金光荣等知名教练员,业余训练搞得红红火火,田径训练也很火热,很多区县的尖子队员都被抽调到民园集训,为天津市培养了很多苗子。1985年以后,民园体育场又逐步地扩大了项目设置,市体委把柔道队、角力队、拳击队、击剑青年队等都放在了民园体育场。作为主抓业

1970年薛恩洪在广东参加比赛后游玩留影

1972年出国前在北京的留影

务的负责人，薛恩洪挑起了重担。

民园体育场承办每年的足球甲级联赛，经常承担国内的大型足球、田径比赛，还有很多国际足球比赛，例如巴西桑托斯队、荷兰芬达姆队等队来津访问，"柯达杯"等，都圆满完成任务。天津足球队参加甲级联赛的主场基本上放在民园体育场，所以为天津队做好服务工作非常重要，薛恩洪带领员工们以饱满的工作热情做好场地、竞赛以及后勤保障等工作，为天津队创造良好的训练和比赛环境。

民园体育场每年都有多项田径比赛，由NEC公司赞助的马拉松比赛，几乎每届比赛市长都会光临，为比赛鸣枪。民园体育场的准备工作非常细致。开赛前几天，薛恩洪几乎每天深夜要徒步丈量、考察比赛线路，协调有关竞赛、裁判、安保等工作，每天面临的事务纷繁复杂。到了比赛那天，薛恩洪更要全身地心投入赛事服务工作。民园体育场还经常举办各种田径冠军赛、大奖赛等，中小学及各机关、企事业单位也经常来搞各种活动和比赛。因此在比赛季，民园体育场的工作强度总是超负荷，但是薛恩洪和他的团队都有一股不怕苦、不怕累的"拼命三郎"精神，在不懈的努力下，都圆满完成了任务。在全国足球优秀赛区评比中，民园体育场几乎每年都榜上有名。

长期从事赛场管理工作，薛恩洪积累了丰富经验，调往天津市人民体育馆后依然心系足球，经常利用场地组织室内五人制比赛，活跃足球爱好者的业余生活。2003年退休后，他经常参加一些校园足球、青少年足球的辅导工作，还兼任天津元老足球队的管理工作。每每看到老大哥们还有同时期的战友们在球场上快乐地奔跑，他心中无比高兴。他说："大家这个高龄还能聚在一起，回忆过去，享受今天，我多做些具体工作更是开心快乐。"

赛场上踢球拼命，赛场下工作执着。性格爽朗的薛恩洪谈起自己的大半生，总是谦虚地说："自己对天津足球贡献有限。"但是在我们感谢为天津足球做出无私奉献的每一位运动员、教练员、裁判员、管理人员等从业者之时，更不能忘记如薛恩洪那样多年扑在事业上，尽心奉献、热爱生活的足球人。

1972年薛恩洪在中国驻毛里塔尼亚大使馆前的留影

冯建忠——一匹"快马" 奔驰半生

在20世纪60年代中期的天津队中，勤奋好学的冯建忠可谓人见人爱的小伙子。虽然由于"文革"的特殊原因，冯建忠没能冲击更高的职业成就，但是他依然以对足球的钟情、鲜明的技术特点，在赛场上留下了青春的身影，值得人们忆念。

1944年出生的冯建忠自幼喜欢足球。上小学时，他父亲所在的玩具厂有足球队，水平很不错，只要球队有比赛，父亲就会带上冯建忠，让他拿着球在场边看，引起了他对足球的极大兴趣。冯建忠说："后来走上专业足球道路，父亲对我的影响是最大的。"看着父亲他们踢球，自然地学着他们的样子，冯建忠和同龄伙伴们经常凑上一起玩。那时候南开体育场和南开花园等地都有踢球的地方，他们几乎天天玩到路灯亮了的时候，对于踢球很是痴迷。

1958年，天津市成立第一球类业余体校，刚刚进入初中的冯建忠从几百人中脱颖而出，通过了入校选拔，开始接受专业足球训练。冯建忠说："那时候一周才训练一次，冯以理等老教练都教得特别认真，我也学得起劲儿。那是我一生中第一次穿上专业的足球队服，那种兴奋感这辈子都忘不了。"

青年时期的冯建忠

1960年，16岁的冯建忠被邵先凯指导看中，选入天津少年集训队。邵先凯上午带白队进行训练，下午指导这支少年队。在石家庄进行的全国少年足球锦标赛北区比赛中，这支队伍拿到了冠军。那个时候食品十分匮乏，冯建忠从石家庄抱回了两个大西瓜，全家人边吃西瓜边感受着足球带给这个家庭的快乐。

1960年8月，冯建忠终于盼来了好消息，他被批准成为专业足球运动员，进入天津二队。冯建忠说："当时真的觉得这个机会不容易，就下决心一定好好踢。邵先凯带领我们练得很苦，基本都是一天三练。在现在人民体育馆前面开拓一块场地，我们一边给师傅打下手建场地，一边训练。就在那里我们练就了较为扎实的基本技术。邵指导有时叫我们，我自己也会跑到老白队的场地看他们训练，偷学老大哥们的技术。那时候我身体偏瘦，但是速度快、技术好，所以也就慢慢

巴基斯坦机场前留影

成为主力。"1964年，这支球队参加在重庆进行的全国乙级队联赛决赛阶段的比赛，连续击败八一青年队、湖北青年队等劲旅，冯建忠屡屡攻入制胜球，由此信心倍增。

1965年，进入全运会周期的天津队开始人员调整，刚刚21岁的冯建忠终于实现了进入天津队的愿望。冯建忠说："当时天津队可谓众星云集，曾雪麟指导带着我们非常认真负责。我在队里属于年龄较小的，曾指导平时都会给我开小灶，队里的老大哥也都经常传授我

经验，所以成长非常快。"冯建忠十分好学，他会努力去模仿学习身边好球员的技术。他和孙霞丰、李学浚住在一个房间，两位老大哥给予了全力帮助和指导，于是他逐渐形成了鲜明的特点。他踢内锋、边锋位置，百米速度11秒8，善于利用速度突破，技术也很好，而且心理素质过硬，在很长一段时间里是队里的第一点球手。另外，他在场上比较冷静，对方再粗野的动作也激怒不了他，把握机会破门是最大的欲望，因此进球非常多。1965年，天津队在广州集训时和国家队进行一场比赛，冯建忠快速突破后，在孙霞丰的配合下用右脚外侧攻破了桑廷良把守的大门。回忆过去，冯建忠坦言："相信当时一切顺利的话，我应该很快进入国家队。"

但没想到的是，"文革"开始后，全国的竞技体育比赛都停办，队员们陷入了无球可踢的状态。虽然不能进行公开的训练，但是冯建忠和队友们每天都坚持活动活动。1970年天津队参加了在广州进行的24城市足球集训赛，获得了第一名，他在队里依然是主力。1972年访问西非三国归来后，冯建忠谢绝了孙霞丰的强力挽留，选择了退役。他说："客观来说，当时家里负担比较重，就退役了。我们是一共下来了7个人，当时很多部队球队都看上了我，但是为了家里我没有选择离开天津。"

1973年，冯建忠开始在红桥区业余体校任教，一直到1998

冯建忠在中国驻毛里塔尼亚大使馆前的留影

年。他的敬业、认真、踏实的工作作风,赢得了极好的口碑。他说:"我带小球员最大的特点就是耐心,而且对于球员选拔没有一点私心,跟家长从来没有非正常的交流,更别说改户口等事情了。"在红桥区足球基础薄弱的情况下,冯建忠依然培养出了李洪洋等专业球员。

1998年,天津泰达足球俱乐部成立,冯建忠成为泰达预备队主教练。在一年多的时间里,他对于当时还非常年轻的曹阳起到了非常大的帮助作用,给予了热心辅导和帮助。此后,冯建忠又在立飞二队执教,并为开展校园足球倾注了心血。

步入晚年的冯建忠,坚持参加天津元老足球队的活动。他说:"张亚男等人都非常热心参加球场上的老朋友聚会,也能看出我们天津老一辈足球人的团结和亲情。"

冯建忠(左)与张水浩(右)合影

说到目前天津足球人才相对匮乏的状况,冯建忠有些伤感地说:"还是基层教练的水平有待提高,如果教练员连技术动作都做得不到位,那么怎么能够教好孩子呢?另外,现在已经是职业化足球了,球员们更需要具备职业球员的素质和职业理想。只有一心一意想着怎么把球踢好,才能够达到更高的水平。"

韩宗强——中场逞威一干将

韩宗强是当年天津南开学生队的代表性人物之一，是"文革"后期天津队的著名前卫，见证了天津足球一个阶段的发展历程。

起步南开学生队

韩宗强1944年出生，和许多后来成为足球运动员的同龄人的经历相似，他只是小时候喜欢踢足球，从没想过进专业队。可是机缘巧合，韩宗强进入了天津南开学生队，代表天津参加了在河北省举行的全国少年足球比赛。比赛结束后，发挥出色的韩宗强和周宝刚、张来阳、王伯远等四五个小伙伴被选入天津少年队，那一年是1960年。

天津南开学生队的成立颇有渊源。20世纪50年代后期天津只有天津队一支球队，后来在周恩来总理的提议下，成立了天津南开学生队。由邵先凯在学校中遴选有足球潜质的人才，指导训练比赛。韩宗强说："时至今日，每年的农历正月初九和8月24日，我们南开学生队都会聚会，正月初九是老教练邵先凯的生日，8月24日是南开学生队成立的日子。到现在五十多年了，从未间断过，每次两桌饭，无论有什么事儿，我们这些人都会来。"他说："大家感情特别好，每次聚会都是非常难得的。后来河北队的刘作云、薛恩洪、王建华还有蔺新江就和我们说，我们也组织不起来，每次就那么几个人，也归你们得了。就这么着，每年两次聚会他们也会来参加，五十多年的感情真的值得珍惜。"

难饮的一杯苦酒

1960年进入天津少年队，韩宗强的足球生涯顺风顺水，即便在"文革"开始后，他也一直在队中没有离开。 1969年他随河北青年队合并归入天津队，让天津队如虎添翼。韩宗强踢前卫，控球、传球技术都相当不错，并且踢得聪明、刁钻。随着足球比赛逐年恢

青年时期的韩宗强

随队出访法国时韩宗强在埃菲儿铁塔下的留影

复，天津足球的发展势头不错，大有起色，队员的心气儿高涨，每场比赛都全力拼搏，特别是遇到强队，韩宗强出战常有表现。

在韩宗强的记忆中，印象最深刻的一场比赛是1974年天津队在民园体育场迎战朝鲜鸭绿江队。朝方自带一名裁判员，要求由他们的裁判员主吹比赛。天津竞赛部门考虑中朝两国关系，应允了这一要求。赛前天津队的备战十分充分，并召回在国家队的张业福守门。赛况果不其然，双方争夺得十分激烈。上半场接近结束时，韩宗强在前方接后卫传球，左脚颠起，右脚挑球过对方后卫头顶，刘俊鸿切入轻巧打门入网。下半场朝鲜鸭绿江队终于"找到"在天津队禁区内罚间接任意球的机会，比赛结果遂成1∶1。

比赛后天津队到利顺德饭店与鸭绿江队共进晚餐，对手特意给韩宗强敬酒，他的那记挑球妙传，给鸭绿江队留下了深刻印象。然而韩宗强感叹，这是一杯难咽的苦酒！

性格耿直有遗憾

1975年，根据国家体委规定，各地方足球队25岁以上的运动员不超过5人，当年已经29岁的韩宗强在队内属于老将，被列入离队名单，他没有丝毫犹豫，和其他几个队友离去。不过和大部分队友不同，他没有去工厂也没有去部队球队踢球，而是留在了体工大队负责行政工作，直至退休。在韩宗强看来，他的运动员生涯和工作经历比很多人幸运、顺利，他很知足。

性格耿直是韩宗强的优点，但也为他留下了遗憾。韩宗强说出了一件往事："那时候我还没退休。一次有一名体工大队的厨师和原来天津市体委分管足球的主任去北京采购，在车上体委主任和厨师聊起了我，说他耽误了一个人，耽误了韩宗强，他应该当教练去。我和当时的天津队主教练有些犯顶。一次比赛时我在场边看，明着出了问题，我喊：'别发傻，换人吧！'比赛完他对我说：'你是教练我是教练？'我说：'你是教练，但场上形势变化你没看见吗？'其实教我的教练，没有和我关系不好的，李元魁、崔泰焕、曾雪麟，我们关系都特好。我没送过他们一分钱礼，教练还请我吃饭。有时

候快比赛了，李元魁叫我去他家，嫂子给包饺子。我琢磨就有事儿。果然李指导问我明天和谁配合合适，我说：'李指导你安排，我和谁都行，最多我累点儿。'"

青训唯技术第一

从事足球的韩宗强却对足球有些寒心，但寒心并非不理不问，他还在为中国足球特别是青少年足球的问题着急。"那个年代条件艰苦，都是土场地，全国只有北京工体、广州越秀山和武汉新华路体育场是草场，天津还没有，但成绩很好，而且全国有不少球队都有天津人，真的很留恋过去，"韩宗强的言语有些激动，"我就想不通，现在给钱多了，要拼啊，要拿出东西来啊！但天津队却越来越差，队员没有天津人了，这么好的基础变成这样，真的想不明白。"

韩宗强

韩宗强还是情不自禁地为中国足球青训的发展建言献策："现在都说足球从娃娃抓起，我认为应该技术第一。只有有技术才能够到了场上知道球需要传到哪儿，有技术才能保证打出配合。我们现在需要搞清楚问题主要在哪里，立足点在哪里，这是中国青少年足球人才培养的方向问题。记得我们练球的时候，我左脚不如右脚，于是一堂训练课两个小时，我不用右脚踢一次，练到后来得分的基本都是左脚。我体会到，自己先要清楚该练什么，如果自己没有头脑，只是教练教什么你练什么，不知道自己哪儿需要加强，做不到勤练苦练，永远也踢不出名堂。"在韩宗强的记忆中，15年运动员生涯中只有过一次腿抽筋的经历，那是20世纪70年代在北京与国家队的一场雨战，比赛的最后几分钟。"现在球员动不动就抽筋，说到底还是自己缺练。"

韩宗强随队访问非洲时和当地小朋友的合影

晚年知足者常乐

往事如烟，一转眼74岁的韩宗强已经退休多年。当年经人介绍完婚，如今和老伴儿共享美满幸福的晚年。之前他还有精力和时间与元老队踢踢球、聊聊天，现在有了小外孙女，他的生活几乎天天围着小家伙儿转。"她今年4岁了，平时都是我接送她，想吃嘛马上就买，再加上自己年纪大了，也就不踢球了，"韩宗强说，"虽然不再和元老队踢球，但几个老队友还是经常通通电话，偶尔小聚一下。过去的事情都看淡了，现在挺幸福的，这就足够了。"

韩宗强还有一个愿望，希望找到1974年天津队与朝鲜鸭绿江队的比赛录像。他知道困难不小，找到这场比赛录像的希望渺茫，但在他心中，那个时代的艰辛付出、勇于追求的青春记忆，这一生难以磨灭。

韩宗强

李树农——津门第一高中锋

20世纪五六十年代,天津足坛群星璀璨。其中的李树农可谓独树一帜,他身高1.82米,身体素质极好,速度快、头球好,可以称得上是津门第一高中锋。

李树农从小无论是学习成绩还是身体素质都非常出众。1946年出生的他,从实验小学一直到第一中学,学习成绩始终名列前茅,并且他出色的运动天赋也在中学得到了发挥。1960年,李树农被选进天津中学生田径队,在全国比赛中拿到了跳远冠军。后来他又被河北省田径队借调,在跳远比赛中曾经创造过6.9米的好成绩。说到自己那时候的田径成绩,李树农说:"我的跳远和跳高都很好,跳远经常拿冠军,跳高的最好成绩是全国第三,当时的百米成绩是11秒3。当时国家田径队教练想把我召到国家队,但是我真的是觉得田径项目太枯燥了,所以拒绝了。"

1963年李树农获全国跳远冠军

对于李树农来说,最大的遗憾是当年由于家庭条件所限,错过了上大学的机会,但能够成为专业足球运动员也是幸运。在业余体校期间,李树农练就了不错的足球技术。而1963年从河北田径队回到天津后,他出众的身体素质让李朝贵和邵先凯都看中了,最终将其选入南开学生队。1965年,李树农被调入河北青年队,开始参加全国甲级联赛,很快占据了首发中锋的位置。陈朴教练的433阵型让李树农有了更大的发挥空间。他这种类型的中锋,当时在全国几乎没有,于是上海队的一名教练总想挖他去沪,说如果上海队能够拥有这样的中锋,绝对可以称霸中国足坛很久。当然,对于李树农这样的人才,天津是不会放走的。其实现在来看,当时的李树农已经接近了当今足球对于高中锋的要求。

1966年,突如其来的"文革"让李树农在足球道路上止步,中断了三年多的训练,身体也开始胖了起来。但出色的运动基因让李树农恢复得很快,1969年重新进入天津队,帮助球队夺得全国冠军。而由于一些特殊的原因,李树农这名高中锋也被改造为中后卫。这一位置的变化也称得上成功,天津队被认为是全国防守最好的球队之一。李树农回忆道:"有一次我们参加全国比赛的分区赛。赛前,我们的计划是8场球不让对手进一个球,结果还是失掉一个球,教练严厉地批评了我们。当时我们绝对是全

国球队中最好的后防线之一。那几年中，一年也输不了几场球。国家队都说，在国内踢比赛，只有跟天津队踢才会开准备会。"

无论作为中锋还是中后卫，李树农都有自己的特点。他说："作为中锋，我身体条件好，更重要的是我的脑子好用。我的跑动路线和选位几乎让所有后卫头痛。我门前嗅觉特别好，射门关键的那一下绝不脚软，头球也好。而且我善于总结，如果犯错了，我回去都会仔细琢磨，以后我基本都不会再犯同样的错。作为后卫，我更是把我当前锋的一些经验用在防守上，更了解对方前锋的选择，也就能够更好地完成防守任务。我应该算是天津第一代高中锋，而且一直到现在，在天津本土球员中很难找到。"

1972 年李树农在非洲马里共和国巴马科体育场的留影

1975年，李树农正式退役，其实他还可以延续自己的运动员生涯。由于有出色的身体条件，国家冰球队的主教练还特意邀请他去担任门将，最终被李树农婉拒。退役后，还是由于所谓的出身问题，李树农没能得到理想中的工作，只能被安排到体委做后勤，担任食堂管理员。在这个岗位上李树农干了9年，最多的时候，他负责体工大队两个食堂和七十多名厨师的管理工作，一切都完成得井井有条。20世纪80年代，李树农移居香港。对于自己的足球生涯，李树农还是有很多遗憾，他说："我觉得我生在了一个特殊的年代。"从中也能够感受到这名运动天才的无奈。

长期定居香港，李树农常常惦念家乡，关注天津的足球。对于如何解决目前天津球员青黄不接的状况，他说："首先对于足球的热爱是必须的。就跟我们那时候似的，是真真正正地自己想踢球。但是现在的孩子可能在主观能动性上差一些。另外就是对教练员的培养，必须培养职业教练员，也只有职业教练员才能够造就优秀的足球后备人才。"

2002 年李树农在荷兰

蔺新江——男足·女足·幸运·完满

蔺新江出生于1946年，从小爱踢足球，在如今被视作 "足球之乡"的河东区这片土地上小有名气。作为家中长子，他从小给爸爸背球靴时就梦想一定要超越老爸，成为足球场上的明星。他知道这条路不好走，但既然选了这条路，就要勇往直前。蔺新江至今难忘他的恩师——刘荫培。当时刘荫培在北站体育场选苗子，经过一轮、两轮、三轮筛选，最后蔺新江荣幸地被选上，不到15岁便入选河北青年队，他不再是踢"野球"的蔺新江，而是正规军中的一员，开始随队

效力国家队期间的蔺新江

参加全国足球甲级联赛。别人在这个年岁时还是懵懂无知的孩子，而15岁的他已是在足球场上驰骋的天才少年，开始书写光彩的篇章。他如愿入选国家队，是主力前卫，当了队长，他应征担任北京部队队教练，返津后在河东区体校任教，随后进入天津女足担任教练，后出任天津海鸥队教练，后又担任中国女足教练。足球职业化以后，他先后率领天津三星队、广州松日队。从广州回来后又担任泰达队首任教练，后率领厦门远华队多年征战全国甲级联赛。蔺新江与挚爱的足球相伴50年。

20世纪60年代，与许多刚走上足球道路的天津运动员一样，"文革"改变了他们的命运，但不一样的是蔺新江并未灰心失落，没有一天离开过足球。他说："我就是一心装着足球、爱着足球，'文革'那些年我就好像与世隔绝一样，一个人像独行侠一样找块儿空地就练球。地方小就颠球，地方大点儿就练带球突破。憋得实在难受就去河东体育场，认识的不认识的问问缺人吗，缺人我就上去，也不管人家缺的是前锋还是后卫。"蔺新江回忆，"文革"那些年，自己就像做了长时间的封闭训练，专心致志练控球，练拼抢，练大脚怒射，他全场飞奔，不放过任何实战实用技术。功夫不负有心人，蔺新江练出了一对一过人射门得分的脚法，心理、身体素质也在不知不觉中渐渐提升。作为中场球员，他认为拼搏才能收获快乐。他自己指导自己实践，他自己就是一部教科书。

1970年，持之以恒苦练本领的蔺新江迎来了足球的春天，在刚刚恢复的全国足球锦标赛中，蔺新

1974年9月德黑兰第七届亚运会留影

江的出众表现得到了年维泗的赏识,遂被召入国家队。披上国家队战袍的蔺新江高兴得一夜没睡,他问自己,要怎样做才能对得起胸前这"中国"二字。没多久他便交出了答卷。1970年6月24日晚,中国国家队在北京工人体育场与来访的智利国家队交锋。全场座无虚席,八万多球迷欢声雷动。这支曾获得世界杯季军的南美强军身手不凡,赛前看过智利队训练并已制定针对性打法的国足,开场后先发制人,锋卫大胆压过中场。智利队还没有进入比赛状态,在第2分钟被国足中场断球,三传两递撕破防线,中锋王积连跑动中接球在禁区前沿骤然起脚,皮球如箭入网,首开纪录。过早失球的智利队还没缓过劲儿来,3分钟后,蔺新江在离门25米远觅到空当,果断重炮轰门锦上添花。5分钟内连丢两球,智利队立即大举反攻,以快速的短传倒脚扯开国足防线,并于第30分钟回敬一球。下半场国足稳固防守,不时策动边路快速反击牵制对手,智利队虽然实力占优,但中路短传渗透受阻,改打两边冲吊,然而在国足的稳健防守前无功而返。双方都未能再次改写比分,国足2∶1爆冷击败南美劲旅,令全场球迷兴奋不已。蔺新江在国家队获得碰头彩,更让他坐稳了主力位置。

在国家队,蔺新江的人缘特别好,无论是南方队友还是北方队友,他都能相谈甚欢。最谈得来的当属徐根宝、容志行和谷明昌,这四个人成为当年国家队左路得力的一条攻防线。1973年8月3日晚,中国队在北京工人体育场迎战来访的几内亚队。几内亚队在1973年举行的第二届非洲运动会上获得足球亚军,中国队访问几内亚时,双方也是以1∶1平分秋色,可以说是实力相当。当晚的比赛中,几内亚队采用424阵型,反客为主,对中国队发动一轮又一轮猛攻。中国队则打起433阵型,在中场布重兵拦截几内亚队如潮水般的进攻。几内亚队的灵魂人物,被称为"非洲最佳前锋"的10号左内锋苏莱曼,一拿球就受到中国队中前卫刘庆泉的截击,右后卫徐根宝也表现出彩,令几内亚队仰仗的左路攻击线运转失灵。由蔺新江、刘庆泉和迟尚斌组成的中场,通过积极的大范围纵深活动,在攻防两端都掌握着主动权。尤其是转守为攻的时候,和前锋线配合默契,快速推进令几内亚防不胜防,最终国足以5∶2战胜客队。

蔺新江身居中场,视野宽阔、传球准确,组织进攻时捕捉战机施放远射,深得队友信任。迟尚斌对蔺新江的远射赞不绝口:"脚法、角度、力度、火候都绝了,有机会就能抓住得分。"1974年11月1日,中国

队在新加坡国家体育场与新加坡联队进行了一场友谊赛，蔺新江又上演好戏。尽管是客场作战，国足却反客为主。上半场第22分钟，蔺新江接王积连传球一记恢弘远射，对方守门员手忙脚乱，球从他的怀中脱落滚入网内。在这粒进球的鼓舞下，第27分钟，容志行长传，迟尚斌头球摆渡，王积连再进一球。这个时候新加坡联队连一脚射门都还没有，国足门将胡之刚仅有的两次触球全是后卫回传。最终国足5∶0酣畅取胜。

蔺新江不断挑战自己，6年间国内外征战，曾出战亚洲杯、亚运会比赛。1976年退役后，蔺新江在北京部队足球队任教练，带领该队多次取得全国足球甲级联赛前六名的好成绩，为此受到部队嘉奖，两度荣立三等功。1982年从"北部"转业，蔺新江到天津市河东区体校任教练。1983年他开始与李学浚、邓雪昌带天津女子足球队，连续两年分获全国亚军、冠军，将天津女足带入全国强队行列。凭借带领天津女足取得的优秀成绩，1988年11月蔺新江同商瑞华、李必担任中国女子足球队教练，取得亚洲杯、亚运会冠军的佳绩。

1990年在香港举办的亚锦赛上，蔺新江率领中国女足获得冠军

1997年，蔺新江已年过半百，对于一个足球教练来说，他把黄金岁月给了天津。那一年天津立飞俱乐部降入甲B，天津足球在严冬中重新出发，泰达集团接手了这支球队，蔺新江受聘出任主教练。1998年，泰达队在当年的甲B联赛中威风八面，蔺新江在执教的半个赛季中带队取得不败战绩。当时，球队资金少、队员少，可以说是在非常困难的情况下夺得半程冠军，冲击甲A只是时间问题，但是由于种种原因，中途他无奈下课。

蔺新江的骨子里有一种"天津大任由我来担"的使命感。这种使命感驱使他不能浪费每一天，对足球事业一定要有所贡献。他不会像有的人那样见风使舵，花钱慷慨大方，他想着能给俱乐部省一分钱算一分钱。按俱乐部的规定，主力队员因伤不上场不能拿奖金，他落实执行规定，但俱乐部却照发奖金，结果得罪了队员，俱乐部也没领他的情。他从不背后议论人，但反过来有人在蔺新江面前讲别人的坏话来讨好他时，他会当场痛斥。蔺新江没有私心，不会讨好别人，不勾心斗角，一贯坚持原则，心直口快。"不记仇"让他能很好地应对足球圈纷杂的环境。

泰达集团接手天津队后，先后邀请金志扬、戚务生挂帅，但都因战绩不佳而下课。这时蔺新江又

站了出来，向泰达俱乐部高层推荐年富力强的刘春明，俱乐部听取了他的意见，任命刘春明为主教练。由此开启了"津门虎"的复兴，张烁、毛彪、吴伟安、谭望嵩、卢彦、韩燕鸣等年轻球员相继在泰达队站稳脚跟，也为后来阿里汉率队夺取中超亚军和足协杯冠军打下了基础。

在淡出了人们的视线后，蔺新江将更多的精力投入青训建设，在天津的很多校园足球活动中，都可以看到蔺新江的身影。在2015年那个天津足球极度困难的时期，无论是天津泰达还是天津松江，蔺新江都为他们的保级之路献计献策。在天津足球遭遇困顿的时候，蔺新江往往能够忍辱负重，用他独特的人格魅力将队员们团结在一起。当俱乐部的日子好过一些时，蔺新江又悄悄地离开了。虽然有不少俱乐部高薪聘请他，但他还是选择留在天津。他所秉持的原则和使命是：要用自己的原则影响、帮助他人，以一己之力把天津足球从失败的痛苦中解脱出来，找到突破的路径，最后创造出一支球队的全新风格。

在一线球队执教了这么多年，蔺新江难免疲惫。但是主教练又是这样一种人，当大家都悲观的时候，他保持着积极乐观的心态。他认为现在的中国足球还处于走向世界的初级阶段，主要是向先进的思想学习，由学习技术的层面进入学习足球文化、俱乐部管理制度的层面。"足球这个行业既幸福又危险，真正爱上足球会幸福。足球可以拯救人也可以害人，为了名利一头扎进去而出不来会很惨。但人们的观念也要与时俱进，不要过多批判足球以外的东西，如果物质可以让足球进步，何乐不为？当然足球的情怀永远不要丢。" 蔺新江对天津足球倾注了深厚的情感，对足球亦有深刻的认知。

蔺新江与家人的合影

步入古稀之年，蔺新江依然关注足球运动的发展，关心天津足球的前途。人生犹如一部电影，这部电影往往由很多场景组成，每一个场景都有其独特的意义，要求人们一一做出选择，很多选择往往使人左右为难，是做还是放弃，是逆水行舟还是急流勇退，是仇视还是宽容，是为理想不惜赴汤蹈火还是为家人甘愿委曲求全……每个选择无不体现着一个人的人格，显现人生的意义。因人因时而异，蔺新江的足球人生不是空泛的，而是生动的、具体的、真实的。

曹凯军——阅历丰富足球人

曹凯军的阅历甚是丰富多彩：从事足球运动从学校到军旅，辗转几支军旅球队；从足球场转到工厂，而后回归球场；从球员转向裁判执哨，进而做足球管理工作；最终落归天津女足。曹凯军始终是一位足球人。

创历届全运会进球纪录

曹凯军出身军人家庭，父母均是军人，他小学就读于石家庄北京军区七一学校。1954年母亲从部队转业到天津铁路分局工作，曹凯军也随母亲来津落户。1960年，曹凯军从北京军区七一学校转学到天津市一中上学，并接触到足球。1961年曹凯军进入解放军体育学院运动系足球班，师从潘培根教练，接受正规足球训练。他有着良好的身体

1962 年 15 岁时就读于解放军体育学院的曹凯军

素质，技艺提高很快，两年后提前分配到沈阳军区体工队足球队，即沈阳部队足球队。1964年，18岁的曹凯军已经能登场比赛。由于他的能力比较全面，由开始的后卫位置一步步前移，改为前卫之后又踢前锋，随队参加甲级联赛。

足坛名宿张京天组建中国青年队时，选中了曹凯军，不料正值1966年"文革"开始，曹凯军的愿望落空了。之后他本来有机会在沈阳步入仕途，然而他心系足球，1969年6月毅然要求复员回津，被分配到天津钢厂运输厂。　幸运的是，陈贵均、韩武、王克勤等几位优秀的天津队队员下放该厂，大家组成厂队参加职工比赛。那时的职工比赛如火如荼，各大企业足球队的水平很高，天钢队在全市比赛中多次获得冠军。曹凯军身高1.77米，体重80公斤，似"重型坦克"，又以其快速的跑动和熟练的脚法经常射门得分，在河东区广大球迷中有了名气，于是1970年底天津队欲调曹凯军入队。然而，1972年部队开始恢复体工队建制，曹凯军被召回进入昆明军区足球队。

1973年曹凯军参加全军足球联赛，常常有优异发挥，随后被八一队选中，开始征战全国甲级联赛，并多次随队出访欧洲、非洲、中东。八一队在1974、1977年夺得甲级联赛冠军，他屡立战功。让曹凯军至

今难忘的是，他代表八一队参加第三届全运会，获得了第三名的好成绩。在与广东队的半决赛争夺中，曹凯军异常神勇，一人独进4球，创造了全运会一场比赛进球数最多的纪录。

1974年7月出访阿尔巴尼亚的吉诺卡斯特的比赛场面

工作不误执法亦优秀

自八一队退役后，从1978年至1995年，曹凯军的工作频繁调换，从武警总队政治部转业天津体工大队，任训练科科长、体工大队副队长；先后到韩家墅、付村训练基地和市体委足球办公室任职；1996年天津足球运动管理中心建立，他成为第一任主任。

1979年举行全军运动会，正在警备区工作的曹凯军受朱一先教练邀请参加足球裁判工作。他考取了国家一级裁判员资格证书，开始了足球赛场上的又一崭新工作。曹凯军说："那几年我经常奔波于全国各地，吹各级别比赛。特别是全国甲级联赛采用的是赛会制，比赛时间长，我又出勤率高，因此锻炼机会多，水平提高很快。"

1982年曹凯军被批准为国家级足球裁判员，执法的比赛特别是重要场次越来越多。他有幸参加了1987年在广东举行的全运会足球决赛的裁判工作，受到组委会和各队的普遍赞扬。在近30年中，曹凯军边工作边外出执哨，执哨国内重大比赛一百余场、国际比赛14场。同时曹凯军受中国足协的派遣，担任裁判长长达24年，曾两度分别被中国足协、国家体委评为全国优秀足球裁判员。

由于有着足球裁判员的经历，曹凯军在任职市足球运动管理中心时，非常重视对裁判员的培养，经常组织裁判员学习理论，邀请知名裁判员讲课辅导，进行业务、体能考核，从中选拔人才派出执法。在对裁判员队伍严格要求的同时，管理中心在物资与装备上给裁判员以支援，深得裁判队伍的信任。

1974年曹凯军随八一队出访阿尔巴尼亚时在地拉那的留影

老骥伏枥心怀女足情

20世纪90年代中期，全运会、奥运会都将女足列为正式比赛项目。1999年经天津市政府批复，恢复组建天津市女子足球队，当年5月这支球队由精英俱乐部出资正式成立，曹凯军参与组建工作。这支女足在人才匮乏的境遇中，经过一年多艰苦练兵，取得不小的进步，通过预赛最终打入在广东举行的全运会决赛圈。曹凯军开始担任天津女足领队，后在决赛阶段担任主教练。

2002年曹凯军调民园体育场任职，仍心系这支前进中的女足队伍。2007年退休后，曹凯军返归女足工作，担任顾问兼基地主任。此时的女足已经茁壮成长，队伍稳定，阵容相当齐整，而且技战术水平在全国名列前茅，在连续几年获得全国各类比赛前三名后，2007年又夺得足协杯赛和锦标赛双桂冠。2016年又取得了锦标赛和超霸杯的双料冠军。曹凯军说："时至今日，俱乐部董事长王家春先生为女足投资19年，俱乐部和球队从无到有，由弱到强，王家春先生和教练团队倾注了大量心血，在代表天津征战五届全运会（第九届到第十三届）中取得两次亚军、一次季军，并获5枚金牌（集体项目亚军为两块金牌、季军为一块金牌）的优异成绩，创造了历史最好成绩，为天津市增添了光彩。"

曹凯军说："所有成绩的取得，和我们这支坚强、团结的团队始终贯彻'舍得、奉献、担当、实干、科学、创新'十二字方针是分不开的。"

1999 年 8 月天津女足恢复组建时的全家福

郭嘉儒——守门十八载　育有后来人

入选国家队的郭嘉儒

时年70岁的郭嘉儒,镇守球门18年,又投身教练工作24年,把大半生贡献给了足球事业。这两年往返于天津与加拿大之间,跟老伴儿轮流去照看两个外孙女,把看守的足球大门转换成了女儿的家门。

几起几落为天津

提起津"门"郭嘉儒,很多老球迷印象非常深刻,但对于他背后的故事却知之甚少。从最早的白队门将曾雪麟,到国门张俊秀、张业福、韩孝忠,郭嘉儒从小就不缺少偶像和学习的榜样。

郭嘉儒在大直沽中街小学读四年级时开始踢球,每年寒暑假天津都有"六一杯"足球赛,他在比赛中经受了锻炼。后来郭嘉儒到了足球传统校五十四中学,他代表天津参加全国少年比赛,在青岛获得第三名,从那时开始他对足球有了进一步的追求,期待着进专业队。郭嘉儒回忆,最早八一少年队想要他和刘俊鸿、刘小牛3个人,但天津市体委不放,否则他们会和容志行、朱广沪成为队友。

1965年郭嘉儒正式进入天津少年队,由此开始了与天津足球的近半个世纪相伴同行。与他们同一批进队的队友一样,郭嘉儒对于进队不久就赶上"文革"颇为遗憾,但随后的他更是经历了几起几落。1973年郭嘉儒进入天津队,1980年随队夺得全国甲级联赛冠军。1981年,王建英、李继明等后起之秀涌现,郭嘉儒下调到天津二队,身兼守门员教练和队员,直到1983年35岁的郭嘉儒才正式退役。对于自己的运动员生涯郭嘉儒也有遗憾,但更多的是感恩:"我是足球的幸运儿,几起几落都没有离开天津队,没有离开天津足球,可以说问心无愧。"

镇守球门用脑典范

汲取了老一辈门将的榜样力量,郭嘉儒堪称用脑子镇守球门的典范。回忆起当年的情形,令郭嘉儒印象最深的是两次比赛。

一次是1977年天津队受国家委派出访越南、老挝。由于当时中越两国关系已经有些紧张，天津队和越南队的直接交锋犹如一场"惨烈的争斗"。郭嘉儒清楚记得，在天津队下榻的旅馆里，半夜可以清楚地听到零星的枪声。这场比赛在河内体育场进行，对手是越南人民军队，能容纳三万多人的体育场座无虚席，震耳欲聋的加油声此起彼伏。上半场两队打成1∶1平，下半场越南主裁判判给主队一个点球，郭嘉儒以机敏的判断将点球扑出，为天津队最终2∶1绝杀获胜立下了汗马功劳。

在青年队时的郭嘉儒

另一次是1982年的全国足球甲级联赛武汉赛区比赛，当时郭嘉儒是天津二队教练兼队员。面对全国冠军八一队，他以冷静的判断和出色的技术，扑出了5个必进球，还挡出了对方"重炮手"张宗本和庄连胜的点球。几天后面对广州部队队，郭嘉儒又将对方两名优秀射手的点球拒之门外。令人赞叹的是，当时的郭嘉儒已经34岁"高龄"。

回忆起那段经历，郭嘉儒说："那时候就是不服输，无论在一队还是二队都希望证明自己。我有做记录的习惯，对手谁习惯怎么射门，我有个本都记下来，然后仔细进行研究。到了场上按照记录去扑救，90%都能判断正确。"

带队执教慧眼识珠

1983年退役之后，郭嘉儒始终没有离开天津足球。1984年到1989年，他担任天津青年队一队守门员教练。1991年到1994年在韩家墅基地执教，1977年至1978年龄段天津少年队。1995年一个偶然的机会，天津少年队在秦皇岛比赛，当时中国足协的李晓光找到郭嘉儒，希望他去中国少年队执教。随后郭嘉儒出任中国少年队的守门员教练，前往俄罗斯备战1996年的亚洲少年足球锦标赛。正是在国少队，郭嘉儒挖掘了天赋异禀的天津籍守门员刘云飞。"我是最早接触刘云飞的教练之一，也是我把他在国少队的名额定下来的，带他在俄罗斯冬训，1996年亚少赛他都是铁打的主力。后来他去了泰达队，我去了女足，接触就少了。这孩子有天赋，也挺有灵性……"

1996年离开国少队，郭嘉儒加盟刘春明执教的天津青年队，挖掘了后来的国门宗磊。说起天津出门

将这件事，郭嘉儒依然充满自豪："天津出门将是有传统的，从最早的张俊秀、张业福、韩孝忠，到我和王建英、李继明，再到后来施连志、王毅、张凤梧、刘云飞、宗磊都在全国闻名。"两年后郭嘉儒加盟天津女足，又为天津女足挖掘了如今的当红国脚王珊珊。"一次北京东城区体校来天津比赛，我一眼就看上了踢右后卫的王珊珊，我们不惜一切代价把她召了下来。后来我看她条件不错，还有速度，就让她改踢前锋。包括韩鹏，刚来时还是农村小土孩儿。那批人一直保持到现在，很可惜天津女足解散了。"

在国外参加比赛的郭嘉儒

两地奔波享受生活

2007年郭嘉儒离开天津女足，正式退休。从1965年进入天津少年队，到2007年从天津女足退休，郭嘉儒为天津足球奉献了四十余年。其间有多次离开天津发展的机会，郭嘉儒最终都选择留了下来。有人说他能忍，郭嘉儒笑着说："我这不是能忍，是审时度势，是真的热爱足球，希望天津足球能发展壮大。"

退休后郭嘉儒活跃于天津元老队，近几年则将更多的精力放在了照看自己的外孙女上。"我女儿在加拿大，生了二女儿，之前我去过两次，这次又去了好几个月。小外孙女现在都六个多月了。"由于郭嘉儒的九旬老母亲要照顾，妻子没办法和他一起去，而女儿在加拿大一个人照看两个女儿又很辛苦，所以老两口轮流去加拿大，既保证了有人照看老母亲，也可以帮女儿一把。虽然两地跑很辛苦，但郭嘉儒的眼神中流露出的是幸福和满足。

在加拿大期间，包括去美国旅游，郭嘉儒依然没有忘记老本行。走在大街上，看到旁边的学校球场上有人在训练，他都会驻足观看。"加拿大女足训练条件非常好，我大外孙女的小学就有女足课。虽然不是很专业，但已经形成系统，"郭嘉儒颇为羡慕加拿大的青训氛围，"一次路过一所学校，看到里面正在举行安大略省少年队的足球比赛，我看了一会儿，水平不低啊。人家学校设施齐备，基本上每一所学校都有棒球场、足球场，还都是草坪。咱们就是不系统，观念上和人家也有差距。无论如何，自白队落户天津之后，天津足球这么多年是有传统的，有得天独厚的条件，希望未来天津足球能走出一条适合自己的复兴发展之路。"郭嘉儒离开足球，仍旧心系足球。

刘俊鸿——七十年代一颗星

刘俊鸿1948年生人，曾就读于四十二中学，从小酷爱足球运动，是20世纪70年代末期天津足坛上的一颗新星，是当时年轻球员当中的佼佼者。

16岁的刘俊鸿就训于新华路体育场，为迎接全国中学生足球比赛，在丁凤璋、王瑞、张景德3位教练的带领下集训。他在1964年代表天津中学生参加全国比赛，表现出色，引起了八一队教练员唐立功的注意，想调刘俊鸿、刘小牛入八一少年足球队，两人同时被即将组建中国少年足球队的教练员张宏看中。当时的天津少年队教练刘荫培得知后，为防止本土队员外流，先期将刘俊鸿、刘小牛调入天津体训班，完成入队手续，后与当时的郭嘉儒、翟良田、李世光、王仲仁等，正式组建了天津少年队。1966年8月7日，刘俊鸿作为队长率刘小牛、郭嘉儒、翟良田等31名少年运动员进驻体训班，当时的教练队伍也进行了加强与充实，邓雪昌、张大樵、崔泰焕入队，刘荫培率领这支朝气蓬勃的少年队伍，为天津足球储备了新生力量。经过短短的6年时间，刘俊鸿于1972年一跃成为天津队主力。刘俊鸿、翟良田、李世光、刘金山、左树起、刘小牛、王仲仁、李洪平这批年轻队员迅速补充到调整后的天津队，被委以重任。其中，刘俊鸿作为锋线上的一把尖刀，初露锋芒，在当时的老队员李家舫、韩孝忠、林贵荣、杨秉正、刘作云的呵护下，他得以在场上充分发挥技术。

1972年11月，刘俊鸿随队出访西非三国马里、毛里塔尼亚、塞拉利昂，表现不俗，成为队中核心。特别是1974年，刘俊鸿在对朝鲜鸭绿江队的比赛中首建奇功。1975年他代表天津参加了第三届全运会，并于同年再次出访西非四国马里、尼日尔、加蓬、刚果（布），人们开始认识熟悉天津绿茵场上的这颗新星。

刘俊鸿技术全面，场上思维敏捷，左右脚均衡，尽管他性格内向，但在比赛中的攻守转换上，丝毫没有拖泥带水，不断地为自己与

刘俊鸿（左）与冯建忠（右）的合影

刘俊鸿（后排右二）与队友们的合影

同伴创造得分机会。刘俊鸿生活简朴，热爱学习，办事沉稳低调，少言寡语，在球场上和工作中兢兢业业，给很多年轻队员做出了表率。

他在绿茵场上奋斗近20载，给球迷留下了深刻的印象。性格低调的他，退役后被分配到红桥体育场任教练员，培养青少年，开始了自己的执教生涯。后刘俊鸿又调至韩家墅天津市体校、市女足，进入职业化后他先后辅佐三星队、泰达队主帅，与时任主帅蔺新江、左树声、王伯远合作，任助理教练。特别是2003年这个中国足球甲A末年。当时天津队主教练是来自意大利的马特拉齐，刘俊鸿作为中方助理教练辅佐他。在天津泰达成绩不佳，在冲超岌岌可危的情况下，马特拉齐被迫"下课"，刘俊鸿作为教练组组长开始带领泰达队继续冲超的征程。凭借最后几轮的拼杀，泰达队以8胜12平8负的战绩如愿闯入下一年度的中超，这是天津足球史上的一个里程碑，这也是刘俊鸿执教生涯中的一个顶峰。

在中国足球职业化的进程中，由于竞争激烈，运动员和教练员频繁转会，整个队伍的稳定性出现了问题，在这种情况下，刘俊鸿无奈地结束了执教生涯，年逾古稀的他过起了安稳、不事声张的晚年生活。

王仲仁——任劳任怨老黄牛

提起王仲仁的名字，老球迷一定都记得。王仲仁是继邓雪昌、李恒益、杨秉正、林贵荣之后，天津队中最能拼的中后卫。

王仲仁的职业生涯中有幸运也有遗憾。他遇到了恩师刘荫培，遇到了挚友高丰文；他无奈地赶上了"文革"，虽然曾经入选国家队，但是最终未能圆梦国家队。无论命运如何，王仲仁都将足球视为一生所爱，至今依然不变。

回顾历史不难，讲自己的故事并不容易，因为对足球的爱始终如一，王仲仁的记忆从未被抹去。1949年出生的王仲仁，家住在北站附近，那时候北站体育场经常有天津队的比赛，王仲仁就会约上小伙伴去看球。后来爱踢球的他在学习之余，还去河东区业余体校练球，业校经常会组织大家去民园体育场看球。以国家白队为班底组成的天津队当时在全国所向披靡，让他对足球有了更多的憧憬和迷恋。也正是在那个时候，王仲仁遇到了影响自己一生的恩师刘荫培。

1973 年王仲仁随队出访西非三国时的留影

1966年2月，天津市举办中学生联赛，比赛地点在河东体育场外场，王仲仁代表七十二中对阵三十八中。时任天津少年队教练的刘荫培来看比赛。看到王仲仁身体素质好，技术不错，比赛表现比较出众。赛后刘荫培找到他说："我看了你的比赛，很喜欢你，你每周二、六下午两点半到河东体育场来，我看你一段。"得到刘荫培的器重，王仲仁别提多高兴了。没想到到了2月21日试训的日子，天津突降大雪。中午，学校老师对王仲仁说：雪这么大，要不别去了，但王仲仁想都没想，吃完饭趟着雪沿着铁道走了一个多小时，到了河东体育场。王仲仁在房檐下冻得瑟瑟发抖，终于等到了两点半，刘荫培看见他的第一句话就是："好，仲仁你来了。"王仲仁给刘荫培留下的第一印象非常好，从那时开始，他就跟着刘荫培每周训练两次，无论刮风下雨从未间断。

"记得有一次训练日我到了体育场，传达室大爷给了我一个纸条，是刘指导留的，上面写着'下午

我们去民园训练，你可以不去'。我拿着纸条想，可以不去，也可以去。可是我不认识民园，传达室大爷告诉我走到新华中学抬头就能看见民园体育场的灯架子。我从河北到河东，穿过河西到和平，横跨天津市四个区到了民园，进去之后刘指导让我换衣服就开练。刘荫培教练特别喜欢我。"说到激动处，年近七旬的王仲仁几度哽咽，眼眶湿润。

1966年8月4日，天津少年队和来访的日本少年队比赛，刘荫培安排王仲仁出战，队友包括后来大家耳熟能详的刘俊鸿、翟良田、李世光、刘小牛、左树起等。最终天津少年队轻松地以8∶3大获全胜。8月5日天津少年队决定调王仲仁入队。8月6日领队王金丰带着调令去学校，王仲仁得知特别高兴，心想跟刘指导训练半年多没有白付出。8月7日报到。8月8日"文革"开始。"我记得特别清楚，领队王金丰对我说：'你真是万幸，如果我明天找你，你就来不了了。'"

进入天津少年队的王仲仁如鱼得水，正是因为很喜爱王仲仁，刘荫培对他的要求也格外严格。有一次王仲仁屁股上长了个大疖子，本来练不了但还坚持，结果动作全是变形的。训练后讲评，刘指导对他毫不客气："你今天训练不太认真，动作都走形了，这还行！你别忘了你比别人晚来了10个月，下课别走了自己加练。"就这样王仲仁又练了头球、颠球等科目达1000次，回到宿舍一坐，床单上都是血。"我赶快拿盆洗完去吃饭。到了食堂，大师傅说：'刘指导拿饭盒给你打完了，桌子上就是你的。'我刷完饭盒给刘指导送去，说了句'谢谢您'。刘指导说：'练完了，认真啊后面。'"自始至终王仲仁没有告诉刘荫培指导是什么原因导致训练动作变形，在那个年代大家都自觉训练，小伤小病都不会告诉教练。

虽然进入天津少年队，因"文革"，训练和比赛都无法正常进行。王仲仁说："如果没有'文革'，天津队的成绩和自己的职业生涯都会更好。这期间我们只能偷着练习，三队合一的天津队被分成10个组，我们组蔺新江是组长，我和他还是同屋，每天他带着我到小车场训练。正是因为那时候的坚持和不懈，后来他去了国家队，我去了国家二队。"1969年，李朝贵、孙霞丰、李学浚、邓雪昌、李恒益都下放了。少年队成了天津二队，后来还补充了王玉俭、张贵来等人。到了1970年恢复比赛之后，天津队在广州集训赛拿了第一。同年冬训，天津队一行34人与辽宁队在广东二沙头基地陪国家队训练和比赛。

1972年，王仲仁正值成熟时期，他防守时不仅拼劲十足、眼观六路、头脑清楚，又十分稳健，在中后卫位置上站稳脚跟。进入天津队后，天津队接受任务，出访西非马里、毛里塔尼亚、塞拉利昂三国。当时全队老少三代同场，杨秉正、林贵荣属老将，周宝刚、冯建忠是中生代，王仲仁、翟良田等6人年少，出访三国战绩颇佳。1973年，阿尔巴尼亚国家队教练、曾经的意大利足球俱乐部著名中锋鲍里奇被任命为国家二队主教练，去沈阳观看邀请赛。天津队由孙霞丰、李恒益率领，在4场比赛中，4∶0胜辽宁、

3：0胜八一，1：0胜北京，1：1平湖北，以4胜1平的战绩获得第一名。王仲仁被洋帅选中，随后到阿尔巴尼亚学习4个月。王仲仁在国家二队效力期间，参加过19场国际比赛，于两年后的1975年回到天津队。

刘荫培和李元魁是随国家白队落户津门的两位北京人。他技艺精湛，比赛风头十足。退役后潜心培养少年、青年队员，输送了一批批优秀人才，对天津足球

1973年王仲仁在阿尔巴尼亚都拉斯的留影

颇具贡献。他一表人才，英俊帅气，一口京腔，伶俐悦耳，20世纪50年代后期，应天津人民广播电台特邀，他实况转播足球比赛，是天津第一位电台足球解说员，其专业的现场解说与评论，深受广大听众的赞赏。

在王仲仁效力国家二队期间，下放到起重设备厂的恩师刘荫培，回到了体委暂时管后勤。劳累而又火爆的脾气和血压高导致他突发脑溢血，1974年，年仅42岁的刘荫培英年早逝。留下妻子和"大牛"刘康、"二牛"刘毅，两个儿子后来子承父业，都是天津队的优秀选手。王仲仁得知恩师去世，不禁潸然泪下，至今忆起仍伤心不已。

1976年天津队更换了教练班子，沈福儒任主帅，王仲仁、翟良田、蔺新江等都被分配离队。蔺新江到了北京部队队，王仲仁和翟良田去了山西大同的解放军某部足球队，王仲仁担任部队足球队教练兼队员。后来严德俊出任天津队主教练，希望王仲仁和翟良田回归。"不过那时候我们不愿意回来了，在部队挣钱多，排级待遇每月52块钱还不用交伙食费，穿戴都有。"就这样他在部队又效力了3年。1979年王仲仁回到天津，进了自行车鞍座厂，从工会到人事科，工作了十多年。

离开了热爱的足球，王仲仁仍心系绿茵场。1996年初，高丰文足球学校在沈阳成立，同是中后卫出身的他想起了王仲仁，力邀王仲仁去执教。王仲仁回忆说："在国家二队时，高丰文是鲍里奇的助手，我是队员，两人关系特别好，所以就答应了。"王仲仁北上沈阳，给高丰文代课。高丰文之所以想到王仲仁，是因为在国家二队期间，鲍里奇推崇的欧洲型训练方法非常先进，特别是头球训练深入人心，王仲仁身受真传。"那时候鲍里奇一堂课有三分之一的时间是练头球，每周五一堂课120分钟

都是头球。鲍里奇还说过：'我看你们中国足球想提高，必须解决空中问题。'训练包括多人顶、单人顶、两人顶、三人顶、冲顶、断顶、高球争顶，等等，"王仲仁说，"可是到现在中国教练还是缺乏这一课，尤其青少年队员，很少有教练专门练头球。我体验到在本方18码线周围防区，有高球传过来时，防守用脚停球抵挡，远不如头球快，用目光预判，头比脚快。意大利、英国等欧洲联赛中头球应用很广，包括进攻队员，C罗脚下技术好，头球也很出众，可是中国对头球就是不够重视。"在高丰文足球学校，王仲仁前前后后工作了9年，其间几次因为曾是天津乒乓球队队员的爱人车绍稳身体不好，王仲仁才回津，又恐怕耽误教学而回去。那是中国青训发展最快的10年，高丰文足校先后培养出许多优秀球员，比如后来加盟泰达队的陈涛、胡人天，还有不少人进入其他职业联赛队伍。

1973年王仲仁（左）和张业福（右）在阿尔巴尼亚的合影

　　如今年事已高的王仲仁离开了教练岗位，但关注中国足球乃是一代代足球人的天性。2017年底中国足协公布了《中国足球协会职业俱乐部准入规程》，要求所有俱乐部的梯队都须完整。王仲仁有欣慰也有担忧："梯队保障确实是很必要的，但现在教练这方面是一个大的缺口。当年进少年队都是三年练基本功，刘荫培指导带着我们天天练，现在的教练对小球员没有这样的要求了。中国足球要想快速进步，还是要从教练入手。"

刘小牛——绿草茵茵　猛牛骁将

刘小牛是中华人民共和国的同龄人，一路走来，他见证了足球运动的发展与转型。有时候刘小牛会觉得，好多东西都变了，唯一未曾改变的，可能就是他们这一代人曾经的足球梦。

1949年7月出生的刘小牛，父亲是国营棉纺二厂总工程师，大哥是厂长，十个兄弟姊妹中他排行老九。父亲年轻时练单双杠，小有名气，对体育的钟情也使他非常支持儿女多参加运动；二哥是全国冶金行业足球运动员，三哥、五姐都是体育老师。刘小牛的家庭算是体育世家，具有优秀的运动基因。刘小牛二哥的儿子刘洪一度是天津队主力前卫，现在泰达梯队任教。刘小牛的儿子刘浩，在天津火车头青年队踢过球，算是把足球传承到了下一代。

青年时期的刘小牛

刘小牛的足球梦起源于他二哥。年幼时的刘小牛跟二哥学踢球，二哥在墙上画个圈，让刘小牛瞄准墙上的圈踢球，练腿脚力度和精准程度。二哥定期考核，他总是能通过，二哥就奖励队服背心和崭新的球鞋。

那个年代别人舍不得买一双球鞋，刘小牛不一样，哥哥姐姐都给买，常常是好几双新球鞋摆在床下。刘小牛没有辜负家人对他的期望，凭借天赋与喜好，小学时他就已经是远近闻名的小边锋。作为台儿庄小学校队主力，他随队代表天津小学生赴京比赛勇夺全国冠军，受到时任国家体委副主任黄中的接见。足球情结就这样在刘小牛的心中，一点一点地扎下了根。

刘小牛越踢越有名，风之子的速度，让他有机会入选天津中学生代表队，去内蒙古自治区参加全国中学生足球比赛，取得全国第七名，而前六名队伍都是专业队。

进入四十二中读书的刘小牛声名远播，在一年暑假的比赛中，他先后被八一队教练唐立功、国家队教练张宏根和天津本土教练刘荫培同时选中。刘荫培教练看准他绝对是块好材料，为留住天津自己的足球苗子，不失时机地抢先把刘小牛和刘俊鸿的关系调入天津足球体训班。刘教练随后组建了天津少年队，刘小牛便正式进入专业队，接受系统训练。在恩师严格的教导下，刘小牛的技术有了进步。他回

忆起如父的刘荫培,动容地说:"一笔写不出俩'刘',有人甚至以为我和刘教练有什么私人关系,有时候自己也真的是拿教练当父亲,觉得他教会我的太多太多。他会告诉我什么时候该练习什么,什么时候应该出现在场上什么地方,什么时候绝对禁止做的一些事……那时候冬天比现在要冷好几倍,可是刘指导每次带我们训练他都能练到汗流浃背。他亲力亲为,多年如一专攻技术训练,让我们这些球员拥有了扎实的基本功、良好的战术素养和执行力。刘指导为天津足球做出很大贡献,功不可没。"

1966年8月,日本横滨少年足球队来华访问,在民园体育场进行友谊赛。下半场,司职右边锋的刘小牛突破下底,日本队员追不上球,从后方猛铲放倒刘小牛,没想到身体强壮的刘小牛猛力起身守住球,稳健而又准确地传中。让人钦佩的是,他及时转身走向倒地不起的日本队员,并主动伸出友谊之手将他扶起。这一充分体现中国少年友好和大度的举动,博得全场长时间的热烈掌声。

有了刘荫培前期刻苦有效的技术铺垫,"文革"之后,刘小牛顺利进入天津二队。随着水平不断提高,再加上相同位置的王伯远老大哥临近退役,刘小牛顺理成章地进入天津队。此时的刘小牛不忘刘指导的话:"在球场上记住自己的特点,充分发挥自己的特点。"20世纪70年代初期,队中"三刘"(刘作云、刘俊鸿、刘小牛)均是刘荫培的弟子。他们配合非常默契,又同住一间宿舍方便交流,常在一起研究技术细节。刘作云踢中锋,刘俊鸿踢右前卫,刘小牛踢右边锋,三点一线,心有灵犀,打得得心应手。比较经典的一场比赛是"三刘"大战毛里塔尼亚队,先是刘小牛向禁区突破后传给刘俊鸿,刘俊鸿一记妙传,刘小牛迎球向后一顶,皮球直飞球门右上角,率先打破僵局,然后是刘作云、刘俊鸿锦上添花各献一球。最终天津队以3:0赢得比赛,"三刘"各建一功,一时传为美谈。

刘小牛(右)比赛中的英姿

进入天津队后,刘小牛的视野更开阔,技术更娴熟,自身的快马速度渐成招牌,令无数对手极为头疼。这其中时常挠头的,当属国家队的徐根宝。那时一和国家队比赛,左后卫徐根宝"抢逼围"主要负责盯防刘小牛。他一看见灵活多变的刘小牛就来气,俩人常从后场就开始较劲,一路纠缠到前场。二人在比赛中总能迸发出火花,看点十足。不只徐根宝,不少队的后卫都"烦透"刘小牛。几乎每场比赛,他都是被重点"照顾",不是被踢就是被抓,对手千方百计防他突破。刘小牛不等对方靠近,一个快速起动,带球一趟轻松而过。有一次

在民园体育场和广东队比赛，对方左后卫知道底细，死死粘住刘小牛，这时看台上的球迷大喊"过他"！刘小牛受到激励，脚下提速带球，巧妙闪身躲过撞击，又从场外田径跑道边绕个圈轻松躲过对手，回到场内得球下底传中，队友射门得分！刘小牛的整套动作潇洒流畅，又是一个满堂彩！

刘小牛比赛中的英姿

　　一切都如此顺利，直到刘小牛左大腿受伤。这一年全国集中冬训结束，组织各队速度最快的边锋进行一场速度之争，遴选优秀。刘小牛兴致勃勃地参加这一"足球人的百米飞人跑"，前五十多米时他还是最快的，信心满满势在必得。突然，随着一声响声，刘小牛顿时跌倒，痛得满地打滚儿，他的左大腿后侧肌腱断裂。

　　考虑到刘小牛的运动青春初现光芒，医生建议暂不手术，打针按摩保守治疗。在长达4个月的养伤期间，刘小牛以顽强的毅力进行肌肉和力量训练。伤痛没使他颓丧，反而令他更加勤奋，他苦练不辍，期待重回赛场继续驰骋。但令人遗憾的是，这次严重受伤使他被迫和绿茵场告别，1975年刘小牛退役。

　　刘小牛知道离开足球对自己意味着什么，但是他并没有让自己的人生变得苍白，他开始学习新的一技之长，找寻适合自己的工作岗位。刘小牛骨子里有股

刘小牛随队出国访问时的留影

牛劲儿，学驾驶考本子，终于有了到市委机关车队工作的机会。刘小牛结婚并有了儿子，变得成熟了很多，没用几年，他在单位站稳脚跟，从球场走下来更加阳光。工作上他不怕苦累，工作方法、技能一步步得到领导认可。

他说："我在车队主要是担负国家领导人来津的车务工作，好多人都羡慕，但肩负的责任只有我们自己清楚。加班出差是常事，我爱人一个人照顾整个家，在她眼里我就是个大男孩，这么多年多亏了她。"儿子刘浩是他们夫妇的至爱。基因这东西有时真是神奇，刘小牛慢慢发现，儿子颇有运动天赋，不仅块儿头比一般孩子要大，还特别结实，更遗传了老爸的速度。别的孩子还不会动，他已经能打滚儿满地爬。没人去有意引导，刚上小学的刘浩已经表现出对足球的热爱，于是子承父业。

几十年来，尽管刘小牛倔强地说不再关注足球，但是早已融入他的血液里的足球情分，还是让他割舍不掉。对于天津足球的现状，他还是有自己的见解："现在我看足协在推动改革，咱天津应尽量抓住这个势头，利用现在已经搭建好的中超顶级俱乐部平台，用几年时间真正培养出几个本土球星。谁先冒出来，谁就在将来的竞争中占优势，就将代表中国足球的潮流！这个意义比现在的中超竞争要大很多。"他继续说："我在日本的朋友常给我拍来当地少年踢球的视频，对比国内，我特别有感触。足球问题的根本是国民教育，足球环境的改善必然将促动教育体制改革。喊了多少年的素质教育，真正做到德智体全面发展，最终提高民族精神，加强团队凝聚！这才是足球梦。"刘小牛认为，足球改革意味着足球发展已上升到国家战略层面，这并不只是为解决竞技水平低下的问题，而是有更深层次的内涵。

接受本书编写组采访时的刘小牛

竞技体育方面，中国人在集体对抗项目上每每难有作为，这也反映出尚武精神与协作意识的退步与缺失。而足球运动具有广泛的社会影响，能让国人更勇武、更团结。刘小牛认为，足球不仅仅是体育，更是一种修炼。

刘小牛更对天津足球寄予愿望："我们找回真正的天津足球精神，希望新赛季看到真正在延续天津足球的传统，不再陷入连年保级的博弈中。天津广大球迷需要精神寄托，从中汲取力量。"

李世光——青春逝去仍少年

在"文革"的特殊年代里，天津足球界的老教练和年龄偏大的优秀选手纷纷下放工厂，此间有一批后起之秀，把青春芳华贡献于最艰难的足球岁月。他们中有王仲仁、李世光、翟良田、刘俊鸿、刘小牛等，其中李世光被誉为当时天津队的"中场指挥官"。

立志一生踢好球

和大多数1949年前后出生的天津足球运动员相似，李世光也是从小看着白队的球长大的。李世光小时候在河西区棉二子弟学校上学，那里的足球群众基础特别好。后来他进入由李玉森带领的河西区业余体校，体校的十几个孩子给天津队当球童，民园体育场一有比赛，孩子们就拿着马扎围着球场坐一圈，一边捡球一边欣赏。李世光将记忆拉回到五十多年

国家队时期的李世光

之前："我从小就踢前卫，偶像是当时天津队的中场核心崔光礼。虽然天津队里也有陈贵均、张亚男等出色的队员，但对崔光礼印象最深，他敢拼敢抢，拿球射门都非常出色。"

受白队和偶像崔光礼的影响，李世光立志要踢好足球。1965年机会来了，天津市成立少年队，刘荫培担任主教练，各区业余体校推荐好苗子到民园体育场进行选拔。16岁的李世光第一次亮相民园体育场，就被孙霞丰、张亚男、刘荫培、崔泰焕领衔的选拔小组挑中，由此开启了一段长达10年的难忘岁月。

居中场组成"铁三角"

进入天津少年队，李世光实现了从学生到职业球员的第一步跨越。当他正准备继续向更高的目标迈进时，"文革"开始了，少年队从河东体育场搬到了云南路的体训班。在长达三年的时间里，训练和比赛都无法正常进行，李世光和同批入队的翟良田、刘俊鸿、王仲仁、刘小牛等人相互鼓励着咬牙坚持了下来。后来天津少年队经过筛选留下12个人，组成了当时的天津二队，由严德俊、刘家俊带队。到了1971年年底，李世光和刘俊鸿、翟良田三人正式升入天津队，当时的教练是曾雪麟和李元魁。李世光

说："印象最深的是我们年底到广州二沙头基地集训,国家队、辽宁队、上海队、广东队都在,我当时只有20岁,非常年轻,国家体委的科研人员还跟踪监测了我好几天,记录数据用于研究。"

李世光的耐力好、脚下技术出色、控球能力强、视野开阔,能够根据同伴的特点找空当,传出极具威胁的球。不到半年时间,他就成为天津队的主力前卫,和同时进队的中锋刘俊鸿、左边锋翟良田组成了天津队享誉全国的"进攻铁三角"。这个时期的天津队依然实力强劲,林贵荣、杨秉正、周宝刚、张来阳、李家舫、崔光礼都在队中,右边锋是刘小牛,中卫是王仲仁,在全国成绩名列前茅。

忆绿茵难忘十春秋

李世光自1965年进入天津少年队后,就一直在民园体育场训练,而真正代表天津队在民园体育场打比赛却是在1971年。这时天津队中的白队球员已经所剩无几,这批队员延续着白队的风格,特别是中后场实力相当强劲。门将有张业福、韩孝忠和后来的郭嘉儒,后卫有人高马大的杨秉正、王仲仁等。为加强攻击力,天津队把阵型从424改为433,后腰薛恩洪,两个前卫李世光和蔺新江,三个前锋翟良田、刘作云、刘小牛。那几年天津队在全国比赛中没掉出过前五名。李世光说:"那时候天津队特点鲜明,每个运动员都有自己的特点。比如我和翟子(翟良田)配合,传给他的球不能太长,因为他的绝对速度并不快,进攻优势发挥不出来,但他结合球快,所以短一点儿,他只要拿到球就能发挥出带球突破的特长。大家在一起训练比赛五六年,配合相当默契,有时候一个眼神儿、一个跑动,就知道球该怎么传。"

"文革"结束后天津球市依然火爆,只要民园体育场有比赛,观众就场场爆满,天津队与辽宁队、北京队、上海队的比赛,可谓一票难求。1972年天津队参加五项球类运动会,八场比赛中仅输给湖北队一场。1972年天津队受国家委派出访西非三国,尽管水土不服,但也取得了不俗成绩。1973年全国联赛恢复在天津举行,盛况空前,天津队获得第五名。

那是李世光最难忘的岁月,却相当短暂。1975年,时任国家体委领导下令每支地方足球队25岁以上的运动员不能超过5人,年仅26岁的李世光无奈退役,同时离队的还有刘作云、韩宗强、杨秉正、张俊亭,10年职业生涯戛然而止。

育幼苗多贡献余热

在黄金年龄退役,李世光非常郁闷且无助。别无选择,他和最要好的队友王仲仁、翟良田一同前往山西大同,赴解放军某部足球队担任教练兼队员。后来严德俊回归天津队担任主教练,曾希望他们归队,但李世光、翟良田和王仲仁早已心灰意冷,没有了当年的激情。在部队的3年中,他们过得非常惬

意，后来"百万大裁军"一声令下，三人又同时回到了地方。李世光经历的这段时光，正是2018年冯小刚电影《芳华》中所描述的，只不过他所在的并非文工团而是部队足球队。

按照当时的条件，回到天津的李世光本来有机会回归体委系统，但和那个年代大多数的转业军人一样，他和王仲仁、翟良田三人不约而同都地选择了工厂。李世光进了效益不错的天津冶金第二机修厂，厂里也有足球队，还是半专业的，他如鱼得水，在全市乃至全国大型比赛中，李世光带领的二机修队多次夺得冠军。

李世光在工厂一干就是十多年，直到1997年工厂效益不好，此时，先行一步去了高丰文足球学校的王仲仁，约他去执教，李世光没犹豫就直奔沈阳。"我和王仲仁的想法一样，就想发挥余热，给中国足球的青少年培养做点儿贡献，把多年的经验和技术传授给他们。"李世光脾气好，带孩子非常适合，在那里他一干又是5年。

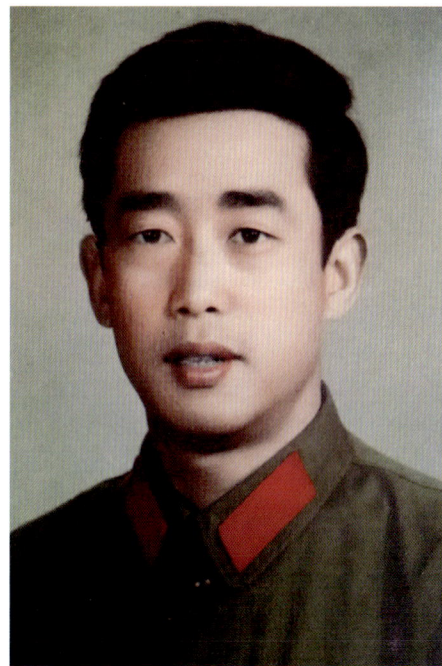

李世光的军装照

享晚年活出好心态

回顾往昔的足球岁月，李世光自谦是天津足球人中的普通一员。"我们的历史早就过去了，挺遗憾在最好的年纪赶上了'文革'，然后早早退役，今天的年轻人赶上了好时代。"李世光感慨地说。不过，正是数以百计像李世光这样的足球人，几十年辛勤忘我地付出，才有了天津足球的蓬勃发展，他们书写了天津足球波澜壮阔的历史。对此，李世光更有感触："从新中国成立初期到白队来天津，再到后来的天津足球，这是有历史性、有传承性的，这是它区别于其他省市足球的最大特色。算下来我们应该是天津足球的第四代，后来齐玉波、王广泰、张贵来、王毓俭他们赶上了好时候，'文革'彻底结束，还迎来了1980年夺得全国冠军的辉煌时刻。在天津足球的历史中有太多出名的大将，也有默默付出的英雄，他们都为天津足球做出过贡献。这些历史正是天津足球的底蕴所在。"

晚年的李世光从2002年开始参加天津元老队活动，近两年虽然不再随元老队南征北战，但仍会时不时地约上翟良田、段举等好友到土城小学抢抢圈、倒倒脚，寻找晚年的快乐。"要说人这一生谁没有遗憾，关键还是活个心态，不是吗？"说这番话时，即将步入古稀之年的李世光笑容仍似青春年少。

翟良田——风驰电掣"小摩托"

天津足坛历来不乏能力出色而特点鲜明的人物，翟良田就是其中一员。

成名在"文革"时期的他，凭借出色的球技多次被征召为国效力，津门父老青睐他小、快、鬼、灵的特点，赠予雅号"小摩托"。现在，69岁的他每天下午都会准时出现在河西区土城小学足球场上，在他看来，没有比享受足球更快乐的事情了。

翟良田生于1949年，8岁进土城小学上学。这座建于居民区中的普通小学校，难以置信地培养出翟良田、左氏三兄弟等一批闻名全国的足球选手。翟良田说自己得益于蔡德新老师的启蒙辅导，在黄土硬地的操场上，蔡德新老师教他带球。那时翟良田是二年级的学生，"我和左家大哥左树起一人带一帮小孩儿，他们叫飞虎队，我们就起名叫飞龙队，天天一起踢球，那真是最快乐的时光"。

练足球练到成才，天赋是很重要的，天赋加指导加刻苦才会成才。翟良田读小学期间，在名师指导下显露出才华，再加上自己的刻苦，很快就在全市和区级的小学足球比赛中崭露头角。小学五年级时，河西区业余体校的足球教练李玉森把翟良田挑选到足球班，他开始接受正规训练，踏上成才之路。李玉森是非常有业绩的一位教练，他善于发现人才，善于培养人才。他根据翟良田奔跑快、脚下灵活、球感好的特点，在训练中让翟良田充分发挥自己所长，教翟良田怎样跑位、怎样接球、怎样突破过人。在河西区业余体校的4年训练中，翟良田打下了良好的基础。与此同时，国家白队队员刘荫培挂靴后，1965年被天津市体委任命为天津少年队教练，在全市范围内挑选队员，翟良田被刘荫培教练选中。

1970年，沉寂几年的津门体坛显露出复苏的迹象，尤其是足球。"文革"开始后，许多优秀球员被下放到冶金、起重设备和汽车运输等基层单位，市体育工作主管部门一方面召回人马，一方面组建天津少年队和天津二队，翟良田和左树起、刘金山、刘俊鸿等

入选天津少年队的翟良田

人一起入选天津二队。他凭借奔跑快速、突破能力强，坐稳左边锋位置。在比赛中，翟良田常常成为最引人关注的人物，他的奔跑和突破，他捕捉战机的意识和射门，总是点燃观众的热情，他们呐喊、欢呼，把喝彩毫不吝惜地送给了翟良田，"小摩托"也就此叫响。转年，翟良田进入天津队。

在1973年全国足球甲级联赛的比赛中，国家队教练年维泗看到天津队左边锋翟良田个人能力出色，急停急转、突破过人有独特之处，于是将他选进国家队。当时天津队兵马强盛，国家队的主力阵容中就有张业福、王杭勤、蔺新江、翟良田4名天津队员。从此，翟良田身披中国队战袍南征北战，随队出访阿尔巴尼亚、南斯拉夫、墨西哥。一个土城小学的小学生，15年后代表中国队出现在绿茵场上，翟良田无比幸运、无比满足！

1972 年时的留影

1976年从天津队退役后，翟良田又穿上军装，被北京部队足球队召去。另外两名国脚迟尚斌和蔺新江也入伍"北部"。教练吕登岭是国内足坛赫赫有名的人物，有名帅执教，有名将效力，北京部队足球队成为全军和国内足坛的一支劲旅，是很有实力的甲级队。翟良田作为主力前锋，在比赛中屡屡建功，在足球场上度过了又一高峰期。

1981年翟良田从北京部队队转业回到天津，被分配到轧钢一厂行政科当上一名基层干部。工厂里的大事小事行政科都要管，翟良田能够胜任该项工作。轧钢一厂人气很旺，厂领导看到翟良田能和工人们打成一片，工人们都愿意和他接触，就把他调到厂工会。这样一来，翟良田能更好地发挥他的能量。在冶金系统，轧钢一厂的工会文体活动开展得十分活跃，除足球以外，翟良田牵头儿举办舞会，全厂各个部门、各个车间的干部、工人踊跃参加，冶金局总工会和冶金系统的兄弟单位的干部、工人也常光顾。工厂里一些时髦的年轻人特别喜欢跳舞，就像在足球场上较劲一样，在舞池中他们跳迪斯科也得争个高低。起先，翟良田弄来了一部单卡录音机伴奏，牌子是三洋的，后来请来乐队伴奏。那个年代尽管物质条件有限，但青年总是向往美好。"当年，咱天津市舞会办得还是比较健康的，有的领导还特意来学习、推广，有的省市派了考察团，回去之后先从工会组织抓起。人们太需要丰富的业余文化生活了。"翟良田说。工人们的舞姿花样不断翻新，慢四、中四、快四、慢三、快三、国标、水兵舞、恰恰舞、牛仔舞、追鱼舞、四方步、探戈、伦巴、的士高等不胜枚举。为了办好舞会，翟良

翟良田球场训练风采

田去学习什么是魔鬼灯、紫光灯、七彩射灯、追光灯、脚灯和三维音响,甚至调音。

水磨石地面,中间吊只魔鬼灯,挂上花花绿绿的彩带绳,装上立体声音响,四周装上射灯。暮色降临时鼓乐齐鸣,人潮涌动,歌舞升平。这样热闹的场合,人们看到翟良田总是在不停地穿梭,把乐队、灯光、接待一项项工作盯住,不出一点儿差错。翟良田回忆,舞会上,有的工人穿卡其布制服,更有明显时髦的打扮,又逐渐开始有男人穿碎花衬衫和白色T恤。翟良田组织的舞会吸引的人越来越多,思想比较开放的年轻人都喜欢去那里扎堆,冶金系统的舞会已经名声在外,在当时引起不小的轰动。翟良田生于老百姓中,长于老百姓中,能和老百姓打交道。到了工厂,他也是把好手。

1998年,已经在轧钢一厂干了17年的翟良田,接到一纸调令,河西区体育局和轧钢一厂商调他到河西区业余体校当教练。轧钢一厂的经济效益之好在全冶金局名列前茅,翟良田已经干出样来,待遇也优厚,到体校当教练会很劳累,条件相对艰苦,待遇也降低不少。然而热爱足球事业的翟良田,义无反顾地走上新的岗位。河西区业余体校只靠每年上级下拨的有限经费以供开支,境遇相当艰苦。翟良田很执着,以培养人才为天职,在这块偏僻冷清的训练场上,一心一意地完成自己的事业。

翟良田家里珍藏着一幅照片,是翟良田和夫人潘丽萍一左一右和年维泗教练的合影。翟良田与夫人潘丽萍的结识也与足球有缘。1973年全国足球甲级联赛时,天津队住在渤海大楼的人民饭店,潘丽萍在饭店工作,两个人擦出爱情的火花后结为夫妻。现在翟良田虽然淡出了公众视野,很少出头露面,但是他的女儿翟纯却大有名气。从天津女足到国家女足,翟纯一步一个脚印。翟良田拿着一张翟纯的照片说:"翟纯,她球踢得很好。"此时,翟良田脸上流露出得意的神情。说到39岁的女儿,翟良田侃侃而谈:"翟纯4岁的时候就表现出对足球的喜爱。我们两口子没有特意想往哪方面去培养她,完全尊重她。但慢慢的我发现,她对足球的喜爱愈来愈浓烈。"

近十多年来从事天津女足教练工作的翟良田,为爱女征战绿茵场表现出的顽强、成熟而欣慰,

从几个"时刻"中对她备加赞赏：每一个累得想退出，却终于坚持下来的时刻；每一个冬日早晨冷得不想起床，却坚持去球场的时刻；每一个比赛中球被对手抢断，却依旧冲上去拼抢的时刻；每一个为了做得更好，把练了10遍的技术动作再来一遍的时刻；每一个裁判吹哨宣布犯规后，无论多不情愿都立刻收回进攻脚步的时刻；每一个终于记得下场后擦汗喝水，学会照顾自己的时刻；每一个将球怒射进门后，

翟良田父女合影

转身跟队友击掌时露出灿烂笑容的时刻……作为父亲，翟良田说他能够感到翟纯在足球里真正得到了快乐。尽管女孩子走上足球这条路，在社会现实中遍尝辛酸苦辣，翟良田深信，喜欢足球的人、踢过足球的人，无论经受何种困苦，都拥有强大的内心力量。对此，他深信不疑。

"人有悲欢离合，月有阴晴圆缺，此事古难全。"不幸的是，翟良田的爱妻一年多前因心脏病离世。如今，父女俩相依为命，翻看往昔的照片，足球占据着两代人的全部青春，父女二人对中国足球的赤诚成为生命里最美好的回忆。

左树起——"左大"开山领先

左树起

"左氏三雄",如雷贯耳!无论在那个年代还是这个年代,无论在国内足坛乃至亚洲足坛,提起左氏三兄弟,都会为人熟知,令人赞赏而津津乐道。

大哥左树起、二弟左树声、三弟左树发,他们是天津足球的代表性人物,其中尤以二弟左树声成就最高,但鲜为人知的是,两个弟弟左树声和左树发都是受大哥左树起的影响才走上足球之路。"榜样的力量是无穷的",这句话在大哥左树起的绿茵人生中体现得尤为鲜明。

沿着前辈的路踢球

"左大"左树起出生于1951年,左家有五个孩子,三男两女,左树起上面还有姐姐。"最早接触足球是在土城小学,那个年代没有什么场地,地上都是炉灰渣子,但还是引来很多人踢球,氛围特别好,小孩儿们和大人们都踢,就这么着,我开始了最初的足球训练,"左树起说,"我在启蒙老师蔡德新的引导下从三年级开始踢球,三四年光景,五年级进了河西区体校,到了小学六年级就去了天津少年队,别看年龄小,因为天天踢,长进特别快。"

回忆起当年被选进天津少年队的情形,"左大"记忆犹新:"选拔在民园体育场,刘荫培、崔泰焕、张大樵都在,我不知道那是选人,河西体校队和上海体校少年队比赛。我们13岁,对手15岁、16岁,别看小打大,我表现不错,还进了一个球。然后下来一个教练问我:'你想踢球吗?'我说:'太想了。'就这么着,没过半个月,让我拿着铺盖卷去体训班报到。最有意思的是报到那天,家里穷,父亲要上班挣钱,没人送我,我八点半到体训班,因为害怕,到十一点半还没敢进去。门口大爷问我干嘛来了,我说报到,他说你快去吧,再不去午饭都没了。我记得很清楚,当天接待我的是高复祥指导。"进队之后,左树起仿佛进入了一个真正的足球世界。"当时上头还有成年队,孙霞丰、沈福儒他们都在上面,咱一看真

是羡慕,那派头,那威风,真要好好学。"

为俩兄弟树立榜样

不过最让左树起印象深刻的是,进入少年队之后可是解决了家里的实际问题。"那时候家里太穷了,算上老太太、父母兄弟姐妹,一共九口人,挣70多块钱要养活一大家子。我进了少年队,有发的衣服穿,给点儿好吃的都舍不得吃,带回家给老太太。那大肉丸子带回家,可是实实在在的。"这样的情景,让小时候跟在大哥屁股后面追球的两个弟弟看在眼里,羡慕在心里。有球踢还能挣钱,于是"左二"和"左三"下定决心以大哥为榜样,以进入天津队为目标。

"左大"的足球生涯还算顺利,1965年进入天津少年队,1969年升至天津二队,1972年进入天津队,同批的有刘俊鸿、刘小牛、翟良田等人。虽然中间赶上"文革",但勤奋的左树起始终没有间断训练,这才有了后来进入天津一线队的机会。当然"左大"的努力还有另外一层含义:就是要为两个立志成为足球运动员的弟弟树立勤奋的榜样。"'左二'14岁进队,'左三'16岁进队,三个兄弟都在队里的时间有6年左右,"左树起说,"别看都在一个大院儿,但有时候我一出去比赛和冬训就是半年,赶上哥儿仨一起回家过个周末的机会都不多。不过我们三个大小伙子都去踢球,可是减轻了家里不小的负担。"

当教练收获于根伟

因为左膝关节伤病严重,1978年左树起结束了自己的运动员生涯,退役后到天津体校成为一名年轻的足球教练员。左树起有些不好意思地说:"现在连高级教练员的本子都没了,但咱培养出的人可是有说服力。"说话间他拿出一沓照片,边看边解读:"1978年我教的第一批学生,就有尹怡、山春季、霍建廷、王凯、王兴华、刘学宇、刘金亮、巩建民、张春亮、宋明合、王贵德,等等。"不过左树起说,他到体校这些年,最大的收获还是于根伟:"于根伟是74班的,从小就展现出了过人的天赋,我对他印象非常深刻。小时候他调皮,和裴锦、卢欣他们谁都不服谁,总有矛盾。不过我还是给予他们鼓励,不是在场外,而是在球场上需要那股劲头儿。"

正是在左树起的栽培下,于根伟进步神

左氏三兄弟(从左到右:左树声、左树起、左树发)

左树起接受电视台采访

速，从天津市体校到国青队，再到天津三星队和国家队。其间，天津市体校搬到韩家墅训练基地，左树起在那里一干就是十多年："当时的孩子四年一拨，我们教完四年，换下一拨。施连志、刘云飞、迟荣亮、赵燕明等后来进入天津队的球员我都带过。多了不敢说，到退休之前培养出百十来人还是有的。"

足球个性不该丢掉

都说天津足球风格硬朗中不失细腻，但"不惧不服任何对手"更是天津足球风格的核心，尤以左氏三兄弟的球风最具代表性。"这些年我去踢天津元老队比赛，沈福儒、张景德这些老前辈70多了还铲我呢，有人告诉他们别这么踢，我说没事儿，"左树起说，"我们哥儿仨都是这个风格，运动员没这个性格成不了材。你看'左二'脾气大着了，到了场上就死拼。有时候我也和现在教的小孩儿们说，在场上比赛平平淡淡不行，要对上茬儿，当然打架不行，但该伸脚必须伸脚，一见硬队就怂，一见鼻涕队就打人家十多个，这不行。"

说到这儿，"左大"想起两个人，一个是师父崔光礼，一个是徒弟刘云飞："我今年67，还要向崔光礼学习，老爷子78了，他也有个性，踢球谁都不怵。刘云飞也有个性，当时在体校我和王伯远带队，和上海二队踢，咱体校是半业余队，人家上海二队是专业队，从咱教练角度觉得赢不了少输就行。一交手刘云飞第一个球脱手被对手打进，他就在那运气，之后又让人打了一个，他不干了，和人家打架。我说你老实点儿，不行我打你，他不说话了。我喜欢他的这个性格，当然出了成绩、有了钱和地位应该珍惜……刘云飞有些可惜，其实挺好的孩子。"

哥儿仨每周相聚聊球

了解"左氏三雄"踢球经历的人很多，但知道哥儿仨日常轶事的人还真是凤毛麟角。左树起介绍，他们哥儿仨一周总要一起坐两次："这是固定节目，哥儿仨聚聚谈谈足球，聊聊人生，说说足球圈里的这些事儿。为嘛说'左二'棒呢，年轻时从国外回来，不论多晚他都先去老娘家里，陪母亲聊聊天。"

他们哥儿仨没有不良嗜好，很注意自己的形象。"有人说'左大'喝完酒去歌厅，打打麻将什么的，我都是不去，"左树起说，"同样'左二'也是，他名气最大，有时候朋友说给你几十万干点儿什么，他都

谢绝；在哪个饭店看到有和别人合影的照片，他都会和人家说，对不起给我摘下来吧。其实有人还要这个，可'左二'为人低调，我觉得挺好的。"时至今日，从未听说左氏三兄弟出过什么岔子，他们为天津足球树立了正能量的形象。

年近七旬发挥余热

今年已经67岁的"左大"依然忙碌，从天津体校退休后，闲不住的左树起成为津南区体校和滨湖小学的特聘教练员，每周去津南四次，去滨湖小学两次。有时刚下过一场大雪，左树起的训练课就在雪地上进行。校长来看训练，他在雪地里还得坚持练。他说："咱作为教练不能懒，要给孩子树立榜样。"

功夫不负有心人。经过几年的悉心调教，在2017年天津市百名"希望之星"评选中，左树起带的津南体校有5人入选，其中2007年的陈朗熙和徐汝昇获得随"希望之星"访问团出访"足球王国"西班牙的机会。左树起说："一开始去体校有人嫌我老，后来看出我太认真了，汗比孩子们出的还多，咱不是靠喊，要靠言传身教，自己上去示范比划。可是大多数时候，国内教练做不到这点，导致训练达不到水平，最终是后备人才缺失。"

他说："我到现在还活到老学到老，看见哪个学校训练方法好，我就自己研究，动动脑子。我自己最大的心愿是，有生之年发挥余热，再帮天津多带出几个好孩子。"

左树起（中）与宋桂森（左）、赵亚旺（右）在马来西亚独立广场的合影

张贵来——敬业尽瘁　荣耀等身

在天津乃至全国足坛，张贵来名声显著——20世纪80年代天津足球一度成绩优秀，其间，张贵来任天津队队长约有10年之久；连年征战全国甲级联赛，参加过全运会，享受过冠军、亚军、季军等荣誉；执教男足、女足，更出任过国家青年女足主帅，率领天津女足多次夺魁。近50年来，张贵来从事过球员、教练和行政管理工作，可谓功德圆满。

诸多荣耀集于一身——1980年天津队夺得全国甲级联赛冠军之后，张贵来获得运动健将称号、天津市劳动模范称号，当选党的十二大代表、全国党的代表大会代表；并获得天津市优秀党员、天津市新长征突击手称号；1980年被评为全国最佳前锋之一，第五届全运会天津队被授予集体二等功，张贵来是成员之一，他还荣立个人三等功，如此多的荣耀，是迄今为止天津体育运动员中的唯一。

运动员时期的张贵来

1954年出生的张贵来，又是一位从天津市河东区破土而出的足球幼苗。在十一经路小学读书时练过守门员，升入第七中学后正值"文革"，张贵来和同学经常到河东体育场跟工厂的大人踢"野球"。他正式步入专业足球队是1972年，入选由孙霞丰、李恒益、陈少铭执教的天津二队。时值"文革"后期，足球人才青黄不接，当年年底他便以良好的表现进入天津队。

让张贵来记忆犹新的是入队后的第一个冬训——1973年的上海。他接受正规训练为时较短，而这次冬训又是令队员们不寒而栗的10周"魔鬼训练"，每周要有3次大运动量训练，每次奔跑不能少于10000米，触球不能少于300次，每两周才能休息半天。队员们编了个顺口溜："早上一碗稀，上午一万七；中午一块肉，下午一万六。"每天的训练没有少于5个小时，大家都盼着打比赛，打三节教学赛很轻松。上海的冬季天气很不正常，一个月出太阳的天数不超过3天。住宿仅两个房间，12个人一间。回想那时的条件，张贵来不禁感慨道："现在的队员有谁经历过当年的艰苦？当时我们在比赛中每个队员都能轻而易举地奔跑一万多米！"

张贵来走向成熟起步于1975年，第三届全运会前夕，国家青年一队、二队来津比赛，在两场对阵中他发挥甚好，打进了3个球。随后，天津队在沈阳打第三届全运会预赛，张贵来在7场比赛中攻入8球，再次显现他的得分能力，从此奠定了主力位置，直至退役。张贵来身高虽然只有1.68米，但是在左边锋位置上技术特色十分鲜明，跑动积极且速度快，善于带球突破传中，并且时常在佯装传中瞬间，突然起脚射门，令盯防队员和守门员猝不及防。他还有一个标志性的得分手段，沿左路突进后，拨球反转到对方禁区前沿45°角附近，然后一脚劲射，球直奔大门后上角或后下角。在这个得分点上，张贵来屡屡得手。

在1980年全国甲级联赛中，张贵来每场比赛都有出色发挥，整个赛季打入6个球，和攻入5个球的王毓俭同是天津队夺冠的最大功臣。他还有一个特点，即在比赛双方胶着中，往往能打破僵局。1983年第五届全运会足球决赛在上海进行，天津队与辽宁队在八进四的关键仗中遭遇，双方在1∶1后踢得难解难分，正是张贵来在冲刺中得左后卫齐玉波传球，在他的得分点上一脚破门，天津队最终以2∶1淘汰对手，打进四强。这届比赛，天津队获得季军。

20世纪80年代初期，天津队的实力在全国位居前列，其主要竞争对手并非是北京、上海、八一队，而一是辽宁队、二为广东队。特别是辽宁队，几年间双方交锋，除打成平手外，互有胜负仅在一球之间。1984年全国甲级联赛，老球迷或许还记得双方在天津红桥体育场的那场争夺，两队打成1∶1后，还是张贵来突破到底线后在几乎零度角处抬脚将球旋入球门，2∶1终场。人们有时候看到，在面对看似不是机会的射门时，张贵来往往出其不意地将球打进，这是他的特点。

张贵来在赛场上的表现恰似他的为人，质朴、踏实、诚恳、谦恭。张贵来在平日的训练和生活中以身作则，以共产党员的标准严格要求自己；作为一队之长，他不辞辛苦地协助教练员做好各项队务工作。在比赛中他的兢兢业业是出了名的，每场比赛从不惜力，一拼到底，具有很强的责任心、荣誉感。每每遇有伤病，他也是视赛场形势而尽力支撑。1979年的一次激烈对抗，造成他的脊椎错位。还有一场对广州部队队的比赛，张贵来的腿被踢得鲜血直流，缠上绷带后他咬牙坚持，直至终场后才去医院缝合了7针。多年来，张贵来始终不畏苦累，敬业爱业，人们奉送他的绰号是“场上场下老黄牛”。

1980年访问叙利亚时的留影（右一为张贵来）

1984年张贵来调到天津二队，做队员兼教练，一年后挂靴。1986年他正式担任天津青年队教练，带出韩金铭、高玉勇、王毅等后来入选国青、国奥队的球员。随后调任天津队助理教练。1989年，他进入由沈福儒、张业福、张大樵组成的教练班子，执教天津队；1993年主掌天津二队教鞭；1995年出任新成立的万科队主教练，并把该队从乙级队带入甲B。从1998年开始，张贵来出任泰达二队主教练，培养出曹阳、宗磊、韩燕鸣、刘云飞、卢彦等优秀运动员，先后有12人进入一线队，曹阳、宗磊和刘云飞还进入国奥队，这批队员支撑了天津泰达基本阵容多年。2004年，张贵来离开泰达，到天津市足球运动管理中心任副主任，但是他仍然未放下教鞭，根据组织的安排来到天津女足协助工作。从2005年到2007年，张贵来一直担任天津女足主教练。2007年张贵来升任天津市足球运动管理中心主任兼书记。2008年张贵来出任国家青年女足主教练。国青任期结束后，2009年他回到天津女足，带领教练组率队获得第十一届全运会第三名。

他执教女足曾多次获得全国冠军，对此张贵来感触颇深。他说："天津女足从1999年成立到如今走过了19个年头，董事长王家春先生领导的团队多年如一日，秉持着'舍得、奉献、学习、担当、创新、实干'的方针，打造了一个持续稳定的民营俱乐部。多年来持续投入约上亿人民币，共获得6个冠军、14个亚军、9个第三名的好成绩，取得中国足协所举办的女足顶级比赛'大满贯'，连续三届全运会为天津代表团贡献了数块金牌。俱乐部从无到有、从弱到强，成为国内女足队伍中的一支劲旅。能够取得如此骄人的战绩，跟俱乐部的当家人董事长王家春先生有着直接的关系，他懂政治、懂业务、懂市场、懂管理。历任管理人员、教练员、运动员以及俱乐部工作人员是个团结向上的集体。19年来俱乐部人员换了一茬儿又一茬儿，形势也在不断地变化，但是女足精神、女足的'魂'没有变，那就是战斗意志、亮剑精神，本着'育人、育才，把育人放在首位'的精神，为国家、为天津市培养了一批又一批的优秀人才。"

2007年他被任命为天津市足球管理中心主任兼书记，主持全面工作。在管理中心的领导下，天津足球也取得了一定的成绩，2011年天津泰达队获得中国足协杯冠军，这是继天津队1980年获得全国甲级联赛冠军31年后，又一

1983年张贵来获得最佳教练奖杯和时任河南足球运动管理中心主任的合影

次在全国重大比赛中夺冠；并且天津多次承办了国内外重大比赛，都获得圆满成功。张贵来说："我在管理中心工作近10年来，得到了所有工作人员的支持与帮助，在这里对他们的辛勤付出表示衷心的感谢。"在任期间，虽然取得过一些成绩，但是他感觉也有不足。从现在天津足球的形势来看，他在任时主抓了一线队并取得成绩，对青少年培养和梯队建设，抓得不紧、力度不够，应是一种遗憾。

2014年9月，张贵来到了退休年龄，结束了管理中心的任期。为天津足球事业奋斗多年的张贵来本可以休息，陪伴一下家人，安度晚年，但是在女足任教多年的他难以割舍这份情怀，他退而不休，到天津女足俱乐部任总经理。2017年，他协助教练组带队获得天津全运会亚军，为天津代表团获得一块银牌。为了在2021年西安全运会上圆天津女足全运冠军梦，为了帮助女足俱乐部抓好后备力量培养和梯队建设，张贵来表示应当把多年积累下的经验传授给年轻一代，在自己的职责范围内，尽全力协助天津女足再创新的辉煌。

1992年张贵来（右）与沈福儒（左）、高丰文（中）的合影

刘春明——智能中场发动机

青年时期的刘春明

刘春明是近年来执教经历最丰富,执教国字号队伍时间最长的天津籍教练员。在近10年的国字号教练员生涯中,他挖掘并培养了众多好苗子。他以自身的人格魅力,在执教泰达一线队期间引进了非常有潜力的蒿俊闵、吴伟安、李本舰等优秀人才,对稳定泰达队成绩发挥了重要的作用。如今已退休的刘春明毅然扛起了泰达俱乐部青训的大旗,担任了青训总监,统辖7个梯队的组织、管理工作,为培育后备人才尽心操劳。

刘春明于1954年出生在天津市河东区,小学就读于河东区河沿街小学,从三年级开始跟体育老师李金铭学习踢球,并参加市、区各级比赛。升入五十四中学后参加校队,跟随穆乃龙老师训练了3年,其间,参加了天津市的各级比赛,成绩也比较不错,当时的队友中还有裴恩才等后来的名将。

1970年刘春明的人生轨迹出现了转折,河北省与天津市"省市分家",足球队留在天津,而河北省重组足球队,国家队名帅陈成达被委派执教,1970年底刘春明有幸被选中参加集训。重组后的河北队起点比较低,人员水平、年龄参差不齐,好在天津人才基础雄厚,以此为依托,河北队不断招兵买马,在陈成达教练的悉心调教下进步很快,从一支弱队很快发展到可以在比赛中与天津队互有胜负,成为足坛不可小觑的劲旅,在历年的甲级联赛中成绩也比较好,处于中上游水平。刘春明曾代表河北队参加了第三届、第四届全运会,成绩也比较理想。从1970年到1980年,他征战甲级联赛10年,立下汗马功劳。1981年刘春明落叶归根返回天津,为家乡球队又效力5年。"这5年是我技战术水平发挥的黄金时期,能为天津队效力,报答家乡的养育之恩,我感到十分欣慰。"刘春明说。1983年刘春明代表天津队参加了上海第五届全运会,获得第三名的好成绩。

无论在河北队还是天津队,刘春明堪称一名优秀前卫,任职后腰的他能攻善守。他身体比较干瘦,但十分硬朗,盯人防守抢断凶狠,常令对手无奈;一旦转入进攻,他视野很好,传球准确,善于给队

友创造机会。凭借这些鲜明的特点，他曾经有两次入选国字号队伍的机会，但是命运使然，两次机会都与他擦肩而过，在他的运动生涯中留下不小的遗憾。一次是陈成达执教国家青年队出访非洲，刘春明在名单之列，因为出身问题而落选。另一次是国家队参加在香港举行的亚洲杯赛，征调河北队李福宝和刘春明，但是河北队提出，全运会在即，如果征调两员大将必定实力受损，于是向国家体委要了一些条件，然而国家体委最终没有答应，改换了广东队队员，刘春明又一次失去了为国效力的机会。1985年底刘春明从天津队退役。从1970年到1985年，刘春明征战中国顶级联赛长达15年之久。

退役后的刘春明选择了教练员岗位，从1986年开始担任天津青年队助理教练，辅佐崔光礼教练。时间不长他迎来了独立带队的机会，由他任主教练组建天津少年队，和两位助理教练李德安、左树发共同带队，一直把队伍带到青年队。在经过多年的历练之后，刘春明终于迎来执教国字号队伍的机遇。1997年他来到国家青年队任主教练，带1981—1982年龄组。将近两年后，这批队员升格为国奥队，交给以沈祥福为首的教练组。当时这批队员号称"超白金一代"，涌现出曲波、安琦、宗磊、王新欣等优秀运动员。2000年他再任国少队主教练，同样带队两年，后球队升格为国青队，并参加了2003年在芬兰赫尔辛基举行的世青赛。这届世青赛，国青队经历了艰苦的预选赛历程。2002年小组赛在朝鲜举行，朝鲜队凭借东道主之利一举获得出线权，而国青队的教练员和运动员众志成城，以3∶2战胜朝鲜队，挺进亚洲区决赛。在阿联酋举行的决赛中，国青队获得了第二名的好成绩，并获得了赫尔辛基世青赛的参赛资格。同样，这届国青队也涌现出不少优秀人才，不乏进入国家队的球员，而且大部分队员后来都成为中超各队的领军人物，例如蒿俊闵、毛剑卿等。

世青赛结束后，刘春明回到天津泰达俱乐部，时任主教练是戚务生，俱乐部聘刘春明做助理教练。下半年教练班子调整，刘春明升任主教练，由刘学宇任助理教练，王建英任守门员教练，乔世彪任领队。2005年至2006年泰达队征战中超联赛，刘春明利用在国青执教多年的积累，为泰达引进了多

刘春明与徐根宝交流

名希望之星，例如嵩俊闵、吴伟安、李本舰等多名前国青队员，支撑队伍基本阵容多年。在他的治理下，泰达队始终位列中超前六名，最好成绩是第四名，虽然名次不是十分显赫，但是摆脱了之前年年保级的窘境，开始了良性的发展，队伍的年龄结构比较合理，精神状态积极向上。但是在2006年年底，因俱乐部的一些变化，他辞去了主教练之职。

2007年，刘春明回到国家青年队组建1989年龄段国青队。这届国青队队员无论身体条件还是个人能力，都较往届有所提高，如张琳芃、梅方、朴成等都是后来的国家队选手，也包括天津泰达队的邱添一、周燎等。但是从这届国青队开始，出现了各俱乐部不轻易放人的情况，虽然这个年龄段的队员在中超未必能打上主力，但俱乐部却从不痛快放人，造成国青队阵容不齐，队员相互之间缺乏了解，战术配合生疏等不足。尤其是参加2008年亚青赛决赛，队伍只在广东集训了一周便直奔沙特阿拉伯。在这届比赛中，国青队对乌兹别克斯坦队，只要战胜对手就可以获得埃及世青赛入场券。当时几乎所有的有利条件都在国青一方，对方被罚了一个点球，守门员还被罚下，只能10人应战，几乎所有人都认为国青铁定拿下比赛了。天有不测风云，由于国青队员很多机会没有把握好，硬是让对方把比赛拖入了点球决胜，鬼使神差地输给了对方，遗憾地被淘汰出局。刘春明感慨地说："本来应该把这些孩子带出线，让他们在世青赛的舞台上展现自己，对他们开阔眼界、树立信心，对未来水平的提高有着不可估量的作用，但是我们没有做到。我相信所有的参与者，无论是教练员还是运动员，每当回忆起那场比赛，依然会有隐隐的伤痛。"

训练场上的刘春明

2009年，刘春明又参加了国奥教练组的竞聘工作，结果带着国青这些队员升格为国奥队。2010年，中国足协领导层人员变更，他结束了短暂的国奥主教练的经历，同时也结束了近20年的教练生涯。在这些年中，除了2004年至2006年在执教职业队一线队外，其余都在少年队、青年队任职，尤其在"国字号"，无论是在国少还是在国青，都发掘并培养了一大批可用之才。在近10年国字号教练经历

中，他带了1981—1982、1985—1986、1989—1990三个重点年龄段的队伍，亲身经历了世少赛、世青赛等重大国际比赛，为中国足球的青训工作做出了贡献。

2011年上半年，临近退休的年龄，刘春明回到天津任职，担任天津市足球运动管理中心副主任。在足协的三年期间，他主要负责全运会队伍的组建、管理工作。同时他被泰达俱乐部聘为顾问，在每个赛季开始前帮助俱乐部选外援，经常奔波于欧洲各国联赛，考察外援的水平及表现，以及外援是否能跟泰达队现有人员合拍，能否快速融入泰达队的战术体系。当然，每当泰达队更换主教练前，也会征求刘春明等顾问的意见。因此，他虽然身在足协，依然心系泰达，时刻关心、关注着泰达队的成长。

2014年，刘春明正式从足协退休，泰达俱乐部顾问的角色依然没有改变，直至2017年12月受聘担任泰达俱乐部青训总监。担任青训总监后，他更是每天不离泰达训练基地，负责俱乐部7个梯队的建设、组织和管理工作，以及总体技术风格协调工作。与泰达俱乐部合作多年，刘春明非常感谢俱乐部的信任，常说："我会竭尽所能把这些年在国少、国青、国奥所积累的经验，毫无保留地运用到泰达的青训工作当中。"

担任国奥队教练的刘春明

王毓俭——迅捷精准的锋线杀手

青年时期的王毓俭

年轻时的王毓俭, 球踢得漂亮, 面庞棱角分明英气勃发, 还特别爱美。在今天电视台保留的影像资料里, 王毓俭的造型怎么看都有20世纪七八十年代香港电影人物的影子。对此王毓俭笑道: "说影星我看纯属打岔, 不过那时候正年轻, 确实爱美。土场地、旧足球, 一双球靴穿几年, 住的宿舍是几个人一间屋, 只有公卫, 袜子补丁摞补丁, 也挡不住爱美。那时就盼着有根结儿的比赛, 跃跃欲试, 特别兴奋, 觉得是一个耍帅的机会。"更令人瞩目的是, 王毓俭的发型是潮流的风向标, 他的发型彰显自己特立独行的性格。队友们几乎都以王毓俭的发型作为样板追逐。而在不时变换的发型中, 两侧拉长的浓密大鬓角, 更让人们喊出"帅炸了"! 爱美的心境伴随了王毓俭四十多个春秋, 1954年出生的他, 为今年逾六旬, 浑身上下依然透着当年的帅气。

回到童年, 王毓俭的家在河西区尖山, 他有两个哥哥, 王家三兄弟在那一带踢球有相当的名气。16岁时, 王毓俭进入天津二队, 一年多后正式进入天津队, 司职右边锋。适逢"文革"收尾, 四年一届的全运会推迟了十年, 第三届于1975年9月在首都举行, 二十九个省、自治区和解放军足球队组队参加了这届全运会足球比赛。足球圈里的人士都清楚, "文革"期间我国足球运动遭到重创。当时世界足坛发生了第三次足球革命, 以荷兰为代表的全攻全守"全面型足球"把足球运动推向新的高度。此时, 21岁的王毓俭隐隐感到自己的足球事业正拉开帷幕。

刻意的追求、不懈的努力、兢兢业业的苦练, 时值1980年的全国甲级联赛, 王毓俭成长为"黄金一代", 每每登场发挥极为出色。在他和队友们的努力下, 天津队获得全国冠军。那是新中国成立后, 继1960年联赛、锦标赛双料冠军和1965年全运会冠军后, 天津队取得的第四次全国性冠军荣誉, 书写了天津足球历史的新篇章。

当年的联赛分四个阶段进行。"上半年天津队积分获全国第一, 可以说, 只要前锋进球, 这场比赛必拿下, "王毓俭说, "当时我和队友在一起踢了五六年, 配合特别熟练, 而且每个人都能够根据自身位置和个人特点有出色发挥。"最终, 天津队以积41分, 进34球、失14球、净胜球20球夺得冠军, 王毓俭一人独得9球。

王毓俭

同在1980年，实为国奥队的联邦德国青年队，在名帅福格茨的率领下，在北京工人体育场与天津队踢友谊赛，这是联邦德国青年队在华唯一一场没取胜的比赛，王毓俭是头号建功人物。时隔多年，王毓俭回忆起那场比赛，一个字没有说自己，反而颇觉遗憾："当时对方中场拿球，没想到距离那么远会射门，如果上去干扰一下，我们也就拿下，不会打成1∶1。"

联邦德国青年队一路从南打到北，战胜了国家队、广东队、上海队、北京队，唯独和天津队踢了个平手，还是上半场王毓俭拔得头筹。

那是1980年6月24日，雨夜，天津队在刚刚结束的全国足球甲级联赛第一循环比赛中保持不败，士气正旺。上半场，天津队不畏风雨、不惧强敌，占有一定优势。第20分钟，吴泽民一脚低传，王毓俭右路带球长距离突破至底线，在几乎没有角度的情况下，起脚射门成功，顿时全场欢呼声震耳欲聋。下半场，联邦德国青年队全力组织进攻，第18分钟，阿洛夫在大禁区外一记劲射，将比分扳平，最终双方在雨中握手言和。本场比赛在国内引起空前反响。赛后，时任天津队主教练严德俊说："对方防守较差，进攻打法简单。整场比赛，天津队坚持以我为主、以攻为主。全攻全守的指导思想要求攻防形成一个整体，进攻时打两边，拉出对方后卫打身后空当，敢于控传、敢于插上，形成强大的攻击力；防守时快速回防，保持好三线距离，重点盯住对方10号高大中锋和8号的冲击。我队射门超过对方两次，其中冲入禁区内的射门比对方多5次，说明我队在进攻上获得较多优势。另外，对欧洲强队比赛，要充分发挥我国运动员速度快、灵活和控、传、突破的技术特长，战术运用上宜从两翼发动，转移打边，拉出中路空隙，突破对方身材高大后卫的防守。正是如此，王毓俭把握住了难得的机会，可圈可点。"

王毓俭说："天津队鼎盛时期，北京、山东这些队伍根本不是对手，和北京队在工体比赛，赢了，他们不服气，再拉到先农坛体育场比，结果还是我们赢。夺冠那年碰上山东队，赢了3∶0。那时能和天津碰一碰的也就是辽宁队，他们身体好、速度快，脚下功夫一般，土地上还行，到了草坪上，两字——没戏。要赶上和外国队比赛，天津队更来劲儿。"

王毓俭的黄金时期甚为耀眼，曾经有进入国家队的机遇。当年国家体委每年组织一次测试，每队挑选一名队员，作为天津队主力右边锋的王毓俭是重点测试的队员。接受测试的队员站在中线附近，背对球门，接传球后转身带球，至18码线附近射门，测试的是球员的折返跑能力和射门命中率。这样的单人测试时间在两个小时左右，王毓俭的成绩是全国第一名，打正球门次数在80%以上。他的右脚长传、任意球，特别是18码线接队友来球射门都非常精准。王毓俭有一只黄金右脚，无论是脚弓轻轻一推，还是脚背停球触球，在那

个年代堪称一绝。他本可以有资格进入国家队，但有人在他的发型上做文章，说他只要剪了头发便可以入选。然而王毓俭脾气一上来说："在天津队一样出征为国效力。"就此与国家队擦身而过。

1980年是王毓俭的丰收年。随后的几年中，年近30岁的他仍不停地出战赛场，在联赛南北分区赛中，天津队又获北区冠军。1984年他应征天津二队打全国联赛。半年多的时间里南征北战，天津二队获得联赛第十一名，王毓俭多有进球，战功赫赫。

足球专业人士认为王毓俭是天津队不可多得的锋将，其特点十分鲜明。他100米成绩11秒2，30米成绩3秒6，带球和冲刺速度过人，加上灵活的变向以及超强的盘带技术，堪称众多后卫的噩梦！他爆发力强，灵活敏捷，控球技艺出色，更能把握机会。退役之后，他传授技艺，把自己的经验毫无保留地与年轻人分享。

王毓俭训练照

他与李敦、王群发等人一起来到天津铁路分局第一招待所。他和昔日好友把招待所餐厅的"伙头军"足球队（天津火车头俱乐部前身）带了起来，短短几年时间，不但夺得天津职工联赛冠军，还跻身全国甲级队行列，令这支"伙头军"足球队名扬中国足坛。他再次成为津门足坛的新闻人物。

数年的教练生涯，让王毓俭摸索出一套行之有效的训练方法，既讲科学又接地气儿，同时还体现出因人而异的教练方法——针对性强、扬长避短：有的人做折返跑练习或与队友之间的配合，有的人则是反复训练基础球感的。他更注重观察细节，面对不同年龄段的队员运用不同的方法。训练小队员，可能一个小游戏就能激发他们的兴趣，通过训练也可以考察每个队员的素质。王毓俭认为，比照本宣科更重要的是因人而异、与众不同的灵活教学，通过实战积累形成别具一格的训练方法。

人的心态会随着岁月的流逝而改变。从年幼无知的少年、躁动任性的青年，到踏进不惑门槛的中年，王毓俭走过浮华，渐渐安静下来。他坦言，以前难免在掌声和赞扬中迷失自己，生活在虚幻的梦里。所幸，偶然的朋友聚会，年过半百的王毓俭结识了现在的爱人，一起牵手十多年。

王毓俭夫妇现在把生活打理得很惬意，看看书，喝喝茶，夫妻俩同一个步伐，携手同行，悠哉闲适。王毓俭想告诉那些苦苦追寻幸福的人们，洗尽铅华，享受宁静，怀抱真爱。

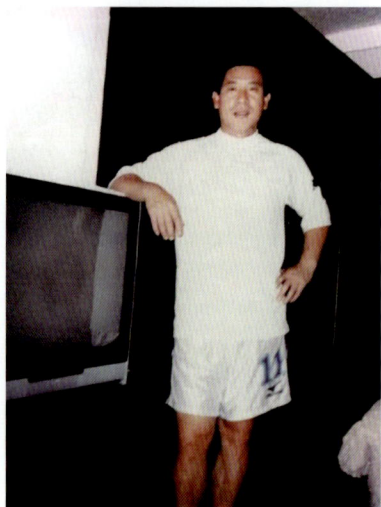

王毓俭生活照

裴恩才——戎马一生　心如白茶

裴恩才喜欢静坐窗前,泡杯香气四溢的白茶,绿叶托着嫩芽,宛如蓓蕾初开,好似自有一种风度气质在其中,散发出阵阵清香,呷一口沁入心脾,仿佛洗涤了一身疲惫,既惬意,又舒爽。

"白茶,一片叶子,晒干了就可以入口,我喜欢它的简单。"

熟悉裴恩才的人知道,他喜欢茶,或醇洌浓郁,或清逸香甜,其中的沉浮起落、聚散离合、欢喜哀愁、甜蜜苦涩、洒脱无奈,皆令人沉醉。

足球亦如饮茶,裴恩才与我们品饮。

裴恩才1954年生于天津市河东区。受父亲、哥哥的熏陶,小学二年级时他爱上了足球。当年二年二班2∶0战胜二年三班,那两个球都是裴恩才打入的,锋线上的能力可见一斑。小学三年级时裴恩才所在的田庄小学校队,在"足球之乡"河东区小学比赛中获得亚军,他是主力队员之一。小学四年级时他被选入河东区体校,开始接受系统训练。

20世纪60年代,下课后裴恩才就和一群同学踢球。"当时的条件太艰苦了,我们那时球鞋、球服都没有,干脆光着脚踢球。"裴恩才回忆说。脚下都磨出了老茧,起了血泡,一碰就疼,大家照样跑,在相互鼓励下一起坚持了下来。一起踢球的孩子彼此熟悉,不用穿统一颜色的球衣,也知道谁是己方、谁是对方,知道该把球传给谁,该抢谁的球,自然进了球也知道是哪一方的胜利。孩子们对足球的痴迷,穆乃龙老师看在眼里,他开始有意重点培养裴恩才。后来,升入五十四中学的裴恩才在老师的指引下,在自己的努力下,已经在天津学生足球圈里赫赫有名。

1971年3月9日,裴恩才被选入北京体育学院青训一队,次年年底正式进入八一队。他身材不高,速度一般,但脚下有功夫,传接球流畅准确,更善于动脑,在前卫位置上成为全队核心。他在八一队摸爬滚打、兢兢业业,一踢就是10年,与军旅结下不解之缘。他说:

青年时期的裴恩才

裴恩才出访照

"我的球员和教练生涯都是从八一队起步的,军队教会我很多很多,一生受益。"

1982年,裴恩才走上教练岗位,逐渐显现出挖掘人才的伯乐慧眼。如同踢球时善动脑子、讲技术那样,他喜欢挑选技术好、控球好的球员。他带八一青年队,郝海东、贾秀全、肖坚、赵家林、潘毅等叱咤中国足坛的优秀队员,都曾经是其弟子。1985年裴恩才率队夺得全国青年锦标赛桂冠。1984—1988年间裴恩才负责"1316"工程的建设,挖掘出肖坚、赵家林、潘毅等多名后来成为八一一线队中坚力量的好苗子。1990年起他执教北京部队青年队和八一青年队。1994年国家开始实行足球职业联赛,随后裴恩才担任北京首钢足球队主教练,并于当年带队参加全国乙级联赛并冲上了甲级联赛。1997年,裴恩才把八一青年二队带进了当年全国青年联赛四强。1999年裴恩才任解放军超能队主教练,带队参加全国乙级联赛,冲进甲B联赛。裴恩才以踏实敬业的作风,20年间除辅佐陈金刚执教国青队外,把大部分时光都奉献给了军旅青年军。2003年3月,裴恩才被正式任命为八一队主帅。在2003年甲A联赛中,他率领球队取得开局5场不败的战绩,对于"没有外援,依靠子弟兵打天下"的八一队来说,实为难得。后来他因故离队,八一队也在那个赛季结束后降级,并且遗憾地解散。

2003—2005年,裴恩才受聘任武汉黄鹤楼队主教练,并在2004年率队夺得中甲联赛冠军,"冲超"成功。裴恩才这位前军旅主帅执掌武汉黄鹤楼始终低调、朴实,即使3:2击败山东鲁能拿下7连胜,他也只是把胜利的原因归结于一个"拼"字。6连胜之后,武汉一些媒体对裴恩才训练中较少练套路的做法提出了质疑,裴恩才则有自己的见解。他认为,本土教练传统的训练模式是很有问题的,训练中练习的各种套路存在程式化的问题,到了比赛中根本打不出来。"除去常规练习,我所有的训练都是针对对手进行的,对手不同练的内容也不同,比赛时的打法肯定也不同。""冲超"成功,写下"黑马神话",裴恩才的执教才能不容小觑,而在临战应对策略的运用上,有时的确令很多教练无法企及。裴恩才带队比赛要求队员赢该赢的比赛,输掉该输的比赛也不遗憾。因此圈内很多人评价他时,用得最多的一个词就是"怪才"。

裴恩才完成"冲超"目标后,于2007年9月中途加盟河南建业队,带队打出了2胜3平1负的成绩,帮助

2018年1月6日，裴恩才于湖南韶山身着国家女足教练战袍

球队成功保级。2007年12月他又与江苏舜天俱乐部签约任主教练一职，转年率队出现在中甲赛场上，并在这个赛季提前7轮"冲超"成功。

作为教练的裴恩才又是军队干部，大校军衔，他对球队的管理尤其注重人性化。无论是在八一队，还是在武汉队和江苏队，裴恩才始终恪守"只要队员在训练和比赛中全力以赴，其他事情并不多管"的原则，因此他也受到了队员们的爱戴。当年在八一队，裴恩才就在队员们心中留下了真诚待人的印象。原八一队队员黄勇回忆说："裴指导非常信任队员，即使打客场比赛，他也不会像国内有些教练那样，收起队员的手机。"在武汉队和江苏队，裴恩才的管理也是宽严有别，已经成家的队员可以享受走训制，完全可以支配自己的业余时间。不过如果有人在训练场和比赛场上不出力，他肯定会严惩，绝不手软。

离开军旅后，裴恩才转战南北，颇多感触。2018年应湖南湘涛足球俱乐部邀请，裴恩才率领湖南湘涛华莱队征战当年的中乙联赛。"我和湖南，再续前缘。"2003年裴恩才告别执教的八一湘潭队时曾表示，"我对主席的家乡是有感情的，将来某一天我还会再回到湖南。"时隔15年，裴恩才兑现了诺言。

裴恩才此前已经带领湘涛华莱队在湖南、云南、广东等地集训、比赛，考察新球员，包括谭斯、姜波、苑维玮3名前国脚在内的8名新援加盟。裴恩才是湘涛队变革的关键性人物，值得期待。湘涛队由中甲降入中乙，队伍的长处和短处都很明显，想要重返中甲，在中乙比赛中如何扬长避短是取得好成绩的关键。这就要求主帅充分了解本队球员，更要对中乙诸军有着深入的认识，更为重要的是，这名主帅必须有丰富的冲甲经验，而裴恩才绝对是非常适合的人选。湘涛俱乐部选择裴恩才是经过了深思熟虑的，裴恩才率领球队重返中甲，无疑重任在肩。然而一句"湖南，我又回来了"，裴恩才的一片赤诚之心、坚定信念，展露无遗。

裴恩才看望恩师张亚男教练

周世钰——执着·投身·育玫瑰

20世纪70年代的周世钰

天津足坛不乏著名的女子足球教练员,他们率领天津队在全国比赛中创造了诸多佳绩,更有如李学浚、蔺新江、陈金刚等几位国家女足教练员。然而他们大都在足球生涯中的一个时期从事女足教练员工作。而周世钰的女足缘,从基层选材、少训、青训、带队比赛,到入成年队辅佐多任主教练,与女足结缘近20年。他的痴心、事业心,难能可贵。

周世钰1954年出生在天津,少年时期没有接受过足球训练,进入四十八中学后在启蒙教练李士萍的引导下才接触足球运动,参加班级联赛,然后进入校队参加区级联赛。他还经常参加田径比赛,速度较为出众,曾经参加过河北区田径运动会,100米成绩达到11秒5。凭借优秀的身体素质,1973年他入选孙霞丰、李恒益、陈少铭任教练的天津队,翌年又进入李朝贵、邓雪昌、崔光礼执教的天津青年队二组,参加了两年全国青年联赛。1974年,周世钰与王广泰等人一起调至天津队,参加1975年的第三届全运会。1978年周世钰代表天津二队参加全国乙级队联赛。1981年至1984年,他与王家春一起应征,投奔昆明军区足球队,司职后卫,征战全国足球甲级联赛。

转业回到天津后,周世钰到北站体育场任教练员,带领1976—1977班,该班中的多人后进入天津少年队,比较知名的有王军、朱毅、赵斌等。其间,他帮助火车头队训练队员,在铁路三中发现了曲波,并推荐给了火车头队并帮助他训练。相同的经历还有冯仁亮,周世钰发现少年冯仁亮并加以培养。周世钰做青训工作十多年,带出了一批队员,其中很多人日后成为职业队的堪用之才。他常常因启蒙了曲波、冯仁亮等人而感到欣慰。

时光来到2000年,周世钰的昔日队友、民营企业家王家春组建天津女足,他参与其中。最初周世钰在团泊基地带天津青年女足,人员不足他就到处招兵买马,从辽宁招来李冬娜,从北京招来王诗朦、王珊珊,加以悉心培养,她们后来为天津女足效力多年。同时,天津自己培养的张连颖、冯雅迪、訾晶晶、韩鹏等人,还有李翯、蒋琪、李香琳等人,虽然有些人没有进入国家队,但都是天津女足多年征战全国各级各类比赛的中坚力量,直到2017年天津全运会后球队解散。从到处奔波选材、狠抓基本功训练,到精心打造技能培养成才，周世钰多年付出，耗费了大量心血。

2008年周世钰上调天津女足任教练员，至2018年，10年间协助不同主教练参加了三届全运会，都取得了比较好的战绩。2009年辅佐王玉冬征战山东全运会，获得第五名。2013年沈阳全运会取得第三名，其时由张贵来任主教练。到了2017年天津全运会，天津队百尺竿头更进一步，刘昆、周世钰、冯扬和宗磊组成的教练组带队取得了突破，进入决赛，虽然功亏一篑没能夺冠，仍然以亚军创造了天津女足在全运会上获得的最好成绩。在这10年间，在全体教练员、运动员的不懈努力下，天津女足取得了优异的成绩，其中有女超、锦标赛、超霸杯赛等，为天津争得了荣誉，为国家队输送了一批批人才。一代代天津女足人不断努力，使天津女足成为国内女足阵营中一支举足轻重的力量。热爱女足事业，全心投入、甘当绿叶、敬业奉献，天津女足创造的成绩，周世钰功不可没。

20世纪70年代与湖南队比赛中的周世钰

长期从事青训教练的工作，周世钰有诸多体会。他指出：一是严格要求自己。想当好教练，要先学好做人。教练员要以身作则，要求队员做的首先自己做好。尤其是青少年教练员，要耐得住寂寞和诱惑，全身心扑在事业上。二是在青少年队员的训练中，教技术、讲战术，更要不断向他们灌输热爱足球事业的精神和提高足球水平的责任感。三是加大力度培养队员的意志品质，锻炼队员不畏艰难、勇于争胜、信念坚定。只有这样，才能造就出优秀的后备人才。

2017年天津全运会落幕后，天津女足宣布解散。听到这个消息，为女足付出多年心血的周世钰为之惋惜，为之叹息。他说："当年女足俱乐部的成立，为天津女足事业搭建了平台，在队伍管理、建设、训练等方面堪称典型，很值得推广。但是在全国女足发展一片大好形势下，我们的队伍获得了全运会亚军，竟然被解散，我深深感到困惑。天津女足这些年打下如此基业不容易，为天津争得了很大荣誉，今天就这样草率决定，值得人们反思。这一问题应该由市里和体育局着力解决。其实女足的投资并不大，还不如男足的零头，但是她代表着一个城市的体育运动形象和足球运动实力。我作为女足俱乐部开创的见证人和亲历者，陪伴着天津女足走到今天，感到天津女足在全国女足战线上举足轻重。因此，我呼吁有关方面尽快拿出可行方案拯救天津女足，不为天津足球事业的发展留下遗憾。"

2009年周世钰（中间）与齐玉波在南京训练天津女足

韩志强——能攻善守　中场强将

1980 年随天津队夺得全国
甲级联赛冠军时的留影

在走上专业足球道路的人中, 绝大多数人幼年都痴迷足球, 出生在河东区的韩志强更为典型。他家住在天津钢厂宿舍, 宿舍中间有一块小的场地可以踢球, 他跟着年龄大一点的孩子天天踢球, 还常去河东体育场看大人们踢球或训练, 在回家的路上自己琢磨技术动作。有一次回家的路上很兴奋, 他看到什么踢什么, 回到家里感觉球鞋都湿了, 脱下球鞋一看吓了一跳, 脚被玻璃碴儿扎破了, 鲜血直流, 自己竟然都不知道。

1971 年韩志强从小学升至天津七中上学, 自己牵头组织了小球队, 还经常代表学校参加市、区各级比赛。命运眷顾, 这一年暑假, 天津少年队在马宝林、刘家俊、朱玉田教练的带领下来到天津七中, 与校代表队进行比赛, 七中校队发挥出色, 以 1∶0 取胜。由此韩志强引起了几位教练员的注意, 于是他被调到天津少年队集训两周, 并在几个月后接到调令到天津少年队报到。没有接受过专业训练的韩志强, 在严格的管理制度下, 凭着很强的悟性和自我管理能力, 很快就进入了角色。令他至今难以忘怀的是第一次外出比赛, 在北京体育学院与同年龄组的集训队比赛, 对手队中有裴恩才、赵继和、赵亚旺等几个天津人。比赛中天津队获得一个点球, 由韩志强主罚, 但是由于过于紧张没有踢进去。这场比赛对他触动很大, 他感到没有压力的比赛对于运动员的提高没有什么实际作用, 有压力才能够逐步改变自己、提升自己, 并且不断进步。

1972 年, 17 岁的韩志强开始代表天津青年队参加全国青年联赛, 当年便获得第二名的好成绩。1973年国家体委实施了 "以大带小" 的政策, 全国前两名的辽宁、天津两支青年队有资格参加全国甲级联赛, 韩志强与队友经受了锻炼。1974 年, 为备战 1975 年第三届全运会, 天津队与天津青年队比赛, 青年队以 2∶1 获胜, 韩志强独中两元。这年年底, 他如愿与队友齐玉波、王广泰、吴泽民等人进入天津队。

1975 年韩志强随天津队参加全运会, 预赛在沈阳赛区, 天津队与福建队的比赛中, 天津队以 3∶0 领先, 教练派他上场, 随后天津队竟然连丢两球, 其中第二个失球是他带球失误造成的。虽然最终天津队

拿下了比赛,但韩志强的心中还是笼罩着阴影,幸好有老大哥们的传帮带,他的各项技术与心理素质逐步过硬。

1976年至1978年,天津队的成绩稳定在全国前三名。1979年韩志强又经历了一届全运会,但是由于天津队积聚的内部矛盾爆发,再加上准备工作不足,天津队竟然没能小组出线,先是以0:2负于解放军队,后又以0:1不敌湖北队,天津队进入了低谷期。

1980年,经过人员调整、内部整顿,队伍的凝聚力、战斗力不断增强,在上半年的全国甲级联赛中,天津队15场比赛一球未失,且豪取11连胜,为当年夺冠打下了坚实的基础。下半年由于各队对天津队的重视,加上队员心态的变化,成绩被其他队紧紧追赶。那年的广东、八一、上海等队,论个人能力应该都比天津队员略胜一筹,但是天津队打整体战术,无论是进攻还是防守都能够相互呼应,依靠齐心协力的团队精神,一直打到最后一轮,终于夺取冠军。

韩志强代表天津征战联赛10年,技术特点和风格甚为突出。他有一定的足球天赋,虽然身体偏瘦,但力量很足;足球意识很强,善于用脑子踢球;勤于奔跑,抢截凶狠。1980年前后,天津队的中场实力闻名全国,便是由韩志强、刘春明和吴泽民组成,三人的特点各有千秋,配合默契、相得益彰。

退役后,1983年韩志强来到天津青年队担任助理教练,协助崔光礼教练。从运动员过渡到教练员需要一个质的飞跃,做教练员要具备组织能力、管理能力和较高的训练水平,他深感自己的能力难以支撑。恰好国家体委举办教练员进修班,只有获得亚洲前三名或全国冠军的运动员才可以参加。韩志强经过补习后,有幸与乔世彪考取上海体院(沈其泰考取北京体院),三人成为天津足球新时期仅有的大学本科生。毕业后韩志强回到天津体委,被分配到韩家墅训练基地的足球学校任教。

1987年韩志强迎来了第一次作为主教练带青年队的机会,在左树起、朱玉田二位老教练的辅佐下,负责选拔1974—1975年龄组的队员。1988年,成立之初的球队实力与上一个年龄组的球队有很大差距,1973年龄组已经是全国前三名的水平,但是经过一年多的努力,韩志强带队已经能够与1973年龄组队伍打成平手。到了1990年,球队更是有了长足的进步,已经进入全国同年龄组前三名,而且为国家青年队贡献了多名队员,如于根伟、高峰、卢欣、裴

1978年韩志强随队出访非洲时的留影

锦、刘建强、班楷等。从开始组队时的基础薄弱，到后来脱胎换骨的成长与进步，靠的是韩志强的悉心培养，以及运动员的天赋与刻苦的训练。这批队员中的于根伟，在之后多年中一直是天津足球旗帜性的人物。看到自己亲手培养的队员取得骄人的成就，韩志强感到欣慰与自豪。

1990年天津二队成立，韩志强来到二队任教，与张贵来、吴泽民、袁国庆组成教练班子，把队伍带得风生水起，成绩稳定在全国前两名。

1994年天津两个队同时参加甲B联赛，二队既要为一队升入甲A联赛做铺路石，又要保证自己保住甲级资格，虽然难度很大，但是两支队伍都获得了成功。然而1995年天津二队保级失败，降入乙级队。幸好1996年万科集团投资天津二队，韩志强教练组率队经过一年的乙级联赛拼杀，于当年又升入甲B。

1998年，随着泰达集团入主天津足球，球队实力很快提升。韩志强随张贵来执教泰达二队，连续几年成绩都排在全国前三名。

2001年至2006年，韩志强在泰达足校任教，带出好几个年龄组的队员，比较突出的是1991年龄组，该队获得了2006年在武汉举行的全国同年龄组的足协杯赛冠军。韩志强的执教能力得到了泰达俱乐部管理层的青睐，于2006年正式接任泰达队领队，辅佐外教雅拉宾斯基，教练组成员还有助理教练王俊、于根伟及守门员教练王建英。2007年球队获得中超联赛第六名。2008年初球队成绩不佳，俱乐部决定由左树声接任主教练。左指导上任后，球队的精神状态、士气及凝聚力都有提升，在全队的共同努力下，获得次年亚冠的参赛资格，开启了天津足球亚冠之路。

2010年韩志强回到韩家墅训练基地任职，直到2015年退休。退休后，韩志强应昔日得意门生于根伟之邀，来到于根伟足球俱乐部任技术总监。他表示，他是被根伟真心付出，想为天津多培养人才，改变天津足球人才萎靡的现状，为天津足球铺路奠基的雄心壮志所打动才来到俱乐部的。青训是一个基础工作，短时间内看不到效果，但是应该看到俱乐部成立三年多以来，跟各个区教育系统合作，扎实开展校园足球，已经走上了健康发展之路。

1990年韩志强（左）在昆明与左树起（右）、
卢欣（中间）的合影

陈胜利——军旅锋将出津门

在中国广袤的大地上，分布着众多块足球沃土，天津卫是最为著名者之一。于是，少年、青年足球才俊源源不断涌现，"井喷"的人才令津城专业队难以容纳，许多队员被部队球队召走。当时，解放军各大军区多数都有专业足球队编制，除去沈阳军区、广州军区外，八一队和北京军区、南京军区、昆明军区、兰州军区均有天津籍队员。其中，以输送到八一队、北京军区队（后惯称北京部队队）的队员最多，陈胜利当属其中的一员骁将。

陈胜利并非像同时代的足球苗子直接被部队足球队选走，他1955年出生，在西营门外小学、一〇九中学读书时，受学校足球氛围的熏陶，都作为校队队员参加区级、市级比赛。16岁时正式入选天津青年队，在教练员张亚男、朱玉田、田桂义指导下训练。1974年回到天津队，随后入选由陈家亮、张宏根、张京天率领的中国青年队，参加在奥地利举行的世界中学生比赛，夺得第一名。同年入选天津队，随后参加第三届全运会。1975年，陈胜利随队在科威特参加亚洲青年足球锦标赛，进入前八名。陈胜利在比赛场上显示出的能力，引起了北京部队足球队教练的关注。恰逢几位天津籍猛将蔺新江、翟良田、徐树刚等都效力于北京部队足球队，陈胜利遂于1977年被调入北京部队足球队，随队征战赛场达4年之久，其中连续两年在全国甲级联赛中位列前三名。陈胜利在北京部队足球队期间荣立三等功。

陈胜利在比赛中司职中锋、突前前卫位置。他的身高接近1.80米，体魄健壮，头球、力量都很突出。他善于在对方禁区内外穿插策应，或为队友做球，或射门得分。1981年年底，陈胜利从北京部队足球队回归天津队，刚办好复员手续仅3天，就随天津队去广州冬训。在对广东队的一场比赛中，他的特点得以展现。当时韩玉环、齐玉波二人被罚离场，教练员派陈胜利出场，在与队友们磨合还不顺畅、配合尚显生疏的情况下，他的一记头球为天津队打开局面，此后裁判又判给天津队一个点球，由吕洪祥罚进。少两人而战胜东

国家队时期的陈胜利

道主广东队, 陈胜利在天津队站稳了脚跟。然而天有不测风云, 正当他为家乡球队奉献力量的时候, 1984年他患上了急性肝炎, 十分惋惜地憾别足球场, 到体工大队足球班做干事, 协助李元魁指导做一些事务性工作。

1986年天津冶金青年队成立, 陈胜利到队辅佐张贵来教练工作。这支青年队很有生气, 在教练的严格调教之下出了不少堪用之才, 突出的队员有韩金铭、王毅、张凤梧、高玉勇等, 都输送到天津队。后来陈胜利又调至市体委行政处任职5年。然而他内心一直割舍不掉足球, 1996年回到教练员岗位, 与齐玉波、左树起一起带青年队; 1998年应邀执教乙级队安徽乐普生, 辅佐主教练罗登仁; 2001年天津援助甘肃, 成立乙级队天马队, 他与齐玉波协助严德俊教练带队两年, 直至2003年回到天津; 2015年加入为备战天津全运

青年时期的陈胜利

会成立的U18队伍, 他与施连志辅佐齐玉波率队, 随后又连续带领该队参加U18全国中超俱乐部精英联赛, 取得了较好的战绩。

通过带全运会队伍, 陈胜利对足球青训工作颇有心得。他说足球职业化的不断发展, 改变着俱乐部管理者的理念, 他们越来越重视二、三线队伍的建设, 这是方向, 应该坚持下去。在谈到泰达俱乐部时, 他说: "泰达坚持投资足球20年, 终于有了自己的'家', 在汉沽航母主题公园附近建起基地, 内部设施完善, 有五块天然草球场和一块人工草球场, 还将建二期工程。基地完善了培训工作, 教练员配备也比较年轻化, 足见泰达集团持续投入的决心。我们祝福泰达俱乐部越办越好, 撑起天津足球的门面, 重振天津足球往日的辉煌。"

陈胜利的军装照

高海明——盐碱地练就的边防卫士

高海明出生在河东区大王庄的一个足球世家,还没上学就给父亲当球童,整个童年都泡在球场上,"我看着父辈们踢球长大,耳濡目染,我也爱上了足球"。

高海明没有进过专业体校,他称自己无门无派。20世纪50年代,行业职工足球运动十分火爆,高海明的父亲高玉树和队员冯学义都是全国公路足球队的主力,颇有名气。高海明踢的纯属没有路数的"野球",正因如此,不知不觉间他增长了对足球的悟性,"我属于比较喜欢思考的那种运动员,踢球爱动脑子"。

1970年15岁的高海明初中毕业,被分配到离家60公里远的汉沽盐场。盐碱地是汉沽盐场的地理标志,地面白花花一片,工作十分艰辛。汉沽海水温度一般都在1.2℃左右,而要把海水转化成盐,要使温度达到25℃。为了使海水达到这一温度,15岁的少年高海明和盐场的盐工们细心地看护着盐田。"晒盐首先要把海水引到第一个盐池里,然后经过一段时间晾晒,引入第二、第三、第四……等不同的盐池,不同盐池里海水的温度是不同的,大概到了第七个盐池,才能达到25℃,这时我们就能看到结晶的海盐了。"盐场的工作环境艰苦,高海明前去报到时带了一个足球,这是唯一能让他忘记烦恼和忧愁的娱乐。

高海明特别羡慕那些奔跑在足球场上的运动员们,他们有亲密的队友、强大的后援队,还有特别多的球迷,尤其进球之后大家高兴地抱在一起,特别有感染力。高海明希望有朝一日在足球场上驰骋的人中有自己。然而,汉沽盐场根本没有足球场和球门,有的只是茫茫一片的盐碱地。盐碱地上也可以踢球,高海明坚定地告诉自己要快乐地踢球,他把15岁少年的热情、激情、天分和汗水,都洒在了这片泛着白碱的旷野上。

8月,几场大雨过后,天气潮湿又闷热。

蝉鸣的正午,只有一个"追风少年"独自沉浸在激情欢快中。在盐碱地上踢足球,积水还没有完全渗透,深一脚浅一脚,高海明照踢不误。没有球门,挑俩竹竿代替;没人对练,对着墙踢过去踢过来。踢渴了,拧开自来水龙头,顺便冲冲洗洗;踢热了,干脆光着膀子,少年健硕的肌肉,挂满汗珠的胸膛,任由太阳暴晒而脱了皮。在盐场的高海明很孤独,但在足球的磨练下他变得能和孤独和谐相处。

高海明那时最大的心愿是有块好点的足球场,然而这片盐碱地上随

青年时期的高海明

少年时期的高海明

处可见煤炉渣和沙石，一脚踢下去尘土纷纷扬扬。高海明盼着每天下雨，只要下雨地上就变软了，没有尘土了。在这种场地上踢球一不小心就会摔倒，衣服头发上全是土，而且极易受伤。高海明形容说，自己对足球的狂热犹如盛夏的骄阳，就是喜欢在这儿撒欢儿，一天的倦意全无。就这样，他一天天练习着带球、射门，体验球路球感。高海明心里记着父亲说的话：不要放弃，会有机会。这份信念始终支撑着他，从学校出来到盐场的几个月里，他从学生变成工人，从来没有灰心过。

机会真的来了。1971年成为高海明足球梦想的起点。天津青训班在民园体育场选拔，朱玉田等教练选中了高海明，由此他有机会赴延吉参加全国少年足球比赛，并进入天津足球队青年一组，正式踏上绿茵场。1974年高海明进入天津队，随队去非洲访问比赛，尽管没有成为主力，但对他是一种激励。

1975年第三届全运会前夕有一场重要比赛，20岁的高海明特别想上场，当时他是替补边后卫，大概教练看出了高海明的心思，真的派他上场了。场上的高海明疯了一样，冲顶、鱼跃、飞铲……他让教练眼前一亮，让球迷拍手称赞，凭借自己完美的拼杀，他获得了参加全运会的机会。

"教练给了机会，我一定要把握住，发挥到最好就是对教练最好的回馈。"高海明对自己的优缺点心知肚明，而身为比赛型球员是他的一大优势。高海明自嘲是"人来疯"，"一上场便忘掉一切，踢得恣意而洒脱"。令他印象最深刻的是在越秀山体育场和广东队的比赛。赛事之前，广东队在"魔鬼主场"一直保持不败，就连国家队也无胜绩，高海明也没想到，这一纪录被他打破了。比赛第80分钟，场上比分还是0∶0，胶着之时，张贵来罚出任意球，球飞来的一刹那，高海明虚着眼睛瞄着球，闪过一旁的广东卫将蔡锦标，高高跃起，铆足劲将球撞进球门。

高海明不是前锋线球员，但是善于头球抢点，进球能力强。他踢后卫身高1.75米，但他从不认为身高是头球争抢中最重要的一环，他说最为关键的是对球落点的预判，提前卡位，提前起跳，提前争顶。如此这样，常常会比对方盯防的后卫快一拍，哪怕快半拍，也常常会给对手致命一击。

高海明毕竟是边后卫队员，他拼抢凶狠、卡位出色、上抢及时，意识也好。"在球场上我谁也不怕，都是别人怕我。"对于自己的球风，高海明说："我是'人来疯'型，人越多，球迷越疯狂，我球踢得越好。打到关键时刻，我的注意力特别集中，很多时候我就是凭意识凭感觉，我确实应该算是比赛型的球员。"

很多人都说，高海明是个有灵气的球员，只要上场就充满活力。他在球场上有硬度，和谁都敢硬碰硬；他在球场上有软度，攻防转换那一瞬，拿球后一个急停，扭身摆脱了对手。于是，队友给他起了个亲昵的外号

高海明参加全国第一届工人体育运动会

"屁扭"。高海明在队里以臀部大而挺翘著称,健壮的臀部使他在背身拿球与对手抗衡时不落下风。在一次比赛中,北京的金志扬带球晃过门将,眼看面对空门,高海明迅疾扭身朝着球奔去,球重重地打到他脸上。"只要球没进门,多疼都值。"高海明说。高海明认为,作为边后卫如果等守门员出击失手后再行动,这是永远来不及的,因此在对方每一次进攻开始前后卫就要有意识,判断截球还是补漏,要在门将失手之前做出最恰当的行动和跑位。1974、1975年是高海明最耀眼的时期,作为全队绝对的主力后卫,鱼跃、飞顶、飞铲各种技能面面俱到。于是,民园体育场上空,高海明的名字常常被球迷高喊,受到人们爱戴。

1977年高海明服从安排来到天津二队,拥有丰富经验的他担负起以老带新的责任。又过了一年多,高海明退役。退役后,高海明并没有放弃踢球。"1978年我去了交通局,那儿有一个很棒的足球队。我觉得足球是我长这么大做过最棒的事,包括我后来去天津工人队,都是因为我的心还是牵挂着足球。"30岁之后,高海明才正式退出足球圈。征战足球场十多年,让高海明懂得自尊与自强。"足球教会我最多的是,当你遇到困难的时候一定要坚持,也许这一秒钟觉得坚持不了,但下1秒钟很可能看到希望,要有坚持的精神,困难很快能过去。"退役之后的高海明踏入商海,像他在赛场上那样风生水起。现在,高海明已经从专业运动员变成一个彻头彻尾的观众,无论是在长春还是在广州,作为泰达队的铁杆儿球迷,泰达队的比赛,高海明场场必看,他也期待泰达队有个好成绩。

高海明是个特别有心的人,至今不忘他的恩师。他动情地说:首先感谢朱玉田的钦点——改变了他的人生命运;感谢张亚男、沈福儒的调教——丰富了他的自身能力;感谢孙霞丰的魄力——给予了他更多机会……高海明想感谢的人太多,他感谢所有为天津足球、中国足球付出的人们。

"我也要感谢我的爱人,她特别漂亮、善良。她也喜欢足球,我们俩特别有共同话题,总有说不完的话,有时我说上一句她就知道下一句。这些年一晃,我们在一起快40年了,风里雨里她追随着我,从天津到长春,又到南方,起起伏伏、曲曲折折。我们俩从最开始就认定了对方,我觉得幸福就是这样吧!"

1977年3月天津队在越秀山体育场与辽宁队的比赛

王建英——神奇门将誉足坛

青年时期的王建英

中国足坛著名门将王建英，集优秀运动员、优秀教练员于一身——曾任天津队主力守门员，国家青年队、国家队守门员，天津队、国家青年队、国家队守门员教练。他是迄今为止，天津唯一一位征战男子足球世界杯赛的教练员。

中国足坛著名门将王建英，集体育运动荣誉、社会荣誉于一身——享有运动健将称号，获得天津市体育运动荣誉奖章，是天津市劳动模范集体成员，任第八届、第九届天津市人大代表和第十届天津市河东区政协委员。

1955年出生的王建英，在河东区中心东道小学就读期间喜欢踢球并着迷，他与小伙伴们几乎每天都离不开足球场。有时候天不亮就翻墙进入学校操场踢球。家里条件不好，没有钱买鞋，他穿着棉鞋也照样踢。王建英升学来到了中山门三中，虽未经专业训练，但也经常代表学校参加足、篮、排比赛。一个偶然的机会，天津市选拔参加第三届中学生运动会的足球队员，王建英被选中调入足球传统校五十四中学，开始接受正规的足球训练。随后，他的守门天赋逐渐展现于赛场。

1973年，一些球队看中王建英邀其入队，其中有南京部队足球队、北京青年队等，但是在体委军代表的命令下，他直接被调入张亚男执教的天津青年一队，从1974年开始参加全国青年联赛，下半年便升为主力。1975年举行第三届全运会，王建英上调天津队参加了比赛，在守门员教练张业福的悉心调教下，技艺大有长进。1976年，他被调入张宏根指导的国家青年队，参加了第二届北京长城杯邀请赛。1977年入选年维泗执教的国家队，由于当时天津队新老交替十分缺人，两年后他返回了天津队。

王建英有良好的身体素质，身材修长、机敏灵巧、弹跳力好、爆发力强，颇具守门员潜质。经过几年的摸爬滚打、艰苦锤炼，比赛场上王建英面对来球左扑右挡，反应神奇，横身飞起鱼跃救险，尤是技惊四座，极具观赏性。比赛场上王建英每每化险为夷、屡立战功，深得教练、队友信赖，深受观众喜爱。回到天津队后的1980年，是王建英发挥最为出色的一年。在全国甲级联赛中，天津队在北京赛区与

辽宁队相遇，辽宁队著名前锋关正斌一个近在咫尺的头球必进无疑，只见王建英扑向右侧，瞬间又横身反方向补位，生生把球挡了出去！看得关正斌目瞪口呆，王建英的神速反应和技能可见一斑。类似的镜头还有很多，王建英有如神助，对手无论怎么射门都难过他的最后一关，在后卫线的协助下，天津队创下了一个赛区零失球的纪录。当年天津队的比赛中常常出现这样的情景：只要前

1978年访问哥伦比亚期间王建英的训练照

锋能够进球，后卫加守门员一定会保持住胜利果实。后来到了山东赛区，天津队依然保持如此良好的状态，为当年夺冠打下了坚实的基础。王建英把关技艺往往有超常发挥，得益于他具有的不服输的心理，每每遇到辽宁、上海等强军就格外兴奋，面对这两个队的国家队守门员许建平和刘斌，更决心与他们一决高下，展示自己。正是这种"人来疯"造就了他越是对手强大就越有出色发挥。1980年天津队一举夺魁。他深有感触地说："队伍在严德俊指导的率领下，时隔20年为天津又拿了一个全国甲级联赛冠军。作为当时队中的主力守门员，我感到十分荣幸。能够为天津足球的又一次崛起贡献自己的力量，甚为骄傲与自豪。"

1983年王建英挂靴，来到河东区体校，开始了教练员生涯，苦干了10多年。直至1996年，他应聘到北京国安青年队任教练。1997年应邀到广州松日队，开始了执教一线职业队的历程。两年后又回到天津泰达青年队任守门员教练。2000年他被中国足协调到国家青年队任职，与沈祥福等人搭档，开始了国字号队伍的教练工作，使他的教练经历迈上了一个新的台阶。2001年，这支队伍在阿根廷世青赛中进入十六强，这是中国足球，无论是国家队还是青年队，在国际足联正式比赛中的最好成绩。2001年，国青队又代表中国大学生足球队参加世界大学生运动会，获得第四名的好成绩。

2002年是王建英教练生涯更是足球生涯中的巅峰，是最值得书写的光彩一页。那时的他荣升国家队守门员教练后，辅佐米卢蒂诺维奇带领中国队杀入2002年韩日世界杯，这也是迄今中国唯一一次参加世界杯。他殚精竭虑带领区楚良、江津、安琦奋战苦练，细心传授经验，指导他们出战。当年中国队中还有另外一个天津人于根伟，这是世界杯赛场上仅有的两个"天津元素"。

2003年至2013年，王建英在天津泰达一线队执教。其间经历了很多任主教练，但是他一直坚守在

守门员教练岗位上，这其中有领导的信任、同行的认可，也与他不断刻苦钻研，不断探索创新守门员训练的手段和方法息息相关。在他的10年职业队教练生涯中，泰达队虽然成绩有起伏，但从未经历过惨烈的保级形势；他训练的守门员也从未有过因严重失误导致球队失分的情况，而且往往在比赛形势不利于天津队的时候力挽狂澜，得到了同行和天津观众的认可。

跟随王建英训练的守门员，无不感到他的用心、细心、耐心。王建英这些年担任守门员教练，从国内外高水平教练那里学习了很多东西，汲取了很多营养，逐渐探索、总结实践经验。无论是在泰达队还是国奥队、国家队，他的守门员训练课都会成为亮点，非常有激情，每次都准备几套教案，随时根据主教练的要求调整训练计划。主教练也许10分钟以后用两个守门员，20分钟以后要四个守门员，他都会把守门员调整到最佳状态，配合全队的技战术训练。尤其是神经反应训练，王建英积累了一套方法，通过千百次的训练促使队员形成条件反射，在千分之一秒的刹那间做出相应的动作，力保球门不失。因此，神经反应训练是他执教中比较重视的训练内容。同时他又研究了一套比赛前准备期的训练方法，在多年的实践中证明是行之有效的。

外国教练员一般凭丰富的经验训练，并没有教案，而王建英备有教案，而且还很细致。他觉得自己文化水平低，没有接受过正规的大学教育，因此非常注重通过各种学习班补强自己。他参加了很多教练员学习班，每次都是学习最积极的一个，认真听课，认真记笔记，考试成绩也非常好，考卷经常会被用作展示的范本。王建英是位善于学习的有心人。

王建英训练照

近几年中国足协非常重视青少年培养工作，要求建设5级梯队，王建英认为这是非常好的方法，但是队伍层级多了，相对要处理好出人才与出成绩的关系。一定要严格限定准确年龄，千万不能以大打小，否则有的队员看着在这个年龄段很突出，但是逐渐成长后他的发展空间就有限了。教练员要有"德"，千万不能为了眼前的成绩而拔苗助长，那样人才培养就会进入恶性循环，不但没有成才，反而被耽误了。因此一定要严格把关，摆正出成

绩与出人才的关系。

　　在青少年守门员培训中，因为位置特殊，选材非常重要。王建英说："只有选好材，再施以严格、科学、系统的训练，才能够造就人才。我在河东体校任教的时候，经常利用学校课间操或体育课的时间去发现目标人物，有时候也委托体育老师推荐。只有耐心通过各种渠道发掘，才能够使教练员在每个周期的选材源源不断。所以我建议教练员们一定要下到基层，下大力气抓好选材，因为选好材就是成功的一半。更希望加大教练员培训力度，有些基层教练员不是专业足球运动员出身，他们对足球运动的理解和认识会导致对技术动作的规范要求有一定的偏差，所以呼吁他们加强业务学习。有关方面应提高基层教练员的待遇，使他们安心这项工作，并且充满着荣誉感。"

担任 1990 年北京亚运会火炬手的王建英

　　多年训练、比赛造成的伤病多多，年逾六旬的王建英，如今已经不能从事剧烈运动。但是他说："我的足球心没有变，要为足球鼓劲加油。目前天津职业足球有两支中超队伍，发展形势很好。我在职业队执教10年，也很有感情。但是从1980年到现在，这么多年过去了，天津泰达队除了在2011年获得了一次足协杯冠军，一直与冠军无缘。我希望各俱乐部加大投入力度，引进高水平的内外援，同时更要培养我们自己本土人才，大家齐心协力，早日再为天津拿回一个甚至多个职业联赛冠军。"

沈其泰——球员·执帅·教授

1980年随天津队获得甲级联赛冠军时的沈其泰

沈其泰是1980年天津队夺得全国冠军的功臣之一，是20世纪70年代末至80年代中期天津队鼎盛时期的主力中卫，他与王广泰、齐玉波、高俊亭组成的后卫线，在比赛中令各路对手难以撼动，给广大球迷留下了很多美好的回忆。

沈其泰并不是足球科班出身。当年耀华中学在民园体育场开运动会，初中生沈其泰获得100米跑第一名，在那里训练的足球队教练田桂义发现了这个苗子，将他推荐给民园体育场足球教练张玉良训练。后来经过崔光礼教练速度测试，1972年，沈其泰被天津青年队录取，从此开始了足球人生。那时青年队一天三练，因为非足球科班出身，为了弥补基本技术的不足，沈其泰笨鸟先飞，经常自觉加班加点苦练基本功。在队里他尝试过踢边后卫，也踢过中后卫，由于有身高，最后确定踢中后卫。经过三年的不懈努力，1975年7月沈其泰正式进入天津队。他说："非常感谢我在青年队的恩师李朝贵、邓雪昌、崔光礼教练，他们是中国赫赫有名的教练，是他们发现并培养了我。"

从进入天津队直到1983年退役，沈其泰除非有伤病，否则他都是特点鲜明的铁定主力。他的身体素质甚好，速度快、移动快、爆发力强、拼抢凶狠，1.81米的身高又有高空优势。当时他和王广泰任中卫，高俊亭、齐玉波为边卫，四人组成的后卫线在全国各队中是超强的，对手很难攻破天津队的防线。天津队征战南北，战绩显赫，队员们常有这样的自信：只要前锋先进球了，这场球算是拿下了。鼎盛时期的天津队在全国各地都有球迷，去广州、上海、北京、江苏比赛，观众都能叫出球员们的名字。尤其当天津队与来访的外国队比赛的时候，当地的体育场座无虚席，热情的球迷们为天津队加油助威。有时天津队队员们走在街上，还能被路人叫出名字来，这在媒体和网络还不发达的时代是难得的。

徐明江、郑易、沈其泰的合影（从左至右）

1980年沈其泰作为主力中卫，与队友们共同奋斗，为天津队时隔20年之后再次夺得全国甲级联赛冠军。当年的天津队后卫线表现十分出色，天津队在北京赛区的比赛中创造了零失球的纪录，而在济南赛区的比赛中也只失掉一个球。回忆起这样的好成绩，沈其泰现在依然兴奋："我备感骄傲与自豪。这些年当中，除了这个甲级联赛冠军，我们还获得过亚军，基本上在全国前六名之内。1983年全运会还获得了第三名……全队享受了很多荣誉，1980年获得甲级联赛冠军后，市

沈其泰的场上英姿

政府授予天津足球队'劳动模范集体'，球队还获得了天津市体育运动荣誉奖章。" 1979年沈其泰获得了运动健将称号。他说："1980年全国前八名球队队员进行综合身体素质测验，我排名第一。在技术先天不足的情况下，凭借个人的努力，凭借到了一队后沈福儒、李元魁、严德俊等名师的指点，稳坐主力位置近10年，我为此付出了很多，但是收获了更多的成绩，享受了为之奋斗的过程。"

1983年退役后，沈其泰决意去深造，通过5个月的补课，一举考上了上海体育学院，同时被录取的还有队友韩志强。在上海体育学院，他师从何志林，这是一位享受国务院特殊津贴的专家，也是中国足协裁委会常委。他们这个班里有很多世界冠军和亚洲冠军，例如前中国女排主将周晓兰等，可以说是名将云集。通过刻苦学习，1987年沈其泰以优异成绩毕业。

返回天津后，沈其泰被分配到天津二队，与张业福辅佐宋恩牧教练，三人组成教练组。沈其泰主要负责训练后卫线。带队6年期间，沈其泰积累了丰富的执教经验，特别是临场指挥时如何应对场上形势变化，场下如何做好球队管理工作。在教练组的共同努力下，天津二队始终稳坐全国第9至第12名，同时也为一队输送了很多人才，沈其泰完成了一个年轻教练员的最初经验积累。1994年，他转入青年队执教，培养了韩燕鸣、宗磊等新秀，为天津队、青岛海利丰队输送了一批人才。1998年天津立飞足球俱乐部组队参加全国乙级联赛，沈其泰因工作出色被聘为执行教练。从组队到参赛，他以敬业的精神、丰富的指挥经验，完成了当年组队当年参赛当年冲甲成功的壮举。乙级联赛竞争激烈，沈其泰带队过关斩将、力拼到底，实现了跨越目标，实属难得。

2001年，沈其泰迎来了新的执教考验，担任天津女足主教练。当时天津女足处于低谷期，人员配备不整，技战术水平很难进入全国前12名。通过几年的努力，他把队伍带到稳定在全国前三名的水平，同时为国家队输送了王珊珊、刘艳梅、韩鹏等中坚力量。由此，他被中国足协聘为中国少年女足主教练，率队完成了阶段性的任务。回津之后，沈其泰继续带女足队员征战全国赛场，连连取得好成绩，曾获得

全国U14冠军、U16第二名，为天津女足可持续发展做出了贡献。在夺取全国U14冠军后，沈其泰欣喜之余又在反思中感慨："这些年来，天津足球在全国夺取一个冠军变得如此艰难，这与天津这块中国足球的沃土不匹配，天津足球界应该好好深思。从职业化以来，我们失去了很多发展机遇，从一个人才输出地区变成需要从外地引进队员，如此尴尬的原因何在？"

在从事教练员工作的这些年中，沈其泰始终善于学习，认真地学习新的知识和理念，把学到的东西用于训练和执教的实践当中。他的勤勉也获得了回报。2015年正式退休后，天津大学仁爱学院聘请沈其泰负责学院足球教学工作，并带领学院足球队。原本按照沈其泰的学历应该聘为副教授，但是因有亚足联A级职业教练员证书，他被聘为教授。从一名踢球的球员成长为高等学府的教授，他的人生是何等自豪，值得从事足球的人们钦羡！他由衷地感到："我从教练员退休后没有投入青训工作，而是到大学任教，跟大多数人的轨迹不太相同。中国足球的各个层次都需要普及和提高，我为满足不同层次的需要做一些工作而高兴，因为我们都是为了提高中国足球的水平而努力工作着。"

作为一个曾经的教练员，沈其泰始终关注着足球青训工作，看到近几年来方方面面把青训工作放在了突出的位置，他给予了充分的肯定。他呼吁足球人要抓住这个历史机遇，在遵循足球运动发展规律的前提下大力实干：第一，采取切实可行的手段，探索切实可行的方法，建立完备的青训体系。第二，提高基层青少年教练员待遇，提供合理的报酬挽留住人才，使他们在基层教练员的岗位上安心工作。第三，保障完备的训练设施。现在学校的学习条件都改善了，训练的基础设施、器材也需要完备，这是最基本的条件。具备了良好的训练条件，下一步才能够谈到科学训练、系统训练，出成绩、出人才。第四，根据科学训练的指导思想，在青训的不同年龄段，依据所要达到的目标，采用不同的训练手段，不可以采用千篇一律的训练方法。第五，各区要有各区的训练体系，要有自己的训练中心，像过去的区体校一样，组成各区的队伍，再往上层层选拔。现在这个环节有所缺失，使人才选拔机制缺少了一个环节。第六，创造条件多打一些水平较高的比赛，以达到锻炼队伍的目的。同时在寒暑假办一些训练营，派高水平的教练指导训练和教练员培训，提高教练员水平。第七，做好队员上升空间的衔接工作，使他们有更广阔的成长空间。做好小学、中学、大学与职业队之间的互动，使学生球员们清晰地看到自己的职业前景。

郝小明、沈其泰、段举合影（从左至右）

沈其泰说："林林总总，谈了这么多，是寄希望于青少年一代多出人才，进而提高我国的足球水平，早日实现我们的世界足球强国梦。"

王广泰——固守门前一"铁闸"

提起当年天津队中后卫王广泰,老球迷可谓尽人皆知,更是送上"铁闸"美誉。在天津队的后防线上,王广泰多年来镇守要塞不让分寸,其位置他人难以替代。退役后的王广泰效力于火车头体协16年,与席绍忠一起打造了一支"中国的阿贾克斯"。火车头俱乐部"江山代有才人出",为中国职业联赛输送了很多优秀选手,有的至今仍驰骋在赛场上。

王广泰1955年出生在天津市河东区大直沽。他上小学时踢了一段球,但是没有延续下去,家人都希望他好好学习,将来有所成就。来到五十四中学以后,王广泰又与足球结缘。学校的足球氛围很浓,班班都有足球队,学校有校队。当时的校队教练穆乃龙看中了王广泰,让他跟着校队训练。1972年王广泰

年轻帅气的王广泰

被李朝贵教练发现,从而进入天津青年队二组。王广泰当年很瘦,身高1.78米。他回忆道:"李指导跟我说,想运动生涯有所成就,必须提高身体素质,尤其是速度。所以李指导根据我的身体特点,尤其是速度和爆发力差的弱点,为我量身定做了一套训练计划。每天背着15公斤的沙背心纵跳,每组30次,每天10组,直练到我后来能背两个沙背心跳。在李指导给我制定特殊训练手段的同时,我的队友沈其泰每天也帮助我进行速度训练,他每天早上陪着我练短跑,我们互相帮助。因为他是田径出身,速度非常好,技术上有点欠缺,他教我练速度,我教他练技术。"没几年,王广泰进入了天津队,全国众多甲级队在梧州冬训,他在多个项目的测试中成绩均名列前茅,百米速度提高到了11秒1。他说:"我能有如此大的进步,是仰仗着李朝贵指导对我进行特殊训练。在技术上,我得到了著名中卫邓雪昌指导的亲传,使我成为他的嫡传弟子。至今我非常感谢李朝贵、邓雪昌的细心教诲,以及沈其泰、刘忠杰等对我的帮助。"

1975年,王广泰代表天津队参加了第三届全运会。1976年,沈福儒接任天津队主教练,王广泰已是全队队长,队伍全部换成年轻队员,很有朝气。在上半年厦门赛区的比赛中,这支新军打败了大部分强队,获得分区冠军。但是下半年天津地震,对队伍产生了很大的负面影响。1977年,李元魁指导接任天津队教练,带队进入全国前六名。当年还接受了访问越南的任务。天津队一鼓作气,战胜了越南的全国前三名。最后一场球与越南人民军足球队较量,中国驻越大使对全队讲:"这场比赛的意义已经超越了

王广泰

足球的范畴，希望大家争口气。"比赛时越南国家领导人亲临现场，对方的随队裁判6场比赛判了天津队6个点球，这场比赛也判了一个点球，被门将郭嘉儒神奇扑出。最后比赛补时长达10分钟，天津队众志成城，最终还是赢得胜利，得到了外交部的通令嘉奖。后来在与来访的联邦德国青年队的比赛中，天津队与之打成了1：1。当时王广泰防守对方的高中锋赫鲁贝施，此人身高1.90米，身体强壮，但在王广泰的防守下，此君丝毫没有占到便宜。比赛踢得很精彩，赛后北京工人体育场内的观众久久不愿离去，被天津队精彩的表现所折服，人们称颂的天津队"外战内行"，再次得到认可。

1978年，严德俊指导接掌天津队，当年获得了全国甲级联赛第四名。1980年，天津队时隔20年又夺得全国甲级联赛冠军。1983年天津队获得了甲级联赛北区冠军，同年在上海的第五届全运会上获得了第三名。1984年天津队获得全国甲级联赛亚军，与冠军北京队仅差一个净胜球。1986年随队参加第二届中国足协杯比赛后，王广泰正式退役。

一米八四的身高，速度快捷、抢断迅疾、脚步硬朗、出球果断、头球出众、抢占高空，擅长拖后中卫位置。1981年至1985年，王广泰几次入选国家队，曾雪麟教练一直对他印象很好，他在国家队站稳了脚跟。这段时间是他的运动生涯后期的一个小高潮。然而，王广泰毕竟年近30岁，最后还是选择了退役。他回顾这些年的经历，颇有感触："我自从进入天津队一直打主力，为天津足球奉献了青春，得到了各级领导、业内人士还有观众的好评，非常荣幸。在这个强大的集体中，既有胜利的喜悦，也有失利后的懊恼。我常想天津队多年实力强大，特别渴望多拿几个冠军，没有美梦成真，还是有些许遗憾。"

1990年，在担任天津少年队主教练后，王广泰走到职业生涯的转折点，原天津铁路分局招待所所长、酷爱足球的席绍忠，组建火车头少年队，选中了王广泰担任总教练。率队的16年间，王广泰把多年的实践经验用于球队的训练和管理，把职业当做事业，与席绍忠配合很默契，互相成就，把火车头青年队打造成"中国的阿贾克斯"。火车头队建立了一套严格的选材标准，并且保证队员将来如果不能进入职业队，将在铁路系统为其提供工作机会。有很多天津队及外省市队淘汰下来的队员后来在火车头队都成才了，例如前长春亚泰队守门员郭昊。火车头队成立之初，条件非常艰苦，没有自己的训练场地，只有借用。球队住在北站铁路招待所，训练在河西区黑牛城道的河西体育场，王广泰和教练组每天组织队员骑自行车往返两趟五十多公里，陪同队员们风里来雨里去。这种苦干精神及付出的心血，也收获了

极大的回报，每个年龄段都有着极高的成才率。首批队员曲波、白毅，延续到以后的冯仁亮、宋博轩，再到后来的王上源等人，都成长为中超联赛中的优秀选手。通过几年的努力，火车头队在青训培养上树立了一面青训旗帜，选材面也扩大为立足天津、辐射华北、面向全国，而去哪里选材人们都乐于加入。因为队员的吃住、服装等一切费用，无需家长出一分钱，全部由俱乐部出钱培养。老席虽不是足球圈里人，但是非常肯钻研，甚有眼光，敢为人先，与王广泰配合

王广泰

相得益彰。在16年中，王广泰以自己的能力和水平，为中国足球青少年培养做出了贡献。每每看到火车头队的队员在中超联赛拼搏的时候，他异常欣慰。他说："所有的付出都是值得的。"

王广泰的执教能力不断提高，除善于总结实践经验外，还得益于1987年开始的在天津体育学院的几年进修，提高了理论修养。他在张玉琪教授的指导下撰写论文，其中《侧身倒地铲球技术初探》曾获领域内的奖励和好评。离开火车头队后，王广泰被东丽区教育局以特殊人才引进方式聘任，评为高级教师，撰写的论文《青少年身体、心理发展的规律》获得区教师科技成果奖，并带领东丽区教师足球队获得了天津市教育局绩效考核比赛郊县组第一名，然后光荣退休。2015年退休后，王广泰与师兄裴恩才一起从事校园足球教练员培训工作，取得了非常好的效果。

长期从事青训工作，王广泰颇有心得。他说："天津作为中国足球重要的人才基地，这些年来已经落后于兄弟省市。在上个世纪甚至职业联赛开始的几年，在各队几乎都能听到天津口音，反观现在，连天津队都没有几个天津人。我们必须静下心来，努力加强教练员的科学化、系统化、规范化的培训，更要学习、继承老教练的那种刻苦钻研及敬业精神。"王广泰认为，目前基层教练水平较低，应呼吁退役的优秀运动员下到基层，加入青少年人才培养大军。另外，目前各区的业余体校都"自废武功"，依据多年的经验，这个人才培养机制是行之有效的，亟需恢复完善。一定要恢复行之有效的优良传统，根据当今社会的特点，建立起一套新的行之有效的人才培养机制，天津足球的振兴指日可待。

与国家女足踢友谊赛时的王广泰（右一）

齐玉波——边路防线的勇猛悍将

　　幼时开始踢足球，由少年队踢到青年队，再晋升成年队，奔驰奋争近20年，经历了数年间各类全国比赛，三届全运会比赛、1980年全国甲级联赛冠军之津队主力成员；走上教练岗位带领少年队、青年队，执教成年甲级队，更有率领娘子军的征战历程——近50年来，齐玉波可谓享受了足坛"大满贯"。

　　齐玉波小学三年级时开始踢球，被钢厂子弟小学的孙老师选中，代表学校参加河西区小学足球联赛。那时的老师不像今天只抓学业，他的班主任积极支持孩子们踢球，对参加校队训练和比赛的学生绿灯放行，齐玉波至今对他感恩。1969年齐玉波考入坐落会河西区的十三中学，这所学校的体育运动开展得很好，教师水平也很高。齐玉波既是田径队队员又是足球队队员，学校足球队参加河西区中学生比赛基本上是前三名。在他上初一时，市里要组织天津少年队，河西区体校的李玉森教练看过齐玉波踢球，印象颇佳，推荐他和几个小伙伴去民园体育场参加选拔。齐玉波回忆负责选拔的教练员有严德俊、刘家俊、马宝林、朱玉田等。经过初试、复试，齐玉波等近30人被选中，到当时的北站体育场实行"三集中"，吃住都在看台下面。齐玉波说："当年带队的教练有刘家俊、马宝林、田桂义等。每天我们先出早操，吃完早饭回到自己所在的学校上文化课。由于路程太远，我们每天只能上午上两节课，然后往北站体育场赶，要不根本吃不上中午饭。在这样紧张、艰苦的环境中训练、奔波了三个多月"。

国家青年队时期的齐玉波

　　1971年齐玉波参加在延吉举行的全国青年联赛之后，有幸留了下来进入专业足球队。对此他非常有成就感，然而在回家迁移户口时，家人再三"盘问"后终于放行，因为那时候户口可是一个人的命根子啊。时至今日他依然记得那个改变命运的日子——1971年9月6日。让齐玉波又一次欣慰的是，年仅15岁的他便有了工资，走上了专业足球运动员的道路，开始了他近50年的足球人生。齐玉波依然记得领到的第一份工资是17.5元，交纳完伙食费后还剩下5元钱，在那时候也不算少，剩下的钱有时补贴家用，有时外出比赛给家人带些土特产。

在青年队的两年是齐玉波身体发育最快，也是技术水平提高最快的时期，身体硬朗、作风顽强，为他成长为边后卫打下了坚实的基础，他得益于张亚男、朱玉田、田桂义教练的栽培。

1975年第三届全运会限制上场队员年龄，为齐玉波等一批年轻人提供了机遇。他与陈胜利、王建英、王广泰、王家春等人调入天津队。在孙霞丰等教练的悉心调教下，尤其经历了1974年的冬训，齐玉波的技术有了很大的提高，再加上队里老队员的"传帮带"的氛围很好，著名后卫周宝刚时常在训练结束后对他进行单独辅导，使他受益匪浅。

1975年齐玉波接到调令，去西安报到参加国家青年队集训。那一届国青队由陈成达任领队，张宏根、高钧时任教练员，他与林乐丰、李树斌、陈胜利、李晓光等人随队赴科威特参加亚青赛，获得了第七名。1975年底齐玉波被借调到天津青年队出访日本。

1980年随天津队获得全国甲级
联赛冠军时的齐玉波

1976年，沈福儒接过天津队教鞭，球队刮起一阵青春风暴，调入了一批年轻队员，在甲级联赛中的成绩很好。但是突如其来的地震波及天津，比赛被迫中止，几乎到手的冠军断送了。1977年队伍再次调整，由严德俊、霍同程、张业福统领，此后一段时间队伍人员比较稳定，成绩也逐步提高。1979年天津队参加第四届全运会，预赛中未能出线，在甲级联赛中的成绩也不理想，领导很不满意，把队伍拉到秦皇岛整顿。下半年联赛开始，整顿的效果立竿见影，天津队由联赛第十五名打到第六名，基本上没有输球。借着整顿的东风，在1979年的南方冬训中，天津队提前出发，自带厨师，保证大家训练后的恢复。那一年的冬训天津队练得相当好。

1980年的全国甲级联赛令齐玉波至今难忘，此时的他技艺成熟、球风泼辣、铲球凶猛，前卫出身改踢后卫，是队中左后卫的不二人选。他回忆道："上半年大家齐心协力没有输球，到了最后一个阶段，天津队在昆明赛区，辽宁队在贵阳赛区。天津队战胜对手后紧张地等待着辽宁队的比赛结果，当听到辽宁队输给河北队，确定天津队夺取冠军后，大家喜极而狂，去拍合影。"齐玉波说："回想起来，在为天津队效力期间，能为球队夺冠做出一定的贡献，我非常欣慰，也是对我多年来付出的最好回报与褒奖。"

1981年队伍进行调整，齐玉波和左树起到天津青年干部文化补习班学习一年。齐玉波回想起这一年的学习时表示，不但开阔了视野，还增长了知识，跳出足球看足球，对提高自己对足球的认识有

齐玉波在球场上的英姿

很大的帮助。1985年，齐玉波的女儿来到这个世界，考虑到家庭等因素，他带着依依不舍的心情离开了足球场。

退役后，齐玉波立即转到教练员岗位，一干又是20年，先后两次执教女足，也有从少年队到职业一线队男女足的执教经历，还有执教国青队的经历。他的第一次执教经历是第一届天津女足，从1985年年底到1990年8月，其间他先后随李学浚、李恒益、李元魁、邓雪昌等老教练执教，边执教边请教。这让他收益颇丰。齐玉波非常感谢这些教练员无私传授的执教经验。

在结束第一段女足执教经历后，齐玉波来到天津市足球办公室。当时的办公室副主任王学智比较年轻，有想法有干劲，从全市各所业余体校选拔了一些有潜力的队员，由齐玉波、刘俊鸿、韩孝忠等人组织轮训班，每周集中训练两到三次，主要是一些1978年龄段的队员。1993年市体校正式成立1978年龄组球队，在韩家墅基地集中训练，由齐玉波任主教练，左树起任领队，刘学宇任助理教练。齐玉波带的队伍参加了赴巴西留学的健力宝队的选拔，队员张效瑞、商毅被专家组选中。随后中国足协又组织了两支国家青年队，1977年龄段由盖增臣、付玉培带领，1978年龄段由李晓光任领队，张义明任主教练，齐玉波和廉胜必任助理教练。球队参加了在阿联酋举行的亚青赛后，队伍完成阶段性任务，齐玉波回到了天津。

1997年齐玉波来到甲A球队前卫寰岛队任助理教练，开始时严德俊任领队，施拉普纳任主教练，齐玉波担任助理教练。下半年施拉普纳被解聘，主教练换成了严德俊，球队成绩慢慢回升，获得了当年甲A联赛第五名，进入足协杯前四名。后来俱乐部让齐玉波组织二队，后因一些变故齐玉波辞去了年薪35万元的教练工作。回忆过去，齐玉波说通过这几年顶级联赛的历练，他的执教水平有了很大提高。回津后他又应邀出任松日二队主教练，干了一年多，于2000年又随恩师严德俊去了乙级队甘肃天马。2001年齐玉波到乙级队西安安馨园队短暂工作半年。2002年齐玉波回到甲B联赛甘肃农垦队任主教练。

2003年，齐玉波接任天津女足主教练，这是他女足教练员经历的"二进宫"。他的教练员生涯起步就在女足，再次投入女足大家庭的怀抱，多年漂泊在外的他终于有了机会再为天津效力。齐玉波接任后，天津女足由当时的第九名提升到最终的第六名。2005年队伍调整，齐玉波卸任主教练。此时，他的爱人原天津著名游泳运动员曹梦霞到新加坡任教，齐玉波到新加坡省亲时一个偶然的机会，催生了一段他执教国外职业队的插曲。他应朋友介绍到新加坡职业队巴耶利巴队执教，把一支在联赛中排名垫底的队伍带到中游水平。

2007年齐玉波回津又担任承担全运会任务的天津女足二队主教练。经过两年的悉心调教，这支队伍在济南全运会上获得第三名的好成绩，为天津贡献0.5块金牌，实现了全运会天津女足成绩零的突破，齐玉波被天津市体育局授予突出贡献奖。与此同时，队员们也获得了很多荣誉，如天津市"五一"劳动奖章、"三八"红旗手、青年突击手，等等。为此，齐玉波很感慨："感谢那时候教练组其他成员翟良田、施连志等人的协助，这是几位志同道合的队友共同努力取得的成果"。

齐玉波出访日本

2013年辽宁全运会前，齐玉波又重返天津女足一队，率队取得了15场比赛14胜1平的佳绩，荣获亚军。

2015年，齐玉波再次回到男足执教。天津市体育局经过严格筛选，任命齐玉波为参加2017年天津全运会的男足U18教练。在人员条件差、训练条件差、组队时间晚的不利条件下，齐玉波跟教练组成员陈胜利、施连志、杨杰一起与队员艰苦奋斗，克服各种各样的困难，以第七名的成绩完成比赛。

为足球奋斗了几十年的齐玉波，谈及心爱的事业怎能不万分感慨："有很多需要感谢、感激、感恩的人。在已过去的足球生涯中，每当在一个重要的节点，都会遇到支持我、帮助我的人，他们都是我的贵人！"

齐玉波在秦皇岛基地集训

冯天宝——洛杉矶侨队 NO.1

冯以理老先生在天津汇文中学造就了一批足球场上的佼佼者,而他养育和熏陶的二公子冯天宝在天津足坛也声名显赫。

旧金山金门大桥,一号公路,一边是碧波万顷的太平洋,另一边则是高耸陡峭的山崖,绿绿草地映入眼帘,风景美不胜收。38年前,冯天宝初踏美国,满眼的美景深深地吸引着他。然而此时的他面临严酷的现实,他需要生活,他需要在陌生的异国生存,一切美丽景色,都在眼前一掠而过。

异国他乡难舍足球情

来到美国刚刚8天,冯天宝便幸运地找到了工作,在一家包吃包住的旅馆打工。整整连续工作一周,不停地忙碌着,直到领了第一笔薪水,他才得以第一次外出探望亲友。冯天宝打工的地段社会治安较差,他并不怎么介意,每天看到旅馆客人来来往往,同样在异国的他们都以自己的方式精彩地生活,他期盼着享受生活的快乐。

在国内踢足球时的冯天宝,是个名声在外的人。一年后,洛杉矶最老牌的华星足球会找到了他。这家成立于1967年的足球会,会员从青春年壮者到年迈老者都钟情于绿茵场,一位主持东方书局的张永中先生义务为球队联络找商家赞助比赛,"华星"成为洛杉矶实力最雄厚的华人足球队。球队的名声越来越大,加入者越来越多,最多时达百余人,不乏昔日国内足球名将,球星云集。原中国国家队著名前卫李国宁、秦国荣,著名后卫蔡锦标、前锋吴群立,上海申花队的张毅,广州队的徐兆强、冼海辉、黄天荫、司徒钜、冯国祥均列其中。当他们闻听天津名将冯天宝来到美国时,便慕名相邀,难以割舍足球情的冯天宝欣然加入。在球队他从踢后卫改为前锋,与队友们打遍绿茵场,球队战绩连连攀升,冯天宝成为华人中众人皆知的"NO.1"。尽管人在他乡,冯天宝时时刻刻地怀念着家乡,难忘家乡足球的恩惠,天津优秀球员的光环让他走到哪里都备受

冯天宝

瞩目，让他不时回忆起在天津踢球的岁月。

子承父业绿茵场展豪情

冯天宝1956年出生在天津，5岁开始跟随父亲接触足球，那时他走到哪里，总会有人说，这是冯以理的儿子。"那时候父亲实在太忙，他创办了足球业校，使汇文中学的足球培训更加正规。他天天带着学生训练，精力十分旺盛。他爱这些踢球的弟子，周末把他们的脏运动服拿回家让我妈妈洗。"冯天宝回忆道。那时汇文中学校门口挂着"足球传统学校"铜牌，学生为此而自豪。足球是汇文的第一体育项目，汇文足球享誉天津乃至各地足球界。校园里很早就有在其他学校十分罕见的大足球场，还有环形跑道。那时班班有球队，学校有少年队、青年队。每当课余时，学生们奔向球场争相竞技，许许多多的足球在场地上滚动，演绎了一幅生机勃勃的景象。这些情景深深地感染着幼小的冯天宝。

冯以理教授学生苦练足球，倾尽心力，给予儿子冯天宝的却不多。尽管如此，冯天宝至今依然记得，父亲的那些言简意赅的点拨，足以让他在赛场上受用。"足球运动不仅可以锻炼体魄，建设和保卫国家，更能磨练意志毅力，战胜艰难险阻取得最后的胜利"，"足球比赛要靠团结协作，要有一盘棋思想，要有集体主义精神"，等等。在耳濡目染中，冯天宝一步一个脚印地进入专业队，1972—1975年，用了三年时间，他从天津二队升入天津队，随后几年在严德俊指导的天津队中踢右后卫。

当时天津队正值鼎盛时期，各个位置人才济济，单是右后卫就有高俊亭、乔世彪两员大将与冯天宝竞争。三人各有所长，高俊亭防守甚是勇猛，拼抢凶狠；乔世彪跑位很灵活，脚下细腻；冯天宝则以速度快见长，视野开阔，冲刺跑后擅于助攻。严德俊教练在比赛中视情况调遣三人登场，冯天宝每每上阵，满怀豪情，冲锋陷阵。

谈起让冯天宝印象最深的比赛，非1980年天津队夺得甲级联赛冠军的那场争夺莫属。在当年上半年的循环赛中，天津队与一年前的第四届全运会冠军山东队遭遇。那天是5月15日，六级大风呼啸而来，天津队以3：0席卷对手。先是第17分钟，左后卫齐玉波开球至禁区，边锋王群发抢点头球攻门成功；两分钟后，王群发又一次头球建功，2：0；第37分钟，冯天宝右路断球，顶着狂风顽强疾进，突破防守至前场一脚传中，王群发门前得球转身劲射再次破网。王群发上演了帽子戏法，冯天宝也欣慰不已。

移居美国的冯天宝

这一年冯天宝已有了出国投向亲友的准备。上半年比

赛过后的天津队，积分排位全国第一，为最终夺魁打下了坚实的基础。然而这时的冯天宝拿到了赴美签证，随即起程越洋而去，未能亲临最后夺冠的赛场。对此，他至今仍有些许遗憾。

投身商海不忘家乡情

初到美国，冯天宝眼中的是开放、发达的社会，自然条件优越，生活紧张又悠闲，教育资源丰厚而优质，科学技术发达且超前。然而这一切并没有让他自卑自怜。他告诉自己，要融入这个社会，但不能媚外，要通过不懈的努力生存下来。用他的话说，要在"法律允许的范畴内"干一番为梦想而疯狂的事业。

在旧金山打工几年，冯天宝逐渐熟悉了生意经营之道，辛辛苦苦而节俭生活攒下了一笔钱，于是他投资开办了旅馆，还瞄向了房屋装修业务。商界存亡沉浮，冯天宝凭借朴实又坚韧的个性、灵活又不越界的经营，在商海无情的激烈竞争中，把旅馆打理得中规中矩，并得以生存、发展。后来他变卖了旅馆，购置了一批房产，又买了一块土地。冯天宝俨然成为一位房地产商，尽管经营的买卖不算大。

那些年间，冯天宝奔波经营之余，经常与球会队友相聚比赛。不料，大约在2007年的一天，他兴致大起，那天竟然跑了两场球，身体严重透支，回到家里，在电脑桌前突发脑梗塞。幸好发现及时，抢救后脱离危险，那时他已知进入知天命之年。经过康复治疗，冯天宝以良好的身体素质战胜了病魔，不曾留下难以恢复的后遗症。

1988年，生意渐渐有了起色的冯天宝，把在天津的父亲母亲接到旧金山，共享团聚天伦。

多年以来，以昔日汇文中学足球宿将为主组成的校友会，始终不忘师生情。2009年策划了冯以理老先生八十九岁寿诞典礼，冯老先生携师母专程回津，1月18日在冯天宝的陪伴下出席寿诞典礼，弟子们特意编撰精美画册《恩师冯以理》，奉赠冯老先生以资永存纪念。

冯天宝康复后，更是念记家乡，有机会便飞赴回津。2018年4月8日，他再次回津，与汇文校友会兄长们相聚于春意盎然的水上公园，畅叙说不完的话。冯以理的得意弟子之一李长俭回忆道，2007年为纪念国家白队落户津门而编写《绿茵情缘五十载》，事前约冯天宝和其父留言入册。李长俭说："天宝老弟在越洋电话中大声说：'祝愿老白队队员晚年健康幸福！祝愿天津足球继续发扬光大！'随后他又反复叮咛：'出这本画册太有意义了，出版需要费用告诉我，出不了力我可以出资，千万不要客气。'"冯天宝的念乡、爱乡之情，令人钦佩。

冯天宝于美国与父母的合影

王群发——小快灵巧的得分手

天津足坛不仅盛产门将和后卫，还涌现出许多优秀的射手，从孙霞丰、李学浚、左树声、陈金刚、王兴华、王俊到后来的于根伟等，无不令人记忆犹新。而20世纪80年代一名身高仅有1.69米的小个子前锋王群发，更给人留下了深刻印象。他最耀眼的表现是在1980年天津队夺得全国甲级联赛冠军比赛中，一人打入7球，以得分而计，王群发无愧为最大功臣之一。

感谢三位恩师

如今的王群发瘦瘦小小、平和儒雅，让人难以和当年叱咤足坛的最佳射手联系到一起。

国家队时期的王群发

"小时候就是自己踢着玩，我们家住在河东中山门附近。那时候全市各区的足球氛围都非常好，各个厂子都有自己的足球队，河东体育场、二宫体育场经常有工人队比赛，他们大多是1970年之后从专业队下放到工厂的，我身受这种氛围的熏陶，对足球产生了浓厚的兴趣。"对于自己能够走上足球专业之路，王群发最感谢的是三位恩师："1972年我进入天津青年队二组，教练是李朝贵、邓雪昌和崔光礼。我记得很清楚，4月份进了7个人，包括我、吴泽民、李敦等，6月份进了5个人，有王广泰、沈其泰，年底又来了几个。现在回想起来，依然很感谢李朝贵、邓雪昌、崔光礼三位恩师，他们不仅教我们足球，还教我们如何做人。"王群发回忆说，当时有的队员不听话，教练都会很严厉地批评，但出完早操回来，他们已经在食堂等着，会多给你盛一些菜，让你吃得饱饱的。"他们恨铁不成钢，但在他们悉心调教下大多都能成才，很多人成为天津队乃至国家队的顶梁柱，比如王广泰、沈其泰、高俊亭、吴泽民、陈金刚、左树声。"

访越一战成名

王群发真正成名是在1977年随天津队出访越南。出访之前国内搞了一次国际足球邀请赛，天津队人

1977 年随队访问越南时，王群发
在胡志明故居前的留影

手不够，从二队把王群发调入队中。邀请赛上王群发表现出色，随后与左树声、王建英一起入选中国青年队。正是抓住了这次机会，王群发顺利留在了天津队。"那时候天津一队教练是李元魁、霍同程和张业福，我上去之后就占据了主力位置。"因为身材矮小，王群发刚开始踢的是左边锋，后来改踢前卫，与中锋陈金刚相得益彰。"随后天津队出访越南，与以越南国家队为班底的人民军队进行友谊赛，对手实力很强，比赛踢得十分难分难解。我们获得一个角球，吴泽民往前一冲带开了对方防守球员，我从后面插上头球破门，最终我们2∶1战胜对手。"

这粒进球让"矮脚虎"王群发一战成名。"我的绝对速度并不快，是全队最慢的，身材又矮，但是教练员要求角球、任意球时我必须进入禁区，主要是因为我笨鸟先飞，也会跑。我不动，对方后卫就不敢动，我只要一动，就比对方快半步，门前抢点，瞬间甩掉后卫盯守。"王群发的观察预判灵动，跑位飘忽不定，节奏有序。人们说他酷似当年国家白队的陈山虎，小个子每有惊人之举。

荣膺最佳射手

从越南回到国内，经过两年多的磨练，天津队的人员配备、技战术打法已经逐渐成型，而且在全国联赛中名列前茅。1980年上半年打完联赛，中锋陈金刚去了国家队，用人之际，李元魁将原本踢前卫的王群发推向了中锋位置，配以左右边锋张贵来、王毓俭。这一搭配让他如鱼得水，进攻线上的"三叉戟"的威力席卷甲级联赛。

1980年5月15日，天津队在甲级联赛中与山东队相遇。山东队是1979年第四届全运会冠军，天津队则在全运会预赛中惨遭淘汰。那场比赛在石家庄进行，当时风很大，开场第15分钟，善于助攻的左后卫齐玉波前场传中，王群发飞速抢点一记头球打破僵局。两分钟后，还是齐玉波准确传球，王群发又是头球破门。第37分钟张贵来下底传中，王群发包抄到位，在6码线附近扫射又进一个。那场比赛王群发上演帽子戏法，天津队3∶0完胜山东队。

当年的全国甲级联赛，王群发一人打入9球，加上出访收获的3球，以12球与辽宁队李树斌并列获得全国最佳射手称号。作为一个身高只有1.69米的中锋，这一殊荣至今都令人不可思议。值得王群发欣慰的是，他是

至今唯一荣膺全国联赛最佳射手称号的天津足球选手。

火车头创始人

王群发于 1980 年的留影

在王群发看来，当年之所以天津队能拿到全国冠军，除了实力和努力，最重要的是团结和良好的氛围。"生活中我们都是好兄弟，大家事业心都非常强，只要上了赛场什么都不想。那时哪有什么奖金，打赢了比赛，取得好成绩，大家就高兴了！"

从1980年到1982年，王群发作为天津队中锋，进球数都保持在全国前列。颇为令人惋惜的是，由于种种原因，1982年只有25岁的王群发退役离开了天津队。1984年王群发在天津二队又踢了一年，随后前往天津铁路分局招待所报到上班。这一选择或许是因为那里有当年的队友王毓俭、李敦等人，他们打造了后来名震全国的火车头足球俱乐部的雏形。"那时候招待所所长、后来火车头俱乐部总经理席绍忠喜欢足球，招待所员工大多都是从各区体校下来的足球运动员，我们几个就成为教练兼队员，大家组织到一起踢比赛，办了火车头俱乐部。"谁也没想到，一支"伙头军"后来能在全国足坛产生如此之大的影响力，并一度成为中国足球青训的重镇。

难割舍足球情

两年之后，王群发最终进入天津铁路分局公安处工作。那时的王群发基本远离足球，但只要有机会，他心中那团足球之火总会燃烧。1999年天津汇森女足成立，昔日队友王家春一声召唤，王群发便前往任教。当时天津女足主教练吴泽民、总经理曹凯军、助理教练李敦都是王群发当年在天津队的队友、好兄弟。"王总费了很大劲把我借调出来，心情当然很激动很高兴，队友们都想着我。"在女足的两年间，王群发十分快乐，大家都非常团结，这也为后来球队成绩稳步提升打下了良好的基础。

眼前的王群发低调、内敛，甚至有些腼腆和不善言辞。对于自己的过去他并不愿意说太多，当谈到对今天的足球提一些建议时，王群发笑着说："我还是不说了吧，毕竟离开足球这么多年了。"其实现在的王群发并没有真正离开足球，每周都会和昔日队友聚到一起踢踢球、聊聊天，还会参加天津元老队的比赛，希望继续享受足球带来的快乐。"快乐是一种心态，比如我原来住在市里，现在图清静搬到了南郊。去年退休了，现在只要没事儿就约上三五个院里的邻居，一起到门口的红旗河钓鱼解闷。"

一位当年的足坛高手，厌倦了世事纷争，挂靴退役，王群发在锋线上的闪光永存足球爱好者心中。

陈金刚——中超土帅属金刚

披上国家队战袍的陈金刚

1958年，陈金刚出生在和平区重庆道的一所老房子里。因为紧临民园体育场，每天放学回来，陈金刚都要去看天津队的大哥哥们练球。每逢球赛，他更是想方设法挤进去，有时冒着被抓的危险，爬上墙头，跳进场内。那时，瘦瘦小小的陈金刚常陶醉在激动人心的比赛中，他被万众欢腾的气氛所感染，被足球健儿精彩的表演所吸引。当他有机会踏上绿茵场，接触了足球后，足球就像他最爱吃的橡皮糖一样，牢牢地粘住了他。从此，每天放学以后，陈金刚便和小伙伴们模仿起大哥哥们的样子练球。俩书包就当球门了，任是风吹日晒，酷暑严冬，激情永远不会减退半分。再长大一些，有了班赛、校赛，有了表现自我的平台，陈金刚开始有想法要踢出名气。由于练得认真，不久陈金刚就成为长沙路小学校代表队队员，并在全区小学足球比赛中获得了冠军。这份荣耀在陈金刚看起来举足轻重。

11岁的陈金刚考入新华路体育场业余体校进行正规训练。他要把乐趣作为理想去追求。在体校教了他5年的高复祥教练回忆说："陈金刚是训练最刻苦的一个，几乎每天早晨都是他第一个来场敲门，等他拿出球去练了一会儿，别的孩子才陆续来到。"陈金刚不光是来得最早走得最晚，更是训练最用心、最用脑的那一个。刚开始踢足球时，陈金刚就知道自己的短板——个子不高还瘦弱，于是他在侧重身体训练、力量训练的同时，格外注重球感和球商。发育中的陈金刚总觉得自己的身高是硬伤，但他不是一味消沉，而是借助了解到的办法，通过几年的勤奋努力，身高从一米六多竟然长到一米八一。

他回忆那时候经常给自己开小灶，只要是可以起到增强下肢承受重力和其他方向压力作用的运动他都喜欢。"锻炼可以加快自身血液循环，使新陈代谢旺盛，改善肌肉和骨骼系统的营养。足球这种户外运动，除了紫外线促进维生素D的转化、促进钙磷的吸收，还可以使肌纤维变粗，肌肉供血改善，毛细血管增多，使肌肉强壮。锻炼还有调节神经和内分泌的功能，刺激脑垂体分泌生长素，增加血液中雄性激素的浓度。"陈金刚特别感谢青春时的自己，他几乎把所有心思都放在了身体与意志的打造上，而

没过多久，他便迎来收获。

1974年底的一天，陈金刚正在家里缝补球鞋，准备听从命运的安排去"上山下乡"。就在这时，他却意外地接到了调他到天津青年足球队的通知。"我简直高兴得发了狂，当时的心情就像朝圣一样，是带着仰望的感觉去的。"

到队后的陈金刚因为脑子反应快，技艺大有长进。1976年被选入国家青年队去南斯拉夫参加国际比赛。1978年初又被选入天津队，

陈金刚（右）与恩师高复祥（左）的合影

过去一直打主力的陈金刚，在队里因为年龄小，比赛经验少，一时间成了替补队员。在这段时间里，他每天都给自己加小课，着重加强力量性练习；比赛前的每次准备会，尽管不上场，他也仔细记笔记；比赛时他坐在场边板凳上，虽然两条腿没有踢球，但头脑却一刻也没有停歇，在和队友一起参加这90分钟的争夺。"我是喜欢思考，有瘾。"他在场边观察战局的变化，注意球路的发展。哪一脚传得好，好在什么地方；哪一脚没传好，应该怎样传……比赛结束了，大家去休息了，他开始写观战的收获体会。

一些足球行家说："陈金刚最大特点是场上意识好。他能利用冷静的头脑和智慧，把握住足球场上的运动规律，善于在千变万化的形势中，合理地判断球路的发展，摆脱对方的阻拦，选择出球的有利时机和有利方向。"意识好似乎是一个运动员的天赋，但陈金刚的"意识"却是靠艰辛的训练和不停的思考换来的。在这段时间里，他特别珍惜短暂的上场比赛时间，哪怕是几分钟都全力以赴，从不松懈，因此给人留下了"负责"和"可靠"的印象。

时间转眼来到1979年，广州国际足球邀请赛前夕，香港《大公报》登了一篇通讯《中国新星——陈金刚》。文章中写道："中国足球队小将陈金刚，是天津人，这个二十一岁的'金刚'，在日本杯足球赛中，曾在中国对米杜士堡（米德尔斯堡）队中射入一球……陈金刚有'金刚'般的身型，高达一米八零，速度惊人，从后而上的射门的速度，有如摆脱缰绳的骏马一样，使人难以捉摸。"

可以说此时的陈金刚已经崭露头角，在广州邀请赛半决赛中的高光表现更是让他从此星途坦荡。1979年6月17日晚上，广州市的省体育场绿茸茸的草坪球场上，中墨足球健儿正为争夺决赛权而鏖战。上半时赛到第33分钟，沈祥福带球下底传中，陈金刚快速插上得球，正在他抬脚欲射的刹那，两名后卫赶上封堵，哪想到陈金刚却把球轻轻向外一拨，连过了两人，看准角度起脚怒射，球进入

网底。下半场第13分钟时，中锋徐永来带球下底传中，中卫刘志才接球射门，被墨队门将扑出，此时陈金刚赶到，离球只差半步，用脚尖把球捅入网内。在这关键一战中，陈金刚靠他的冷静和机智，连进两球，博得观众喝彩。

广州国际足球邀请赛归来，陈金刚丝毫没有沾沾自喜，而是继续拿出他时常带在身上的笔记本，马上去听取老教练的意见。足球元老李朝贵指导对他说："看了你在广州的几场比赛，觉得进步很大，但是还有两点明显的不足之处：第一，你还不能利用自己的高度和对手争抢空中球；第二，比赛时还欠泼辣，显得拼劲不足。"陈金刚把老教练的话记在了小本子上，并在后面重重地写了四个大字"锻炼意志"。从此，陈金刚着魔一样苦练本领，让老教练寄予的希望变为现实。对此，他至今记忆犹新，始终受益。

1980年，陈金刚入选国家队，身披11号球衣，司职中锋。他以机敏的头脑和出色的脚法，发挥出身高的优势，很快坐稳主力中锋位置。他参加了1980年亚洲杯、1981年世界杯预选赛和亚运会等重要赛事。令人津津乐道的是第12届世界杯预选赛亚大区比赛，0∶2落后沙特队的中国队，最后30分钟连入4球，逆转获胜，陈金刚是贡献一球的功臣。在国家队期间，陈金刚共打进7个A级比赛入球，在天津队的比赛中他也有多球进账。1982年评选全国11人"最佳阵容"，陈金刚荣幸入选。

作为主力中锋，陈金刚的活动范围很大，凭借良好的视野，传接配合，突破射门，展示出多方面才能。有业内人士提到陈金刚的特点，说得最多的就是：陈金刚是动脑子踢球的锋线队员。前国脚李津春形容说："他盘带于意料外，传球于无形中，进攻总是行云流水、随心所欲、又快又巧，足球在他的调度下瞬间就能够华彩绽放，这是竞技更是艺术。精灵般的射手，诡秘莫测的跑动，不可思议的抢点。"挚友吕洪祥也称赞道："金刚的传球精准，他是绿茵场绝对的核心，他对足球艺术追求极致。"

陈金刚形成了自己的球路球风，他将中锋的位置重新定义，不仅在对方半场施展个人多方面的能力，也是具有创造力的球队组织者。陈金刚笑谈，踢前锋他比不过一些人的粗犷，而踢后卫他又比不过一些人的浑厚，于是他决定去尝试踢一个清润一点儿的中锋。没想到这一踢还就踢出了自己的一片天地。

退役之后，陈金刚顺理成章地成为教练。陈金刚说："我在差不多30岁之前，都活得像一个孩子，特别简单。我的生活就是我和足球，这样的感觉直到退役。做了教练，需要更多的大局意识、全盘考虑，我才慢慢让自己学会成熟，来面对世界。"崭新的角度里，他在远处，在高处，审读足球，眺望未来。

这些年随着中超"金元时代"的到来，不仅迎来了一批大牌球员，也迎来了诸多国际上的金牌教练，里皮、斯科拉里、卡佩罗等著名教练开始执教中超球队。随着中国职业足球俱乐部越来越喜欢洋帅，那些代表着本土球员最高水平的国脚们，在退役后失去了执教的机会，有的也不太愿意继续从教，

毕竟教练岗位压力很大。这种情况下,国内的土帅们可谓在夹缝中求生存,工作环境十分艰难,难以在中超立足,进而导致本土足球教练的名气无法提升。这种恶性循环的结果是,留给本土教练的空间愈发减少。

但陈金刚是个例外。他是中超里最酷的中国教练。所谓酷,不单单在于他的外貌,而在于不计得失的勇往直前。因此,作为本土教练竖在中超赛场的一面大旗,陈金刚是值得

接受记者采访的陈金刚

敬佩的,长春亚泰俱乐部也是值得尊敬的。当然,球迷们也期待着在职业化赛场上敢和外教掰手腕、能和外教掰手腕、有机会和外教掰手腕的本土教练越来越多!

"中国最顶级联赛给我们带来了紧迫感,"特别希望为土帅正名的陈金刚认为,"外教的到来给我们带来了不太理想的境况,但并非没有机遇,最好的应对方法就是要终身学习,这是别人永远都抢不走的竞争力。"他还表示:"我觉得即将到来的60岁这个年纪特别好,是特别适合干事业的年纪,不用再为家庭啊、生活啊、长辈啊、晚辈啊太过分心,而且心态也不再浮躁,没有太多名利的牵绊,一心只想做一些事情,把半生沉淀积累的东西回馈给社会。"

无论是在天津带队,去国奥队做教练,在中国女足国家队执教,又或者去外省市的俱乐部,陈金刚对足球的思考、理解与表达,总有一股理想主义精神在里面。他鼓励对足球的创造,使之不断发展前进。他的足球战术,是通过不间断移动和传切执行的;他的足球方向,是主观并且自我的;他的足球哲学,是不断前进、进化并且自我提升的。

陈金刚认为,中国足球的发展是一个"根"和"本"的问题——根,就是青少年;本,就是顶级联赛。现阶段中国足球抓"根"是最重要的事情,因为有年轻人的球队才会有未来。可如何才能培养出更多的优秀年轻球员,从长春亚泰的经验来看,足球青训成才率高不高,70%取决于青少年足球教练的水平。

事实上,当人们做任何一件事并且渴望达到一定造诣时,需要有一个梦想和目标支撑,纯靠兴趣是难以持久的。无论是有三个还是只有自己在苦撑的中超"土帅军团",陈金刚始终在负重前行。

陈金刚拥有一个独立思考的大脑。年轻时他就喜欢做笔记,喜欢观察和总结。他觉得主教练的魅

陈金刚执教长春亚泰队

力在于不断地为球队创新，赋予足球无限想象力与生命力。

一年中总有那么几个深夜，陈金刚就算再忙也要起身在电视里遥望西半球的马德里，那里的灯火并不比南京路上更璀璨，但伯纳乌闪亮神圣。一个城市里有支球队，让市民周期性地宣泄一下，是城市成熟及现代化程度高的标志。为此，他也热衷于谈起家乡。陈金刚一路见证了足球带给天津的荣誉和影响力，他相信并祝福天津的足球事业将再创辉煌。与此同时，陈金刚非常感谢天津的球迷。他说："家乡的球迷是最可亲、可敬、可爱的人。从他们那种团队协作的精神，他们那种顶风冒雨为天津队加油的斗志中，我看到了他们对天津队无比的忠诚，对天津足球火一样的爱！这种忠诚和爱是无与伦比的！而且从70年代一路延续至今。无论我在哪里，我都仿佛听得到天津球迷呐喊的声浪，太亲切、太熟悉、太想念！"

一直以来，天津球迷的狂热在全国数一数二，对于自己的主队近乎毫无理由地支持和热爱，无论球队成绩好坏，永远追随在球队身边。陈金刚说咱天津人爱球懂球，他们在乎的不是胜负而是球队的拼搏精神，即"津门虎精神"。

左树声——"左二"辉煌耀眼

在天津乃至中国足球界，左树声的名字足以载入史册。从驰骋绿茵场到挂靴后执教，从率领专业队到职业队，从退休至今日，将近五十个春秋，左树声没有远离人们的视线，依然投身足球事业。左树声结缘足球时日之长，创造业绩之优秀，其人号召力之大，影响之深远，不啻广大津门球迷心目中的名片。"男子汉就要踢足球"，铿锵有力的名言，是左树声发自肺腑的心声。

1958年出生的左树声是土生土长的天津土城地区人，这个地区的足球运动氛围浓厚。6岁时，在大哥左树起的影响和启蒙下，左树声爱上了足球。当时他就读的土城小学，无论是校长还是老师都非常重视足球运动，在体育老师蔡德新的引领下，左树声开始接受训练，两三年后，又投奔河西体育场李玉森指导。李指导足球专业造诣较深，指导水平在河西区很有名气，在他的点拨下，左树声的足球技艺大有长进。提起这两位儿时的引路人，左树声深情地说："感激之情，永生难忘！"

左树声手捧西班牙国际邀请赛最优秀运动员奖杯

左树声回忆起小时候踢球的情景："那时候家里生活困难，我们都是光着脚丫子踢球。我的瘾最大，腿上的口子一道挨一道，裹上布接着踢。"凭着这股子劲头儿再加上出众的天赋，左树声在1972年得以入选李朝贵、邓雪昌、崔光礼执教的天津二队。1975年左树声随队出访日本。1976年入选张亚男、田桂义、朱玉田执教的天津青年队。至今左树声谈起这几位指导，仍心怀感恩。

进入专业队的左树声更加珍惜机会，他说："那时候队里的竞争是实打实的，大家拼的就是谁更刻苦，要是不行肯定就会被淘汰。"从小就有韧劲的左树声，很快在天津青年队中备受关注。但是这位后来名震全国的足球名将，差一点就因为伤病而结束足球生涯。当时的训练方法和强度跟现在相比有很大的不同，一天三练习以为常，几乎每天都有深蹲、挺举杠铃等大量的训练内容。在身体处于疲劳状态

下，左树声的腰在一次训练中严重受伤，当时连起床等简单动作都会给他带来巨大的疼痛。在休养了一个多月后，腰伤虽然有所好转，但是跑起来依然痛得喘不上气。他回忆说："我实在躺不住了，当时有几场非常重要的选拔比赛，虽然腰还是疼得厉害，但是我都是咬牙跟教练说没事儿，强忍着去训练和比赛。后来跟一些专业人士提到这个事情，他们都替我后怕，说那种情况处理不好可能会导致瘫痪。幸运的是，我真的咬牙挺过来了。"

付出了常人难以想象的努力，左树声凭借出色的技术和勇猛的作风显露锋芒。1977年，刚刚19岁的他入选国家青年队，并代表国青队参加中国"长城杯"赛及南斯拉夫里耶卡（Rijeka）青年比赛，受到主帅史万春的青睐，并受到重用。1979年左树声正式入选国家队。在国家队效力时间最长的天津人是蔺新江，其次是左树声，长达8年。

左树声谈到，国家队的三个老队员容志行、迟尚斌、相恒庆对他的影响非常大。回忆起那段经历，他说："到了国家队，更是拼命去练，同时也努力去学习。主教练年维泗特意把我跟老大哥容志行安排在一个宿舍，我有了更多机会跟他交流，后来我们成为国家队中场的绝对搭档。"左树声非常用心，容志行人品好、球技好，传球控球技术极富想象力，左树声以他为榜样，受益颇丰。

说到自己在国家队的位置，左树声非常谦虚，他说："应该说是'工兵'吧。那时候跟容志行搭档，他的技术称得上出神入化。我觉得自己更多的是能拼能跑。"其实，当时的左树声在国家队的地位并非像他说的那么简单，出色的身体素质、过硬的作风、攻防兼备的技战术水平，让他成为国家队不可或缺的尖刀，并且被教练委任为队长。

1982年，中国队参加印度"尼赫鲁金杯赛"，左树声以3个入球获得最佳射手称号。他代表中国队参加了两次奥运会预选赛、两次世界杯外围赛、一次亚运会和一次亚洲杯赛。如果算上当时的国际友谊赛等比赛，左树声代表中国队的出场次数超过了百场。从现有的官方数据看，为中国队征战期间他在国际A级赛事中的进球数为23球。从1980年起，左树声连续三年入选（11人）"最佳阵容"，并在西班牙举行的国际邀请赛上获得最佳运动员称号。在8年的国家队生涯中，左树声成为中国国家队历史上公认

"左氏三雄"与启蒙老师蔡德新教练（右二）的合影

的响当当的名将。

1981年世界杯预选赛亚大赛区，中国队与新西兰队比赛前，左树声在训练中不慎磨破了双脚脚后跟，伤口反复摩擦导致感染化脓。他坚持训练，休息时床单与血肉模糊的伤口粘连在一起，令他极其疼痛，转天，他又打着绷带咬紧牙关继续训练。这一伤情被媒体披露，天津运动鞋厂业务员范继正和薛厂长得知情况后，叮嘱工人连夜为左树声赶制出一双挖去了鞋后榔的特殊球靴，并于第二天穿过晨曦薄雾，驱车送到北京工体的比赛现场。打着绷带，穿着这双凝聚着家乡人民深情的战靴，左树声至今回忆起来依然感慨万千："怀揣着家乡父老乡亲的关切、温情与希望，这份情感真是无以回报。作为家乡一方水土养育的天津人，我深切地感受到家乡亲人们为足球运动发展所表现出来的深切关怀！不辜负家乡父老对我的期待，这是我挺过伤痛的动力和源泉！"

"国脚"左树声的赛场英姿

在面对伤痛和困难的时候，作为普通人，有人会很轻易地选择安逸或逃避。当年的"左二"，伤情严重而以坚强的毅力投入赛场拼搏，被媒体报道之后，在人们心中升华为一种精神力量。而就在当年，这种力量无疑激励着那一代人，因为"左二"已超出"推土机""坦克"的称呼定性，人们从这种百折不挠的刚毅中汲取了强大的正能量，极大地激发了人们勇于战胜艰难的力量。伤痛成就了左树声，这就是"天津爷们儿"！我们理解了为什么球迷对"左二"的喜爱这么疯狂！

也许是之前的足球生涯过于顺利，左树声在1985年的世界杯外围赛中受到了前所未有的打击，正处于运动员黄金年龄的他，在"5·19"那场比赛中无奈地吞下了一颗巨苦无比的果子。这是左树声作为队长，最后一次代表国家队出战。回想起那场比赛，左树声直到现在还有所不甘。他说："我始终觉得，当时如果能够进入墨西哥世界杯，以我们的实力应该能够让人看到惊艳的表现。但没想到最终让场外的因素把我们挡在了大门外。真的是不甘心啊！当然，这些与教练无关。"左树声的愧疚之情溢于言表："无颜面对父老！太轻敌和麻痹大意，这个打击非常大，至今想起来还是隐隐作痛。"

满是失意的左树声回到天津，家乡的父老们向他敞开了温暖的怀抱。左树声说："从国家队回来后，天津市的老干部们特意接见了我们，给我们鼓劲，让我们别灰心。当时让我特别感动，心里面那股

劲儿又起来了。而且天津的球迷们对我也特别好，这让我又踏踏实实地踢了几年球。"1987年第六届全运会期间，国家体委在广州举行"拼搏之歌"报告会，左树声有幸与世界冠军李宁、李玲蔚等人应邀汇报。左树声在会上发出了"男子汉就要踢足球"这一强而有力的呼唤！他不仅仅想激励自己在足球道路上继续走下去，更希望有更多的人去努力挺起中国足球的脊梁。

1988年左树声远赴荷兰参加联赛，效力于兹鲁瓦俱乐部。左树声感慨地说："在荷兰踢球最大的障碍是语言沟通，但是看到了很多不同于中国的足球培训机制，其中米切尔斯教练的训练最有特点，进攻，再进攻。荷兰教练几乎都是清一色的'进攻狂人'，都认为足球首要的目标是进球而不是防守。米帅的训练在任何时候采取的态度是不妥协，完全的实战标准，为我后来的执教奠定了扎实的基础。"

1989年，左树声从荷兰归来后，正式在天津二队开始了教练员生涯。跟当运动员不同，教练工作需要付出更多的精力，左树声也开始了自己的沉淀和积累。1996、1997赛季，左树声终于成为天津队的主教练。进入2000年之后，左树声应邀加入老师张宏根、陈亦明组成的教练班子，先后执教甲B的重庆红岩、成都五牛队，几年间率领两队取得了"冲A"成功的战绩。

左树声回津后，在2008年中途接手天津泰达队，随后带队取得了亚冠参赛资格。2009年，左树声从泰达队主帅位置上离开后，没有再担任任何职业队的主教练。"当时太累了，就是想好好歇歇。几年后，我觉得跟职业球队教练相比，做一些基础的工作更让我感兴趣。青少年足球训练工作是中国足球未来的基础，我责无旁贷。"左树声说。为此，最近几年他在青少年训练中扎实地工作着。他说："天津是一座足球城市，我的成长跟这座城市的培养是分不开的。从青年队开始，崔光礼、张亚男等老教练就给我无微不至的关怀，沈福儒、翟良田等名宿也给我宝贵的指导。他们都为天津足球努力传承，对于我来说，一定要把这种传承延续下去。而且，只要天津足球有任何需要，我也都会尽全力付出。"

左树声希望在未来三到五年内，能够给天津的这两支职业队输送出优秀的天津籍足球人才。2015年左树声接触青少年足球培训，他感叹现在的青训条件在足协和体育局的支持下远胜于过去，做到了真

左树声（左）与前中国国家队主帅米卢（中间）的合影

正重视，力度空前，而且频繁的赛事对于发现人才大有好处。2017年天津市青少年足球"希望之星"访问团出访西班牙，将西班牙先进的训练理念带回天津，对于更新教练意识、升级强化训练内容作用很大。强化训练对于青少年技术的日趋完善，在短时间内缩短与强队之间的差距，提高他们的身体素质，都大有益处。强化训练是行之有效的长远举措，无疑会成为推动足球发展的强大动力。

左树声接受中央电视台《东方时空·足球专栏》采访

用国际视野审视则刚步入花甲之年的左树声，以及他与众不同的足球经历，可以说"左二"正处于执教黄金年龄。人们希望有朝一日他还能执教天津职业足球队，能够让人们看到天津足球人气最旺的男子汉，为天津球迷带来更多的快乐。

乔世彪——从学子回归足球

天津足球队战绩显赫时期的后卫选手乔世彪，是1980年夺得全国甲级联赛冠军的天津队成员，由运动员成长为教练员、领队，到如今的天津足球管理者。令他自豪的是，他是以专业足球运动员身份凭借优秀成绩考取北京体育学院的本科生学子。

乔世彪小时候就读于南开区西营门外小学。小学三年级的时候，体育老师任绍靖看到乔世彪个子挺高，跑得也挺快，选他进了校足球队。西营门外小学的足球运动开展得比较好，参加区里、市里的比赛经常获得前六名，曾经输送过不少足球人才，例如陈胜利、袁国庆、霍建廷、许靖、赵树明等。小的时候父母十分希望乔世彪好好读书上学，并不支持他踢球，任老师多次到家里做工作才有了乔世彪后来的足球生涯。

1972年马宝林退役来到南开区体校任教练员，14岁的乔世彪是他的第一批学生。马教练培养的这批队员中后来踢到专业队的，除乔世彪之外还有赵弓、徐树刚、付立来、郁德生等人。1973年乔世彪小学毕业来到黄河道二中上初中，每天上午上课，下午步行三四公里去南开体育场训练，他和小伙伴们在辛劳中享受着踢球的快乐。1974年天津市组建青年队，教练利用业余体校比赛考察、选拔队员。乔世彪那时踢前锋，速度、技术都不错，被李朝贵教练选中。但新的问题来了，按照当时"上山下乡"的政策，家里第一个孩子可以留在天津，而他在家中排行第二，如果去体工大队踢球留在天津，正逢升学考试的姐姐就得"上山下乡"，就这样姐姐去了宝坻。每每想起这些，乔世彪内心总是感到有愧于姐姐，幸好姐姐后来通过努力参加考试得以回津。1974年年底乔世彪正式成为专业足球运动员，与他一同进队的还有陈金刚、赵弓、李纪鸣、王中立、陈玺波等。进队后不久，他改踢了边后卫。1978年，他又与陈金刚、李纪鸣、高俊亭等人调入一队。由于技术日趋成熟，乔世彪很快能上场比赛，为此他十分欣慰。

效力于天津队时的乔世彪

乔世彪踢右边后卫，有速度，能拼抢，由于脚下技术比较细腻，控球、盘带、助攻常常一气呵成。令他记忆深刻的是1980年。那年8月，他患上了带状疱疹，不得不在家中养病，二十几天没有系统训练。正在这时，教练从沈阳打来电话，让他带着装备火速奔赴沈阳驰援联赛。情急之下，由训练科长带领，他于转天下午抵达沈阳与队伍会合。当晚，严德俊教练找他谈话，让他转天在天津队对阵辽宁队的关键比赛中出场。考虑到天津队的荣誉，乔世彪没去想自己的状态如何，便一口答应。比赛在下午进行，双方对阵非常激烈，而那场比赛的裁判又出现重大失误，天津队进一球被判为无效，相反，辽宁队李树斌用手打进一球却被算作有效，比赛场面很是混乱。最终辽宁队以2∶1取胜。后来天津体委向国家体委提供了录像证据，反映裁判判罚的问题，经国家体委查证，当场执法的那名裁判被"停哨"好多年。那时天津对辽宁的比赛就像现在的"德比"一样，见面就死磕。乔世彪在那场比赛中跑动积极、拼抢凶狠，但由于二十几天没有系统训练，体能较差，加之天气非常炎热，体力严重透支。在回驻地的车上他就虚脱了，经过救治很快得以康复，于是又出现在下一场对北京部队队的比赛中。那时候的比赛都是土场地，恰逢雨天很是湿滑。北京部队队进攻，乔世彪一个铲球，北京部队队的猛将蔺新江跳起来没躲开，鞋钉正好划到他的下颚，顿时血流如注。大夫说这个地方不宜缝针，这个疤痕"记号"至今依稀可见。1980年的全国甲级联赛，乔世彪在30场比赛中出战14场，时隔20年天津队再次获得冠军。市里给了球队很多嘉奖，授予球队"劳动模范集体"等各项荣誉称号，在年底体委召开的表彰会上，因带病坚持比赛的事迹，乔世彪受到了表彰。

1985年下半年，乔世彪与高俊亭到天津二队支援该队打甲级联赛，最后获得第八名，而后他正式退役。当时很多外省市和部队球队都邀请他去发挥余热，他都婉言谢绝了。退役后的乔世彪本来有去足球学校任教的机会，但他选择了上大学。随后，他开始复习备考，刻苦攻读经常到凌晨一两点钟。在复习过程中，他扬长避短，主攻语文、政治、化学等科目，而数学因基础太差基本放弃。在考试前两个月，体委特意为这些退役的"老家伙们"组织了一个复习班，他也得以在北京体育学院集中复习了两个月。考试之前，北京体院的王民享教授对他说："尽力考好，考不上再考虑给你办特招。"这句话虽然给他吃了定心丸，但他还是想通过自己的努力考取入学资格。功夫不负有心人，乔世彪最终以五门功课298分的成绩考上了北京体育学院，比录取分数线高出98分，为王教授"节约"了一个特招名额。

1990年，乔世彪结束了四年的寒窗苦读，圆满完成学业，被分配到天津市体委足球办公室工作，主要负责青少年培训和竞赛事宜。当时体委足球办公室首创了由各个区体校组队参加的"小甲A"联赛，每周六、日进行主客场比赛。这个比赛被《体育报》所倡导和推广，并吸引了中国足协主管青训的朱和

乔世彪（左）与前泰达队主教练内尔松（右）的合影

元特意来津考察。乔世彪每周都骑着摩托车奔波于各个赛场，处理各种各样的问题。他做的这些工作，日后被证实是有助于天津足球事业发展的。首届"小甲A"联赛中1981—1982年龄段的小球员曹阳、卢彦、韩燕鸣、杨君、曲波等一大批球员，日后都成为天津足坛名将，在一定程度上对天津足球基础的搭建及巩固起到了推动作用。

1998年乔世彪迈入他任教的重要时期。他先是到天津泰达队任青年队教练，与韩志强、袁国庆一起辅佐主教练张贵来，年底又到泰达俱乐部任技术总监，主要负责人才梯队建设和具体的训练比赛事宜。2004年下半年，俱乐部任命他为一线队领队，与时任主教练刘春明、助理教练刘学宇、守门员教练王建英等人搭班子。2005年乔世彪被任命为俱乐部副总经理，负责一线队建设和青训。他在队任职的那几年，泰达队的成绩基本稳定在全国前六名，一年第五名，一年第六名，最好的一年是第四名。那时球队中的本土球员比较多，加之引进了较好的国内球员吴伟安、蒿俊闵等人，俱乐部甚至有望通过两到三年的积累和完善，冲击冠军。

2007年刘春明辞去主教练之职，教练班子被调整，乔世彪回到天津足协。随后他被调到2008北京奥运会天津足球办公室工作，主要负责赛会交通、线路规划、赛时停车管理等工作。面对繁杂的工作，乔世彪始终尽心尽力。他对每一条涉及的行车路线都去亲自考察，对每一条备用线路也实地考察，认真细致地做好各项工作，因此赛后他得到了北京奥组委的嘉奖。

2008年，乔世彪到足协担任竞赛部部长，负责天津全部成年赛事的管理工作。在人员少、任务重的情况下，他带领竞赛部的尤海波、杨光、蔡朝刚圆满完成了国际比赛、中超、中甲、市内比赛的接待、竞赛任务。2008年3月到11月，是他最忙碌的时候，部门上下都没有休息日。为了更好地完成各项国际、国内比赛任务，他多次到马来西亚亚足联总部学习，增长知识、积累经验、充实自我。多年来他还受中国足协委派，担任全国联赛比赛监督，这也使他增长了不少见识，丰富了阅历。

2014年，乔世彪的职位又有晋升，担任天津足球运动管理中心副主任，当职至今。怀念往昔，乔世彪不禁感慨，由衷言道："2018年底我退休将及。从做运动员开始直到今天，我有幸为天津足球事业的发展奋斗了几十年。因此我对天津足球的感情很深，对足球运动更是有着难以割舍的情怀。无论任职抑或退休，我都会关心、关注天津足球事业的发展与复兴，也祝愿天津足球事业有更加美好的未来。"

高俊亭——又一员"拼命三郎"

黝黑的面庞，敦实的身体，不善言谈，朴实无华,可是每到赛场上，就是一个奋不顾身、忘情忘我的"拼命三郎"——高俊亭场上场下相差迥然的个性特征十分鲜明。

在专业队踢了十几年足球后，他走进北京铁路局天津铁路公安处当了一名警察，再也没有涉足这个圈儿，一直干到2018年，整整60岁了。

高俊亭幼时就有良好的身体素质，在河北区富强道小学上学时被体育老师看中练跳远。有田径项目基础的少年，往往适宜踢足球，高俊亭改项足球后，曾代表校队参加比赛。1973年高俊亭被推荐到河北区业余体校，师从贾荣琛教练，从此确立了在场上的边后卫位置。后被选入天津青年队二组，在李朝贵、崔光礼教练的严格训练下，脚下技术和防守意识大有长进，勇猛的作风也开始显

国家队时期的高俊亭

现出来。1976年，他入选了由陈家根、冼迪雄率领的中国少年队，参加了多场国际比赛。1977年又进入由戚务生教练执教的中国青年队。高俊亭对这段经历的印象颇深，他说："在国少和国青队学到了很多东西，特别是通过训练和比赛见了世面，长了见识。"

高俊亭升入一线队的机遇是在1978年，天津队调整后打全国甲级联赛。高俊亭记得很清楚："那年9月，我们青年队到北京观摩甲级联赛，天津队后卫线缺人，让我'救火'随队比赛。" 虽然没有打过甲级联赛，高俊亭凭借在国少、国青锻炼出来的本领，又有队中老大哥们的传帮带，加之初生牛犊不怕虎的精神，踢得有声有色。在他看来，自己只是基本上完成了任务，但收获很大。

由此，高俊亭如愿迈入由严德俊、霍同程、张业福执教的天津队，并很快坐稳了主力右后卫的位置。他身高1.79米，力量十足，血气方刚，每场比赛一拼到底，铲断果敢凶狠，助攻意识甚强，令许多与他对位的边锋怵头。在1980年全国甲级联赛中，他每次登场，在后防位置上兢兢业业，全力奋战发挥出色。对沈阳部队足球队一役，正是他疾速前插后，在对方禁区内攻入一球，天津队1:0取胜。高俊亭是

天津队时隔20年之后再夺联赛冠军的重要功臣之一，他感慨地说："作为主力我为天津队效力多年，拼搏过，奉献过，帮助全队取得优异成绩，我感到十分荣幸！"

在效力天津队的6年中，高俊亭作为主力出战每一年的全国甲级联赛，并参加了1979年、1983年的第四届、第五届全运会。天津队在第五届全运会中获得第三名，他功不可没。他代表天津队出访越南、老挝、叙利亚、黎巴嫩、尼日利亚、利比里亚、喀麦隆、乍得、智利、厄瓜多尔，参加了印度尼西亚的"独立杯"邀请赛和法国"土伦杯"国际比赛。第五届全运会后退役。

随后，高俊亭又开始了"救火"经历，先是应北京部队足球队常万诚、于奉章教练之邀，入队打全国乙级队联赛，当年协助北京部队足球队重返甲级队行列。1987年，他辗转加入天津火车头队，该队当时为乙级队而意欲晋升甲级队，由曹关林执教，在全国招兵买马，原国脚黄向东、徐智群及张维克、王兴华、苏伟等皆在队中。在全队的共同努力下，在乙级队联赛中，火车头队战胜多支强劲对手，获得亚军从而晋级甲级队行列，高俊亭仍立功在身。

效力于北京部队足球队时期的高俊亭

1989年高俊亭34岁，正式告别专业足球队，被安排到天津铁路公安处工作。他做过铁路列车乘警，出任过西站治安派出所领导。头戴"大壳帽"的高俊亭，常常被很多乘车的老球迷认出，便在一起聊起往事，忆起当年民园体育场、河东体育场的精彩比赛，欢声笑语，其乐融融。高俊亭受着球迷的推崇、爱戴，内心充满了幸福感。

远离了足球事业，高俊亭经常活跃在业余比赛赛场，他是红桥区元老足球队的指导，并不时登场露两手。用他的话说："踢踢球只是强身健体，广交朋友。"谈起天津足球现状，高俊亭婉言谢绝。他谦虚地说，自己早已离开天津足球的核心地带，不太了解情况，也从不介入，不便发表议论。跟元老们一起踢踢比赛，才是永远伴随高俊亭的快乐。

退役后在天津铁路公安处工作的高俊亭

李津春——高大快马驰疆场

曾经的中国足坛上，李津春是一位耀眼夺目的新星、难得的中锋射手。正当他满怀青春激情，迈向鼎盛岁月时，无情的疾病迫使他远离了足球场，令众多足球人和广大球迷扼腕叹惜！

李津春从11岁开始在天津市河东区少年体校踢足球，那个年代天津足球后备人才过盛，李津春和裴恩才等一批青少年投身军旅。

"这要特别感谢八一队曹凯军指导。1973年6月，他介绍我到八一体工队参加考试后，同年10月进入八一青少年队，随后参加北京市青少年足球比赛，我进了8个球，成为优秀射手。转年升入八一二队，赴昆明参加全国优秀队集训。我进步非常快，16岁就入选中国青年队。"

16岁时效力于国家青年队的李津春

李津春庆幸自己选择了足球，而足球对他也仿佛格外垂青。他身高1.81米，100米速度11秒2，是中国足坛少有的"快马"，更是锋线的一把"尖刀"。那样的年月，踢足球并不赚钱，唯一的动力源于对想做之事的热爱。做热爱的事，并不意味着没有了苟安的心绪，这时需要有所反思。李津春会在无数个训练疲惫的日子里，在许多个夜深人静的时刻思考，在黎明到来前获得砥砺前行的能量。正因为如此，那些年无论在八一队、国青队、国奥队、国家队，李津春在锋线上的威力如风卷残云一般，战功累累。

1980年6月12日，在广州国际足球邀请赛小组赛的中日比赛中，左路的李津春与右路的古广明遥相呼应，颇具杀伤力，创造了几次攻门机会。上半场第20分钟，徐永来禁区内接球，晃过对方后抬脚欲射，日本门将急忙封堵，徐永来轻拨左路，李津春发挥出速度快的特长，迅速插上，以迅雷不及掩耳之势，抢先对方一步打门成功，1:0，直至终场。

1980年第一届中国希望队成立，李津春担任队长，同队有黄向东、谢德刚、刘承德、朱波、吕洪祥等，阵容甚为整齐。中国希望队在意大利进行了三场比赛，首场与意大利国家希望队对阵，在比赛最后时刻，李津春攻入一球，中国希望队1:0获胜，在意大利引起了强烈的反响。第二场比赛，中国希望队历

经90分钟鏖战,以平局告终,李津春再显威风。还是这一年,李津春随国家队到天津,在河东体育场与天津队比赛。比赛来到下半场。李津春从天津队吴泽民脚下抢下球,摆脱齐玉波,继而闪过王广泰,起左脚将球射向球门左上角,足球穿越王建英的十指关,应声入网,国家队1:0胜天津队。李津春的这一脚妙射,给大家留下了很深的印象。

1981年八一队在全国足球甲级联赛中与辽宁队相遇。上半场第20分钟,李津春接到裴恩才传球,摆脱了对方打球门左下角,1:0。当对方中场开球时,李津春快速抢断后突破三条防线,直捣龙门破门得分。一分钟内一人连进两球,令人不可思议。九十岁高龄的朱一先老教练,每每提及这场比赛,总是说:"一分钟连进两球,反映出李津春超强的个人能力,完全可载入八一队史册。"

李津春29岁时着军装照的留影

李津春不但抢点技术过硬,助攻意识也可圈可点。八一队与南京部队队有一场交锋,下半场已过27分钟,八一队中场转移向左翼运动,李津春得球后突破对手防线,带球直插腹地,到底线附近立即向门前回传,左边锋景广发、中锋盛柏华同时往门前包抄,将对方防守重心吸引到门柱右侧,与此同时,右前卫迟尚义插上,迎球一击射入空门。当时的解说员赞道:"李津春倾其全力,一往无前地带球冲去,以熟练的脚下功夫控球、带球,再辅以假动作,一连甩掉三个后卫,令对方顾此失彼,创造出了队友包抄冲门的良好战机。"李津春上演的这般经典画面,不胜枚举。

遗憾的是,因为心脏的原因,李津春在25岁时不得不退役。他经过深思选择了求学,考入解放军体育学院深造。经过几年孜孜不倦的苦读,李津春后来感到,这一生所实现的全部梦想,都要感谢这几年的学习。这是自我锻造、升华,更是迈向新阶段、新境界的起点。

用最喜欢的方式度过一生,当然不仅是与军队结缘,毕业后他回到八一队,然后去总政干机关,从事行政工作直到退休。在部队大院里生活,李津春顿觉心下安稳。有朋友、爱人、孩子陪伴在身旁,心无旁骛,只要快乐就好。李津春保持着平和、从容之心。

李津春接受本书编写组采访

韩玉环——锋线奔驰小快灵

韩玉环

打油诗一首："河东足球才俊多,和平河西不示弱。南开河北做贡献,红桥更有好人格。"红桥区为天津足球输送过不少优秀人才,其中有如今仍在中超拼搏的曹阳,还有40多年前培养的韩玉环。若非脚伤,韩玉环还可以在球场上多飞奔几年,无奈过早退役。在十余年的绿茵生涯中,韩玉环的"快马"风格给人们留下了深刻的印象。时至今日,他始终一心奉献足球事业。

韩玉环的出名缘于1975年的第三届全运会,那年他刚16岁,在宋恩牧、杨秉正教练麾下的天津少年队效力,司职内锋、右边锋。1975年参加第三届全运会少年组比赛,天津队获得亚军的优秀成绩,韩玉环崭露头角。此后他步步晋升,先后进入孙霞丰执教的天津青年二队和王杭勤率领的天津青年一队。当进入成年队天津二队征战全国乙级队联赛时,1980年他以13个入球获赛季最佳射手称号。

1981年,韩玉环升入天津队,开始驰骋于全国甲级联赛赛场。韩玉环的特点甚为鲜明:速度快,百米跑进11秒内;突破快,带球技术好,善于下底传中;反应快,插入对方禁区捕捉瞬间战机或在乱军中抢点射门得分。

在1982年的甲级联赛中,天津队首战四川队,开场不到15分钟,右边锋韩玉环突破后,在门前20米处一脚劲射破门。在之后的比赛中,中锋王兴华接同伴传球转身打门得分,终场天津队以2:1获胜。韩玉环为首胜取得开门红。

随后天津队又以5:0大胜吉林队。开场仅4分钟,王兴华首开纪录,接着又梅开二度;第三、第四个球则是韩玉环锦上添花。那两年的韩玉环在天津队中的边锋位置不可动摇。

韩玉环在 1982 年的留影

两年后队伍进行调整，韩玉环重回天津二队，被委任为队长。一次天津二队与辽宁队相遇，下半场第5分钟，韩玉环接到霍建廷的传球，禁区内包抄打门成功。终场前1分钟，辽宁队高升利用角球扳平了比分。加时赛再战，辽宁队马林在禁区内射门得分，第17分钟，宋连勇把比分定格在2∶2。互射点球决胜，天津二队全部命中，辽宁队有一人射失，天津二队以7∶6获胜。

陈玺波、许靖、韩玉环、刘学义、山春季合影

1984年第一届足协杯赛举行，天津二队降为乙级队，之后队伍做了大幅度的调整，力争重返甲级队行列，主教练换成李恒益，只保留了韩玉环、陈玺波等少数队员。这时的韩玉环更多地承担起以老带新的重任，而他的脚疾也越来越严重，最多跑上半个小时就开始钻心地疼，作为前锋，韩玉环还得坚持跑动。比赛过后一脱袜子，袜子粘着皮肤，皮肤上挂着黏稠的血痂。骨头错位、骨质增生，这些伤病都不足以浇灭韩玉环对足球的狂热。但随着年龄的增大，韩玉环发现再继续踢下去，技术已经被迫变形了，伤感莫名向他袭来，于是在1986年毅然决然选择了退役。

退役后韩玉环来到位于天津市北郊的韩家墅训练基地。那时，基地的条件极其简陋，但足球的星星之火正在燃起，韩玉环加入其中，就像当初做新队员一样，从零学起。他从教练员逐渐转型，担任负责基地行政工作的科长，常年累月辛辛苦苦，经常值班，不能回到市内的家里。就是这样，韩玉环在韩家墅度过了20年光阴。

2015年，韩玉环调任海河教育园体育中心副主任，这是更广阔的有为天地。此时，56岁的韩玉环开始思考如何在退休之前更好地服务体育、服务足球，做有价值的事情，这样才能无愧于自己钟爱的足球运动，无愧于自己的人生。为此，几年来他全身心地投入教育工作。他还说："自己今天依然没有离开足球，特别要感谢从少年、青年到成年队所有教练的精心培育，包括不久前故去的严德俊指导，难忘他当年的教诲。"

李军、韩玉环、陈玺波合影（从左至右）

吕洪祥——华夏骁将　扬名东瀛

从最初踏上日本的土地，到今时今日成为中日足球文化交流的风云人物，经历了整整30年，不少天津老球迷心里仍记挂着他，而他时刻都在深切思念着故土旧人。他就是昔日天津足坛赫赫名将——吕洪祥。

2018年初，"洪祥杯"中日青少年国际足球邀请赛开赛，来自中日两国的适龄球队激烈角逐，最终中国孩子夺得冠军。颁奖现场，吕洪祥激动不已。他不相信有命运之神，但冥冥之中觉得有个东西在引导着他的人生走向和命运。那是什么？他说：足球。旅居日本数十年，吕洪祥始终心系天津和中国足球的发展，更关注发展足球的相关政策、规划、管理实施条例等。他说，现在的中国对足球有着空前的热情与希冀。作为足球人，他将尽己所能推动中国青少年足球发展，提高足球水平。

眼前的吕洪祥，虽已步入58岁，但眼神和笑脸上依然透出昔日的睿智、俏皮。他侃侃而谈，浓郁纯正的天津话，乡音未改，乡情依旧，透着亲切与热情。他慨叹岁月如梭、时光飞逝，三十年转瞬而过。他指着一张与昔日队友的老照片说："你看，这是我们1980年全国甲级联赛天津队荣获冠军之后，国家体委选派天津队出访南美智利时的留影，那时我们多么青春洋溢、风华正茂。"

出生在天津市河东区唐口新村的吕洪祥，自记事起就被浓厚的足球氛围所吸引。小学时，他和小伙伴三五成群，你凑一毛我凑八分买个足球，就能开心好一阵子。因为是家里唯一的男孩子又是最小，父母和姐姐都舍不得他去踢球，但吕洪祥偏偏喜欢"自找苦吃"，他从足球里找到了快乐。12岁便已在河东区业余体校队左前卫的位置上踢出名气的吕洪祥，被专

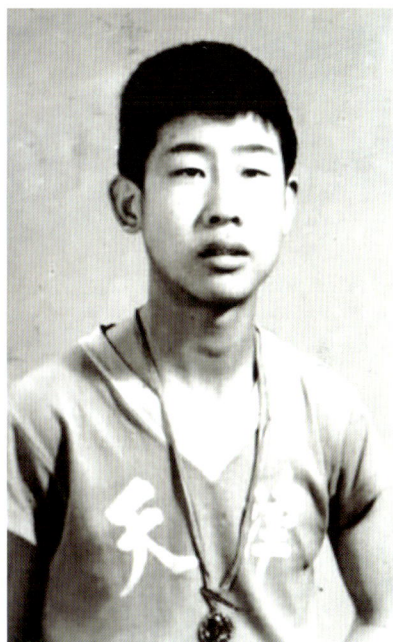

少年时代的吕洪祥

吕洪祥与球王贝利的合影

业队看中，在放弃进入八一队后，他被天津少年队教练选中，两年后吕洪祥入选中国国家青年队。年纪轻轻就进入"国字号"球队，给了吕洪祥很大信心，他对自己的要求更加严格，他渴望有一天成为国家队的一员。

时间来到1979年，吕洪祥进入天津队，转年便以主力身份征战全国甲级联赛。吕洪祥素质全面，踢过除了守门员之外的所有位置，尤以左前卫见长。作为北派球员，他拥有难得的细腻脚法，带球突破时左右脚连接动作飞快，左晃右闪假动作逼真，三下五除二就把盯防的对手甩在了后面，"醉八仙"的美名至今让球迷们津津乐道。20岁的吕洪祥已经荣誉加身：优秀射手、1980年全国甲级联赛天津队夺冠的主力功臣、国内足坛引人瞩目的后起之秀。

作为左前卫，吕洪祥还有一脚远程发炮轰门的硬功夫。1980年11月，天津队出访南美比赛时，吕洪祥的表现更是十分出色。在与智利迈普队的比赛中，临近终场的关键时刻，在距离对方球门50米处，吕洪祥左脚一记精彩绝妙的弧线球，足球穿过守门员的十指关飞入球门，引发全场观众的惊愕和喝彩。吕洪祥的这记"世界波"奠定了天津队的胜利，以2∶1战胜对手。他如此精彩的射门还曾在北京工人体育场数万名观众面前再现。那时吕洪祥身披中国队10号战袍，1984年6月在"长城杯"赛中迎战正处于巅峰状态的英格兰职业劲旅沃特福德队。下半场两队正杀得难解难分之时，中国队边路发起进攻，球被对方后卫解围顶出禁区，吕洪祥截得来球，40米开外远射发炮，皮球如流星般飞进球门左上角，又一次技惊四座！

在此之前，吕洪祥的出色技艺被时任国家队主帅苏永舜相中，他从此披上了渴望已久的"中国"战袍。在曾雪麟挂帅的国家队中依然有他的一席之地。1982年11月，中国队去印度参加亚运会，由于主力左边后卫上海籍球员郑彦脚部受伤不能登场，惜才的曾雪麟考虑后，派吕洪祥尝试边后卫位置。未曾料到，这一尝试给了吕洪祥大显身手的良机。本来他打边前卫向前意识极强，这次踢边后卫断下来球后，更是情不自禁地频频发起助攻，快速熟练的突破，常常深入对方后场底线附近，一脚脚传中为队友输送炮弹。吕洪祥改踢边后卫后，照样有出色发挥。此后一段时间内，他经

吕洪祥（右）与国家队队友左树声（左）、
沈祥福（中）的合影

常被安排踢这一位置，全力担当而不负众望。

1984年中国队征战亚洲杯赛，获得亚军的好成绩，吕洪祥做出了应有的贡献。他还连续三年在不同位置上入选全国足球最佳阵容。那年庆贺香港回归，老帅曾雪麟应邀来津，当他看到嘉宾中的吕洪祥时，不禁忆起："我从1982年把吕洪祥调进国家队，两年多的时间打了40场比赛，包括亚运会、亚洲杯、世界杯预选赛，洪祥都有好的表现。特别是对沃特福德队比赛的那个进球太精彩、太漂亮了，让我难忘。"

吕洪祥在球场

1985年5月19日，是吕洪祥最不愿意提及又始终难忘的日子。5分钟补时结束，裁判吹响了令中国球迷心碎的终场哨。中国队败给香港队而无缘世界杯赛。他回忆当刺耳的终场哨声响起，"我都不知道是怎么拖着疲惫的腿和沉重的心回的休息室。相顾无言。有人还在悲伤的情绪中默默啜泣。我们听到工体外不肯退去的愤怒的球迷隔着大铁门叫骂得很凶，球场外那辆等着接送队员的大巴车早已被球迷砸烂。两个多小时后，足协另派了一辆大巴停在只有车辆才能通行的西门一侧，我们匆匆忙忙上车，才得以离开现场。我特别理解球迷的心情，我闭着眼，却不能假装什么都没有发生"。

吕洪祥说他和好多人一样都是彻夜未眠，不是因为怕挨打，就是睡不着，瞪着天花板，过电影似的一幕一幕。10天之后，国家队解散。经历了"5·19"的惨痛失败后，吕洪祥心灰意冷。1986年国家队组队，吕洪祥、朱波重返国家队，参加汉城亚运会，亚运会结束后便离开了国家队。1987年吕洪祥代表天津队参加全国甲级联赛。

1988年，正值黄金年龄的吕洪祥选择去日本踢球，应富士通俱乐部的邀请，他与沈祥福、徐树刚一起效力于富士通队，第一年他就以24粒进球名列全日本联赛射手榜第二名。1991年他效力于东京FC队。在几年的联赛中，吕洪祥出色的技术和漂亮的突破过人，为他带来了良好的声誉。1993年东京贝利足球俱乐部挂牌成立，球王贝利亲自出席了仪式。吕洪祥退出日本职业联赛后，被东京贝利足球俱乐部聘为专职教练。吕洪祥在日本的名声越来越大。1993年世界青年足球锦标赛，日本队与加纳队的比赛，东京国立竞技场的看台上，许多日本人纷纷向吕洪祥走来，热情地主动与他打招呼、握手，流露出对吕洪祥的尊敬，有人更是称他为"在日传奇的中国球星"。吕洪祥说这些日本人中有大阪钢巴队的教练、

广岛三箭队的队员，还有日本足协的官员。他说："我在日本职业联赛中踢出了一点名气，交了许多朋友，这些是我的财富。"

吕洪祥最初是以球员的身份来到日本，在日本的联赛中曾经是"外援"的他，也是把日本球员带到中国的第一人。吕洪祥说："记得我在日本踢球的那两年始终是在队里仰着头做人的，原因很简单，中国足球那时的整体水平高于日本。现在回头看看，日本人引进我的时候，正是他们谋求足球崛起的初始阶段，引进外援是为了提高联赛的激烈程度、观赏性及整体水平。像前日本国家队主教练济科、英格兰著名射手莱因克尔等国际级大腕儿，都曾经在日本的J联赛中效力，他们当时不仅是各队中队员们崇拜的偶像、学习的榜样，更创造了日本足球第一波偶像效应。这些外援的加盟除了给日本足球界带来促进之外，客观上也吸引了日本观众的眼球，提高了日本国民对足球的兴趣，为后来越来越多的人把孩子送去学足球创造了最初的土壤。日本足球的青少年培养值得称道，也正是日本足球界领导层在决心从青少年抓起的同时，制定了与之相吻合的'J联赛政策'，为培养青少年提供了很有利的条件。"

吕洪祥体验到，在迈出了最初的步伐之后，日本足球又开始致力于把自己的球员输出到海外锻炼，其中包括政策上的扶持，比如为了实现球员登陆海外联赛而在租借费、转会费等问题上最大程度地让步等。像中田英寿早期出走的路也很艰难，可经过他不懈的努力，还有强大后盾的支持，他不仅成为意大利联赛中身价颇高的球员，也为日本足球在国际足坛树立了良好的形象。"据我所知，现在日本各个年龄段在海外踢球的球员有数十万，有这数十万的留洋大军作为基础，日本足球未来的发展也就有了保证。"吕洪祥说。

作为见证日本足球从弱到强转变过程的吕洪祥，有深深的体会，现在日本已经形成了一个超级完整的青少年球员培养网络。任何一个孩子想踢球，都会在学校或家附近借助交通工具，在半个小时之内能到达的地方找到学踢球的俱乐部。日本孩子学踢球和中国的业余体校很相似，需要利用业余时间，如果俱乐部太少，路途太远，保证孩子得到系统学习就不现实了。此外，大多数俱乐部都有不同年龄段的几支球队，甚至一个孩子读到大学仍然可以找到继续学习踢球的半专业俱乐部，这样做的好处是可以保证孩子在没有成人和定型之前，学业不会

吕洪祥

因为踢球有任何的耽误。那些真有足球天赋的球员，进入大学以后可以通过申请休学的方式进入J联赛职业队，而绝大多数球技一般或者兴趣不高的孩子，进入大学以后则可以逐渐把踢球变成业余爱好，一门心思求学。

吕洪祥十分欣赏日本足球界的学习风气。他说：虽然小足球俱乐部众多，但是各俱乐部针对不同年龄段孩子教育的整体进度是大致相同的，都有严格的训练内容要求。现在日本足球界的学习风气很盛，不仅大俱乐部很重视国

2018年8月吕洪祥（左一）在日本长崎参加第四届中日韩U12足球邀请赛新闻发布会

际交流，日本足协和一些地方足协也经常请国际知名足球专家来日本讲学，而讲学的受众大部分是青少年足球教练员。足协还经常创造教练之间进行业务交流的机会，以促进他们整体业务能力的提高。一名足球教练要想拿到更高一级的教练员资格并不是一件简单的事情，除了要经过严格的考试外，他过去带队的业绩、成功培养和输送了多少球员，也是重要的考核指标。

吕洪祥表示，日本通过几年的努力，编撰出了一系列适合不同人群阅读的足球专业书籍，甚至包括现成的教学大纲。孩子们在学踢球的时候，教练会根据需要把书籍当作教材发放，而这些书籍也都可以在书店买到。"我小时候读书不多，但我感到想踢球就一定要做一个爱学习的人。我在日本这些年始终热爱学习，几乎没有一天停下过，不学习就落后，落后是件很可怕的事情。"他感慨道。

从天津走出去的吕洪祥，太清楚自己肩上的担当。有的时候他安静地伫立在球场边，收敛了昔日锋芒，思考多年在日本的体验收益，畅想着如何多做些事情。吕洪祥不忘保持初心，要活出自信。

闲暇之时，吕洪祥与家人尽享天伦，他已经有了三个儿子，12岁的二儿子和9岁的小儿子常常抱着足球跑来跑去，一家人其乐融融。

吕洪祥希望与大家共勉：学习足球，外在坚韧，内里充盈。

吕洪祥如数家珍地感恩自己的各位老恩师：梁润德、胡凤山、崔光智、杨秉正、宋恩牧、王伯远、孙霞丰、金光荣、张来阳、王杭勤、崔光礼、严德俊等人。同时他祝福天津队越战越勇，祝福天津足球兴旺发达，祝福爱吃懂吃的天津乡亲吃嘛嘛香。

马继明——急流勇退育俊才

青年时期的马继明

马继明是又一位出自天津"足球之乡"河东区的足球选手。从15岁开始进入专业队，征战国内、国际赛事13年，战功卓著，退役后长期在青少年培育岗位上辛勤耕耘，做出贡献。

1969年，年仅8岁的马继明在大直沽中街小学就读时，参加河东区小学足球比赛，被河东区业余体校教练员乔炳勋选中，他边读书边参加艰苦的基础训练。他踢球特别用心，不怕苦不怕累，技术能力大有长进。1976年他入选天津青年二队。此后一年上一个台阶，1977年进入天津青年一队，1979年进入天津二队，1980年进入天津队，并在1982年与队友尹怡进入张京天执教的国家二队，代表国家二队参加了多场国内外比赛，于1984年回到天津队。

马继明在队中踢过边后卫、中卫和后腰，拼抢很凶猛，活动范围大，爆发力出众，战术意识强。当时的天津队是国内一支传统强队，联赛成绩一直名列前茅。1981年甲级联赛第五名，1982年甲级联赛第三名，1983年全国甲级联赛北区第一名、第五届全运会男足第三名，1984年甲级联赛第二名、第一届足协杯赛第五名，1985年甲级联赛第八名，1986年甲级联赛第四名，1987年甲级联赛亚军、第六届全运会第八名，1988年甲级联赛第三名。

马继明在天津队这些年中经常担当重任，在队友的配合下取得诸多好成绩。1989年为充实新成立的天津港集足球队的力量，马继明加盟球队，作为教练兼队员，随队参加了全国乙级队联赛，成功升入甲级队，创造了一个省市拥有三支甲级球队的历史盛况。每当提起往昔岁月，他非常感谢所有带过他的教练员们，感谢与他一起并肩战斗、共同拼搏、无私帮助过他的队友们。

马继明的运动生涯结束后，回到了河东区体校做基层教练员，开始了培养青少年精英的工作，十余年间不辞辛苦。功夫不负有心人，1992年和1993年，他带的队伍参加天津市青少年比赛，均获得冠军；1995年，获首届"市长杯"青少年比赛第一名；1997年，获天津市青少年比赛第二名；1998年，代表河东

2013年马继明在东达青少年队

区参加天津市第九届全民运动会获青少年组第一名；2009年代表天津参加全国重点城市青少年比赛获得亚军，参加"阿迪达斯全国U15优胜者杯"获得第四名；2010年，获得"耐克杯"全国青少年比赛第九名，参加天津市第十二届全民运动会获得乙组冠军；2011年，获得全国"足校杯"冠军和全国"未来之星"青少年比赛冠军，并获得体育道德风尚奖。2011年，马继明的球队中有10名队员入选天津参加全国城市运动会和辽宁全运会的队伍，他也被聘为参加这届全运会队伍的教练组成员。入选全运会队伍地他的得意门生杨帆、苏缘杰、杨万顺等已成长为现役中超球员。

长期扎根青训工作的马继明对主教练承受的巨大压力感触颇深，尤其是实行"三集中"的队伍，不仅要抓训练，那些事无巨细的衣食住行甚至球员安全都需要操心。他说："还要感谢东达房地产公司的牛世清先生，他有远见卓识，在多年前就出资搞东达足校，培养青少年人才，至今已坚持多年，令人敬佩。"足校这一批队员是马继明跑遍了大半个中国选来的苗子，用了近8年的时间精雕细琢。功夫不负有心人，时至今日这批队员中的大部分人已经成才，有3名队员征战中超，还有一部分队员在中甲、中乙奋斗。

在岗期间，马继明为了提高自己的业务水平，积极参加各种教练员培训班，他以优异的成绩通过亚足联和国际足联的教练员培训考核。1994年和1999年他两次被评为天津市优秀教练员。

谈到他熟悉的青训现状，马继明有着中肯的建议："现在国家层面的顶层设计很好，而且各个有关部门已经行动起来，现在我们各个学校的积极性也很高。但是学校里的教师很多是非足球专业出身，这就需要多为他们举办培训班。另外多派有职业足球经历的教练员下基层辅导。现在参加青训的人数多了，我们更需要从中选拔好的苗子，通过精心培养，使他们成为职业联赛甚至国家队的栋梁之才。"

马继明

许靖——攻防兼备战中场

20世纪80年代，天津队有位踢前卫的队员，名叫许靖。中等身材，稍许瘦削，清秀的面庞时常挂着笑容，场下倒有些清秀少女的影像，很难想象他是足球场上的骁将。时光无情逝去，1961年出生的许靖，如今已将迈入耳顺之年。

许靖在当年的南开区马场道小学读书的时候，被南开区体校马宝林教练、鲍玉才教练选中参加足球训练，后来到天津大学附中上初中。1978年2月，孙霞丰、张来阳教练组织天津青年队，他被选入，同时入队的还有张福良、刘康及现任天津市足球协会秘书长崇勇等人。

3年后许靖进入天津二队，参加全国乙级队联赛，在队员齐心协力的拼搏下，球队成功升入了甲级队。从1982年起，在教练员沈福儒的带领下，他开始随队征战甲级联赛。通过一年4个阶段比赛的考验和磨练，新升甲的二队不但成功保级，还获得了第八名的好成绩。天津是块足球沃土，人才济济，当时有两支甲级队参加联赛，成绩都相当不错。

许靖在天津海鸥队

1983年，许靖代表天津队参加了第五届全运会。基于赛前周密的准备、刻苦的训练和出色的临场发挥，他为天津队取得第三名的好成绩做出了贡献。当年严德俊执教，常委许靖以重任，场上的他十分灵动，跑动、盘带、传接，动作洒脱，连贯有序，是可信赖的中场组织者。

许靖在火车头队期间出访朝鲜时的留影

1984年，天津队在联邦德国教练雷米的带领下，也取得比较好的成绩。那年甲级联赛赛制出现新变化，比赛分为南北两个大区，天津队获得了北区冠军，最后在决赛中获得第二名。同一年，第一届中国足协杯赛在武汉举行，天津队又获得了第四名的好成绩。许靖在甲级联赛中，兢兢业业奋争了4年。

1986年，天津市在韩家墅训练基地办足球学校，许靖去担任教练。一年后火车头队招兵买马，他与韩玉环、

陈玺波队等友加盟该队，效力两年后挂靴退役，从此开始从事教练工作。

最初他到参加第二届全国青少年运动会的天津队任助理教练，辅佐孙霞丰指导，这支队伍在沈阳举行的这届青运会上获得了第四名，并培养出了不少人才，为泰达队输送了石勇、侯桐等后来的名将。

1998年，天津迎来了成立足球学校的热潮，被称为足球俱乐部的有二三十家，许靖来到洪祥足球俱乐部任教，一干就是两年。2000年至2004年，他被聘到由李长俭任校长的泰达足球学校任教，主要带1985—1986年龄段的小队员。2005年至2006年，他到天津女足任主教练，张贵来任助理教练。随后许靖又在天津女足青年队任教7年。2013年，因工作需要，许靖调入天津市体育局手球曲棍球棒球垒球管理中心工作，告别了足球运动。

从运动员成长为教练员，并多年从事青少年足球训练工作，许靖对青训的未来寄予厚望。他说现在国家对青训很重视，我们要珍惜这个来之不易的大好局面，真抓实干，把青少年培养工作切实抓好。不仅要增加足球人口、扩大塔基，而且要通过多种手段培养、选拔出一些"精品"，源源不断地输送到职业队，甚至国家队，争取在若干年内收获累累硕果。

许靖还认为，天津这座大都市有着丰富的足球文化和人才底蕴，但是自1983年获第五届全运会第三名后，第六、第七届全运会都名落孙山。最近的2014年辽宁、2017年天津全运会，我们的队伍仅仅勉强入围，这与青训人才的萎缩有很大关系。天津正由人才输出地变为人才输入地，需要引进大量人才支撑两支中超球队，应该引起深刻反思。

说到当今的中国足球职业联赛，许靖更是一针见血地指出："现在的中超联赛国际影响力在逐年加大，世界上很多大牌的球星也愿意来中超联赛一试身手。不可否认，这能让广大球迷在每个周末都得以走进体育场去欣赏球星们的风采。但是在超级巨星熠熠生辉的同时，我们本地球员的水平则愈发跟不上外援，形成外援唱'独角戏'的局面。如何让外援带动本地球员水平的提高已经成为重要课题。通过跟外援、外教不断接触、学习，达到充实、完善自我的目的才是根本，因为中国踢世界杯的重任还是要依托我们自己的队员来承担。与此同时，职业联赛讲求规范有序，赛制不可朝令夕改。要虚心学习成功举办职业联赛国家的经验，同时结合中国国情，把中超联赛打造成更加有生命力的精品。"

效力于火车头队时期的许靖

1986 年在河东体育场尹怡代表天津队对阵国家队时的
场上英姿

此期间，他还参与了亚乒赛和世乒赛的竞赛组织工作，负责颁奖、礼仪、奖牌设计等工作，尤其是选择世乒赛颁奖曲目的过程中，尹怡调研了多个项目世界比赛的颁奖仪式，收集了十几首中外名曲，最后确定选用老约翰·施特劳斯的《拉德斯基进行曲》。当这首每年维也纳新年音乐会的结束曲在颁奖典礼上响起时，全场沸腾，万名观众起立鼓掌，各国选手欢呼雀跃！中央人民广播电台给予盛赞，称这首世界名曲第一次在中国天津举办的世界乒乓球赛场上隆重推出，十分成功。天津世乒赛的组织工作展现了智慧，得到了国家体委的嘉奖，受到了国际乒联的高度赞赏，尹怡功不可没。而谈起在训练处、竞赛处的工作经历，尹怡感谢一起共事的老领导与同事，他说从运动员转型做行政工作并做出成绩，离不开领导、同事、专家的传帮带和提携，还源于自己刻苦努力、敢于担当、勇于创新的工作态度。尹怡注重学习源于家庭的熏陶，当运动员和体育局干部期间，尹怡在天津体育学院取得本科学历，参加了天津工业大学工商管理硕士课程（MBA）的学习，其间尹怡获得国家体委全国优秀竞赛干部的荣誉。

1998年年底，尹怡回归足球大家庭，担任天津市足球运动管理中心主任助理，当时刘作云主任主要担任泰达队领队，由尹怡主持足协全面工作。他又成为足球场上那个思路活跃、充满活力、叱咤风云的铁卫。他代表天津市足球运动管理中心积极申办中国足协的各种比赛和培训任务，承办了1999年乙级联赛决赛，他综合协调场地、竞赛、开发等工作，得到了中国足协领导的表扬和嘉许。天津市足协为国家做了贡献，既创造了社会效益也带来了经济效益，承办了U系列联赛、全国女足联赛等，并且连续3年承办华北地区国家级中级裁判员学习班，圆满完成任务。1999年他参与见证了天津女足俱乐部的成立，填补了天津足球的一项空白。其间尹怡率队参加了美国达拉斯杯足球赛，率队赴韩国参加少年足球交流等。

2002—2004年，一纸调令任尹怡为天津市人民体育馆副馆长，任职期间他承担了更多的任务。天津女排将天津市人民体育馆设为主场，他参与竞赛组织工作并和全体员工负责为女排提供后勤保障服务。天津女排获得2002—2003、2003—2004两个赛季全国冠军，尹怡是场馆保障的负责人，为天津女

排取得好成绩做出了贡献。

2004年尹怡再次回到足协的领导岗位，负责训练、竞赛管理工作，尤其是2007年女足世界杯和2008年北京奥运会天津赛区男女足球比赛。面对两项国际足联顶级赛事，从2005年开始，尹怡便全身心地投入筹备工作，他担任了2007年女足世界杯中国组委会副秘书长、天津组委会副秘书长兼竞赛部部长和国际足联天津赛区执行官。有着世界大赛经历的他再次施展才干，带领一班人马，经过三年多的艰苦努力，圆满地完成了两个重要赛事的竞赛组织工作。尹怡在工作中展示了思路清晰、一丝不苟、严格要求、善于协调的作风，给所有参与者留下了深刻印象。尹怡还主持了在天津举办的国际足球大赛的竞赛工作，如中马、中伊、中卡及中澳女足之战等。其间他还赴德国、法国、荷兰、比利时、阿联酋、马来西亚学习足球理论。从2001年至今，他一直担任中国足协比赛监督工作，监督中超、中甲等赛事中的焦点比赛，执行中国足协的要求认真、严格，而对赛区工作人员和一起从事工作的裁判员非常平易近人，没有架子，结交了很多朋友，给大家留下了美好印象。

2010年8月，尹怡调至天津体育馆任馆长。天津体育馆是国内著名大型体育场馆，尹怡讲到"体育馆要干体育的事情，这是体育人的责任，应该承担更多更大的责任"。尹怡任职期间，天津体育馆举办了世界击剑锦标赛、亚洲女排锦标赛、天津首届国际拳击表演赛、全国大学生运动会开幕式、东亚运动会开幕式及体操比赛、天津市运动会开幕式、全运会轮滑冰球男女决赛、全运会闭幕式等赛事和活动，还承办了建党90周年大型文艺演出、"总政慰问天津"等活动，举办了演唱会、企业年会及文艺演出、展览等活动。作为一馆之长，尹怡在繁杂事务中的辛勤操劳程度可想而知。天津体育馆是自收自支单位，尹怡履职时账面不足30万元，体育馆外围裙房有四家汽车租赁公司、一家广告公司，体育馆要干体育的事情，必须转型发展。尹怡在市体育局的领导下引进民间资本，相继开发了太极拳、击剑、跆拳道、羽毛球、瑜伽、体育器材等产业，对外开放，形成了天津体育馆体育产业的经济体系。与此同时，抓馆容馆貌、抓环境、抓卫生、抓安全、抓团队、抓责任、抓制度建设等，平日，体育馆所属场地全部对外开放，创造了体育场馆

尹怡在日本参加世界大学生运动会

利用率百分之百的佳绩。

在近30年的行政工作经历中，尹怡获得市体委优秀共产党员、优秀公务员称号两次，女足世界杯赛获得个人突出贡献奖，北京奥运会天津竞赛区获得集体优秀奖，以及天津市颁发的诸多奖项。

尹怡在 2007 年女足世界杯赛场的留影

回顾以往的经历，尹怡感慨道："在我的足球生涯中，无论是做运动员还是做官员，还是在体委以及到其他部门工作，都得到了教练、同事、领导的帮助和支持，借此机会感谢大家。"在2017年天津全运会轮滑冰球比赛以及筹备闭幕式的紧张工作中，在时间紧、任务重的情况下，尹怡带领大家夜以继日地工作，左腿股骨颈不幸摔断，他对养伤期间给予其关爱关心、照顾帮助的领导、同事和朋友一并表示感谢。

沈洪全——锋线快马屡建功

作为天津元老足球队的新晋队员，56岁的沈洪全每周日都会到足球场，"特别感谢元老队吸纳我回到球场，既是和过去的老大哥们交流感情，也是放松自己，寻找那些失去的记忆吧"。阔别足球场多年，沈洪全用了一个"回"字，言语间充满着熟悉和久违的情感。"喜欢球场清晨的阳光，有时候一个恍惚，总感觉像穿越回过去。"沈洪全凝视这片绿地，大家来到球场，不管长久还是短暂，因为割舍不掉足球，在一起十分快乐。

在不少球迷的记忆深处，都留有这名瘦弱却不失风骨的前锋的身影，留下了他在对方禁区边缘突然杀入破门的精彩一幕。

某天津球迷评价："沈洪全就像一叶小舟，轻轻松松飘飘忽忽就杀入了对方禁区，那些以柔克刚的好戏，那些四两拨千斤的反转，让人记忆犹新。"还有的天津球迷回忆："我曾与沈指导有一面之缘，看他踢球，那真是享受。他的轻巧、灵动，好像让皮球都轻了很多。他人也特别风趣、健谈、睿智、优雅。"的确，沈洪全是位有气质的足球运动员，比赛场上静如处子、动如脱兔，瞬间爆发，屡有斩获。

1962年出生的沈洪全，生活在天津"足球之乡"河东区。最初他是在二哥的引领下喜欢上足球，小学三年级时进入河东区业余体校，初中毕业进入天津市体校。后来在李家舫、沈福儒等教练的调教之下，沈洪全逐渐成长而锋芒毕露。他的青春是在不停地攻破对手球门中度过的。1978年沈洪全入选天津青年队，又于1982年年底进入正处上升期的天津队。1984年初，为援助天津二队，孙霞丰教练一纸调令，又使沈洪全成为二队的正选边锋。性格开朗的沈洪全提到往事嘿嘿一笑："不管在哪儿，只要能踢球就很开心。"后来重新组队时，沈福儒教练又把二队的大部分队员调入东亚队，而且把正选右边锋的位置托付给沈洪全。球迷们喜欢这位身高仅1.74米的边锋，是因为他过人技术漂亮，速度快、起动快，在门前尤其冷静。他笑谈："我身体如同马三立一样瘦，可又没有他那个身高，只有努力从技术和意识上弥补不足。"有一段时间里，沈洪全的状态如何几乎关系到全队在甲级联赛中的成绩。

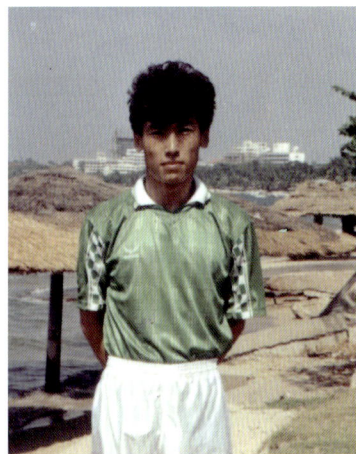

沈洪全

沈洪全前往泰国参加"王后杯"时的留影

1985年至1990年，沈洪全进入成熟期，边锋应有的特长在他身上尽显无遗，每战必拼，战功显赫。1985年4月，"华北杯"优秀足球队双边对抗赛在天津举行。比赛方式是被邀请的客队与主队只进行一场比赛，获胜的队捧杯。沈洪全所在的天津渤海队以2∶0胜河北队。比赛刚刚开始6分钟，沈洪全接到王兴华传球，单刀赴会打进一球，为比赛奠定胜局。

1987年，"金利来杯"全国足球甲级联赛B组赛，沈洪全所在的天津东亚队与河南队、江苏队分在一组。东亚队首战江苏队，比赛当天恰逢高温，双方在泥泞的场地上争夺，江苏队拥有国家二队奇兵，下半场刚开始3分钟，江苏队李红兵右路突破射门得分。第10分钟，沈洪全中路突破传球右侧，宋铭合拔脚怒射扳平比分。后来双方又各有建树，最终2∶2战平。随后，东亚队以1∶0胜河南队。这场比赛双方在大雨中交锋，河南队曾两次射门得分，但因被判罚越位而无效。终场前30秒，沈洪全接王俊传球，射入制胜一球。

1988年2月，天津海鸥队前往广东省佛山市，参加第一届"华声杯"足球邀请赛。在分组赛中，海鸥队以4∶0大胜澳门联赛冠军华声队。海鸥队用沈洪全打右前卫。下半场趁对方体力下降，海鸥队加强边路进攻，前锋、前卫轮番轰门，华声队在下半场第11分钟至13分钟连失两球，士气受挫。先是张俊强下底传中，王凯头球顶进一球。接着沈洪全底线勾中，队友凌空推射命中。第25分钟、第30分钟，津队再入两球。凭借这场比赛的胜利，天津队超过广州队两个净胜球，位列小组第一。进入决赛后，海鸥队以3∶1战胜吉林队，获得冠军。这场恶仗上半场双方打成1∶1。下半场，津队调整战术，重点防住吉林队危险人物老将金光洙，并以边路突破撕破对方防线，下半场第25分钟，沈洪全开角球，杨勇乱军中起脚命中。第30分钟，还是沈洪全左路过人后横拨中路，王凯包抄打进空门。

1989年9月29日，鞍山市人民体育场，天津中环队在与辽宁队的补赛中发挥出色，以2∶0胜出。第4分30秒，左树发左路突破后传中，王凯中路包抄冲顶，首开纪录。下半场第11分钟，赵子玉妙传，沈洪全快速突破，禁区内大力发炮，奠定胜局。

1990年2月，天津中环队奔赴昆明，参加在海埂进行的全国优秀足球队集训。中环队前3周同北京部队队、广州队、河南队和国家二队打了4场比赛，成绩1胜2平1负，又以3∶0胜中国青年队。第4周的一场教学赛中，中环队以2∶1胜大连队。比赛中两队尽遣主力，对攻激烈。开场仅5分多钟，中环队霍建廷接左树发传球，单枪匹马杀入对方禁区攻克一城。10分钟后，大连队在天津队禁区内连续攻门，扳回一球。随后沈洪全右路突破下底传中，赵子玉门前垫射破网，奠定胜局。这些年中的沈洪全，每每登场必是全力以赴，拼劲十足，志在必得，他的表现总有惊人之举。

光阴荏苒，时间来到1991年，沈洪全退役。时光的流逝，让他时常陷入青春热血的回忆中。有时候他会坐上大半天，思考着自己的未来。"那时满心还是记挂足球，离不开足球。结果特别走运，天津建材总公司看中我，他们有个行业足球队，调我去他们工会工作，还能踢球，想都没想我就答应了。干了7年多，帮他们拿了全国大企业比赛冠军。后来足球开始职业化，出现了很多足球学校、俱乐部，1998年，我重操旧业，做了教练。"然而2008年，早已步入不惑之年的沈洪全对职业做了

沈洪全在马来西亚旅游时的留影

新的选择。机缘巧合，沈洪全迈进一家天津国有大型医药企业，从最基础的业务员做起，如今他是集团总经理助理、工会主席。"我还记得第一次出差，揣几张名片就去南方见客户了。那时候46岁，人到中年去拉业务，我还真不怵头。我喜欢与人打交道，天南海北经受历练。"沈洪全一路走来，始终脚踏实地，从球场上追风逐电的少年，到离开足球活到今天中年的精彩。不同时期里他都在探寻最适合自己的位置。如今，朝九晚五，每周打打乒乓球，踢踢足球，看看外孙，沈洪全向往的生活如愿以偿。

三四十岁时，沈洪全脱离足球圈，闯进一窍不通的新的职业领域，对此有人不解也有人惋惜，但沈洪全说："一个人老在一个速度一个节奏里，会废掉的。"他笑着说："当你老了，回顾一生就会发觉，什么时候急流勇退，什么时候选择第一份职业，什么时候选定对象恋爱而结婚，什么时候有了孩子，什么时候换一个行业。其实，都是命运的安排。当然，当你做出了选择，应该像当初踏进足坛那样，全身心地投入，充满着激情，虚心学习请教，努力增长才干，做一个合格的职业人——我们能够做到最好，因为足球人不怕吃苦，乐于吃苦。"

沈洪全参加元老队比赛时的留影

王凯——朴实无华　战功累累

王凯

王凯为人踏实憨厚、少言寡语,赛场上同样朴实无华,以自身的实力与对手对话。从进入市体校到选入专业队,他一直位居突前前卫,十余年间天津几支队伍取得的诸多优秀战绩无不有他的功绩。王凯深得教练们的器重和赞赏,深受广大球迷喜爱。

王凯1962年出生,又是一个从"足球之乡"河东区走出来的孩童。1971年王凯上小学二年级的时候,在同学中个子高、跑得快、跳得远,被老师推荐到了河东区业校,进入由李家舫教练组队的"62年班"。当时王学智在河东区唐口新村小学任教,学校的足球活动非常活跃,王学智把王凯从诚友庄小学调到该校,经过一年的训练,1975年唐口新村小学获得天津市小学组足球比赛冠军。那一段时间,李家舫和王学智等教练对王凯这批孩子的训练要求非常严格,并且卓有成效,为王凯以后的发展打下了坚实的基础。

升入中学后王凯在河东区业校开始了半天学习半天训练的生活,由李家舫教练和侯树强老师带队。经过两年的悉心雕琢,王凯的体能、力量、技术及阅读比赛的能力都有了突飞猛进的提高,他和段举、宋铭合等几位队友都成为令人期待的好苗子。

1978年,沈福儒、周宝刚、田桂义组成教练组选拔市体校队员,王凯和河东区业校另外7名队员幸运地被选中,在沈福儒等教练的严格管理和训练下,他们度过了三年非常难忘的时光。1979年王凯代表天津参加了第四届全运会青少年组比赛,并在决赛中获得第三名的好成绩。1980年他随天津青年队参加了在重庆举行的全国十六城市青年队比赛,一举夺得冠军。1980年年底,王凯进入由孙霞丰、宋恩牧执教的天津二队,参加全国乙级队联赛。经过两

王凯1990年随队访问朝鲜时在朝鲜大球场的留影

年的历练王凯终于被选入天津队。

此时的王凯身居前场的特点已经显现出来。他属于水平发挥十分稳定的球员，比赛中很少有情绪的变化。他奔跑积极，利用身高体壮控球、串联，并且头球、脚下都有得分能力。从1983年开始王凯代表天津队参加全国甲级联赛，同年在上海征战第五届全运会决赛，天津队获得第三名的好成绩。1984年他被委任为天津队队长，这激发了他的责任感、使命感，王凯在场上更为成熟、老练，队长袖标一直戴到他退役。

1984年联邦德国人雷米通过中德文化交流项目来天津队任教。他带来了一些很新的足球理念、技术、战术和训练方法，尤其是体能训练。王凯记得，雷米在冬训中的体能训练为全年联赛的体能储备打下了坚实的基础。在昆明两个月左右的冬训结束后，天津队

王凯1983年参加土伦杯比赛
期间的留影

在重庆参加当年全国甲级联赛第一阶段的比赛，一举豪取8连胜。天津队取胜对手都是1∶0，只要天津队先进球对方很难再扳回来。大家在场上不知疲倦地奔跑，给对方造成极大的压力。尤其是赛会制比赛，不像主客场比赛每周只打一场而有利于体能恢复，赛会制比赛需要连续作战，两场比赛的间隔只有48个小时，对运动员的体能储备和体能快速恢复都提出了很高的要求。王凯说："天津队获得了当年全国甲级联赛的亚军，很大程度得益于冬训的体能训练打下的基础。"1984年在武汉举行了第一届中国足协杯赛，天津体委合理调配人员，合理利用各种资源，使天津第一次同时拥有了三支参赛队伍，可以说是兵强马壮、人才济济，登上了天津足球史上一个巅峰，令其他省市羡慕不已。

1985年，天津队在严德俊、霍同程、张业福教练执教下经历了一个低谷期，在安徽蚌埠赛区与上海队的关键一役中，三军用命战胜了上海队保住了前八名。即使这样王凯心中仍有不安，因为这是他效力天津队10年中获得的比较差的名次，跟天津队的实力远远不符。

1987年，为了准备第六届全运会，天津队在广西南宁备战40天，然后直接奔赴比赛地点广东梅县（今属梅州市）。那届比赛天津队发挥失常，在小组赛中以0∶2负于解放军队，以0∶1负于湖北队，在小组中垫底没有进入前八名，后又参加了9—16名的名次赛，最终获得第9名，这次比赛又给王凯留下了很大的遗憾。

全运会后天津队教练班子进行了调整。1988年到1990年王凯在沈福儒麾下为天津队效力3年，取

得了相当不错的成绩。1990年底张亚男接任天津队主帅，王凯又留队效力一年，直到1991年底由于身体原因正式退役。在谈到退役时，王凯说实属无奈。从1984年开始王凯的膝关节出现伤病，在当时的医疗条件下，想彻底治疗至少需要半年以上的时间，这在当年是困扰教练员和运动员的一个大问题：不治疗，训练、比赛会受到影响，彻底治疗又要面临队伍的新老交替、位置竞争。在这种情况下他选择了退役。

退役后的王凯始终没有离开体育行业，虽然不在一线冲锋陷阵，但依旧在体育产业方面大显身手。他先在第43届世界乒乓球锦标赛集资部工作，后又到市体委下属的体育服务公司任职。1995年10月市体委成立体育彩票管理中心，王凯调入管理中心任职直至今日。其间，他并没有完全离开足球，每逢节假日便与昔日队友活跃在业余足球的赛场上，他每周都要参加比赛，愉悦身心。

1986年王凯在天津市体工大队的留影

当2018年俄罗斯世界杯到来的时候，王凯观看实况直播兴趣盎然。他边看边品味，汲取营养，颇有心得。他说，印象最为深刻的是速度。以速度为核心，无论是进攻、防守，动作等都是围绕着速度这个核心进行。攻防转换速度快，90分钟的比赛对体能要求极高，再有就是高对抗的场面比比皆是。他认为我们的联赛、国足的比赛，速度慢、对抗能力差，力量明显不足，这些年与世界的差距不但没有缩小，反而越拉越大。

王凯退休后的生活照

和许多退役的老队友一样，王凯也一直关心、关注着天津足球的发展和很多人正在做的青训管理或教练工作。他认为当下的青训不正规，普及工作不完善，校园足球应该只是青训工作的一个部分，应该以更多的形式来抓青少年足球的普及工作。学生家长也应该克服功利思想，不要寄希望于两三天就会把孩子培养成足球新星。有些孩子其实不具备发展为职业球员的条件，那么锻炼强健的体魄，让热爱足球的兴趣伴随着他们成长就足矣。

刘学宇——学者型执帅第一人

伴随着足球运动的发展，除了具有在比赛场上流血流汗拼尽全力的精神，更要掌握科学的训练方式，探索更先进的技战术打法，踢出更赏心悦目的比赛。在这方面，天津足球经过20世纪80年代最后一个辉煌期和90年代初的动荡之后，新一代足球人开始了探索，其中的代表人物便是刘学宇。

在天津足球圈中，刘学宇好学是出了名的。他不仅是自费留学荷兰的先行者，也是最早拿到荷兰足协职业教练证书、中国足协职业教练员证书，

青年时期的刘学宇

以及亚足联职业教练员A级证书和职业身体讲师资格证书的国内少数几名优秀教练之一。刘学宇还可以用英语与外教、外援自如交谈。几十年来，刘学宇边学边在天津女足、天津泰达、天津权健等俱乐部不断实践，成为津门学者型教头第一人。

少年时代——踏进绿茵场很幸运

刘学宇是土生土长的天津人，1962年出生于河东区大王庄。因为早产，小时候的刘学宇体弱多病，作为家中的老大，跟着姥姥长大的刘学宇，经常和老舅一起踢足球锻炼身体。"感谢我的老舅，他看我身体不好，经常带着我出去玩儿，那时候也就三四岁，跟着他屁股后面到大王庄、老烟厂去踢球。"家里没有专业从事体育的人，老舅在刘学宇的足球之路上留下了最初的印记。

说到启蒙，真正带刘学宇走上足球这条路的第一个领路人，是津门足坛名宿李家舫。1972年刘学宇已经成为汇德里小学校队主力，他到河东体育场进行业校选拔时，被李家舫相中，成为刚从国家队回归河东区业校担任教练的李家舫的第一批学员。直到现在，刘学宇依然认为能够走进足球场，一直到后来进入天津队都是幸运的，"第一个恩师是李家舫，后来第二个恩师是刘正民，再到进入天津青年队的教练沈福儒，很幸运遇到这么多好教练，为我树立了好的榜样"。1980年进入天津青年队的刘

荷兰记者采访第一个得到荷兰足协教练证书的中国人刘学宇

学宇，在沈福儒的带领下，和队友段举、尹怡、王凯、左树发、山春季等一起获得了十六城市青年队比赛冠军。那一年，天津豪取一线队、青年队比赛"双冠"，将天津足球成绩推向上一个新的高度。

青年时代——荷兰之行开启新天地

有了青少年时期打下的坚实基础，刘学宇后来的足球之路相对比较顺利。1982年从天津青年队晋升至天津三队，后来进入天津二队，1985年进入天津海鸥队。"当时天津足球迎来热潮，有海鸥、东亚、港集三支甲级队，这样一座足球城在我们运动员看来特别荣耀，"刘学宇自豪地说，"那时候我们踢'长城杯'比赛，和荷兰兹瓦鲁队热身成绩都不错。1986年甲级联赛南北分区，天津队获北区第一名，在南北区决赛时又获得亚军。那几年里天津队水平稳居全国前六名，在民园打平了对手球迷都不干。对于天津足球，老百姓的期望值很高，毕竟天津足球底蕴雄厚，这是从老白队延续下来的传统。"

1988年，在当时津门著名企业家宋宝贵的资助下，天津成立希望队，首批12人奔赴荷兰留洋，不过由于人数太少，不得不在三个月后回到天津重新组队。1989年初，天津希望队经过层层选拔再度奔赴荷兰，这一次27岁的刘学宇幸运入围，与左树声、刘毅、宋连勇、万德刚、张俊强、沈奕、韩金铭等人一起踏上了为期一年的荷兰深造之旅。正是这次荷兰之行为刘学宇打开了另一扇窗，也为他之后足球生涯的改变埋下了种子。"在荷兰，我们的教练扬特尼森给我起了个英文名字查理，那时候我英语还不行，彼此只能用单词交流。他问我对于未来有什么打算，我说没有太多想法，可能的话未来想尝试教练员的工作。他说，你如果来荷兰学习可以吗，我说这个机会太好了，当然愿意。"

留洋时代——敏而好学成绩很优秀

回到天津，希望队保留了一段时间，而在刘学宇心中去荷兰留学的意愿越发强烈。1990年，在扬特尼森的牵线下，刘学宇收到了来自荷兰足协的邀请函，终于获得了到荷兰进修、考取荷兰足协三级教练员资

格证书的机会。不过那时候出国比现在要复杂得多，只有教练才有资格以公派身份出国深造，身为运动员的刘学宇咬牙跺脚，销掉了户口，停掉了在体工大队令人羡慕的薪水，放弃了福利分房的机会，用了多半年的时间办理签证。"走的确下了很大的决心，当时我们一个月工资120块钱，从北京到阿姆斯特丹的机票要6000多元，如果没有外汇，人民币还要加10%的税，是7400多，我当时找亲戚借了不少钱，1992年1月14日踏上了前往荷兰的航班，"回忆当时的情形，刘学宇依然觉得有些后怕，"7400多块钱那时几乎是天价，甚至快能买一套房子了。也是当时年轻，没有想那么多，就一门心思要出去闯一闯。"

到了荷兰，扬特尼森给了刘学宇最大程度的帮助，让他住在自己家里。"他当时对我说，如果没有语言基础，这次来荷兰就等于旅游。我也很着急，如果还不上钱还没有学到东西，回去真没法交代。于是我一边在餐馆打工挣钱，一边学习英语，扬特尼森一个单词一个单词教我，后来终于过了语言关，考试成绩很优秀。"刘学宇至今还记得，为了强化他的语言能力，扬特尼森特意买了汽车月票，让刘学宇自己坐车锻炼口语。"2004年扬特尼森来到中国，我全程接待，但后来经历几次搬家，很遗憾我们失去了联系，现在我也在托朋友找他。"

教练时代——辅佐外教获益集一身

顺利考取荷兰三级（C级）教练员证书后，刘学宇学成归来，正式开启教练员生涯。他感到非常幸运，当教练之初遇到了齐玉波指导。1992年齐玉波组建天津1977—1978年龄段队伍，他钦点刘学宇进入教练组。1996年底天津万科队成立，张贵来指导又让他辅佐带队。几年实践，为处于教练事业起步阶段的刘学宇提供了很多机会和帮助。即便当上了教练，刘学宇也没有放弃继续学习深造的机会，他不断提升自己的英语水平，还考取了中国足协职业教练员资格证书、亚足联职业教练员A级证书，2005年又获得了亚足联职业身体讲师资格证书。

边执教边授课，让刘学宇对于足球运动有了更深刻的理解。"举个例子，我

1992年在荷兰刘学宇与讲师们的合影

上周在北京体育大学讲A级班，有一个课题是高强度训练。运动员一般在比赛70分钟左右会出现疲劳、注意力下降的情况，那个节点容易丢球。如何提高我们训练的强度和合理安排，这点我感触很深，也在执教过程中不断摸索尝试。"

从万科队到后来的泰达预备队、泰达一线队，刘学宇执教相处过的天津足球运动员不计其数。伴随着职业化的深入，更多外教、外援来到天津，而英语出色、业务过硬的刘学宇，逐渐成为他们了解天津足球、带队训练比赛的得力助手。"在泰达一线队执教11年，给我留下最深印象的外教还是阿里汉。我好像和荷兰有一种缘分，他那种人与人之间的沟通、尊重人的为人处事、对足球的深刻认识，包括传授给队员们的知识，提高队员的理解并应用到场上的能力，都有过人的独到之处。那几年我们成绩非常好，2010年联赛亚军、2011年足协杯冠军，阿里汉充分发挥了每个队员的最大的潜能，享受足球的快乐，把队伍组合得更融洽。"刘学宇深感这些年辅佐外教边学习边体验，受益匪浅。

女足时代——全新领域丰富教练经历

在刘学宇的执教生涯中，2007—2009年是一段特殊的经历。2007年，他应天津汇森女足俱乐部邀请，出任天津女足主教练。"对我来说那的确是一个特殊的转折，是老板王家春为我搭建了新的平台。接手之初感觉到了压力，之前张贵来指导带队拿到了全国冠军，我是从泰达青年队到女足任主帅，压力来自于带队成绩。另一方面，女足对我来说是一个完全陌生的领域，女孩子踢足球，无论训练、队员和教练的关系还是生理特点等都和男足不同，"刘学宇说，"当时我和澳大利亚女足讲师交流时他们也说，女足队员受伤概率比较大，特别是由于女孩子的身体特性，导致膝关节十字韧带断裂的很多。于是我经过研究，决定在天津女足中加强平衡稳定性的训练，取得了不错的效果。"刘学宇带队那两年，天津女足取得了一个亚军、一个季军的优秀成绩。

虽然没有获得冠军，但刘学宇始终认为那两年不虚此行，丰富了自己的执教经历，也是一种完善。也正是有了这段经历，后来回到泰达队的刘学宇工作起来更加游刃有余，连续辅佐刘春明、左树声、阿里汉、吉马良斯等执教，取得了不错的成绩。

全新时代——贵人相助心怀感恩

"我是一个心怀感恩的人，总感觉自己是足球的幸运儿，遇到很多贵人，"刘学宇说。除了早期的启蒙恩师、教练领路人，刘学宇还要感谢几任泰达俱乐部的老总："张义峰张总对于我很信任，李广益李总给了我全新的平台和机会，高应钦高总让我担任球队领队，无论外界如何评价他们和泰达，我还是

要感谢他们对于我的认可和关照。从我的角度来看，他们都为泰达这支球队倾注了不少的心血。"

虽然从未想过离开泰达到其他俱乐部执教，但足球市场让这种人员流动成为再正常不过的事情。如今，刘学宇已经成为天津权健足球俱乐部预备队的教练员，同时兼负青训相关工作，用他的话说又是一个全新的时代和领域。"如今的足球市场，人员流动很正常。我是一名足球教练员，希望能为天津足球做一些事情，无论在哪儿我都会以一名教练员的标准要求自己。我认为权健是一个很好的平台，我愿意为权健青少年足球多做一些事情，为天津足球多做一些事情，将我对足球的理解和认识传授给更多的人。"在刘学宇看来，过往的经历都是一种历练，唯有初心不变，反哺天津足球，培养更多人才，振兴津门足坛，是他身为一名天津足球人责无旁贷的使命。

2018 年刘学宇参加亚足联／中国足协 A 级教练员证书培训工作

王兴华——门前"重型轰炸机"

在20世纪80年代的天津队中，高中锋王兴华被誉为"重型轰炸机"。如今的王兴华已然56岁了，俨然一彪形大汉，当年重炮叱咤绿茵场的影像，重新浮现在人们面前。

田径改行成国青射手王

王兴华1962年出生于天津，受喜爱体育的父亲影响，再加上天性好动，从小学五年级开始练田径。"400米、800米，还练过棒球，没拿过冠军，经常第二名，"王兴华笑着说，"后来进入河东区体校又练了一年，天天练跑，感觉没意思，就看人家足球队好。足球队当时的教练是李家舫，我经常去看足球队训练。有一天李家舫问我和另外一个练田径的队友刘健：'你们俩不行改踢球吧。'就这么着，我从河东体校田径队转到了足球队。"

15岁改行练足球，基本功是最大的难题，但在李家舫的调教下，仅仅一年王兴华就获得了刚刚组建不久的天津体校足球队教练沈福儒的青睐。"为了练基本功，每天不停地重复着一个动作，一个动作能练坏一双鞋。毫不夸张地讲，练到最狠的时候竟然没有鞋可穿。"王兴华回忆道。功夫不负有心人，最早踢右后卫的王兴华凭借刻苦的训练和出色的得分能力，1979年入选高丰文执教的国家青年队，位置也从后卫改成中锋。

1980年对于王兴华来说是大丰收的一年。这一年他帮助天津队夺得十六城市青年联赛冠军，自己打入11球，荣膺优秀射手；同年代表国青队参加在菲律宾举行的亚洲青年足球锦标赛，在对阵文莱队的比赛中一人打入5球，国青队以9∶0大胜对手。还是1980年，他和马继明、刘春明等队友升至天津队，尽管没有获得上场机会，但随队拿到了当年全国甲级联赛冠军。冠军榜上有他的名字，王兴华颇受激励。

青年时期的王兴华

四次重伤与国家队擦肩而过

王兴华身高1.82米,是踢中锋的好材料。难得的是,他的脚下技术细腻,速度虽不快,但护球粘在脚下,左扣右抹,伴随着假动作突破射门,或传球给队友,常常取得出其不意的效果。正当技艺日臻成熟、前途不可限量之时,伤病却一次次无情地袭来。"我的腿一共折过四次,第一次是1979年,参加第四届全运会,我们少年队在天津踢,最终拿了第三名,我是那时候第一次骨折的,但很快就恢复了。"王兴华对此轻描淡写。第二次是天津队代表中国参加"泰王杯"赛之前,5月1日的机票飞泰国,4月28日在北京地坛体育场举行的与上海队的全国联赛比赛中,在一次对抗中他的胫腓骨骨折。

在王兴华看来,那次受伤给他留下了痛心的遗憾,如果不受伤,本来有机会入选国家队,那将令他的足球生涯圆满。王兴华说:"遗憾是遗憾,但当时也没想那么多,就积极治疗。因为我小腿比较长,也没有这么长的夹板,天津医院一位姓韩的大夫帮我订做了一个。一个月后石膏换夹板,再后来大夹板换小夹板。我每天也不回家,就住在体工大队养伤。"年轻加上身体素质出众,100天后王兴华已经可以代表天津队出战与香港队的"长城杯"比赛,还取得了进球,不得不说是一个奇迹。后来王兴华的脚和腿又有过两次骨折,但都没能阻挡他在足球场上追逐快乐。

见证火车头青训的辉煌

1986年王兴华离开天津队,前往沈福儒执教的天津东亚队效力,继续随年少时的恩师征战。王兴华在东亚队踢了两年,其间曾代表天津队出战第六届全运会。1989年,天津队处于低谷期,当时队友王毓俭已经是火车头队教练,由此王兴华去了当时还在乙级联赛的火车头队。

火车头俱乐部隶属于铁道部,由天津铁路分局代管,是继佛山、辽宁东药和广州白云山之后,全国第四个足球俱乐部,也是我国行业体协中的第一个足球俱乐部。到了火车头队,王兴华如鱼得水,转年就帮助球队冲上甲级联赛。1993年王兴华退役,成为火车头青训的一名教练。

众所周知,火车头青训是全国起步开展青

王兴华(中间)的场上英姿

训的俱乐部之一，好苗子层出不穷。第一年王兴华带的队员就有李玮锋、李毅、杨光，即那批后来帮助深圳健力宝队夺得联赛冠军的球员。"我当时对李玮锋印象很深，他身体素质好，训练时很刻苦，"王兴华说，"当时火车头青训的最大优势是没有后顾之忧，如果踢不出来还可以去工作，分配到铁路系统。"后来王兴华又带过1985年龄段和1989年龄段两批队员。1985年龄段那批球员是曲波、杨君等人，后来有9个队员去了青岛，10个队员去了山东鲁能。1989年龄段那批球员则是冯仁

王兴华参加1980年国际铁路比赛

亮、宋博轩、王刚等人。可以说，王兴华见证了火车头青训最辉煌的时期，同时也是这一青训辉煌的缔造者之一。

十年青训经验不加保留

从1993年到2004年，王兴华扎根火车头俱乐部，从事青训工作将近10年。谈起青训如此出众有什么秘诀时，他笑着说："两点，一是有成绩才能出人才，当时火车头队在甲级联赛中的成绩很出色；二是多打比赛，从火车头出来的球员，无论踢球风格还是成熟度，都和其他地方不一样，他们从小就踢很多比赛，比赛多了，见识就广了。曲波、李玮锋的气质，门将杨君、杨程、关震、张鹭的气质，全是国家队级

王兴华在法国巴黎圣母院前的留影

别的。"唯一让王兴华遗憾的是，火车头俱乐部与泰达俱乐部的关系始终没有理顺，好苗子全部外流，否则两家通力合作，天津足球很可能重现当年的辉煌。

如今火车头队不复存在，而许多地方的青训多是停留在口头上，难以做到真正落实和大力投入。这让王兴华感到无奈："现在咱们国家足球的大方向是好的，只不过需要更细化的要求和规划。抓青训今年要达到什么目标，明年、三年、五年后的目标都要有，有发展计划才有希望。再看看现在的天津，有着良好传统和雄厚基础的人才培养基地河东体育场、红桥体

育场、民园体育场都不存在了，实在令人不解，令人叹息。"

2018年3月22日的"中国杯"比赛中，中国队0∶6输给威尔士队，王兴华看罢心里不是滋味。"中国足球你说没进步吗？也在进步，只是比人家进步慢多了，比越南进步都慢，所以就成了现在这种比赛的局面，"王兴华说出了自己的观点，"我觉得里皮没有问题，他选人也没有问题，就是这些队员的态度有问题。"

脱下战袍自豪穿上警服

1989年从天津队转到火车头队踢球时，王兴华的编制已经进入铁路公安系统，只不过当时没有警服，工资出自火车头俱乐部，但有工作证。2004年王兴华得了一场大病，于是离开火车头青训岗位，在家休养了几年。康复后他恢复了一名铁路公安干警的身份，如今是天津铁路南站的一名干部。"南站是天津高铁的总指挥部，前些天全国两会，我们南站也进入一级戒备，确保北京南大门的绝对安全。去年厦门金砖会议，我们的高铁车也承担重要任务。"王兴华自豪地说。王兴华还讲了一个小故事：前些天天津女排坐高铁去上海打客场比赛，队医带的药品不让上火车，他了解之后安排她们从VIP通道进站，并预祝她们取得好成绩，再夺全国冠军。女排姑娘不负众望捧杯凯旋，王兴华不禁喜上眉梢。

王兴华家庭幸福，女儿孝顺，再有4年他也到了退休的年龄，现在更注重调理日常生活和健康。"每天步行上班，大概能走一万步。单位有警犬，有时候牵着它们遛遛，"王兴华说，"血糖有点儿高，以前喝酒，现在酒也少了，晚饭基本不吃，控制体重。老爷子老娘岁数大了，还要多照顾他们。"至于足球，始终在王兴华心中占据重要的位置。

王兴华参加法国土伦杯

左树发——"左三"续写新篇

"左氏三雄"中的大哥左树起、二哥左树声成就颇高，在这样的氛围中长大，最小的弟弟左树发自然耳濡目染，最终成长为天津足球的一代"边路快马"骁将。

分享过哥哥的荣耀，赢过十冠辽足，体会过一球成名，现在的左树发依然深爱着足球，并决心与大哥、二哥一起携手努力，改变天津足球落后的青训环境，培养更多的新苗子。

"左氏三雄"确立名声

左树发1962年出生。在他的记忆中，小时候的场景大多是跟在大哥左树起、二哥左树声屁股后面追着球跑。"那时候我很小，记忆不是很清晰，就知道大哥当时踢球特别能吃苦，很小就去了少年班，"左树发说，"那个年代如果不能进入专业队，就要当知青'上山下乡'。大哥对足球的热爱和努力我从小就看在眼里，他经常踢完球回到家说这儿疼那儿疼，但第二天还是会去训练，有时候甚至还要加练。"

同样是因为身背左家三兄弟的名声，当大哥、二哥相继进入少年班甚至天津青年队后，年纪尚小的左树发一方面感受到了兄长的荣耀，另一方面也暗自使劲儿，希望不给左氏家人丢脸。"我当时也继承了大哥二哥的性格，在班里踢球就想拔尖儿，我能跑，我最快，总想出这个风头。"正是在这样的氛围熏陶下，在河西区土城小学上学的左树发五年级时就入选少年班， 1978年又进入天津市体校，三年后19岁的左树发进入天津青年队，同批入队的还有尹怡、段举、山春季、王凯、王兴华等人。那时候大哥、二哥已经在天津队甚至是国家队占据了一席之地，"左氏三雄"在天津足坛的地位逐渐确立。

进入天津市体校的同一年，大哥左树起退役进入体校任教，而三弟这批人正好是他的第一批学生。当时左树发的教练是沈福儒，大哥带其他班。沈指选了40多人，年底参加国家体委组织的冬训。左树发训练时和哥哥一样十分能吃苦，表现让教练很满

左树发

意。左树发回忆道："我们这批人，第一年参加全国16城市足球赛，就从后来十连冠的辽宁队手里抢到了冠军。那次比赛辽宁队实力强劲，有马林、赵发庆、李华筠、唐尧东等后来十连冠的主力球员，另外北京也有魏克兴等名将。虽然实力不及辽宁队，但我们凭借着一股拼劲儿，在单循环赛中1∶0力克辽宁队，最终拿到冠军。"1981年左树发顺利进入天津青年队，次年进入天津队，当时队里的老队员王毓俭、张贵来、王广泰都还在，那几年天津队的成绩稳定在全国联赛前几名。

左树发（右）与二哥左树声（左）的合影

足协杯赛　屡有佳绩

左树发给球迷留下印象最深的一次，是随天津队参加1984年在武汉进行的首届足协杯赛，在八进四的淘汰赛中，天津队与北京队遭遇。联邦德国籍主帅雷米与严德俊教练合作安排左树发出任边锋，与哥哥同场竞技。那场比赛王广泰和齐玉波遭遇停赛，天津队克服后防薄弱的困难，将比赛拖入加时赛。加时赛打到20多分钟，北京队已经开始布置罚点球的人员，结果他们的后卫在自己后场右路处理球时不太果断，左树发拼尽全力从后卫脚下断下了皮球，但在边线附近已经没有了射门的角度和机会。只见快速冲过中场的二哥大喊一声"三儿"！左树发顺势将球一推，左树声在禁区外左侧飞脚劲射，球直入大门右上角！天津一球绝杀京师，北京队主教练当场瘫倒在地。左树发演绎了颇具特色的边路一拼到底的角色。

这届足协杯赛，辽津粤京四个队都有夺冠实力，而在此前的小组赛中，天津队也曾以一球击败后来获得冠军的辽宁队。在与辽宁队的比赛中，下半场双方陷入鏖战，"左三"跑位飘忽不定，令盯守者难以对位。当"左三"迂回到对方禁区中路时，背对球门得队友妙传，左闪右躲，在两名中卫夹击中，突然转身一脚劲射，球入大门右下角！

突破绝活　观众助威

左家三兄弟从小都不服输，大哥左树起、二哥左树声以在场上玩儿命著称，左树发也从不示弱。

"哥儿仨在一起有时候也会交流，聊别人更聊各自踢球的特点，"左树发说，"我的特点并不适合踢前锋，速度一般，只是有一下突破这个特点。大哥在天津队踢球我看得少，听说他经常会做倒钩、鱼跃等

高难度动作。二哥最全面，大局观也强。所以哥儿仨探讨到后期，他俩都会给我很多指点，在这方面我有着先天的优势，算是抄近道儿吧。"

从1982年到1990年，左树发在天津队效力长达8年之久。其间天津队始终稳定在全国前六名水平，最好成绩是全国甲级联赛亚军、北区冠军和第五届全运会前三名。让左树发印象最深刻的教练是孙霞丰。"孙指导有自己的特色，而且要求队员们严格执行，每每收获奇效，"左树发说，"那时候比赛前，孙霞丰拿个马扎坐在场边跟我说，你今天没有6个下底明天就别上了。想想看，你左边6个下底，右边6个下底，一场就12个，中路再有些配合，这比赛不就拿下了嘛。按照现在的理念，他是让我大范围跑动、突破，这条路不通打那条，一来二去我边路突破就成了绝活儿。"难怪每当"左三"带球突破时，看台上的观众总会大叫："三儿! 过他! "左树发的"套边儿"突破是出了名的。

左树发参加"希望之星"西班牙学习之旅

1990年天津队调整，魏东、石勇等一批新秀涌现出来，正好二哥左树声到二队当主教练，左树发也和刘洪、刘毅等一起到了二队，也是在全国甲级队行列。当时天津拥有三支甲级球队，堪称鼎盛时期。在二队又踢了三年球，1993年31岁的左树发退役，"左氏三雄"的球员生涯至此告一段落。

投身青训　学无止境

退役后不到一年，左树发就完成了从球员到教练的转型。最早他带的是天津市足协轮训班，类似现在每个周末的精英班，让左树发至今难忘的是后来天津泰达队的两员名将曹阳和卢彦。"曹阳给我留下的印象最深，他先天灵性不是特别好，卢彦脑子好，但曹阳这孩子生活作息训练都特别投入，"左树发回忆，"为什么后来他能站稳这么长时间，我想就是在训练、生活上的点点滴滴中，对自己要求比较严格，你看其他的孩子在这方面就不如他。踏踏实实、热爱足球成就了曹阳。"

左树发还记得当时有这么一个小故事："有一次在火车头场地训练完吃饭，旁边有一堆煤，曹阳吃完饭手里攥着橘子一下子摔进了煤堆，给我们教练都吓坏了，以为他心脏有问题，脸都脏了，赶紧给他送了医院。结果医生说他是训练超负荷有点儿缺氧，就这么着他手里还拿着橘子，知道吃完饭要吃点儿水果。也正是这种日复一日的努力，拿足球当做事业，他才有了飞快的进步、成长。"

从1993年至今，左树发都在从事天津青少年球员的培养工作，除了1981年龄段曹阳那批，1984年龄段也带过，后来这两批好苗子全部纳入当时成立不久的天津泰达足球俱乐部梯队。由于后来天津市体校撤编，足球后备人才遭遇断档，直到2017年市体育局决定重新建立体校，左树发再次回到体校担任教练。

左树发现在的身份是体校U15男足的主教练，天津全运会后体校所在地团泊洼旧貌换新颜，软硬件设施相当好，不过在"左三"看来，十年多断档之后从头开始谈何容易。"我带的孩子都是15岁、16岁的，他们基础差，技术动作也基本定型了，想要有更好的发展很困难，"左树发说，"在这方面体育局也是积累了以前体校出人才的经验，准备从更小的队员抓起，11岁、12岁就纳入体校，有文化课老师教诲，请有经验的教练带队训练、比赛，希望涌现出更多的人才。"

2017年年底左树发受天津市体育局、天津市足协邀请，作为7名优秀教练之一，随天津市青少年足球"希望之星"访问团赴西班牙学习。尽管西班牙之行只有短短12天，但给左树发的触动和震撼却相当大。他说："我们走访了很多西班牙的俱乐部、足球学校还有青训基地，和那里的梯队进行了教学比赛，感觉人家西班牙小孩的训练风格和成年人都是一样的，特别是对抗这方面，从小5岁、6岁就强调对抗。对于足球强国的先进理念，我们当然要更多地吸收进来。但归根结底天津足球还是需要咱们自己搞，把国外好的理念和方法与天津足球实际情况相结合，找到一个规律。要想出人才必须有规律，也就是要有正确的方向，在孩子们身上多下功夫。"已经57岁的左树发，在西班牙依然孜孜不倦地跟着外教学习取经，他学无止境的精神，让年轻教练员自愧不如。

当年的"左氏三雄"是天津足球拼搏精神的象征，如今哥儿仨携手投身青训，依然全身心地育苗，左树发在两个哥哥的引导下又经历了新的传承。

在左树发看来，当年他踢球时没有这么好的条件，现在有条件了应该十分珍惜。未来天津足球还会涌现出如"左氏三雄"的人才吗？左树发脱口而出："应该会有，我们那个年代对足球就是一种热爱，现在只要按照这个方向走，出来的人才肯定要比我们强。"

2018年左树发随"希望之星"访问团访问西班牙期间的留影

霍建廷——锋线上的"火箭艇"

效力于泰达队的霍建廷

1999年年末退役之后，36岁的霍建廷便远离了人们的视线，虽然一度帮助天津女足征战山东全运会，但他一直与职业足球无缘。远离职业足球的他并非失去热爱足球的心境，在天津的一些业余足球比赛中还经常可以看到霍建廷的身影。"不为钱，全凭兴趣，谁让咱喜欢呢。"霍建廷承认，他热衷于业余足球有两个主要原因，一个是健身，另外一个就是足球情怀。

1999年退役了，霍建廷并不服老。38岁那年加盟甘肃天马俱乐部征战乙级联赛，成为中国职业联赛中的一段佳话。从甘肃回津后，霍建廷一直热衷于业余球赛，由于他的身体素质和技术相当出色，因此仍能找到踢职业联赛时的那种美妙的感受。"当时总有一种不服老的想法，总觉得自己还能踢，所以退下来也没有放弃，热衷于业余足球也是自己职业生涯的延续。"霍建廷说。

不过，随着年龄的增长，霍建廷从2005年开始逐渐向教练岗位过渡，参加比赛的时间逐渐减少，带队比赛的机会越来越多。2008年，天津一家合资企业组织职工内部联赛，其中一家分厂的女足聘请霍建廷出任主教练。由于联赛排名前两位还要参加这家公司的全国联赛，所以比赛竞争还是相当激烈的。队员基本上都是从职业队刚下来的，比赛水平比正式女足联赛差不了多少。霍建廷认为，在这家公司带队参加内部联赛对他的执教能力是一个考验。他不负众望，带领球队拿到联赛冠军，获得了参加全国联赛的资格。"踢了3年了，我们这队拿了两次冠军一次亚军，都获得了参加全国比赛的资格。"通过这家公司联赛的考验，霍建廷执教女足有了一定的心得。正是在这家公司带队出了成绩，天津女足在征战山东全运会时，邀请赋闲在家的霍建廷出山，协助主教练进行备战训练。退役10年后的霍建廷，终于得到了重返全国顶级赛场的机会。自1999年退役，十多年时间过去了，小霍也变成了老霍，皱纹开始爬上他的额头。虽然不服老，偶尔也会在比赛中踢上两脚，偶尔也会与段举、王凯、山春季等昔日队友叙叙旧，但年过半百，总让他慨叹韶华易逝。

霍建廷1963年出生，9岁开始在西营门小学踢球，司职前锋。1979年，天津少年队选队员，霍建廷被教练员一眼选中。凭借着对足球运动的喜爱、刻苦努力的训练、娴熟的球技及良好的身体素质，霍建廷得到了教练的赏识，一年一个台阶，从少年队入选天津青年队、天津二队直至天津队。在征战全国足球甲级联赛中，他司职右前锋，肩负着进攻和助攻的责任。天津队分别在1984年取得全国足球甲级联赛第二名、1985年全国甲级联赛第三名、

1988年霍建廷代表国家队征战汉城奥运会

1988年全国甲级联赛第二名，他都发挥了绝对主力队员应有的作用。在1984年全国甲级联赛中，他一人独得8球，获得"最佳射手"称号，取得了国家足球运动健将证书。

霍建廷被球迷们誉为"火箭艇"，源于他速度快，100米跑在12秒以内，12分钟跑成绩为3200米，爆发力和耐久力甚佳，比赛中常有不俗的表现。每当提到足球的往事，霍建廷总要回忆起在天津队效力参加职业联赛的那些画面，特别是退役前的经典进球更是无法忘怀。他记得最清楚的是1998年的联赛，当时天津队掉到甲B了，大家都憋着劲打回来，因此第一轮客场与重庆的比赛踢得都非常玩儿命。霍建廷回忆起当时的场景："我进了一个球，另外三个球都和我有关系，特别是3∶3平时，我给队友方根燹传了一个单刀球，他打进了，我们最后4∶3赢了，赢得非常艰苦，赛后蔺新江教练特意多给了我1000元奖金，"霍建廷说，"那场比赛时我已经36岁了，比赛中有这样的表现，至少说明我没老，还可以接着踢。"

霍建廷在天津队效力16年，曾经与左树声、陈金刚、吕洪祥、段举、宋连勇、沈奕、韩金铭、王俊、于根伟、孙建军、迟荣亮、张效瑞、卢欣、刘云飞等不同年龄段的球员同场竞技，其职业生涯之长在同年龄段的球员中也是少有的。这些年连同在甘肃天马效力时，霍建廷每年都有进球入账，直至退役前，总入球数超过40个。然而令他难以忘怀的是1987年入选国家队，随后征战汉城奥运会，这是他足球生涯中的最大荣誉。

那是1987年，中国队在日本东京国立竞技场2∶0战胜了日本队，实现了"冲出亚洲走向世界"的夙愿，举国欢腾，每一个中国球迷都在畅想中国队能够在转年的汉城奥运会上取得好成绩。一些老球迷至今都在说，当时的中国队无论是技术、体能还是精神面貌，都是历史上最好的。霍建廷说："当时在

电视里看到中国队如愿以偿地获得了参加汉城奥运会的资格，心里别提多高兴了。说实话，那时心里也想过，如果自己能够作为中国队的一员出征奥运会该有多好，但那还只是停留在梦想中。"或许连霍建廷自己都没有想到，幸福会来得那么突然。1987年第六届全运会在广东举行，虽然天津队只取得第九名，但时任中国队主教练高丰文一眼就盯上了霍建廷，并把他带到了国家队，那一年霍建廷25岁。他说："当自己知道能够代表中国队参加汉城奥运会的时候，那感觉就像是在做梦。一想到能够在国际赛场上与强队同场竞技，整个人就相当兴奋。"

1999年与北京国安比赛中的霍建廷

现实是残酷的，短暂的兴奋之后便是失败的痛苦。在那届奥运会上，中国队首场0:3不敌联邦德国队，次战0:2负于瑞典队，最后一场与突尼斯队0:0互交白卷，以未进一球的成绩结束了奥运之旅。回想起兵败汉城，霍建廷感叹道："比赛开始后，我们才意识到自己的实力与一流强队真是不在一个档次上。我印象最深的是与联邦德国队的那场比赛，后来任拜仁慕尼黑队主教练的克林斯曼当时还进了中国队一个球。不过虽然比赛输了，但我们问心无愧。当时在国家队时，每场比赛后队员们只能得到几十块钱，跟现在这些职业球员的待遇自然没法比。毫不夸张地说，我们那个时候在场上的动力完全来自于为祖国争得荣誉，只是我们确实技不如人。"

1999年，随着队伍年轻化步伐加快，36岁的霍建廷选择了退役。退役后的他仍然关注着足球职业联赛，国家队的比赛更是必看不误。看过比赛又感触颇深，他直言不讳："现今的球员攻防速度比我们那时快了，身体素质也普遍好，但不少球员技术上缺乏特点，类型都差不多，十分突出的太少，这是我们队伍提升不快的重要原因。"唯有蒿俊闵给他留下深刻的印象，或许在他身上，依稀可见霍建廷的影像。

2017年霍建廷担任全运会火炬手，与关牧村进行火炬传递接力

霍建廷的足球人生有失利的烦闷、痛苦，而更多的是愉悦、快乐；有不尽如人意的遗憾，而诸多的精彩足以令其欣慰。从9岁到55岁，逝去的是岁月，不变的是足球情缘。

段举——"高家军"无可替代的前卫

天津优秀足球选手中有几位登上过亚洲、世界赛场并享有声誉，更有一位征战过诸多国际重大赛事，他就是段举。世界青年锦标赛、世界杯预选赛、奥运会足球赛、亚运会、亚洲杯，当然还有全国青年锦标赛、全国甲级联赛、足协杯赛、全运会，等等，无不有他的身影，段举可谓"大满贯"选手。

段举

从20世纪70年代后期进入专业队开始，段举在绿茵场上奋斗了整整30年，不乏光环萦绕。每每接受采访时，他总是历数众多前辈教练的名字，诚挚地说："要感谢这些人为天津、为中国足球付出的汗水和智慧，没有他们就没有我这段不同寻常的人生旅程。"真情流露溢于言表。

段举最先不忘的是幼年的启蒙老师。1963年他出生在足球氛围浓厚的河东区，父亲是位老工人，喜欢足球，懂得足球，支持孩子选择踢足球。在唐口新村小学念书的段举，有三位指导老师，分别是后来成为著名足球国际裁判的王学智和苏友堂、杨湘昆，在他们的悉心培育下，校队打遍全区难有敌手。段举和王凯、宋明合等小队友代表唐口新村小学参加全市小学生足球赛，连夺1974、1975年两届冠军。

进入五十四中学后，段举的天赋被河东区体校教练原国脚李家舫相中，从此他师从李家舫和刘正民，二位教练优秀的专业技艺、高水平的指导，滋润着他一路成长。之后段举很快入选由沈福儒、陈少铭教练率领的天津青年队。这支青年军颇具潜质。1980年，段举和王凯、山春季、刘学宇等队友参加全国十六城市青年锦标赛，一举夺魁。随后他升入由李元魁、孙霞丰、宋恩牧、崔光礼率领的天津二队，球队可喜地晋升全国甲级队行列。1982年年底，段举又一步跨入天津队，跟随严德俊、霍同程、张业福教练踢甲级

段举（中）的赛场英姿

段举赛场照

联赛，参加了1983年第五届全运会、1984年首届足协杯赛，分获第三名、第四名。从此，段举在天津队中成为主力左前卫，打遍所有比赛。

从1980年起，段举一步一个脚印地迈入了耀眼的绿茵场，17岁的他入选了中国青年队，并随队赴南美足球发达国家学习深造。1982年，高丰文主帅带领中国青年队，先后夺得亚青赛东亚区冠军、亚青赛亚军，获得第二届世青赛入场券，实现了中国足球入选世界级比赛零的突破。1983年6月，段举作为中青队主力，与同在中青队的天津队友山春季进军墨西哥世青赛。在小组赛中，中青队首战面对实力强大的阿根廷队，表现出相当水准，射门次数与对手不相上下，因临门一脚把握失当，加上门将多有失误，最终以0∶5惨败。赛后，时任国际足联技术顾问马罗斯基评价说，中国队第一次参加世界级比赛，欠缺经验，特别是创造了很多射门机会，可惜有几次进球机会被（柳海光、李华筠）浪费了。尽管如此，中青队全队的努力，给了段举不小的信心。

第二场比赛，中青队再次交纳了昂贵的学费。对手是欧青赛亚军捷克斯洛伐克队。开球后，中青队先失一球，但小将们毫不气馁，奋力反击，下半场发挥出色连入两球，以2∶1反超比分。可惜的是，中青队再次暴露出经验不足的缺憾，被对方连下两城，以2∶3饮恨离场。中青队力争小组出线而闯进八强的愿望破灭。赛后，时任国际足联主席阿维兰热说，他很欣赏中青队的技巧和速度，这是一支具有实力的队伍。

小组赛末战对奥地利队，这是一场荣誉之战。奥地利队在欧青赛中曾两次击败联邦德国队，具有相当的实力。中青队小将没有压力，轻松上阵，攻防锐利，以3∶0击败对手，终于赢得一场胜利。段举至今还记得，墨西哥普拉伊阿图体育场座无虚席，墨西哥球迷热情地为第一支来自中国的足球队鼓掌欢呼，段举和他的队友们含着泪水沉浸在欢乐中。

世青赛的历练令段举愈发成熟，技艺日臻完善，无论在中青队还是归来后的天津队，他都能稳稳当当地站在左前卫的位置。他身体强壮，拼抢能力强，传接球脚法熟练，又有一脚准确的长传球功夫，深得教练和同伴赏识。他回忆道，1984年联邦德国籍教练雷米来天津队执教，他把先进的足球理念带给

大家，我们学到了许多新鲜的东西，不仅仅是身体、耐力、速度的加强和合理运用，比如他要求队员要有开阔的视野，充分利用球场的长度、宽度，传好每一脚球，从而扯开对方防线。段举心领神会，他苦练传中球、大范围转移球，刻意练习精准到位的脚下功夫。段举深受其益，在以后的赛场上大显身手。

1985年那场"5·19"过后，年维泗临时出任新一届国家队主帅，他上任伊始便把段举召入，仍委以左前卫重任。1985年8月31日段举入选国家队，那天正是他22岁生日，可谓双喜临门。继任国家队主教练高丰文的用人选择与前任教练不谋而合，段举在这个位置上无人能撼动。从此，高丰文率领的国家队，召进了他原中青队几乎所有的爱徒，被坊间称为"高家军"，段举成为军中公认的一员将才。

那段岁月中，"高家军"连年承担多项国际赛事重任。除段举外，这支队伍的人员组合和实力也曾被圈内外多数人认可、赞许，例如贾秀全、柳海光、麦超、唐尧东、李华筠、傅玉斌、山春季等人都很优秀。在国家队参加的重要比赛中，有两大赛事时至今日仍令老球迷难以忘怀。1987年奥运会预选赛的一场决战，中国队在日本东京国立竞技场对阵日本队，其间精彩的一幕是，段举左路断球后突破，长驱直下底线角球区附近，随后左脚一记精准的传中，高大的前锋柳海光插上，鱼跃冲顶，皮球应声入网！领先后的中国队越战越勇，唐尧东不负众望再下一城，以2：0力挫东道主。中国队由此获得1988年汉城奥运会比赛资格，第一次圆了中国足球的奥运梦。然而令人遗憾的是，中国队在汉城奥运会的小组赛中，未能取得一场胜利，并以零入球铩羽而归。汉城奥运之旅留给段举的失落感，至今仍深存于他心中。

另一场大赛更让段举痛心疾首。1989年中国队参加意大利世界杯预选赛，本来战胜香港队之后形势对中国队十分有利，在随后对阵卡塔尔、阿联酋的比赛中，中国队又占有很大的优势，但是鬼使神差，中国队竟然先后遭遇了两个"黑色三分钟"，"只差一步到罗马"，痛失世界杯决赛圈门票！往昔历历在目，令段举耿耿于怀。他感慨地说道："世界杯预选赛、奥运会小组赛，让我两次踏上了世界足球赛场，又让我两次饱尝了败走麦城的苦楚！"

不仅如此，这届中国队在转年的1990年北京亚运会上，仍旧阴影如随。小组出线后复赛与泰国队交锋，中国队竟然以0：1的比分负于对手，与四强失之交臂。随之，高丰文交出帅印，中国队就此解散。从1985年到1990年，段举坐穿了"高家军营盘"。这支队伍中任

段举（右）与意大利国家队前锋罗西的合影

何位置的队员，都会有替换，而段举能攻能守的才能深得高丰文教练的赏识，因此他从来不曾被队友替换。整整5年，虽然有过失败的痛苦、郁闷，但段举也拥有了许许多多足球人不曾有的体验。正是这5年，段举见证了中国足球发展进步而又充满差距的历史。从这个意义上说，段举或许应该享受自身的荣耀，或许问心无愧的欣慰！

段举的国脚历程就此画上了句号。时年正值中国球员东渡踢球小热潮，段举应邀加盟日本钢管俱乐部队，参加了日本联赛，直至1993年。他的球技和风格受到日本球迷的赞赏。他曾与著名球星济科同场竞技，二人先后获得联赛最佳球员称号。归国之后，他还一心向往足球，出资办起"段举足球学校"，亲任校长兼教练，聘请昔日队友任教，招收小学年龄段学生，边上文化课边训练，5年中为专业青年队输送了不少后备人才。

熟悉段举的人都知道，他是个严于律己、用心自强的人，这不仅体现在训练场、比赛场上，生活中亦如此。他善于跟队友和谐相处，从无小圈子、小团体；他爱读书是出了名的，宿舍床头常堆着古今中外书籍，外出冬训和比赛也不忘带上；他为人敦厚而谦恭，正直且诚恳。场下的气质言谈与场上的风驰电掣形成鲜明对照，段举判若两人。正因为如此，在停办足球学校，正式投入商海之后，他的为人处世的优势潜质，同样在从商中充分显现出来，由此，经营多年不曾衰落。

淡出足球圈将近20年了，段举从足球场踏进商场，同样的激烈竞争，同样的艰辛付出，令他有着更为深刻而理性的领悟。踢足球要怀有诚挚的心，不为胜而喜，不为败而悲，追求目标永不放弃。在商海中游历拼争，何尝不是如此呢？

山春季——朴实兢业　守中有攻

　　山春季，20世纪80年代津门足坛名将，名字和球技一样令人过目难忘。年轻时的山春季就爱笑，言谈话语中透着朴实真挚；今天的山春季年逾五旬，面庞年轻笑容依旧，仿佛时间在他身上停下了脚步，不变的还有他对足球的热情和浓浓的家乡情结。

　　和许多踢出名堂的天津运动员一样，山春季出生于天津市"足球之乡"河东区。小学三年级的时候，山春季被河东足球业余体校教练、足坛名宿刘正民慧眼看中，选入业余体校开始进行正规足球训练。当时在体校中，1962年出生的队员由李家舫带，1963年出生的队员由刘正民带，1964年出生的山春季师从刘正民，很快成为其得意门生。1979年山春季进入市体校，同年在教练沈福儒的率领下，山春季与王凯、左树发、尹怡、王兴华等队友参加第四届全运会少年组比赛。天津少年队是有望进入决赛的队伍，但是在半决赛和广东队相遇，以点球落败，最终获得铜牌。

　　这支天津青年军的实力，终于在1980年16城市青年队比赛中展观出来，在沈福儒的带领下夺得冠军，这是山春季足球生涯中第一个有分量的冠军奖杯。"记得那年天津成年队拿到了全国甲级联赛冠军，我们青年队拿到了16城市冠军，是天津足球的一个巅峰。"后来沈福儒带着山春季这批弟子升入天津二队，并在1982年第一次参加全国甲级联赛，由年龄最大的郭嘉儒、吴泽民以老带新，当年获得第八名。1982年年底，山春季等10名主力升入天津队。

山春季

　　当时的山春季已经展现出成为优秀后卫的潜质。他身体壮实，速度飞快，1.71米的身高百米速度达到11秒8。凭借在天津队的出色表现，19岁的山春季和队友段举一起入选国家青年队，成为被称为"高家军"的主力边后卫。1983年高丰文教练率领这支队伍，出征在墨西哥举行的世青赛。然而从1983年的5月1日开始的短短3天之内，中国足球迎来了"黑色三天"，国青队1:5惨败给阿根廷队，参加土伦杯的天津队在小组赛中也输给巴西5个球，国家队则是1:5不敌英格兰的沃特福德队，三支球队连续输5个球，

被坊间戏谑为"三五"，山春季对此记忆犹新。

1984年天津队迎来了第一个外教——来自联邦德国的雷米，当时对于雷米的训练方法存在着各种争议，队员们开始也是不理解。"每天到了足球场，准备活动10个往返跑，接触球很少，变着花样地跑，就是练体能，上午俩小时，下午俩小时，大家都很不理解，"山春季说，"不过联赛一开始，我们打了个8连胜。最后各队体能都不行了，就天津队还能跑，基本上进一个球就能赢下一场比赛，最后我们拿了个亚军，只和北京比胜负关系差一分。后来大家往回看，雷米的训练基本上是体能加战术，都是很明确的。到了一线队的队员，技术多是已经定型，只要把体能练好就能出成绩。"正是在那段时间里，身为后卫的山春季还经常在训练之余加练助攻和远射，并练就了"百步穿杨"的绝活儿。那年在民园体育场和北京队比赛，终场前1分钟，天津队1∶2落后，山春季在中场拿球，往前趟了一步果断抬脚发炮，一举命中球门。当时90分钟比赛打平还有加时赛和点球，两队2∶2战平之后，天津队通过点球战胜北京队。在此之前的"长城杯"赛中，天津队迎战波兰青年队，山春季也在距球门40米处一脚远射，足球飞入大门上角，可谓神来之笔。

对于雷米的训练方法，山春季至今难忘："咱们常规的训练方法往往是，比赛转天也就是做做操、抢抢圈。雷米不是，训练准备活动之后，比赛的队员要跑一个4000米，当时我们都没有想到，其实他是要把我们身体内的乳酸和疲劳充分跑开。"雷米的训练方法对于后来山春季从事教练员工作给予了很多的启发，"那时候我们训练条件差，都是在土场地上。咱们中国讲求'冬练三九夏练三伏'，但雷米都是一早7点把我们拉到民园训练，8点多钟就不练了，避开最热的时候，下午训练也都是6点钟之后。现在通过接触职业化来看，人家很科学。"

1990年山春季（右）与施连志（左）在泰国参加"泰王杯"比赛

从1984年到1991年，山春季一直是天津队的主力后卫，同时也因优异表现入选国家队。那段时间只要天津队和国内强队交手，对方教练在赛前准备会上总要多说一句话："注意山春季的远射。"也正是在这段时间里，天津足球与中国足球一同经历了许多重要的时间节点，比如天津队首次降级、天津队无缘全运会决赛、"5·19"等。

1991年山春季退役，他与恩师沈福儒一起来到天津市足协组建的精英班担任教练员。一开始山春季带的是1982班，队员有曹阳、宗磊、韩燕鸣等人，带了一年多时间。到1995年他又和陈金刚开始带1977、1978年龄段的迟荣亮、刘晨等人。这批人训练很艰苦，每天早上坐班车去北郊韩家墅基地，上午上课，下午训练，陈金刚和山春季为此很少回市内的家。正是这样日复一日地付出，当时以陈金刚为主帅、山春季为助理教练的这支队伍获得了1996年全国青年锦标赛冠军，1997年又在全运会上取得第四名。

1986年随国家队访问意大利时，山春季和意大利国家队前锋罗西的合影

后来山春季先后在广东宏远、长春亚泰、天津泰达梯队任教，如今山春季已经成为天津市体育局的一名干部。多年的教练员经历让山春季对于中国足球青训和未来发展有了很多思考与感悟："足球青训，说到底关键还是教练员的问题。我记得高复祥指导曾经说过：体育老师是全才，不是专才。这句话我印象特别深，他是在电视台解说足球比赛时说的。"山春季笑着说："再有就是学习和接受国外的先进理念，将外面的理念与中国的特色结合起来。日本足球就是很好的例子，80年代的时候咱们任何高中生队伍打日本球队怎么打怎么赢，通过职业化、普及青少年，现在你再看看日本足球。我在教练员A级班学习时，一位讲师给我们讲了德国足球的例子。德国队有一年世界杯前四名都没进，接下来通过10年时间抓青训，培养出了一批球星，德国队最终在2014年问鼎大力神杯。这个事例证明，规划性非常重要。在2016年国际足联和中国足协合办的精英教练员培训班上，香港的郭家明作为讲师，带我们看了几场比赛的录像，是日本和韩国1999年龄段或2000年龄段的亚少赛比赛，一看那个比赛场面，打中国国少队至少五六个，传接球都是十多脚，而且是高强度对抗不丢球，阵型保持得特别好。都说'冲出亚洲、走向世界'，我认为还是先别提这个，先把咱们附近的日本、韩国赢了再说。"

一说起青少年足球的话题，山春季滔滔不绝："国外是引导性的教学，国内是灌输性的教学。我们不能违背青少年成长规律，不能拔苗助长。青少年的培养不要太看重胜负，冠军固然重要，关键要看多少人成才，一个队能有3个队员到一线队那就是超水平，每个年龄段能出一个那就不一样了。再有现在校园足球表面上看开展得不错，但那只是普及，如何与各俱乐部梯队衔接很关键，衔接不上

山季春 1990 年在泰国参加泰王杯比赛

也是没有用的。"

周末山春季还负责天津比较知名的青少年足球俱乐部瑞龙俱乐部2009年龄段、2010年龄段的教学工作。山春季说:"孙海平再练一个飞人刘翔,难度很大。足球也是一样,也是可遇不可求的,所以我的原则是在青少年阶段如果发现人才,就花精力、下力气培养人才。现在天津泰达、权健两个中超队几乎没有天津本土的国脚,对于天津这块足球沃土来说很令人悲哀。希望通过天津足球人不懈的努力,未来能有越来越多的好苗子从这里走出来。"

施连志——承前启后 镇守津门

施连志走到足球大门前的那一刻，颇有影片情节的偶然性，当年这位懵懂少年怀揣着篮球梦想来到天津市体校的招生现场，谁知落榜后却被推荐给足球考官们，田桂义、宋恩牧等教练慧眼识珠，才有了天津一代名门闪光的足球人生。

1964年施连志出生在保定，由于是军人家属，他随父母从保定辗转新疆石河子、北京，最后落户天津。1980年施连志初中毕业，恰逢市体校招生，军队大院里经常在一起打篮球的伙伴们告诉他这个消息，鼓励他前去一试身手，于是他抱着试试看的心态报考篮球专业。可惜由于身高不达标而落榜，一位爱惜人才的教练将他推荐给守门员教练田桂义，经过身体素质测试，田教练觉得他爆发力好、弹跳力好、动作速率快，是块当守门员的好材料。就这样施连志被招入市体校，田桂义成为他的引路人和启蒙老师。在市体校的两年中，由于身体素质较好，接受专业训练后，施连志进步飞快，为他成长为优秀守门员打下了基础。

1989年施连志在泰国参加世界杯外围赛时的留影

施连志的场上英姿

1982年施连志先后进入天津三队、天津二队，1983年代表天津二队参加全国足球甲级联赛，1983年年底进入天津队。1986年施连志开始登场打上比赛，这一年随队参加了印度尼西亚"独立杯"，然后又出访了几个非洲国家，他和队友们克服时差、温差等不利因素，比赛打得很好。施连志厚积薄发，门将技术发挥得甚好，受到教练员和队友们的称赞，当地媒体也给予赞誉，他站在门前更加坚定和自信。

施连志的守门才能得到时任国家队主帅年维泗的认可，1987年被选入国家集训队。1988年施连志第一次代表中国队参加了在卡塔尔举行的亚洲杯比赛，获得第四名。

1989年世界杯预选赛在沈阳举行，中国队战胜伊朗队后进入亚洲区

决赛，令人遗憾的是，施连志没能随队参加于同年9月在新加坡举行的决赛。当时天津队在甲级联赛中成绩很差，身陷保级窘境，而他的守门员队友有的受伤，有的状态不好，时任天津体委副主任兼国奥队领队的刘建生与年维泗协商，把正值巅峰时期的施连志调回天津。在回津后的7轮比赛中，通过全队的共同拼搏，天津队取得了7连胜的佳绩，终于保级成功，施连志功不可没。

2003年施连志在意大利的留影

老球迷至今还记得，那个时期的施连志门前技艺纯熟，扑接低球迅疾，飞挡高球瞬间腾空，控制范围大，出击凶狠泼辣，扑点成功率甚高。在1992年随天津希望队赴荷兰训练之后，1993年年底施连志再次入选施拉普纳执教的国家队，后在训练中踝关节严重受伤，1994年2月返回天津队。1998年泰达俱乐部接过天津队大旗，只用了一年就以甲B冠军的身份重回甲A。在帮助天津队完成"冲A"大业后，施连志选择了退役。此时的他已然34岁，把守球门整整16年。

足球人那一颗火热的足球心依然跳动，施连志随后投入从教事业。1998年年底他参加了亚足联举办的A级教练员学习班。A级教练员学习班为亚洲最高级别，中国的教练员多有参加，例如裴恩才、贾秀全等。学习班结束后施连志即被任命为泰达一线队教练。1999年泰达队聘请金志扬为主教练，施连志为守门员教练。在谈到以此平台起步时，他说："这要感谢泰达俱乐部给了我这么好的机会，也要感谢金志扬指导。我当初刚开始教练员生涯，尚无经验可循，金指导对我非常信任，充分放权，守门员的一切事务由我全权负责，同时他也传授了很多老教练的经验。"

当时泰达队有江津、刘云飞、宗磊等守门员，江津、刘云飞是国家队一、二号门将，宗磊是国奥队

2003年施连志在意大利观看意甲联赛罗马对阵帕尔马的比赛

守门员，那时是天津门将最鼎盛的时期，国家队不时抽调他们去训练、比赛，天津队经常面临缺少守门员的状况，施连志就把赵燕明、田旭、杨启鹏等人临时调到队里。在泰达任教的四年里，他带出了江津、刘云飞、宗磊三位国门，这是对他工作能力和水平的肯定，而2001年江津被评为年度中国最佳守门员，刘云飞被评为2001年度甲A联赛最佳守门员，令施连志十分欣慰。

2005年，中国足协着力振兴女足，选择了有在甲A执教经历的优秀教练员到女足执教，由裴恩才、原女足教练王海鸣和施连志组成教练组，同年年底改为由马良行、张海涛、孙伟、施连志组成新的教练组。2006年6月，在澳大利亚举行的女足亚洲杯上，中国女足一举夺冠，把失去7年的金杯捧了回来。作为教练员的施连志感到很自豪。在他以前，天津曾有李学浚、蔺新江、陈金刚三人赫然列在女足亚洲冠军级别的教练员中，施连志深知这个冠军的分量。2006年年底中国女足又在卡塔尔举行的亚运会上获第三名，因报名限制，施连志未能随队前往，但他带出的守门员同样表现不凡。

2007年2月，因母亲病重急需手术，身边无人照料，施连志只能无奈地结束了女足执教这段非凡的经历。回到天津后，他参与了2007年女足世界杯和2008年奥运会足球比赛的竞赛组织工作，享受了两年球场下的轻松。2009年，他又驰援天津女足备战山东全运会，加入U18队教练组，与齐玉波、翟良田组成新的教练班子，带队在比赛中取得第三名的好成绩，按照全运会的规则获得0.5枚金牌，实现了全运会天津女足金牌零的突破，施连志又是功不可没。

2015—2017年，施连志又承担了执教全运会球队的任务，再次与齐玉波搭档，配以陈胜利和杨杰。教练组克服组队时间短、人员条件差等困难，与运动员共同努力，率领这支U17队伍获得全运会第七名。

施连志曾有一段在天津足协协助王学智主任管理校园足球的经历。2009—2014年，施连志进入市足协校园足球办公室工作。这段时期天津足球人才严重断档，除河东区外，各区体育场都被拆除或挪做他用，各区的业余体校消失殆尽，人才培养缺了一个非常重要的环节。为扭转这一颓势，在市体育局的领导下，在市教委及各区教育局的支持下，校园足球办公室大力发展训练网点学校，派遣有经验的老教练深入网点学校辅导。在施连志任职期间，网点校从90所发展到120所，足协校园办人员每周深入各个网点学校督促、检查，在市教委的大力配合下，各网点校校长亲自组织、领导，取得了非常好的效果。在打牢基础的情况下，足协着重培养好苗子，选拔各区可造之才，每周末由一些知名教练员集中训练。天津足协因工作出色，多次得到时任中国足协副主席薛立的肯定，足协也派人多次来津考察，向全国推广天津的经验。现在很多精英训练班的队员已经成才，进入职业俱乐部梯队，天津校园足球硕果累累。

2006年施连志作为教练员随中国女足
在澳大利亚参加女足亚洲杯

宋连勇——年少成名　世青最佳

演艺界有一句像是自我励志又略带调侃的话："成名要趁早。"练足球的孩子，从少年到青年是成长的关键时期，往往有一个循序渐进的过程，而在同龄踢球幼苗中，宋连勇不仅脱颖而出，又在青年队诸多赛事中快速出了名。

踢前锋，打主力，代表天津夺得全国青年足球联赛冠军，荣立战功，随后随队参加首届足协杯赛，天津青年队从而晋升为甲级队，宋连勇随之进入天津二队，随队征战全国甲级联赛，又一步跨入中国青年队出战世界青年足球锦标赛。值得他自豪的是，在这届世青赛中，他荣获"优秀前锋"称号，成为中国足球迄今在世界级足球大赛中，唯一享有殊荣的球员。而后宋连勇又曾代表香港队参加了世界杯亚大区预选赛、亚运会等比赛。

少年踏绿茵一路亮色

出生于1965年的宋连勇，是家中的老幺，作为唯一的男孩，父母宠爱，几个姐姐呵护备至，任其自主

宋连勇

地选择了踢球，在业校余体接受训练。进入崔光礼执教的天津二队后，宋连勇的足球潜质很快显现出来，继任的沈福儒、宋恩牧教练看中了宋连勇的能力。从1984年开始，这位身高超过1.80米的前锋，在比赛中锋芒毕露，令人瞩目。在这一年的全国青年联赛中，他场场上阵，多有斩获，为天津队夺得冠军立下战功。参加首届中国足协杯赛后，宋连勇升入天津队，随天津队打全国甲级联赛。

年少成名的宋连勇身体素质一流，在前场穿插灵活，活动范围大。难得的是他不仅有身高、头球好，脚下技术也相当出色，而且禁区外还有一脚令人惊艳的远射。因此，中国青年队备战第24届亚洲青年锦标赛时，主教练张志诚把他召入队中。1985年3月，中国青年队一举摘得这届亚青赛桂冠，并获得同年8月在苏联巴库举行的世界青年锦标赛入场券。

宋连勇的比赛能力深得张志诚教练赏识，他成为主力前锋。这届中青队兵强马壮，很多球员后来成长为"国字号"球员，如门将李建栋，后卫鞠李瑾、李红兵、董玉刚、傅博，前卫宫磊、尤可为、高仲勋，前锋高洪波、张焱、宋连勇。在如此整齐的阵容中，宋连勇与队友配合默契，如鱼得水。在这届世青赛的小组赛中，中青队首战1∶3不敌墨西哥队。第二场比赛对阵英格兰队，中青队一改长传打法为短传渗透，攻防转换速度变化明显。宋连勇表现异常活跃，时而深入对方腹地突破，时而撤回禁区外伺机冷射。他与队友精诚配合，占据场上优势，不断取得轰门机会。一次宋连勇右路突破后传球至对方禁区前沿，高洪波得球一脚怒射破门得分。中青队越战越勇，终场前再下一球，以2∶0击败颇具实力的英格兰队。随后中青队以2∶1战胜巴拉圭队，以小组第二名出线，晋级八强。但在八进四的复赛中，以0∶1不敌东道主苏联队，最终列位第七名。尽管如此，在世界级大赛中，中国男足打进前八名，前无古人。而在此

1996—1997年宋连勇获得
三个杯赛的冠军

前的世青赛中，张志诚率领的中青队，小组赛难求一胜，最终未能出线。宋连勇在此次大赛中经受了考验，给人留下了深刻的印象，国际足联授予其"优秀前锋"称号，实至名归。

港岛闯江湖赢得声望

1986年以后，宋连勇升至天津队，兢兢业业效力多年。1993年，时年28岁的他选择前往香港，由此开辟了足球新天地。当时在港岛的职业球队中，只有广东籍的吴群立等极少的内地队员，难见北方球员，宋连勇的出色能力和声望，被老牌球会南华队看中。在南华队的几年中，他不仅站稳了主力位置，帮助球队获得1995、1996赛季冠军，被评为年度"最佳球员"，入选香港足球明星最佳十一人阵容。后来他先后转会快译通队、星岛队，同样取得优秀成绩。1996年成为香港本土球员后，宋连勇得以代表中国香港队征战世界杯预选赛和亚运会。1998年，他在权威人士评选的1978—1998香港足球梦幻阵容中，以182张最高票，力克港岛历史上5位最具声望的后卫而入选。

2000年，35岁的宋连勇挂靴退役。他为人谦虚随和，善于交往，与队友巴贝利、山度士、欧伟伦等

私交很好，而且得到南华体育会老板的赏识，经常来往津港两地和其他地方，帮助老板打理生意。1997年香港回归，宋连勇不仅参加了不少庆典活动，还促成了"津港杯"庆回归足球赛。无论走到哪里，宋连勇总是说："我是天津人。我感恩天津，感恩天津这片足球热土，感恩昔日的老教练和兄弟们！"

中国青年队时期的宋连勇

回顾自己的足球之路，年少时便展现光彩亮色，宋连勇有着切身体验："我是天津本土教练发现和培养的足球好苗子，启蒙教练功不可没。"他说，每一个球星在初期都会有优秀的启蒙教练。这些启蒙教练有一双善于发现人才的慧眼，有一颗耐心培育人才的殷殷之心，为此他们付出了大量心血。启蒙教练要做的不仅是教孩子们足球的入门知识，更要悉心培养孩子们的兴趣，让他们在踢球中享受快乐，从而爱上足球运动。宋连勇谈到，他的启蒙教练都善于观察，都会很细心地体会孩子的心理。"孩子们的感觉很直观，他们会揣摩你对他的感觉。孩子们的自尊心、荣誉感很强，教练对天赋好的要悉心指导，加大力度；对差一些的也要不放弃、不抛弃，要耐心对待，多给予鼓励。这样才可能把孩子领上成长之路，让他们将来有所作为。"

宋连勇认为，基层教练的配备在一定程度上决定了能否培育出后备人才，但更需要有一套系统完整的青训计划。过去天津的足球后备力量源源不断，冒出优秀的人才不在话下；今天差得太多了，不能和以往相比。

"我们的青少年足球与欧洲相比差距就更大了。欧洲的孩子二至四岁时已经有计划地开始接受足球训练，中国孩子接受青训的年龄晚于欧洲，职

赛场上的宋连勇（左）

业球员的成才率与人家自然不成比例。"不过他说："这两年间，能够感受到政府，以及社会、家庭都对青少年的足球培训越来越重视，希望大家努力坚持下去。"

痴迷高尔夫心无旁骛

登陆港岛已25个年头，游历这片土地非同寻常，凭借着奋发图强、为人诚挚，宋连勇一路顺当走来。他有个四口人的幸福家庭，妻子美丽贤惠，儿子已是小有名气的画家，7岁的女儿更是惹人喜爱。"孩子身上有香港人的精明、开阔，又有天津人的朴实、豪爽。"对于孩子的未来，他满怀期待。

离开足球场，宋连勇踏上又一片更为广阔的绿茵，他对高尔夫球的钟情，已然到了酷爱程度。如果把话题转向高尔夫，从球杆的选择，到球的材质、重量、订制等方面的认定，宋连勇如数家珍。他热情地推介："高尔夫是很好的强身健体运动，不需要你做大量的心肺运动。征服它不仅需要理想力，还要有执行力。规则并不复杂，竞争有时也很激烈，并且颇具魅力。当你打出一记好球时，那种成就感不亚于一脚成功的射门。"

伴随着一套价值不菲的装备，在阳光最明媚的日子里，悠闲地踏上绿茸茸的草坪，优雅地展臂挥杆，随球极目眺望。此刻的宋连勇全神贯注、心无旁骛，如何打出一杆杆"小鸟"，才是他的所思，更是他的所盼。

宋连勇的赛场英姿（左）

王俊——稳健藏杀机　出脚惊四座

王俊

王俊出道于20世纪80年代前期天津足球一度辉煌之后，于根伟、张效瑞、孙建军等新生代涌现之前。当时的天津足球正处在实力偏弱、成绩上上下下难趋稳定的时期。在那些年间，王俊挺身而出，带领队友顶着压力，在甲B联赛中艰苦征战，先后两次晋升甲A联赛，为天津足球积蓄了能量。王俊无愧为当年天津队的领军人物。

王俊喜欢足球，一是深受父亲影响，二是出生在河东区这片足球热土而深受熏陶。上小学时，父亲经常带着他看足球赛，足球在他的心中扎下了根。20世纪70年代中期他进入河东区业余体校，师承李振民教练，打下了扎实的基本功。1986年，20岁的王俊入选天津东亚队，从开始打边锋便引人注目，他脚下技术好且有头脑，善于观察场上形势，很快崭露头角，被教练寄予厚望。

1988年天津首批年轻队员被选派赴荷兰留学，王俊名列其中。没过多久，王俊就爱上了这个足球国度。他感到荷兰足球是一种哲学。荷兰足球至今还留有阿贾克斯学派的鲜明印记。他们的跑动、传球路线是那么符合几何美学，人的位置和空间配合得那么妙不可言；极为复杂的技战术概念，被他们演绎为朴实无华的动作，配合默契，浑然天成。如此这些，深深地感染着王俊。

而荷兰职业足球的魅力，更令王俊钦佩和羡慕。无论早年的克鲁伊夫、克洛尔、阿里汉、米歇尔斯，还是后来的范加尔、古利特、范巴斯滕、里杰卡尔德、科曼，无不思维敏捷、技艺高超，既讲究严谨的整体配合又凸显张扬的个性。正是他们的智慧、执着和不断地追寻，创造了荷兰的"足球革

2009年王俊（左）和托马西（右）的合影

命"，铸造了荷兰足球的辉煌时代。王俊崇拜这些世界球星，并把崇拜化作鞭策自己的动力存在心中。

王俊曾经三次去荷兰学习，第一次仅仅半年时间。他至今记得很清楚，前3个月跟着俱乐部训练，后3个月由荷兰教练单独带队教授。教练要求的身体训练密度大、力度大，练冲刺、练弹跳。令王俊印象更深的是专项技术训练，边锋快速冲刺传中，前

1996年王俊驰骋赛场的精彩瞬间

卫盘带和拦截，中锋练习摆脱和抢点，后卫套边助攻，大家都努力完成，训练中表现不佳绝没有上场机会。王俊说："那个年代正是荷兰足球鼎盛时期，他们不缺技术，个个精干强壮，即便这样，大部分体能训练仍是枯燥单调，就是跑圈，一跑就是10000米，没有人松垮懈怠。"荷兰人的严厉、自律、敬业，深深感染着王俊，他要求自己快速汲取荷兰足球的精华，用以强化自己的意识，融入自己脚下。王俊真的很用心。

1993年，王俊代表天津参加第七届全运会，打进在北京进行的前八名决赛。此时的王俊比赛经验更为丰富，中锋位置的特色已然形成，凭借身高和良好的抢点意识强，头球经常有所斩获；他脚下技术好，速度并不快，在对方禁区内经常在看似漫不经心停控球时，突然一晃一拨，闪开防守队员迅疾起脚打门，这一招屡建奇功。

1994年，中国足球进入职业联赛阶段，王俊作为主力中锋代表天津三星队征战当年的甲B联赛，并打入3球，帮助球队升级成功。1995年，天津三星队征战甲A，这支队伍本来实力偏弱，又遭遇多名队员伤停，又是王俊在整个赛季中一人打入9球，帮助球队保级成功。然而1997赛季，天津足球再次经历寒冬，又一次降级到甲B。至今，在王俊眼里，1997赛季的遭遇绝非输掉一场球赛那么简单，这一事实让人们对天津足球太多的理想和寄托趋于破灭。这一次的再度降级，也深刻地引发了王俊对未来和自身的种种反思。然而这支队伍在泰达集团入主之后，重整旗鼓，卧薪尝胆，以1998赛季以不败战绩再次冲A成功。王俊给自己留下了圆满，可以开心地退役了。十余年奔波于赛场，几经波折起伏，王俊矢志不渝，努力完成足球赋予的使命，理应受到人们的称颂。

退役后的王俊先是投入泰达俱乐部的梯队建设，随着自身执教水平的不断提升，后进入一线队的教练班子，与时任主教练左树声、领队韩志强组成教练团队，带领当年那支天津队取得了联赛第四名的成绩，首次冲入亚冠小组赛，转年继续带队参加了亚冠及中超的比赛。离开泰达后，王俊自知职业球员转型做教练员绝不是件容易的事，根本不像外界想的那么顺理成章，继而专心沉浸于学习，几乎没有任何休息时间。经过一段时间的刻苦努力，他终于考取了目前国内等级最高的职业级教练证书。后来，王俊选择到于根伟青少年足球俱乐部，成为植根于基层青训工作的一名管理者，担任俱乐部竞训部部长。王俊十分清楚，职业球员转型教练员有着得天独厚的优势，虽然经过高水平考核取得了证书，但是要成为真正高水平教练，还须下大功夫。他说："自己踢球的时候，在场上什么都明白，包括站在场边也知道这球该怎么踢。现在要把你心里的东西传达给队员，需要组织成自己的语言，还能让队员很快、很透彻地领悟理解，这个表达能力的确是职业球员转型教练的最大困难。"王俊更体验到，做青训教练还特别需要了解、掌握青少年的心理和不定型的变化；满足他们身心成长过程中的需求；发现他们的特长、潜能，因材施教，促其成才；当然更要注重培养孩子们的意志品质、道德精神。这些无疑对王俊都是很大的考验。

目前天津拥有两支中超球队，而本土球员极度稀缺，因此王俊特别感谢于根伟。他觉得于根伟有着高明的远见，为孩子们搭建了可以从事足球运动的平台，十分符合足球运动发展的规律。

王俊说，从事足球事业可以带有理想主义，但足球更需要实用主义。做青训工作，要的是专心、耐心、细心。要把更好的足球氛围向青少年足球方向传递，感染更多的孩子们，让他们更加喜爱并参与到足球运动中。"我只想踏实地为天津足球、为中国足球的发展做一些基础性工作，这是自己下半生追求的目标。"

如今王俊52岁了，人过半百，心境、眼界开阔，全心地置身于孩子中间。每每有学生家长谈及王俊过去在赛场上展现的精彩时，他便露出憨厚的腼腆笑容："忘记过去，活在当下。"

王俊的场上英姿

刘兵——体育世家走出的卫将

提起刘兵，不要说今天的年轻球迷，往昔的老球迷也颇觉生疏，不知其何许人也。刘兵即昔日刘冰改换后的名字。如此说来，人们一定会记起20世纪八九十年代天津队这位耀眼的中后卫。如今的刘兵，爱穿一身耐克运动服，身材保持得相当好。

1988 年赴荷兰参加培训前的刘兵

踢老甲 A 重享受快乐

进入2018年，刘兵已经51岁了，身体素质依然出众，无论是争顶、拼抢，还是卡位、解围，一点儿也不比小自己10岁、20岁的年轻人差。"我是从2014年开始参加老甲A比赛，现在感觉好多了。刚开始踢不适应，自己拼命练了一个多月，结果到那儿正赶上疲劳期，第一场球就拉伤了，"刘兵说，"这几年好些了，主要是心态好了。你想啊，像曲波这些我当年的学生，现在都和我一起踢老甲A了，还拼什么，纯属快乐足球。"

从2014年至今老甲A踢了四年，刘兵从未缺席，和老教练蔺新江及曾经的队友于根伟、石勇、孙建军等人又能重新聚到一起，踢踢球、喝喝酒，用刘兵的话说，"还有什么不知足的"。"以前的所谓恩怨矛盾，早就风轻云淡抛到脑后了。"

难忘沈福儒师生情

1967年刘兵出生在天津的一个体育世家，父亲打篮球，母亲是体操运动员，后来父母都在天津体院任职，刘兵就在体院里长大。受家庭和周围体育氛围的熏陶，遗传了优秀体育基因的刘兵从小练习田径。初一时一个偶然的机会让刘兵喜欢上了足球，于是他去和平区业余体校拜师马金才门下。

"那时候我才一米四几，因为身体素质出众，马教练就安排我打中卫。从开始到退役，我踢的都是中卫位置，"刘兵回忆，"1983年天津青年二队招人，我、张越、张世忠等人从和平体校被挑走，同一批进队的还有王岩、王俊。在联邦德国外教雷米、崔光礼的带领下参加1986年青运会后，被调整到天津二

青年时期的刘兵

队。"正是从天津二队开始,刘兵开始了与沈福儒长达6年的难忘师生情。说到沈福儒,刘兵充满感恩:"沈指是我的恩师,对我们很严格。有一次我不太讲卫生,他要请家长,我说我都20岁了还请家长?结果我爸去了,后来一讲都是笑谈。不过在训练和比赛中沈指是真的很投入,别看就爱练老三样——铲球、跃顶、折返跑,外带12分钟跑,可练的效果是后来我们都能轻松地应对中国足协组织的体测,证明了老爷子的良苦用心。沈指带过几批队员,有不少人骂他,但我们这批没骂过。一方面他带我们时间最长,有6年之久;另一方面我们彼此了解各自的性格,沈指平时嘴碎,但绝对是好人。"

中国足坛转会第一人

1.88米的刘兵身材挺拔,善奔跑且有速度,脚头硬且头球好。凭借出色的身体条件和青年联赛中的崭露头角,刘兵在1987年入选徐根宝、杨礼敏率领的国家二队,性质类似如今的国奥队,并代表中国参加了中国杯比赛。那时候范志毅和李洪兵是队里主力中卫,刘兵作为替补没有获得出场机会。尽管他的实力和水平不在范志毅之下,但徐根宝还是让他打替补,对此刘兵没有怨言,想的是努力提升自己,一定要超越他人。

那段时间天津队的成绩很稳定,一直保持在全国前六名。"现在踢球为祖国争荣誉,也为了挣钱,当时我们一场联赛30块钱,参加商业邀请赛,一场多者也就100块钱。我们的思想很单纯,踢球不为别的,就为教练为沈指踢,到了场上就想着不能给辛苦培养我们的教练丢脸。"那时候,与天津队实力不相上下的有曹限东所在的北京队、谢育新所在的广东队、郝海东所在的八一队等,刘兵和队友们从来都不甘落后,从青年联赛到一队,几支球队实力不相上下,都是这些人在较劲儿,一直踢到1993年这些人各奔东西。

1994年初中国足球开始掀起职业化的浪潮,而天津队从待遇到管理都处于落后状态,一个月也就给几百块钱,再加上火车头俱乐部老总席绍忠的召唤,刘兵下定决心换个环境。"虽然目前没有这方面的历史记载,但我可能是中国第一个完成转会的足球运动员,"刘兵对于当时的情形印象深刻,"席头

儿亲自开车来，给了天津队一万块钱，直接去体委调档，怕夜长梦多。"从1994年到1997年，刘兵在火车头队踢了4年，和还是小字辈的李毅、李玮锋、赵斌等人做过队友。

怀念津门足球风格

刘兵离开天津队后，和他同批的许多骨干球员相继离队，刚刚开始职业化的天津队陷入了前所未有的困境。"那时候每年到昆明参加全国集训，看到其他不少队中有原天津队员，加在一起能组一个队，这在转会还不是很流行的年代算是个罕见现象。如果不是在天津踢不下去了，谁会走？"伴随着大量人才流失，这支队伍青黄不接，留下的只有王岩、王俊、沈奕等少数1965—1968年龄段的球员，后面只有1969年龄段的高玉勇、韩金铭、张凤梧，1971、1972年龄段的石勇、侯桐，再有就是更小的于根伟、孙建军等人。

走出去的刘兵意识到了天津队的问题所在："脱离了天津队的环境，开拓了我的视野，对我的成长应该说是正确的一步。当时的火车头，无论踢球风格还是管理模式，和天津队完全不一样。天津队相对保守，而火车头队看似松散，但更人性化，基本上都是自己管理自己。风格上，火车头队融合了北京队、八一队的风格；而天津队说是集南北之长，有硬朗有细腻，但细腻程度不够，只是某一个人或者两三个人小范围内的细腻，不像北京、上海都是整体风格的统一。以后的天津队依然没有鲜明的特点，而北京、上海、辽宁、山东还是保持着他们一贯的风格。所以很多老球迷更喜欢看我们老甲A踢球，那是天津足球的风格，后卫高大威猛，前锋细腻灵动，中场小打小传。"

投身青训收获桃李

1997年天津火车头队与中国火车头队合并，两队没有很好地融合到一起，当年便降为乙级队，刘兵再次选择远走他乡，租借加盟甲B成都五牛队。此时的刘兵已到而立之年，但保持着不错的身体状态，而且经验更加丰富、技术更加纯熟。从30岁到32岁，刘兵感觉那是自己职业生涯最棒的时候。在成都五牛队踢了两年，1999

如今刘兵在球场上的风采不减当年

年在老领导席绍忠的召唤下，刘兵回归火车头队，转型成为青训教练。虽然收入没法和职业队相比，但是他感觉又有了新的起点，于是就答应了下来，一直干到现在。

从1999年至今，近20年的时间，刘兵全身心地投入火车头青训，与同伴培养出冯仁亮、宋博轩、王冠伊等一批后来在国内足坛赫赫有名的青年球员。那时候火车头青训的名声在国内响当当，可以与之相比的只有徐根宝足球学校、秦皇岛足校。20年的辛勤耕耘，刘兵可谓桃李满天下。难得的是，无论队员还是家长，对于刘兵的评价就两个字"不黑"，这在足坛乱象丛生的年代就是最好的评语。"我没有收过学生家长一分钱的礼，家长给我送烟、请我吃饭，我都回绝了。像当年冯仁亮、宋博轩家里穷，我向领导申请让他们免单上学，他们都像我的孩子一样。我不敢说一碗水端平，好材料教练都喜欢，也肯定会倾注更多的心血，但训练都是一样的，关注度也一样。"

刘兵在老甲A赛场上的风采

2016年火车头队解散，火车头俱乐部与河北区体育局合作，将青训阵地转移到了校园足球。早在2003年就拿到亚足联A级职业教练员证书的刘兵，带着毫无足球基础的孩子们训练，依然兢兢业业。

"足球还是要从娃娃抓起，我会在这条路上坚持下去，也希望有更多的天津孩子喜欢上足球。"

韩金铭——一身是胆驰赛场

　　韩金铭父亲那一代年轻人正好赶上国家白队落户天津,由此掀起的足球热潮感染着每一个热血青年,河东区又是天津的"足球之乡",因此他的父亲一直喜爱足球运动,作为工厂球队的主力,经常活跃在足球场上。韩金铭出生后,他的父亲有志于把儿子培养成一名足球运动员。在韩金铭五六岁的时候,父亲成了他的启蒙老师。韩金铭在东道一小上学,被体育老师侯强选中参加校队。1980年正赶上国家体委足球办公室推广13(岁)—16(岁)年龄段少年培训计划,韩金铭和这个年龄段踢球的小朋友都被集中到和睦道小学,在古星源老师和河东区体校刘正民教练的带领下实行"三集中"训练,这支队伍当年获得天津小学组比赛冠军。

　　1981年,韩金铭所在的球队集体升入五十四中学,进入河东区业余体校,教练员也换成刘正民、孙蓝丰老师。在韩金铭读初中二年级的时候,新华路体育场举行了天津市同年龄组调赛,选拔天津少年队队员,韩金铭所在的河东区业余体校获得第一名,他本人也荣膺最佳射手。

　　1983年,韩金铭如愿进入市体校,即由王伯远、韩孝忠执教的天津少年队。同年9月,他在全国比赛中表现出色,进入国家少年集训队,接受高丰文和天津籍教练张亚男组成的教练组考察,并于11月正式入选国家少年队,这一拐点促成了他的足球人生。以前的韩金铭速度快、技术好但是耐力差,比赛场上也不是拼命三郎型的。进队后,在高丰文教练的指导、启发和激励下,韩金铭增强了上进心和信心,无论训练、比赛都全身心投入,逐渐形成能跑善拼、勇猛犀利的风格,一个崭新的韩金铭出现在广大观众面前,从此声名鹊起。1985年2月,韩金铭代表中国参加了在卡塔尔多哈举行

韩金铭4岁时在人民公园的留影

在苏格兰参加比赛时的韩金铭

的亚少赛。1986年他入选国青队，在这届国青队中有后来成长为球星的郝海东、江津、黎兵等人。1987年国青队参加亚青赛，遗憾地未能出线。1987年4月，18岁的韩金铭代表天津二队在全国甲级联赛登场，在天津队猛将如云的年代，如此年纪能获得教练员的认可，他深受鼓舞，也赢得了球迷的赞赏。1989年，天津队派出"希望队"赴荷兰留学，他是第一批入选的队员，同年又入选了徐根宝执教的国奥队。

1993年10月全运会结束后，韩金铭迎来了足球人生最辉煌的时刻——入选中国首位外籍教练员施拉普纳执教的国家队。韩金铭在国家队中经历了从施拉普纳到戚务生等教练员的更迭，接受了亚洲杯等重大比赛的洗礼，近四年间代表国家队在各类国际比赛中出场三十多次，直至1997年甲A联赛开始前退出国家队。

1997年甲A联赛，韩金铭转投当时国内豪门前卫寰岛队。当年寰岛队的教练、领队的天津元素吸引着他，赛季开始时严德俊任领队，主教练是施拉普纳，助理教练是齐玉波，下半年严德俊由领队转任主教练。但在环境、待遇都比较优厚的情况下，韩金铭依然心向天津，在寰岛队效力两个赛季后毅然返回天津，把职业生涯的谢幕留给了自己萌芽、成长、崛起的地方。

从进入市体校到2000年正式退役，韩金铭驰骋绿茵场17年，踢了无数场球，以特有的风格感染着众多球迷。谈到此处韩金铭说："在青年队和成年队经历了痛苦的选择与转折后，我才在后来的国青队和国奥队中有了位置和定型、成长。1986年至1987年我入选中国青年队之前，都是以身体素质好、速度快、向前意识强著称，而且是我们这个年龄段的最佳射手，但是到了国青队以后，和有天赋的球员们相比，我在门前感觉、射门意识等方面有着明显的差距，再就是奔跑、拼抢能力，所以我不断地修正自己的航标，每天都自觉加练一个多小时的抢截技术。我的天赋达不到，自己又热爱这份事业，只能改变球场上的角色和定位。"最终韩金铭成功转型，就是后来人们看到的脱胎换骨的韩金铭，成为"津门虎"的代表性人物之一。

回想自己踢过的诸多比赛，韩金铭难忘1995年赛季在民园体育场对山东队的保级大战。那场比赛

天津队三军用命,一拼到底,韩金铭更是满场飞奔,前、中、后场都有他的身影。当他打进关键一球时,观众席沸腾了,球迷们载歌载舞玩起了"人浪",终场哨音响过,大家恣意庆祝,久久不肯离去。当球场照明灯具关闭之后,看台上的观众纷纷点亮了打火机,与球员们欢呼互动,享受保级成功的欢乐,韩金铭不禁哽咽,喜极而泣。

韩金铭退役了,他有很多选择,恰逢天津企业家张德庆先生负责天津对口支援甘肃的足球项目,在兰州组建甘肃天马足球俱乐部,韩金铭成为同期国家队队友中第一个转型出任俱乐部总经理的人。当韩金铭看到西北足球的青训基础比较薄弱、人才培养机制很不完善时,心中涌起责任感。2000年10月10日,他个人出资在甘肃天水建立的足球学校挂牌亮帜。善于学习的他于2005年取得A级教练员资格,并接受中国足协的委派担任西北地区青训讲师。接受青训的孩子们没有令韩金铭失望,多次在西北地区青少年比赛中获得冠军。他为陕甘宁青新地区培养了不少青少年运动员,为西北足球的未来播下了希望,同时也为西北地区培训了不少青训师资力量。

2006年年底,通过当年国奥队队友高玉勇介绍,韩金铭与李威奇总经理一起组建松江俱乐部。2007年他出任松江队主教练,带领球队参加当年的乙级联赛,获得北区第五名。

2008年开始,韩金铭任松江体育产业有限公司副总经理兼松江俱乐部副总经理,负责团泊、松江体育产业园的开发和建设,直到2012年离开松江俱乐部。2013年6月他赴广州任富力切尔西足球学校校长助理兼竞训部主任。

2013年底韩金铭出任中甲球队广州日之泉领队兼预备队主教练,直至2015年。2017年他出任贵州恒丰俱乐部预备队兼精英队主教练。2017年年底至今出任河南建业队预备队主教练。

如今的韩金铭已将至五旬,性情依然质朴直率,言谈话语中透着真挚诚意。他不忘1997年转会前卫寰岛俱乐部的那段经历,动情地说:"回想起当年提出转会这个决定很是欠妥,很是后悔。有当时的经济因素吧,加上我的思想境界,促成了我做出那个决定。"回忆起从前的岁月很是感慨,他说:"虽然当年受到了很多热爱天津队和支持我的球迷的指责,但是还

韩金铭赛场英姿

韩金铭和儿子的合影

是应该向这些热爱天津足球的人们真诚地说一声"对不起"。当时能与这么多热爱天津队和喜欢我的球迷们一起享受足球带来的快乐,是人生莫大的幸事,如果时光能够倒流,我一定会在天津队多待几年,给人们带来更多的快乐。离开天津这么多年,毕竟是喝海河水长大的,我的心一直与天津足球一起跳动,在未来的日子里只要天津足球需要我,我将义无反顾地投身其中,无论是有偿的还是无偿的,我都会为家乡的足球事业尽绵薄之力。再次感谢广大喜爱足球的朋友们在我代表天津队踢球的时候,对天津队和我的支持与鼓励,没有你们就没有今天的韩金铭。让我们全体足球人共同努力,早日重振津门雄风。"

和许多优秀足球宿将一样,韩金铭也影响并培养出热爱足球的儿子,小伙子现今在国外一家俱乐部受训。照片上的这位小伙子高大英俊,眉目间透着睿智。韩金铭骄傲的脸上露出笑容,指着照片中的儿子说:"只要天津需要,'我随时把儿子奉献出来。真是应了那句老话,'我为足球献青春,献了青春献终身,献了终身献儿孙啊'。"祝愿这位未来的足球人才超越其父,前程似锦。

魏东——子承父业　不负众望

常用"虎父无犬子"来形容父一辈在某一领域有着杰出成就,子一辈在传承中亦大有作为。在天津足球的历史中,能配得上"虎父无犬子"的两代人不多,魏东和他的父亲魏锦义便是其中的代表。

田径改足球

在专访魏锦义魏老时,他特意提到过儿子魏东,言语中除了父爱,还有些许的愧疚。而魏东谈起自己的经历,自然而然地从老爷子说起:"我从小和姐姐练田径,没看过我父亲踢球,他也从没和我说过当年踢球的经历。"在魏东的记忆中,父亲是一个不善言辞的人,对他的影响却是潜移默化的。"有一次我在红桥体育场练田径,看见旁边的足球队在训练,觉得这个不错,就和我爸说我不练田径了,我要去踢足球。后来我爸带我去北京看球,是中国队对香港队,印象很深刻,足球在我心中扎下了根。"正是从小受到足球方面的熏陶,魏东心中埋下了未来驰骋绿茵场的种子。

从小学四年级开始,魏东正式从练田径改为练足球。"我爸当时问我,你是真喜欢还是一时兴起。我说我喜欢。他说你决定了就要坚持下去。"然后魏锦义带着他去找了红桥体育场的冯建忠,魏东从此走上了足球场。魏东刚接触足球时,一切从零开始,对着墙踢球练基本技术,十分枯燥,但他坚持着。也许是遗传了父亲的优良基因,再加上肯吃苦,小魏东进步飞快。也就是魏东到红桥体校改踢足球的那一年,原本被河东区、河西区、南开区垄断的天津市青少年足球赛冠军,第一次被红桥区夺走。随后,魏东领衔的红桥队代表天津市去青岛参加"萌芽杯"全国青少年足球赛,他也见了世面,开了眼界。

错失去曼联

人生总是充满变数。在红桥体校崭露头角的魏东,初中一年级时长到了1.86米。尽管家里希望学习成绩优异的他能安心上学,

魏东 1989 年出访苏联时的留影

但已经痴迷足球的魏东依然坚持踢球。"八一队来选人，裴恩才指导很看好我，希望我过去。碰巧当年成立天津二队，张贵来带队，张业福指导和我爸是队友，经过试训最终我成功入围"69班"。同班的还有韩金铭、高玉勇、王毅、张凤梧这批，我在队里最小但个子最高。"刚入队时，魏东踢的是后卫，后来有一次张贵来让他试了试中锋，结果表现出奇得好。由此他成为中锋位置上一颗冉冉升起的新星。那时候的魏东可谓年少成名、风光无限，天津四支甲级队火车头队、海鸥队、东亚队、大桥焊条队，都希望他加盟，魏东还曾入选过中国青年队。

老球迷或许还记得，与魏东同时代的山东前锋宿茂臻曾前往曼联试训。"如果不是因为一次意外，当时去曼联的本应该是我。"魏东回忆起往事：那年在贵阳踢青年联赛，在天津队与武汉队的比赛中，对方对魏东的队友有一个侵犯动作，魏东看不下去了，脑子一热报复了对方，犯了错误。他说："那时候很注重政治作风，后来我才知道，那个错误让我失去了去英国的机会。点儿没踩对，从那开始一直就没踩上。"

1994 年效力于天津三星队时魏东和母亲的合影

坎坷绿茵路

虽然没去成英国，魏东在当时国青年龄段的中锋位置上依然十分突出。在国内，无论同年龄段还是大两三岁的球员里也是拔尖儿的。在国青队，魏东、小王涛、蔡晟三个中锋，他和小王涛是主力双中锋。然而从那时候开始，坏运气便与魏东形影不离。国青队在广东集训，他逞强扣篮，落地时崴了脚

腕。当时的主教练是陈熙荣，魏东受伤后没敢和教练说，一直忍着练。后来1988年代表国青队第一次出国去苏联，第一场陈熙荣安排他首发出场，但因为脚腕有伤发挥不佳，第二场他就坐上了替补席，从那开始脚就落下了病根。尽管如此，那时候魏东依然是"国字号"里的常客，国青队、国家队都曾下调令让魏东去参加集训比赛，由于种种原因他都没能如愿前往。

回到天津队，魏东依然在锋线上威风八面，连后来的"八冠王"大连队，都有了引进魏东和于根伟的意愿，只可惜命运再一次和魏东开起了玩笑。1993年魏东去荷兰格罗宁根学习了半年，回来后意气风发，决心大干一场，结果被列为替补，他的情绪一落千丈。1994年魏东23岁的时候，有一场与河南队的甲B比赛，教练突然派他登场，当时场地糟糕，一次争顶落地时他的右腿十字韧带断裂。虽然魏东在医院做了手术，但限于当时的医疗水平，还是落下了病根。魏东自嘲他相信命运。从1994年到1997年，四年中的大多数时间魏东都在养伤，尽管后来泰达队、蔺新江教练挽留，魏东还是决然离开天津，先后前往陕西国力队、长春亚泰队闯荡。"没想到后来又遭遇'甲B五鼠'事件，真是心灰意冷，最终决定退役。"

退役进校园

如今回忆起自己每一次登场的表现，令魏东印象最深刻的并不是某一场正式比赛，而是1993年从荷兰回到天津队后，在广东与即将参加"省港杯"的广东队踢的热身赛。"当时广东队借调了范志毅、徐弘、黎兵，咱天津队3∶2赢了他们，我进了两个球，"魏东说，"后来有不少圈里的朋友半开玩笑地对我说：你毁在天津队了，在哪儿都能踢出来。可是我不这么想，我对天津足球依然心怀感恩。"

正是保留着这份对天津足球的感激之情，退役后魏东回到天津，先是投奔前队友韩金铭所在的松江队，后来又到乙级队东丽队当过一段时间教练。"其实在亚泰队的后期，都是我带着队里的年轻队员训练活动，当时王栋、杜震宇刚从青年队被调上来。所以我积累了很多教练经验，希望用在天津足球上。"2015年，关系一直在民园体育场的魏东成为大港四中的一名体育教师，同时还是天津市足协、天津市校园足球重点培养的教练员之一。"学校离市区远，学生基础差，我有一些心理准备，但那里对足球认知的匮乏

魏东

还是出乎我的预料,大部分学生都不知道中超是怎么回事,不知道天津有几支中超球队。"来到了名副其实的足球荒漠,个性倔强的魏东还是决心尽自己所能,把大港四中的足球运动搞起来。不仅如此,魏东还联系四中旁边的大港四小,希望足球从更小的娃娃抓起。"四中的校长非常支持我的工作,还主动和四小的校长进行联系沟通。无论课余、周六日还是寒暑假,我基本上都是带着孩子在训练中度过。别说家长,连老师都感动了。有人说我是'神经病',可要是没有'神经病'的那股劲头儿,真的就别干青少年足球这项工作了。"

甘当铺路石

除了在大港四中完成教学工作,魏东每周还要抽出时间,到天津市足协精英培训班所在的土城小学带队训练。经历了一段校园足球的实践,魏东摸索出一套非专业的又适合孩子的训练手段,尝试后收到效果,更增强了他扎根基层的信心。

凭借着认真负责的态度和出色的执教能力,魏东有幸作为天津市优秀青少年足球教练员的代表,在2018年初随天津市青少年"希望之星"访问团出访西班牙。"我觉得咱们的孩子与欧洲、亚洲足球强国的孩子相比,个人技术并不差,关键是怎么融合先进的理念全面培训,个人技术不能放弃,但不能从小只注重技术,不重视对抗,这是杂技表演式的。这几年我一直通过各种渠道学习怎么教孩子踢球,然后传授给他们,"魏东说,"西班牙那边是启发式的,不是我让你这样你必须这样,你可以有两三个选择,你认为哪个停球、传球方向最好,你去尝试,犯错误没关系,错了也知道怎么纠正。我经常对孩子们讲,一定要动脑子踢球,一堂课下来,最累的不是身体是脑子。"

魏东随天津市青少年足球"希望之星"代表队在西班牙期间的留影

现在的魏东将全部精力投入天津青少年足球培养,他说自己甘当铺路石,希望天津足球能重现当年父辈的辉煌。在四中当教师已有三年多,在足协带精英班也有一年多,魏东的愿望是多积累经验,学习再学习,有一天给基层教练讲讲自己实践中的心得。

侯桐——铁腰甲 A 屡建功

对于许多"70后""80后"的天津球迷来说，天津三星队是他们的一段青春记忆，于根伟、孙建军、石勇、施连志、邵庚、侯桐、霍建廷、王俊等一连串名字很快会在脑海中闪现出来。那是他们和伙伴们一起到民园加油助威的激情往事，那是他们对于球星偶像最初的印象，那是职业化初期天津足球的缩影。

在那支天津三星队中，侯桐占有一席之地。他在后腰位置一夫当关万夫莫开，恪尽职守，一身是胆，勇往直前。1996赛季面对上海申花队的一脚远射破门成为经典。从球员到教练，如今的侯桐依然不忘初心，始终在追寻着理想不断前行。

投名师幼年早成才

侯桐的足球之路是从河东区友爱道小学开始的，小学二年级的时候，教体育的高老师将他选入校足球队。1980年，9岁的侯桐已经崭露头角，一次河东区业余体校教练、足坛名宿李家舫到友爱道小学选幼苗，发现了个子不高但大局观和意识颇佳的侯桐。那时候友爱道小学是足球传统校，实行"三集中"制，把河东区周边学校踢球的好苗子集中到友爱道小学，统一由李家舫指导训练，大家吃住在一起。

在侯桐接触足球之初的那段时间里，李家舫既是教练更像慈父，"他不单单训练我们基本功，给我们打下了好的基础，还在平时生活中给我们许多关心照顾。那时候我们还小，训练特别累，晚上睡觉总是不老实，蹬被子或者做梦，李指导每天基本都在我们熟睡后起来看一看，怕我们着凉"。

在李家舫的精心培育之下，侯桐进步神速。1986年，15岁的侯桐入选了孙霞丰挂帅的天津青年队，参加全国第二届青少年运动会。1991年，侯桐又和石勇、魏东等青年队队友进入左树

青年时期的侯桐

声执教的天津二队，也就是当时的天津大桥焊条队，由此步入成年队。

冲甲A岁月露峥嵘

1992年，侯桐随天津队前往荷兰学习四个月，并没有参加当年的全国甲级联赛，回国后天津队出战1993年全运会。1994年，中国足球开启职业化，天津队被允许从甲B打起。回首职业化的初期，侯桐记忆犹新："当时天津队主教练是蔺新江，助理教练是左树声。从专业化联赛到职业化联赛，最大的不同一个是赛制的变化，从赛会制过渡到主客场制，再一个就是关注度的提升。主客场制终于可以在家门口踢主场了，关注度和氛围也得到了极大的提升，作为队员我们当时非常兴奋。"

1995年天津队成功冲入甲A，同时三星集团冠名球队，正式更名为天津三星队。那是一个造星的时代，于根伟、孙建军、施连志、王俊等都是当时球迷心目中的偶像，但侯桐始终给人低调内敛的印象，他为人诚恳、稳重、谦逊，在比赛场上出显示出良好的体能和顽强的作风，兢兢业业，是一位踢聪明球的前卫。

"即便是成长在聚光灯下，由于父母的教育比较严格，所以造就了我比较平和的性格。"不过侯桐深知，作为公众人物，受关注度越高责任就越大。那几年尽管天津三星队始终处于保级状态，但全队拼劲儿十足，拥有大量天津本土球员的队伍每场比赛都充满血性，和大连万达、北京国安这些传统强队踢，三星队从来不用动员。1996年最后一轮，侯桐一脚惊天远射，帮助球队2：2逼平上海申花队。回忆起天津足球的三星记忆，于根伟千里走单骑，佐拉灵动的射门破网，孙建军横向带球命中死角，邵庚过五关斩六将破门，侯桐的惊天远射，都成为永恒的经典画面。

参加老A甲比赛的侯桐

伤在身无奈离赛场

尽管天津队在甲A诸强中以作风勇猛著称，但受各种难解的问题所困，1997年天津立飞三星队还是遭遇降级噩运。好在短暂蛰伏后，泰达集团接手天津队，仅仅用了一年时间，天津泰达队便重返甲A行列。

这一年侯桐也迎来了自己职业生涯的转折点。1998年下半年，乌拉圭教头吉梅内斯从老帅蔺新江手中接过泰达队教鞭，他

带来了先进的足球理念和医疗团队，其中有一名叫卡洛斯的队医是关节伤病方面的专家。当时泰达队中受关节伤病困扰的队员很多，如于根伟、石勇、高玉勇和侯桐。经过卡洛斯的精心治疗，长久以来困扰侯桐的膝关节半月板伤势有了明显的好转。1999年金志扬接手泰达队，在与外援竞争中没有太多出场机会的侯桐提出了转会，最终他远走江苏加盟舜天前身江苏佳佳队。江苏的足球氛围不错，但毕竟离家在外，生活、饮食等各方面不太习惯。侯桐

侯桐训练代表天津参加第十二届全运会的泰达 U20 队

回忆道："本来还期望着膝关节伤好了在那边踢两年，结果当年在南京江宁基地的一次训练中，由于下雨，我踢球时旧伤再次复发，不得不在一年后回到天津选择退役。"

结束球员生涯后，侯桐先后辗转于前天津三星足球俱乐部总经理李海生组建的天津立飞队、哈尔滨兰格队、天津名特队等，从偶像逐渐转型成为教练，侯桐在这个角色中积累了丰富的经验。

带梯队育出新一代

2007年在泰达足球俱乐部分管青训的副总于根伟的召唤下，侯桐时隔8年重返母队，成为泰达梯队的一名教练员。"带青年队和成年队截然不同，成年队队员已经定型，而且管理成年队不用很操心，只要调整好队员的状态，比赛时按照教练布置的踢就行。青少年毕竟年龄小，作为教练肩负的责任就更大一些。"初入青训领域，侯桐也是摸着石头过河。

最早侯桐带的是泰达1993年支龄段梯队，四个月后接手1994年龄段梯队。当时泰达俱乐部和四川马明宇足校合作，从那边挑来了不少好苗子。现在效力于泰达的李源一、郭皓、杜佳，转会河北华夏幸福队的王秋明，还有泰达预备队的余学毅等，都是1993年龄段的青训出品。当时大多数俱乐部都是只有一支1993年龄段梯队，只有泰达和鲁能在1993、1994、1995年龄段各有一支梯队，可以说泰达青训还是有规划并且育人衔接比较好的，而'93'年龄段培育的人才，由侯桐带领曾冲击2013年辽宁全运会。

虚心好学的侯桐不断积累经验，在实践中潜心探索，立志成为一名合格的青训教练。他说："现在谁的青训抓得早、抓得系统，对于俱乐部长远规划、自身造血肯定是更为受益。作为教练员，我们会在

注重选材的同时，通过训练为孩子们打牢基础，这对于他们今后的成长都有很大帮助。"

为青训甘当铺路石

如今侯桐是天津权健足球俱乐部U12梯队主教练，用他的话说自己特别像当年恩师李家舫的角色。"我的启蒙教练对我影响很大，尤其是在少年时期，现在我在努力效仿李指导带我们的风格，包括对孩子们的关爱。"侯桐聊起现在带的这支球队的心情颇为复杂："我有时候也是比较急，毕竟我们是俱乐部梯队，和校园足球不同，有时候技术动作不规范我就会很着急，和他们发脾气。但训练之后，看着他们调皮捣蛋的劲儿，又感到他们特别可爱，仿佛看到了自己当年的样子。"

沉下心来搞青训，退去当年甲A时代的偶像光环，侯桐感觉踏实而知足，对未来也充满了希望："现在从权健俱乐部高层到青训领导，对于我们这块儿都很重视，在江苏大丰俱乐部给孩子们创造的条件是非常优越的，从住宿、饮食到训练条件都是国内一流的，希望通过训练为俱乐部输送更多的好苗子。"与此同时，权健俱乐部还聘请了欧洲高水平青训指导，以及国内名帅王海鸣出任青训总监，定期组织教练员业务学习，将世界先进的青训理念传授给以侯桐为代表的梯队教练员们。

除了偶尔和家人、老队友联络联络感情外，侯桐将自己的大部分时间都给了孩子们。如今他更能理解当年启蒙恩师李家舫的含辛茹苦，他的愿望是继续追寻恩师的足迹，通过默默无闻的耕耘，为天津足球的再次辉煌贡献力量。

侯桐的场上风采

石勇——勇者无敌一猛将

1971年石勇出生在天津，父母都在原天津话剧团任职，谁也没想到，他没走前人之路，却单单着迷于踢足球。成人后的他身体十分壮实，在专业队担当边后卫，作风顽强、不避艰险，赢得了球迷赠与的绰号——"拼命三郎"。

石勇接触足球比同龄的很多人晚。他从小被父母送回河北省农村姥姥家，上小学才来天津，直到小学四年级，平山道小学有了田径队、足球队，石勇才在体育里找到了兴趣和方向。小学毕业升初中，石勇的考试分数相当高，但因为实在酷爱足球，他违背了妈妈的意愿，毅然选择了将校园足球开展得火热的天津十三中。一年四季，石勇每天5点起床去学校参加早训，课余时间在老师指导下训练，从基本技术到对抗训练，他一丝不苟，还特别能吃苦，身体愈发健壮，球技日渐提升，成长为可塑的足球人才，石勇妈妈这才慢慢接受了儿子的选择。

1985年，14岁的石勇和队友们来到天津北郊韩家墅训练基地，在足坛宿将孙霞丰的统领下，树起天津青年队的旗帜。当初，这支青年队在全国居中下游水平，被强队灌三四个球是家常便饭。但是从教练到队员，大家并不气馁，他们定下目标：苦练三年，二青会出成绩。石勇回忆，十几岁的孩子正是长身体、长见识的时候，教练班子在狠抓技战术训练的同时，严明纪律，狠抓作风，使球队成为一个有凝聚力、奋发向上的集体。队员们几年如一日，严格遵守作息时间，不玩牌、不熬夜，保持较高的训练出勤率，外出训练和比赛，更是严整队风队纪，受到中国足协通报表扬和兄弟队的称赞。

与全国各地的青年队相比，天津青年队在技术方面缺少优势，但队员速度快、身体素质出众，连续四年冬训的身体素质测验，均名列前茅。为此，教练着重演练突出整体、快速反击的战术，收到成效。1989年第二届青运会，天津青年队初露锋芒，进入前四名。1990年的全国青年联赛，天津青年队发挥出较高水

在上海参加亚少杯时的石勇

335

津门足坛双百颂

平，连克江苏、广州等劲旅，获得亚军。在青年队中，石勇的身体素质和技术属一属二。作为队长，他从不以老大自居，在训练、比赛和生活中处处以身作则，起模范带头作用。石勇曾拖着一条伤腿率领全队苦苦拼搏，感动了教练，激励了队友。昔日主帅孙霞丰回忆说："这支青年足球队涌现出一批技术好、作风硬、肯于奉献的队员，是天津足球后备人才的中坚力量。这些年轻队员为天津足球后来的发展做出了非常大的贡献。其中石勇很具有代表性，还曾入选中国国家青年队。"

石勇的场上英姿

1991年，石勇进入天津队，坐稳了主力右后卫位置，驰骋职业联赛疆场7个赛季。后来因为个性等诸多原因，石勇离开了天津队，于1999年奔赴厦门远华队，在迟尚斌、蔺新江麾下踢了一年。2001—2003年，石勇回归效力于天津泰达队，球风依旧，5次受伤。

职业生涯中的大部分时间都效力于天津队的石勇，堪称勇猛顽强的代表，"拼命三郎"绝非浪得虚名。

退役后的石勇做了一段时间的教练，又曾担负天津梯队建设的重任，工作成绩也是有目共睹。这些年间，石勇与人合作经商，在新民园体育场开设酒吧。除此之外，他还应天津电视台邀请，在天视体育频道担任中超联赛评论员。他客观、专业、平和的娓娓而谈，深得观众认可。

石勇始终没有离开足球，天津老甲A队又是最好的明证。

如今甲A明星赛被越来越多的人关注，缘于人们向往而追忆当年优秀球员的风采，如今中超球员中很少有胡志军那样的"矮子杀手"，彭伟国那样的"中场阴谋家"，更不用说高峰那样在高速奔跑中急停转向过人的"风之子"。正如高峰所言："老甲A这么火，说明中超球员有一定问题。"

石勇的场上英姿

甲A明星赛是一种情怀也是一种聚会，昔日国脚如云，名将俯仰皆是。石勇介绍，很多天津队队员退役后在一起经常踢踢球，身体保持得都还不错。天津将承办2019年的老甲A比赛。"大家瞧

好吧，门将是施连志，后卫有石勇、高玉勇、高飞，中场侯桐、马云岭、迟荣亮，于根伟和王俊突前，"石勇自信地表示，"这套阵容咱谁都不怵。"

这几年老甲A比赛已经引起很大反响，天津组织起队伍，石勇成为重要组织者之一，张罗训练，寻求赞助，率队出征，事无巨细，十分热心。

石勇没有离开足球，他一直在关注如何继承天津足球、中国足球的优良传统。作为家长，他格外关注天津的校园足球。石勇的儿子石靖炜出生于2002年，在父亲的引导下也喜欢上了足球，并承接了爸爸的位置，踢右边后卫，从小就参加了特别专业的训练和比赛。尽管他在同年龄段中是最小的，身体条件也不如其他队员，但他喜欢动脑子，以灵活的跑动和精准的动作弥补身体上

石勇父子与孙霞丰、年维泗、张俊秀的合影

的不足。石勇觉得："足球运动中那种永不放弃的精神，体现了我们'津门虎'的虎威，我特别想让儿子耳濡目染，身上具有这种气概。老甲A把这些老男孩一年一次聚会在一起，能把校园足球、天津足球、中国足球的氛围带动起来，我们的目的就达到了。"

作为父亲，石勇为了儿子未来的发展颇为费心，"现在的孩子们有了优越的物质条件和生活质量，导致不像我那么拼，我希望儿子能把我的足球事业传承下去，也希望家长们能让孩子参与足球运动，无论体能还是处理问题的能力，对孩子来说都会提高。用足球锻炼身体、培养兴趣，这样孩子自然会喜欢上足球"。为此，石勇一直关注校园足球的发展，并积极投身校园足球的指导工作。石勇说道："参与校园足球是我们老甲A发展的基本宗旨，和校园足球的合作还会长期进行下去。之前亚洲杯对我们触动很大，没有天津球员入选的情况是几十年没有的，这说明天津的足球大环境不是很好。但大家都在尽力去做，我们也要尽自己的一份力，多和孩子们交流，培养出真正的天津足球娃娃，希望用足球唤起这个城市昔日的独特魅力。"

石勇形容老甲A是"友谊的聚会、团结的聚会"。从刚毅无比的猛将，到至今对足球不离不弃、锐意进取，石勇信心满怀。石勇相信，勇者无敌。

孙建军——泰达十年最佳前卫

8号孙建军，这个号码、这个名字对于"70后""80后"甚至是"90后"的天津球迷都再熟悉不过。他曾是天津三星队悍将，是天津泰达队队长，是10号于根伟最好的朋友与搭档。在2008年泰达十周年庆典上，孙建军被评为"泰达十年最佳前卫"。难能可贵的是，现在孙建军作为泰达预备队教练，依然为天津足球奉献着自己的心血。

炉灰渣地出才俊

百余年来天津都是一块足球沃土，球员只要有才就不会被埋没，孙建军就是一个典型的例子。1973年孙建军出生于天津市"足球之乡"河东区，小学二年级就入选河东区王庄子小学校队，逐渐展现出足球天赋。那时候踢球条件艰苦，学校操场都是炉灰渣子地，孙建军和小伙伴们爱踢球，顾不上那么多，每天踢得欢天喜地。在孙建军的记忆中，足球占据了他大部分的童年生活。孙建军上四年级时，河东区业余体校成立1973年龄段足球班，蔺新江组队，贾树林、柳春华任指导，孙建军开始接受"三集中"训练。后来蔺指导上调到天津女足，足球班由胡凤山带队，代表天津打全国"希望杯"比赛，并获得冠军。

1986年，13岁的孙建军进入市体校，刚入校的他并不是被看好的苗子。"当时我身高才一米四七，而市体校优胜劣汰竞争残酷，我那么矮，理论上第一个就应该被淘汰下去，"孙建军说，"但凭借着一股敢拼能抢的艮劲儿，再加上服从教练指导的性格，最终我留了下来。由张亚男、吴泽民教练带我们，每年全国青少年比赛我们没有掉出过前三名，不是冠军就是亚军。"

懊悔错失世界杯

孙建军不仅敢拼能抢，从小就展现出视野开阔、头脑清晰、奔跑能力强、技术出众的特点。从市体校开始，孙建军的足球之

孙建军

路开始变得顺风顺水起来。1990年孙建军入选朱广沪执教的国少队。1992年又顺理成章地进入朱广沪执教的国青队。1993年，20岁的孙建军入选戚务生执教的国奥队，同年进入天津一队。在成长的道路上孙建军信心满怀。

说起那段国奥队的经历，孙建军还有些许遗憾："我们国奥队担负打预选赛冲击奥运会的任务，比赛在马来西亚进行。前两场我们一胜一平，最后一场对韩国，只要打平我们就能出线。不料当天下起大雨，裁判把比赛推迟了半个小时，最后我们输了个0：3，距离美国亚特兰大奥运会只差一步。"而让孙建军更为遗憾的是他短暂的国足经历。1999年年底金志扬来津执教，孙建军在甲A联赛中表现出色，如愿入选米卢执教的国足，还随队参加了在越南进行的亚洲杯预选赛，然而一次误会让他再没有回归国足。"我记得很清楚，那是2000赛季甲A，和北京国安队的比赛，我在比赛中头被撞破。后来国足要去塞尔维亚拉练，米卢征求我的意见问我是否随队。因为头部缝针，即便随队拉练也不一定能上场，当时觉得去了也会给队里添负担，白白浪费国家资源，所以就选择留在中国训练。但是下一场国内联赛我又缠着绷带上场了，不知是不是米卢对我有一些误会，从那开始我就再没有入选过国足集训名单。"由于这次不大不小的误会，让孙建军错过了后来的世界杯预选赛，而国足这次杀入了韩日世界杯决赛圈。对此，孙建军至今懊悔不已。

孙建军的赛场英姿

甲A时代总关情

孙建军在"国字号"的不顺利只是过眼云烟，在他的记忆中，和天津队的队友们一起征战甲A联赛的日子才是最珍贵的。"那时候因为都是天津本土队员，所以战前根本不需要动员，到了赛场上大家都玩儿命，满脑子想的就是为天津的荣誉全力以赴。所有的球迷，包括现场的观众都给予我们鼓励和掌声。"

那个年代通讯方式还不发达，没有电脑更没有手机，赛前教练的动员也颇具年代特色。孙建军回忆说："教练赛前总会半开玩笑地对我们说，踢完比赛看看转天谁能上报纸，能将自己的名字或照片登在报纸体育版块最大最醒目的地方，以此激励大家上场全力踢好比赛。"

许多球迷可能还记得在甲A时代，每个赛季开始的时候都会有一场慈善赛。有一年孙建军代表天

孙建军的赛场英姿

津三星队参加慈善赛，被评为最佳球员，现场奖励一辆摩托车。孙建军问主办方能不能把摩托车折现，主办方说可以，于是他就把刚获得的摩托车折现全部捐给了"希望工程"。

绝佳拍档是根伟

从甲A时代到中超时代，天津队场上8号孙建军与10号于根伟的组合，总是能演绎出让球迷奉为经典的配合，至今仍有不少球迷对这对"最佳拍档"津津乐道。"我们俩同时进入一线队，他比我小一岁，最早我穿15号，他穿20号，后来我改穿8号，他改穿10号。我俩从入队就住在一个房间，平时经常聊天沟通，也常常会将训练的技战术融会贯通。到了场上有时候一个眼神，或者根本不需要交流，就能心领神会，完成许多默契的配合。"孙建军兴奋而得意地说。

每场比赛里孙建军主要负责组织传球，给于根伟和同伴输送炮弹。他脚下技术颇佳，善于跑动接应，打前卫又有一脚远射功夫。禁区前沿带球，然后果断一趟一射，皮球直入球门上角，这是孙建军的招牌式得分影像。

他说："根伟的特点是能得分，带球突破衔接快。我是踢前卫的，他的进球除了依靠自己的个人能力外，我传给他的球也比较多。"孙建军笑着说，"有时候开玩笑说，我能传好球，他能解决问题，应该是最佳拍档吧。我们俩一起进队，我2005年退役，他2006年退役，都是一晃的事儿，时间过得太快了。"

最佳前卫不虚名

2005年退役后，孙建军选择去天津商业大学深造，同时帮助天津商业大学组建了一支校足球校队。按照最初的意愿，孙建军本想留校当球队教练，但当时正好泰达俱乐部组建梯队，希望他能帮助带领梯队步入正轨，于是在2007年他来到了泰达预备队。当时左树声是主教练，他是助理教练，这是他从运动员转型为教练员的第一年。其间孙建军带过1991—1992年龄段梯队，后来左指接替雅拉宾斯基到一线队，他又开始带1989—1990年龄段校队。然而正是带泰达预备队期间，发生了2009年山东全运会京津大战球员追打裁判事件。孙建军至今都在为当时的那批孩子们感到惋惜："后来'反赌扫黑'验证了当值主裁判的确存在问题，但现在说什么也没办法了。"离开泰达预备队，孙建军在乙级球队山东

滕鼎担任过主教练，曾接替拜塞克出任天津松江队执行主教练一职，直到2016年孙建军才重返泰达，出任预备队教练至今。

2008年天津电视台推出"泰达十年"评选活动，孙建军入围"最佳前卫""最佳进球""最佳阵容"等多个评选结果。2018年是泰达20周年，如今若是再度评选，孙建军应该还有一席之地。

愿为津门育国脚

孙建军平时话语不多，聊起自己当年的神勇表现也是三言两语带过，但只要提到现在的泰达队、现在的天津足球青训，孙建军要说的有很多："通过这几年青训工作，我觉得天津有好的球员，也有好的教练，重要的是能不能给这些人搭好平台。从实际情况来看，确实面临资金、场地、生源等方方面面的困难，但是天津足球是有着优良传统的，当年球迷爱看我们踢球，就是喜欢那种硬朗作风，如果我们天津队还能延续这种作风，成绩应该会更好。我觉得不管来的是哪个地方的球员，应该让他了解天津足球的传统和底蕴。天津足球这么多年，声名在全国也是比较响亮的，应该去其糟粕、取其精华，把好的东西提炼出来，传给下一代。现在我带预备队，也总是给他们讲天津队的优良传统，足球除了技战术还有传统，天津足球有硬朗的作风和出众的脚下技术，没有作风，没有精神面貌，再好的技术也不一定能发挥出来。当你表现出作风和精神，得到球迷的认可，输赢都是正常的。"

孙建军对带好预备队充满信心，说到自己的目标时他敞开心扉："现在'国字号'球队中几乎没有天津本土的孩子，我们感到痛心。希望通过我们这些人的共同努力和踏实工作，能为天津多培养出几个'国字号'的球员。当然这不是短期的行为，而是一项长期的工程。"

孙建军与荷兰友人的合影

高飞——前景可期的青年帅才

高飞8岁开始走上足球之路，从国少、国青到国奥一路走来，在天津足球的低谷期发挥了重要的支撑作用，奋战顶级联赛多年，为天津足球立下汗马功劳。从执教青少年队到乙级队，再到现今任中超一线队助教，在天津本土运动员和教练员出现断层的今天，高飞与迟荣亮等天津足球人有所担当，实属不易。

1973年高飞出生在天津，8岁那年进入河东区业余体校，在"三集中"训练中，授业恩师为胡凤山、刘春明等教练员。其间，高飞代表天津少年队参加全国"萌芽杯"少年足球比赛，获得全国冠军。随后高飞升入市体校，在韩家墅训练基地接受张亚男、吴泽民二位教练的细心调教，在后卫位置上显示出天赋。

1990年高飞入选中国少年队，迈进"国字号"门槛，国少队在U17亚洲少年锦标赛中获得第三名，并获得参加1991年在意大利举行的世界少年锦标赛资格。中国少年队在朱广沪等教练的带领下参赛，被分在"死亡之组"，与意大利、阿根廷等传统强队同在一组，中国队遗憾地没能小组出线。值得欣慰的是，中国队小组赛所进的4个球中，天津的梁宇打进一球，高飞攻入两球。通过比赛高飞开阔了眼界，见了世面，更看到了与世界强队在各个方面的差距，激发了他发奋图强的斗志。

1992年高飞入选由戚务生、陈熙荣、李东华执教的国奥队，与张恩华、朱琪等队友征战一年。1993年入选天津队，参加了第七届全国运动会。1994年开始代表天津三星队参加甲A联赛。其间，身居中后卫位置的高飞日臻成熟。他的预判能力强，选位意识好，抢断能力出色，并善于协调队友构筑防线，是全队防守的组织者。1996年他戴上队长袖标，成为天津队有史以来最年轻的队长，直至2003年退役，这个袖标不曾旁落。

1997年天津队更名为天津立飞队，在征战甲A联赛中因实力所限，

高飞

没有能够保级。1998年2月天津足球迎来了新的历史机遇，泰达集团强势介入，结束了天津队多年以来没有一个稳定强大的投资商的历史。从那时开始到如今，泰达集团已经连续为天津足球投入20年，在全国中超俱乐部中极为罕见。

1998年，在以蔺新江为主帅的教练组的带领下，泰达队以不败战绩获得当年甲B联赛冠军，重返甲A行列，高飞、于根伟、张效瑞、孙建军、迟荣亮等都已成长为赛场上抢眼的人物。1999年俱乐部为了谋求更大的发展，请来了国内著名教练金志扬，组成了以金志扬为主帅，商瑞华、施连志为助理教练的教练班子。金指导崇尚地面进攻，同时给队员传授了很多新的足球技战术理念，让大家受益良多。遗憾的是金指导在天津队执教时间太短，仅仅一年多便离开了天津。

高飞忆起当年颇有感触："相信如果金指导多带一段时间，会对天津队技战术水平的提高大有裨益。"在金指导执教期间，天津队第一次在北京工体战胜了北京国安队，要知道在职业联赛初期，天津队与北京队不在一个水平层次上，能够在北京队主场取胜实属不易。金指导执教期间还把曹阳、韩燕鸣等一批年轻队员充实进来，再加上当打之年的张效瑞、迟荣亮等人，更有几名外援的出色发挥，战斗力可谓蒸蒸日上，很有希望夺得好成绩。值得特书一笔的是，当时施连志指导带领的几个守门员江津、刘云飞、宗磊都是国内门将的翘楚，为天津队后防的稳定起到了很重要的作用。高飞认为："那时候队伍中天津人占了很大的比重，但是随着天津这个足球重镇的人才出现断层，加之职业化以来异地队员流动日益频繁，天津元素在球队中越来越少。从金指辞职开始队伍进入一段动荡时期，几乎是年年换教练，缺乏一个稳定的教练班子和长久的技战术体系，不能不说是个遗憾。"

2000年下半年，乌拉圭人内尔松接任主教练，赛季末天津队用三连胜艰难保级。2002年底内尔松挂印而去。2003年意大利人马特拉齐出任主帅。马特拉齐来自足球传统强国，而且当年意甲水平冠盖全球，他的执教理念非常先进，但是由于队员们对他的技战术安排理解还是有些偏差，造成了马帅有些水土不服，最后没有获得成功，只得中途走

效力于泰达队的高飞

马换将，由刘俊鸿代理主教练。2003年初冬训的时候，高飞拉伤了大腿后肌群，经过半年多的治疗，采用了很多先进的治疗手段，依然没有彻底好转。无奈的情况下，2003年年底高飞只好艰难地做出了退役的决定。

经过休整后，2005年高飞以教练员的身份回到球场，担任火车头青年队主教练。火车头队曾被人们称为"中国的阿贾克斯"，青训很有特点，培养出了很多青年才俊。高飞接手的1993、1994年龄段的球员曾出过很多好苗子，像天津泰达队队员郭皓等。经过一年多的锻炼，高飞挑起更重的担子，2006年接手火车头一线队。那年火车头队参加全国乙级队联赛，高飞接手球队后从青年队中挑选冯仁亮、马磊磊、王冠伊、吕伟、宋博轩等队员进入一线队，为这些球员们后来成为中超名将提供了重要的上升平台，而且球队也进入了北区前四名，打进全国总决赛。

2008年高飞因其他原因辞去火车头队的教练工作，潜心学习深造，并取得A级教练员证书。2009年高飞重返泰达执教预备队，在1989—1990、1995—1996等年龄组的队伍中为泰达队培养了一批骨干，并为各地中超、中甲俱乐部输送了可用之才。如今在泰达一线队效力的郭皓、赵英杰、杜佳等人都出自他的麾下，尤其是杜佳，在被弃用之际被高飞慧眼识珠留了下来，由此不但圆了杜佳的足球梦，后来他还入选了国少、国青、国奥队，还有短暂入选国家队的经历，并且占据了泰达队主力守门员位置，时有不俗的表现。在高飞执教期间，泰达预备队夺得2010年预备队联赛北区冠军和全国第三名的好成绩。2012年泰达预备队参加"潍坊杯"国际青年足球邀请赛，在半决赛中战胜曾经代表亚洲参加世青赛的阿联酋国青队，最后成功地与中国青年队会师决赛。

高飞在西班牙观看巴伦西亚对阵皇家马德里的比赛

高飞在取得了A级教练员证书后，于2015年辞别泰达队。2016年，高飞、张志跃、张凤梧组成教练组，接手江苏大丰乙级队。现在泰达队或权健队中的一些队员都曾经随高飞在乙级联赛中锤炼过，例如杨帆、杨万顺等。虽然乙级联赛在职业联赛体系中级别不高，但是比赛氛围和激烈程度相较于预备队比赛和青年联赛有更高的锻炼价值，高飞也在带队中增长了才干，积累了做教练的经验，为以后执教打下了一定的基础。

2017年5月，高飞应陈金刚指导邀请来到中超长春亚泰队担任助理教练。在此之前球队经历了5轮不胜，正处于低谷期。陈金刚和高飞接队后重整队伍，比赛大有起色，一口气取得四连胜。当年下半年长春亚泰的积分可以排位中超第二，接连击败了国安、上港、恒大，并为长春亚泰培养出国脚何超、范晓东、谭龙。经过全队的共同努力，长春亚泰从一个几近掉级的位置努力拼搏，最终获得2017年中超第七名的好成绩。

高飞与爱人的合影

2018年长春亚泰队在中超开局良好，取得三连胜，随后虽然出现了一些起伏，高飞仍相信会通过训练和调整取得好的成绩。高飞辅佐陈金刚心怀激情，他渴望球队再接再厉，力争取得更好的战绩，以彰显国内教练的能力和水平，在向外教学习的同时，消化、吸收他们带来的先进理念和训练方法，努力带好队伍，依靠我们自己的力量实现足球梦，不辜负国人对本土教练的热切期望。

于根伟——领军将才　一球金贵

　　2018年俄罗斯世界杯前夕，在于根伟青少年足球俱乐部宽敞的会客区里架好机位，与于根伟面对面谈足球生涯——背后的俱乐部"大事件"墙上，记录了俱乐部近几年根植于校园足球、为天津足球和中国足球培养人才的脉络和成效，这是现在的于根伟，然而每一眼对他的端详，都会让人想起曾经。

　　于根伟——天津足球一代旗帜性人物、著名国脚。从1993年第七届全运会崭露头角，到2006年宣布退役，在天津足球的锋线上奔跑了近13年，一次又一次用灵动的破门挽救球队于危难，或将队伍带向胜利，一路书写并见证了天津足球的曲折与坚持。

　　2001年10月7日在沈阳，正是凭借他在国足与阿曼队比赛中的破门，中国足球得以冲出"十强赛"重围，杀入2002年韩日世界杯决赛阶段，圆了国人四十四年的世界杯之梦。他的那粒进球也成为全国球迷心目中至今无法复刻的经典。可以说他是中国足球为数不多快乐记忆的最重要缔造者，是载入中国足球史册的功勋人物。

于根伟

　　足球是于根伟从小的情结，他儿时的理想就是要进天津队，为天津足球争光。曾经多少年，他一直特别佩服天津队里老一代球员，羡慕他们能代表天津足球出战，能在全国比赛里名列前茅。

　　1991年进入国少，1992年入选国青……同年龄球员中的佼佼者于根伟，在他18岁的时候，理想开始有了"照进现实"的大模样，成为天津队的一员，球队的大名单上有了他的名字。不过彼时彼刻，在大多数业内人士看来，他还只是一名有潜质的年轻小将。

　　1993年全运会，19岁的于根伟获得了代表天津队参赛的资格。那届全运会，天津队踢得并不顺利，困境中，对能否委以于根伟重任的问题，教练组有争议，有的教练觉得他年轻经验不

足，身体也比较单薄，不适合在关键战里出战。最后还是当时的体委副主任刘建生拍板，说就用根伟打主力吧，出了问题他负责，于根伟才有了首发登场的机会。

在小组赛第三场比赛中，天津队面对广西队，于根伟第一次首发出任右前卫。比赛中正是于根伟的入球，帮助球队打进附加赛。附加赛在太原进行，天津队被分在"死亡之组"，第一场比赛输给河南队后，出线形势非常不利，天津队必须在最后一战中击败湖北队才能出线。结果又是于根伟不负众望，连过三人攻入天津队的第一个进球，最终球队以2∶0获胜，进入决赛阶段比赛。后来在北京进行的决赛中，天津队第一场打东道主北京队，于根伟进了一个球，第二场对四川队，于根伟又梅开二度。

在中国队对阵阿曼队的比赛中，
于根伟破门后的庆祝

至此，国内足球圈才真正有了一个惊喜的发现：天津出了个于根伟。

于根伟曾为天津队、国家队贡献无数精彩进球，但也始终受伤病困扰，与伤病抗争。1994年的严重受伤是于根伟一段痛的记忆。1994年9月在山东淄博举行了中国国奥队与朝鲜国奥队的一场比赛，当地的赛场条件很差，球场坑坑洼洼，下半场比赛中，于根伟在中场拿球后快速突破，朝鲜国奥队一名后卫迎上来封堵，两人的速度都很快，眼看要撞到一起都想躲开对方，但那个队员因为场地不平突然摔倒，倒地时狠狠地砸在于根伟右腿膝关节上。

当时天津队正处于冲击甲A的关键期，于根伟拖着一条伤腿回到天津队，正赶上最后几场关键战役，尤其是在主场迎战湖南队，天津队获胜便可提前升级。他忍着伤痛登场攻入两个球，天津队提前晋级皆大欢喜，可也加重了他的伤情。1995年，即使咬牙也不能再坚持的于根伟给拖了一年的伤腿做了手术，但天津队正处于保级阶段，他又不得不在术后一个半月重新披挂上场，连主治医师都震惊了，搞不清是自己的医术精湛，还是于根伟的身体素质好。这其中没人太留意的是，他一边比赛一边承受着不愿对外人言说的痛。最终那一年天津队保级成功，于根伟作为重要功臣也付出了沉重的代价，他的膝伤因为恢复期不够，手术后的最终康复状况并不理想。

1996年，身披国奥10号战袍，于根伟和队友们在冲击奥运会的道路上折翼吉隆坡。回到国内联赛，他从右前卫改打前锋，承担起为天津队攻城拔寨的重任。最终天津队再次保级成功，于根伟也凭借在联赛中的出色发挥，成为那一年全国甲A联赛的"最佳新人"。

　　尽管他仍然很年轻，却已然成长为天津队的领军人物。可是随后的1997年，打击接踵而至——伤病桎梏了他身披国家队战袍征战十强赛的雄心，加上国足内部的各种原因，国足世界杯梦碎；天津甲A、甲B两支队伍"双降"，必须面临痛苦而艰难的重组和重生。

　　1998年泰达集团接手球队后，俱乐部状况的稳定，让于根伟有了更大的发挥空间，但是伤腿却屡屡成为他的拖累。一边是1998赛季队伍以不败战绩重返甲A的荣光，一边是他心中因饱受伤病困扰而生出的郁闷、困顿。

　　爱惜人才的时任泰达队主帅乌拉圭人吉梅内斯，促成了于根伟远赴乌拉圭疗伤。他利用自己在乌拉圭足坛的声望，为于根伟联系了最好的运动创伤专家，做了完美的膝关节手术，同时还为于根伟联系了乌拉圭的足球豪门民族俱乐部，对方直接开出高薪邀请他加盟。吉梅内斯也劝于根伟一定要相信自己的能力，到更广阔的天地寻求发展，如果想好了都不用回国，他可以联系经纪人到国内找泰达俱乐部处理好后面的一切。

　　考虑到天津队刚刚升上甲A，如果因为自己离开而出现闪失，会后悔终生，于根伟思量再三决定回国继续征战。后来于根伟还有一次到佩纳罗尔俱乐部发展的机会，但也放弃了。事过多年，于根伟说，出国踢球的事，他真的动心过，尤其是看到杨晨去德国踢球站稳脚跟，他更想去更大的舞台证明自己，因为他们那一代国内球员，个人能力其实和国外球员差距并不大，区别是国内的足球环境、个人性格、团队作战能力。他认为自己有这个实力出去闯闯，既是对自己的一种证明，也是为天津足球争光。不过当时天津队面临困难，确实需要他，最终他放弃了出国的念头，谈不上什么遗憾，只能说是自己的一个清清楚楚的选择。

　　至于职业联赛最火爆的那几年中，年年都盛传像申花、万达那样在联赛中名列前茅的球队想高薪"挖走"于根伟，他也证明确有其事，不过自己真没动过心。他说这和他从小受到的家庭影响有关，那时候爸爸总跟他说，土生土长的天津人，天津足球培养出来的孩子，足球渊源、亲朋好友都在天津，应该留在天津，为天津足球争光。此后每每面临选择，一个"不能为了多赚点钱就改变初衷"的简单理由，就让于根伟干脆地谢绝了邀请。

　　2001年中国足球再次走到了冲击世界杯的关键时刻，10月7日在沈阳五里河体育场，中国队对阵阿曼队，于根伟首发出任前腰。第36分钟，于根伟接郝海东头球摆渡，在门前顺势一脚打进球门！这是中国足球历史上最具有意义的进球，没有之一。凭借这个进球，中国队第一次拿到了世界杯决赛圈的入场券，圆了国人四十四年的世界杯之梦。

比赛结束后，场上球员相拥而泣，球迷疯狂欢呼，唯独于根伟回到休息室。后来很多年，在很多场合他都说，那时候自己内心挺平静的，就想在安静的地方待一会儿。他最大的感触是，本该在1997年锁定的世界杯名额，迟了四年总算兑现了，任务完成了，中国队出线了，他们这支球队，对一代一代的足球人，对那么多球迷，终于有了个交代。另外，作为他自己，也没给天津足球丢脸。

随后几年的职业联赛，于根伟的存在对天津队而言，意味着赛季高数量进球、比赛高观赏性，还有那份对对手的心理压制。2005年4月10日，天津泰达客场挑战上海国际的中超比赛中，于根伟独进两球，达成了他为天津球队在职业联赛中打入100球的辉煌成就。同年11月5日，他又在主场同四川的比赛中攻入了赛季的第12粒入球，打破了自己的赛季进球纪录。这一年，泰达队取得了中超联赛的第四名。

在场上拼搏的泰达队长于根伟

可就在球迷们认为天津足球迎来了最好的时候，于根伟还将率队再向前一步之际，他选择了退役。

那个速度快、意识好、身体轻盈、技术娴熟、脚法细腻、大局观强，能带球、能组织、能突破、能射门，感觉超一流的国内足坛一代著名前锋，选择了一种干脆利落的方式挥别绿茵场，甚至都没有和赛场做一个有点仪式感的告别。开始在俱乐部管理层的新角色之后，于根伟对泰达的贡献仍在继续，不仅体现在对一线队的管理层面，更体现在人才引进方面，王新欣和后来一批对泰达队贡献很大的年轻球员，都是于根伟运筹引进的。

离开职业俱乐部后，于根伟仍在不断深造、完善自己。足球是于根伟的情结和情怀，这自然不用说。过去这些年，他想过很多次做青训，包括去当一名基层青训教练，不过他真正动心做青少年足球俱乐部这件事，是2015年年初听说《中国足球改革发展总体方案》要出台了，他觉得国家能把发展足球运动提升到战略的高度，中国足球的春天真的来了。

投身足球事业，做青训几乎就是于根伟唯一的选择，毕竟谁都清楚，中国足球这些年提高不上去，症结就在青训上，只有参与足球运动的孩子多了，才会有选拔培养好苗子的余地。2015年4月21日，于根伟成立了以自己名字命名的青少年俱乐部。他说，他在足球生涯中遇到了一个好的启蒙教练李振民，那时候李指导不光教孩子们学踢球，还管大家的生活和学习，特别负责任。更可贵的是，李指导还把品格

风格,让广大球迷眼前一亮。

健力宝留学难以复制

16岁的张效瑞进入市体校,一年半后,一个天赐良机到来了。国家体委、中国足协开始筹划健力宝青年队留学巴西事宜。说来幸运,本来在天津报名的两支队伍中要选6个孩子,最初名单中并没有张效瑞,但恩师高复祥反复举荐,张效瑞幸运地搭上了前往巴西的末班车。"到现在我们出征的情形依然清晰。走的时候当天下大雪,我们到机场等了很久都没走成,后来改了机票,但航班不是每天都有,我们两三天之后才得以动身。"张效瑞说。他们根本没有想到这是一次改变命运的留学之旅。刚到巴西的时候大家很兴奋,但随之而来的是需要克服的各种困难。健力宝队住在一个山庄,没有训练场地,杂草长得比孩子们还高。朱广沪等教练带领大家拔草劳动,才有了两块足球场。刚去的时候吃的也不是特别好,雇巴西当地的厨师,队员们不是很适应,也吃不饱,晚上都偷着去厨房找吃的填肚子。现在回想起来倒是挺锻炼人的,虽然条件艰苦,但每年可以打60到70场比赛,收获还是主要的。"张效瑞回忆道。

在巴西留学三年,从默默无闻到1996年年底头顶"四小天鹅"光环连升三级入选中国国家队,张效瑞可谓一夜成名天下知。尽管以张效瑞、李金羽、李铁、隋东亮为代表的健力宝青年军,没能改变国足1997年十强赛出局的命运,但是他们的回归为中国足球吹进了一股清新之风。2018年是健力宝青年队成立25周年,多年来也有不少球队效仿这种模式,组织青少年海外留学,但没有复制成功的例子。后来不少当年的健力宝球员进入各地方一线队成为主力,打甲A甚至中超,更有人成长为今天职业联赛的教练员。

伤病缠身的无奈

身披9号战袍为泰达队征战的张效瑞

在健力宝队中出类拔萃,也是国内鲜有的盘带技术型中场,张效瑞自然成为焦点。他的偶像是马拉多纳,有媒体也将他称之作"中国的马拉多纳"。对于自己的这个绰号,至今张效瑞还是称之为笑谈:"那时候小,看马拉多纳的比赛很少。到了巴西之后,也去过阿根廷比赛,在阿根廷有卖他的进球集锦录像带,朱广沪、李辉指导买来大家一起看,觉

得他的技术确实无愧于'球王'之称。我会去模仿，但这个绰号还是不敢当。"

1997年回国后，张效瑞加盟刚刚降级的天津队，次年帮助新成立的天津泰达队完成从甲B回归甲A的重任。此后张效瑞迎来了职业生涯中的又一位恩师金志扬。"金指导在队的时候，我的状态和感觉是最好的，他比较了解我，对我的使用也很合理，给我的限制很少。"至今不少泰达队的球迷对于张效瑞客场攻克北京工体的那个"神仙球"记忆犹新并津津乐道，如果用四个字形容那次进球，就是"一气呵成"，那个进球也是当时泰达队精妙配合的经典战例。在外援中，张效瑞最佩服古斯塔博。他说："虽然我年轻气盛，和古斯塔博还有过矛盾，但从他身上我学到了许多职业球员训练、恢复、自律等方面的经验，他对我影响最大。"

让"中国马拉多纳"无奈的是，在泰达队效力期间伤病始终如影随形。除了1999赛季和2000赛季有着稳定的出场机会之外，从2001赛季到2005赛季离队，张效瑞比赛踢得断断续续，再不复当年之勇。

遗憾国足经历太短

也正是从那时候开始，有关张效瑞足球风格和如何使用他成为国内足球圈中的热议话题。他的恩师高复祥曾坚定地表示："在天津足球的舞台上，张效瑞绝对有自己的地位和价值，他的个性和球技都会给人留下很深的印象。凭借张效瑞的天资，他应该超过自己在职业生涯所取得的成绩。"著名足球解说员刘建宏曾这样评价张效瑞："张效瑞在中场还不是一个全面的球员，他的优点和缺点一样突出，对于喜欢整体打法的教练来说，这对他很不利。"的确，伴随着踢球时间的增加，张效瑞的灵气和勇猛逐渐退去。现在的张效瑞也有反思："一方面是自己的原因，再有就是伤病比较多，还有就是很多固有的东西太多，都是按照自己的想法去踢，融入球队里面不是特别好。我个人能力比较强，但足球需要团队配合。随着年龄的增长，在后期我也在追求如何适应全队，尽可能把复杂的东西简单化，可能是对足球的理解不同，最终的效果不是很好。"

张效瑞的场上英姿

职业生涯末期,张效瑞给人留下的印象就是远走他乡。除2001年短期租借加盟德乙亚琛队之外,2005年他离开天津泰达队加盟上海中邦队,此后上海中邦队与上海联城队合并为上海申花队,张效瑞在申花效力了一个赛季,于2008年离队返津。"职业生涯最大的遗憾,一个是伤病太多了,再一个就是在国家队待的时间太短了。自己觉得应该达到一定的位置,因为各方面原因没有达到预期的愿望。"张效瑞说。

转型变身孩子王

2008年回归天津,张效瑞以教练兼队员的身份加盟在中乙打拼的天津松江队,后出任过天津松江队主教练、天津泰达U19梯队主教练、西乙干昆斯俱乐部教练、天津润宇隆俱乐部总经理、天津权健俱乐部副总经理和预备队主教练、天津瑞龙俱乐部负责人,至今10年光阴已逝,张效瑞在不停地转换角色。"当时回来的时候目标很明确,就是希望能够成为一名教练员,"张效瑞笑着说,"但后来干了一些不是教练的工作,这些也都是机会吧,赶上这些机会能够充实自己。经过这些角色的尝试,让我长了很多见识,对以后当教练起到了积极的作用。"

如今张效瑞将更多的精力放在了权健俱乐部青训工作上,在按照中国足协要求搭建五级梯队的基础上,张效瑞希望不久的将来为天津权健一线队输送青训体系培养出的新鲜血液。"中国一直喊'足球从娃娃抓起',根本还是在于青训,想提升俱乐部、国家队的水平,还是要有人才储备,有了人才才能有高水平的球员出现,现在人都没有,哪个教练来了都白搭。先要从校园足球、从基数的量变开始,再去变成质变,这样一步一步会好很多。现在俱乐部对青训很重视,我们也开始与北辰、河西等教育部门开展合作,让有证书的教练员进入校园。未来青训这条路如果通顺了,天津足球的未来是很光明的。"现在张效瑞把更多的时间放在青训上,超过了和自己的一双儿女相处的时间,但他脸上的笑容却足够灿烂。

场上张效瑞带球突破

百年大计无捷径

从当年健力宝"小天鹅"到眼前的足球青训"孩子王",张效瑞最大的改变是成熟沉稳了很多,这是刚过不惑之年的少帅少有的沉淀感和稳重感。究其原因,太多的伤病和丰富的经历,让张效瑞形成了思考、总结的习惯。

　　"去西乙干昆斯俱乐部，进入他们教练组两个多月，跟着球队，看到这个不大的俱乐部依然十分规范。从中我知道了他们的运营模式、教练员的训练方式还有对球员的要求，和国内不太一样，让我收获很多。"在张效瑞看来，这两个多月是他转型成为教练之后最值得珍藏和铭记的一段时光。"足球是一项事业，一项需要耐心和恒心才能完成的事业。人家国外的许多俱乐部，不论大小都一百多年历史，肯定有自己的生存方式。咱们的职业联赛才二十多年，所以我们应该踏实虚心地把别人走过的路和经验，植入咱们的俱乐部。他们也失败过，咱们如果能很好地借鉴可以避免走一些弯路。"张效瑞认为足球本来就没有捷径，想要冲出亚洲走向世界，必须经历每一段过程。冲击世界杯也是一样，当基础打好、青训做好、联赛搞好、"国字号"搭好，一切都是水到渠成。

张效瑞在德国多特蒙德足球俱乐部考察

王军——"国字号"青年统帅

王军于2013年南京亚青赛指挥中

如今的球迷认识王军，多是在天津电视台体育频道的荧屏上，坐在每一轮中超比赛评论席上，出镜率很高。他曾是天津足球的一员骁将，参加中超长达10年。他长期担任青年梯队教练、女足教练，又是中国青年队、中国青年女足主教练……始终活跃在中国足坛。

王军1976年生在天津。9岁时王军进入河北区业余体校，师从周世钰开始初期的足球训练，那个班里还有朱毅、赵斌等后来的名将。14岁的时候王军进入市体校"76班"，这支由周宝刚、杨秉正、袁国庆率领的天津少年队，是教练集多年心血着力打造的一支精英力量，队中很多人日后都成为甲A联赛的栋梁之才，为泰达队及全国各地输送了生力军。1992年该队升格为天津青年队，教练员更换为陈金刚、周宝刚、郭嘉儒，该队曾获得全国青年联赛冠军。

1995—1996年对王军来说是非常重要的时期。1995年他进入天津二队，参加乙级联赛，那年他才19岁，是队里的主力左前卫。在年底进行的乙级联赛决赛中王军严重受伤，十字韧带和内侧副韧带断裂，去北京大学第三医院做了手术。这次受伤差点判了他职业生涯的"死刑"，十字韧带没有接，内侧副韧带接了，但是比较松，左腿只能作为立足腿，不能做更为复杂的技术动作。休养了8个月的王军，在张贵来、韩志强等教练的带领下又参加了1996年乙级联赛决赛。王军在复出的第一战中打入关键一球，不仅拯救了球队的命运，使球队升入甲B联赛，也使自己的职业生涯得以延续。王军说道："如果不是那一脚射门，我的人生经历也许会被改写。本来年初我已经联系好学校去深造，准备一旦足球生涯不能延续，我就去上学，那样我的人生将是另外一种景象。"1997年他随天津万科队征战甲B联赛，后来球队解散。

1998年泰达集团入主天津队，22岁的王军即将开始10年的顶级联赛历程。主教练蔺新江对王军非常信任，进队后就安排他打主力，不幸的是5轮过后他患上带状疱疹，为了配合治疗休息了几个月。下半

年吉梅内斯主帅泰达队，王军又恢复了比赛，为天津队如愿以偿升入甲A做出贡献。

王军退役后接受电视台采访时曾经说："如果给这10年的运动员经历做一个评价的话，应该给自己颁发一个敢斗奖。"因为后期泰达队引进的外援比较多了，王军一直在寻找立足于球队、获得主力位置的机会。王军的头脑很清楚，职业足球最终还得靠实力，靠的是你在这支球队中的重要程度，而不是靠那些场外的不正常手段。在效力天津队的这些年中，他拖着一条"半残"的腿能够坚持下来，而且都是作为主力出现在场上，付出的努力可想而知。

王军在谈到自己的技术特点时说道："以我的腿受伤作为一个分水岭，在受伤以前踢后腰，大局观好，喜欢传接球，喜欢带球，向前的意识强。受伤后，加上队伍和比赛层次的变化，对

2015年海口基地冬训时期的王军

我后腰位置的要求尽量简练，另外远射和抢断能力有所加强和提高。"王军能坚持这么多年，除了自己的意志品质外，还有那些年所经历过的队医的帮助。王军说："每次在训练或比赛中用左腿做一些动作后，反应非常大，因为左腿内侧副韧带接得比较松，每当出现这种情况就得停止运动几天。这时候队医就会细心护理，无论是开始时的老伯张维茂，还是后来的孙学旺、马智等队医，对我这么多年保持良好的状态，能够顺利完成运动生涯起到了决定性的作用。在此我要向他们致以最诚挚的谢意！"

2007年王军正式退役，作为对俱乐部忠诚服务10年的奖赏，于根伟和王军被留用。于根伟进入俱乐部管理层，王军则被任命为泰达预备队助理教练，协助左树声工作。3个月后左指导升任一队主教练，王军作为代理主教练带队参加了预备队联赛并获得北方赛区冠军。王军坦言："与左指相处的三个月中学到了很多东西，左指导的传帮带，让我这个刚转型的教练受益匪浅，对我顺利地从运动员过渡到教练员给予了很大的帮

2016年王军在天津团泊足球场接受采访

助,借助这个平台一并表示感谢。"

2007年7月王军到泰达足校报到,正式接任1993年龄组梯队主教练。辅助他工作的是两位有着丰富从教经历的教练员蔺新勇和王毅,三位教练志同道合,同心调教这支队伍,培养出不少人才。2011年这支队伍获得了U19年龄组全国锦标赛冠军。李源一、杜佳、郭皓、王秋明和现效力于广州恒大队的徐新,都入选了2014年巴西奥运会预选赛国奥队23人名单,而像李源一、杜佳、郭皓等人已经作为各队主力出战中超比赛,有这样多效力中超的队员,足见成才率是很高的。

王军带队多年,心得颇多,他认为教授队员职业技能是一个青少年教练员的职责,但是作为青少年教练员还承担着为社会培养合格人才的义务。他讲了这样一件事,接队后不久王军发现一个普通公务员家庭出身的孩子要连续买两双很贵的足球鞋,他知道后当即把这个队员叫来谈话。他对小队员说:"如果你父亲是个经商的或家庭很宽裕的,你可以买,但是买两双对你的家庭就会有负担。"当得知小队员怕在队友面前"栽面"的心态后,他意识到绝不能让孩子因经济条件上的差异而产生自卑心理,衡量一个队员好坏的标准应该是纯技术上的指标,绝不应该有任何的场外因素。因此从那时起,王军要求所有小队员的家长一律将"豪车"停在学校以外,让队员们心无旁骛地在足球场上成长,给每个孩子一个公平的成才机会。王军更进一步谈到,教给小队员踢球是传授技能,踢球无论好坏将来都会走向社会,那些时间远比在球场上要长,因此他认为打好做人的基础,更胜于足球技术。有着良好的执教理念的王军,不但抓技术,还注重队员的成长,不但注重现时的培养,更注重对未来的塑造。王军深知"十年树木,百年树人"的道理。

2012年王军被聘为天津女足主教练,在接手天津女足58天后,便拿下了当年全国女足足协杯冠军。作为对王军执教能力的认可,2013年他被中国足协任命为国家青年女足主教练。王军带领助手蔺新勇、卢欣率队备战世青赛预选赛。但是从各地方队召集队员时,恰逢全运会前夕,有些队不肯放人,致使阵容不整。在距离比赛只有短暂的86天时间里,他与教练组带领队员在南京每天进行艰苦的技战术训练,把队伍捏合在一起。终于在亚洲区预选赛上,以

2017 年王军在德国足协总部外的留影

净胜球多压倒日本队，获得第三名，取得了加拿大世青赛入场券。转年8月，他带领国青女足参加在加拿大举行的女足世青赛，中国队被分在"死亡之组"，最后中国队以1:1平巴西，5:5战平后来夺得本届女足世青赛冠军的德国队，最后一场遗憾地负给美国队，未能出线进入复赛。

随后王军又被中国足协任命组建下一届国青队。由于这届国青队队员不是全运会重点年龄段，选才范围比较小，2015年再次冲击女足世青赛，未能获得决赛资格。2016年王军回到天津泰达担任一线队助理教练兼预备队主教练，后于2016年年底离开泰达俱乐部。

任教练时，王军多次担任天津电视台足球节目解说嘉宾。离任教练员岗位后，王军更是有了充裕的时间发挥他的特长，同时在重庆卫视、腾讯体育等处担任解说，开辟了另一片足球天地。他担任嘉宾时思路清晰、反应敏捷、口齿清楚、有条有理、颇具专业、独到的分析、评述得到电视观众的认可，是目前一位的优秀解说嘉宾。

王军长期带领青年队，而且男女足多有经历，对于青训方面的问题深有体会。他认为，国内青训跟国外相比差距很大，最重要的是足球文化的薄弱。足球文化的确立与进一步弘扬，与人的受教育程度、社会文明进步程度息息相关，因此足球文化建设是足球运动普及的当务之急。国内的青训包括两个部分：一个是校园足球，应当充分发挥它的普及、增加足球人口的功能；而俱乐部、足协的青训则要着重走精英路线，承载着培养职业足球运动员的功能，两者互相配合，缺一不可。王军依据个人的从教经历，认为青训应注重三个技术层面：一是把训练对抗性与比赛相结合，作为提高与突破的重点；二是强调技术，狠抓技能；三是在教练员方面，教练员们学习各国训练方法很多，但是要根据执教队伍的等级、比赛任务的周期、队伍水平等因素，来考虑选用适当的方案，而不能千篇一律。

王军希望年轻一代担负起传承天津足球的责任，希望在历史长河中，无论过去的运动员还是接下来新的一代运动员，都能为天津足球的发展贡献自己的力量。

2017年王军在意大利都灵俱乐部学习期间与都灵俱乐部主教练米哈伊洛维奇（右）交流

迟荣亮——踢球执教常闪亮

迟荣亮

如果您是天津球迷，让您说出天津足球最近20年涌现的名角儿，脱口而出的肯定是于根伟、张效瑞、孙建军、迟荣亮、曹阳等。这其中迟荣亮是特殊的一个，在泰达队效力13年，如今依然以教练员的身份执教泰达队。

关于教练员和球员哪个压力大

那天是泰达队在中超比赛中2∶1力克广州富力队的翌日，迟荣亮面对"当教练和踢球哪个压力大"这个问题时，思索片刻说："我觉得压力都挺大，还是教练压力更大一些吧。助理教练好一些，就是按照主教练部署的东西去做。队员的压力是这场比赛我踢得好或者不好，我只要把比赛踢好就可以了。而教练的责任是怎么把队员的状态调整到最好，相对而言教练员压力更大一些，他的工作还包括与俱乐部沟通、与队员沟通、与媒体沟通，这些事教练都需要做好。球队成绩好坏与教练、团队的命运，成绩好球迷就能够支持你，成绩不好有可能遭遇下课危机。"由于主帅施蒂利克被停赛，助理教练"老亮"代理主教练指挥与富力队的比赛，赢得可贵的胜利之后，他的压力自然会大大减轻。

关于进入天津队的往事

迟荣亮1978年出生在天津市河东区，家里没有人从事体育行业，因为小时候特别皮，父亲就把他送去踢球。"我接触足球时8岁，就去河东体育场练球，那时候我认为河东体育场是很神圣的，有很多足球明星前辈都出自那里。"迟荣亮说。迟荣亮之后的足球道路比较顺利，1994年他从市体校进入齐玉波指导带的天津少年队，1996年又进入陈金刚指导带的天津青年队，1997年进入天津队，即立飞三星队。那一年，天津两个队遭遇"双降"，而正是因为迟荣亮和刘晨的违规出场，立飞三星队被判罚分，导致球队最终无奈降级。因为当时还小，迟荣亮对于球队降级并没有太刻骨的感受，但他知道一定要

帮助天津队重新回到甲A行列。

关于"国字号"经历和霍顿

迟荣亮在天津队表现突出，在全国同年龄段球员中也是出类拔萃，因此从小就入选唐鹏举教练率领的国青队，后来又顺理成章地进入霍顿的国奥队。如今回想起来，那届由超龄球员、健力宝核心球员与国内优秀球员组成的国奥队，依然是过往多年中实力最强、最有特点的队伍。当时天津队入围的除了迟荣亮还有张效瑞。"我记得国奥队分两批，有去巴西的，有去德国的，我是去德国的那批。霍顿是一名很严谨的教练，我对他印象最深的就是他的纪律性很强。"那届国奥队的最好成绩是1998年泰国曼谷亚运会季军，可惜后来由于腿部受伤，需要手术治疗的迟荣亮无奈地离开国奥队。

关于同屋好友张效瑞

无论在国奥队还是天津队，迟荣亮与张效瑞都是同屋密友，俩人的关系好到几乎无话不谈的程度。回忆那段青春岁月，迟荣亮依然充满幸福感："效瑞当时在全国同龄球员里技术是最好的，没有之一，后来也是因为伤病错过了很多机会。那时候我们俩在一个屋，没事儿总是打打闹闹的，十分美好，是值得珍藏的记忆。"如今迟荣亮身在泰达，张效瑞则是权健俱乐部副总，不过两人还是会经常见面或通电话，"我有时候会去看预备队比赛，效瑞现在也是权健预备队主教练，比赛时碰上会聊会儿天，无论在哪里，感情还是很深的"。

关于印象最深的教练

在泰达队效力13年，迟荣亮经历过诸多主教练、教练，但给他真正留下深刻印象的只有一个人。"左树声左指、陈金刚陈指、蔺新江蔺指、金志扬金指、戚务生戚指、刘春明刘指，还有包括马特拉齐、内尔松这些外教都带过我们，"说到印象深刻的教练迟荣亮毫不掩饰，"我对金志扬金指的印象比较深，他对球队的激励令人血脉偾张，对我们的要求也特别严格、细致，非常好的一位老教练。"

关于外援的榜样作用

说到印象最深的外援，迟荣亮仿佛被拉回到十几年前，他快速地

工作中的"亮指"

翻阅着脑海中的记忆："我记得内尔松时期有一位古斯塔博,后来还有一位托马西,我接触的这么多外援中他们俩是最优秀的。尤其是托马西,他对自己纪律要求、生活要求严格,随处体现的都是真正的职业素养。我有幸和他在一起踢了一年球,无论对我们老队员还是年轻球员,托马西都是非常好的榜样。"

关于最难忘的一场比赛

在球员时代早期迟荣亮身穿泰达队10号球衣,后来改穿7号,直到退役。在赛场上他永远是不惜体力地奔跑,向前进攻欲望极强,同时有着一脚精准传球,又是射门的攻击手。后来于根伟、王军、卢欣等老队员相继退役,迟荣亮一度戴上了队长袖标。让他印象最深刻的一场比赛是他身为队长出战的一场亚冠赛事。"2009赛季,我们做客挑战澳超中央海岸水手队,其实我们已经出线无望,所以都是替补的天津本土球员上场,但所有人都拼尽了全力,最终在客场1∶0击败了对手。赛后好几名队员都尿血,我觉得那时候的那股劲儿、凝聚力、战斗力,体现了我们天津球员的一种精神。"

关于因伤退役和遗憾

征战职业联赛多年,让迟荣亮积下了不少伤病。除了在国奥队的那次腿伤,还有后来连年征战造成的腰伤,而2009年那次京津德比伤得最严重。"记得是在工体客场,比赛开始刚10秒,泰达队转会国安的老外援马季奇一脚射门,我上去封堵,结果大腿内侧副韧带断了两根。"本来俱乐部领导还想让迟荣亮养好伤再踢一年,但他自己感觉恢复比较困难了,最终还是决定退役。"为泰达队效力了13年,有遗憾,更多的是满足感。要说遗憾,就是没能帮助天津拿到一次冠军。"

关于离开泰达又回归泰达

退役之初,迟荣亮并没有想继续从事足球事业,而是出去闯了几年。"不过自己始终感觉还是对足球割舍不下,在家人的支持下,也是考虑为足球付出了这么多年,在感情上还是想回归足球,毕竟足球能带给我很多乐趣,于是我决定参加教练员培训班。"

刚开始转型做教练,迟荣亮加盟了被权健集团收购的天津松江俱乐部。2016年泰达俱乐部调整重组,高应钦成为总经理,王鹏成为总经理助理,他们想到了迟荣亮。当时权健集团束总也给了迟荣亮很多支持和帮助,希望他留下来,但毕竟在泰达服役有着一种自始至终的情结,最终迟荣亮选择了回归泰达。"无论身在何处,我都会关注泰达,我已经将自己看作泰达的一分子,我会付出最大的努力,为泰达

做出贡献。"

关于泰达队的脱胎换骨

迟荣亮刚回到泰达时，球队成绩起伏较大，连续多年身处保级状态。进入2018赛季，球队有了可喜的改变，开局成绩是近年来最好的。迟荣亮对此感到欣慰："我感觉从俱乐部老总到主教练、队员，焕发的精神都和以前不一样，包括去年施蒂利克在球队最困难的时候来到球队执教，他展现出了自己的水平和魅力。有了这种凝聚力和团结向上的奋发精神，球队才能脱胎换骨。现在我们每一个人都在自我要求，努力拼争，才有了场上的精气神和好成绩。"

"亮指"的场下风采

关于四十不惑和心中目标

今年迟荣亮刚满40岁，当年踢球时无论队友还是球迷都爱称呼他"老亮"，现在大家更喜欢叫他"亮指"，年纪大了但称呼却显得更年轻了。四十不惑，迟荣亮在自己的母队做着喜欢的事情，始终没有离开足球、离开泰达。谈到未来的规划，仍是少帅的迟荣亮目光坚定，语气铿锵："从个人来说做好自己的本职工作，希望泰达队成绩在稳定的基础上一步一步往上走，而不是总在为保级而战。我想不仅是我，还是泰达，都要保持上升的趋势，努力实现心中的目标。"

杨君——力闯南北　名归故里

少年时代的杨君

2018年俄罗斯世界杯，世界足球爱好者四年一度的盛会再度来临。从最初电台广播、黑白电视机里的世界杯，到如今高清电视、网络、手机上的世界杯，中国球迷的看球史，就是一部带有浓重时代烙印的足球运动发展史和社会变迁实录。

而对于前国门杨君来说，曾经多次看过世界杯，这个少年的足球梦想，陪伴了他枝繁叶茂的职业生涯——17岁进入国少队，18岁第一次打国际比赛一战成名，21岁成为一线队主力，30岁助球队获得中超冠军，33岁向守门员教练员转型。翻看杨君的履历表，20多年的足球生涯，他的每一步都走得扎实稳健。在他光鲜的履历表背后，有着与他人相近又不完全相同的足球故事，他练的是守门员。

"我小时候身体不好，经常感冒发烧去医院，那时我爸就对我妈说，让这小子去踢球吧！"本着强身健体的目的，7岁的杨君意外地走进了足球场。在天津的体校练球，杨君一开始并非是守门员，扑球太苦了，队里的两个守门员踢了一年便离去了，教练见杨君又瘦又高，就挑他去守门。20多年前的足球场都是土地，还掺杂着石头子儿。练发球，杨君两个月就踢坏一双鞋。最苦的是练扑球，双胯都摔破了，伤口结痂，转天训练还得扑，几个月都好不了，累得睡觉死死的，转天早晨起来，胯骨结痂的地方和床单都粘在一起，撕下来一片血污。受过的苦，杨君不再回忆。他说，静下心来想想，人生也犹如踢球的过程——创造机会、寻找机会、抓住机会。"运球时观察是在创造机会，察看对方的破绽是在寻找机会，遇到有利情况，起脚射门是在抓住机会。足球是一门哲学，以此品味人生，让人受益匪浅。"

1986年，6岁的杨君第一次在电视机前看世界杯比赛。在他的记忆中，天津人都爱看球。那个夏天，他爸爸几乎没怎么出过门，家里的电视上永远都是球赛转播的画面。那时年龄虽小，世界杯带给他的震撼却是忘不掉的，马拉多纳、济科、苏格拉底好像一下子闯入他的生活。原来足球是这样令人疯狂，原来男人也可以留那么长的头发，在杨君幼小的心中，世界杯为他打开了一扇窗，完成了最初的足球启

杨君为天津权健队镇守球门

蒙。多年之后，他特意在网上翻看1986年墨西哥世界杯的集锦，重温马拉多纳的"上帝之手"。"不得不说，那真是一届充满了传奇色彩的世界杯赛，马拉多纳和他的阿根廷队主宰了一切，连过6人的世纪进球已经载入史册。任何人都超越不了他，他是足球场上的神！"

谁能想到，这个生性腼腆的天津男孩日后走上了职业球员之路，并且一路超越他人，进入国家队，成为一号国门。虽然训练任务繁重、比赛不断，杨君观赏世界杯的兴致丝毫不减。"1990年意大利世界杯，现在我手机里还存着主题曲《意大利之夏》。1994年的美国世界杯，巴乔泪洒球场，他那凄凉落寞的背影和忧郁的眼神，成为世界杯历史上永恒的经典。2002年韩日世界杯，中国男足首次登上了世界杯大舞台，那一刻的激动心情无法用语言形容。"杨君忆道。世界杯是舞台，也是战场。32支球队、700多名球员为了"大力神杯"的至高荣誉，奔跑、拼杀、射门。一代代球星在这里诞生——马拉多纳、罗纳尔多、贝克汉姆……一代代英雄也在这里谢幕——巴乔、齐达内……杨君说，每届世界杯都有黄金一代的崛起，也有老牌王朝的迟暮低落，"这就是足球运动的残酷吧，有高峰就有低谷，谁也难逃告别的时刻"。

身为职业球员，杨君虽然没有出现在世界杯的赛场上，但与国际一流球星的几次"过招"也是可圈可点。2002年的法国土伦杯赛，杨君所在的中国国奥队与巴西国奥队相遇，他与当时被誉为罗纳尔多接班人的阿德里亚诺同场竞技。那场比赛杨君发挥神勇，挡住了巴西队多次大力射门。他说："我记得阿德里亚诺在小禁区一脚射门，球正好闷到我的胸口被挡了回去，我挺有成就感的。"2004年卡塔尔邀请赛，作为国青队守门员，杨君在赛场上再次遇到了巴西队，卡

杨军助力广州恒大队获得2013年亚冠冠军

卡、罗纳尔迪尼奥都出现在首发阵容中，罗纳尔迪尼奥获得了几个任意球的机会。那场比赛国青队发挥一般，令杨君看到与巴西队之间的差距。2011年，杨君随广州恒大队与皇家马德里队进行了一场商业比赛，见到了C罗的风采。"他们不愧是国际一流球星，脚法、技术，包括人格魅力都值得我们学习。"在国际比赛中与强军对阵，杨君总有心得收获，促使他努力奋争。

杨君在恒大队中感受到了残酷的竞争，他在竞争中不甘落后，始终奋发自强。在恒大队效力，冠军荣誉有了，亚俱杯也参加了，杨君说他一度想过退役，但为了今后的发展决定再拼几年，为自己的教练生涯做好铺垫。

1997年他加盟天津火车头队，之后效力青岛中能、北京国安、长春亚泰、天津泰达、广州恒大、天津权健等多家足球俱乐部。从球员到教练兼球员，从中甲赛场到中超赛场，再到亚冠赛场，前国门杨君积累了足够多的经验。在中国足坛转了一圈的杨君，带着自己收获的经验回归家乡天津。"球员的职业生涯是短暂的，重要的是先把人做好，这才是一个球员的立足之本。运动员的运动生涯是有限的，回天津当教练，把自己的经验传给年轻人，这才是我最理想的归宿。"

生活中的杨君是个幸福的超级奶爸，只要在家休息，他都抢着带两个儿子。杨君说："我儿子一岁半时，身高都超过1米了。离家在外飘着，对家庭付出太少了。说实话，带孩子比踢球累，喂饭、哄睡觉，一天下来，身子骨儿快散架了。"会让儿子子承父业踢球吗？杨君笑着说："一切听凭天意。"

杨君与恒大队的守门员教练兰普拉

曲波——追风少年逞绿茵

提起"追风少年",中国球迷首先想到的就是曲波。他出自被誉为"中国阿贾克斯"的火车头青训,阿根廷世青赛上演一球成名,21岁代表"国足"圆梦韩日世界杯,将足球生涯最美好的时光奉献给青岛,35岁落叶归根加盟天津泰达,如今成为新一代中国足球青训工作者。

曲波

少小离家 加盟"海牛"

曲波四五岁时开始接触足球,父亲喜欢体育,喜欢足球,买了一个小足球天天陪他踢。"进入火车头是一个机缘。当时火车头青年队教练王广泰有组建少年队的想法,于是我通过我的教练贾指导联系去参加了试训。地点是北宁公园,我就去跑了跑、踢了踢,之后王广泰教练告诉我可以来队训练了。"

如今谈起曲波,王广泰说那是他最得意的弟子之一,是德艺双馨的球员代表、天津足球圈的标志性人物。不过在曲波看来这话有些过奖了:"我在球场上和球场下性格截然不同。球场下我很喜欢安静,不太喜欢社交;球场上我是好胜心很强的人,所有比赛就一个目的,赢得比赛、取得进球。"因为渴望踢球,曲波少小离家前往青岛发展。那时打完城运会,青岛海牛队主教练汤乐普指导看上了曲波和他的4个火车头队队友,然后带着海牛队老总来天津谈转会,5个人就这样一起加盟"海牛"。

"追风少年" 一球成名

2001年阿根廷世青赛,曲波上演一球成名佳作,当时没想到扳平阿根廷队的那粒进球给他带来了深远的影响。曲波回忆道:"我们三场小组赛顺利晋级,淘汰赛面对东道主阿根廷,当时国青队主教练是沈祥福。比赛前一天他特意找到我,和我说这场比赛不首发。因为阿根廷实力很强,又是东道主,上半场让防守能力强的队员进行对抗和拼抢,下半场等对方体力下降的时候让我上场,争取进球。我下半场上去,没想到第一次触球就取得进球,现在想起来真是相当幸福。"

"追风少年"曲波

因为那粒进球，曲波的名字开始被中国球迷所熟知。同样是因为那粒进球，"追风少年"的绰号不胫而走："从那时开始球迷就给我起了个'追风少年'的绰号，其实对我来讲没有在意是什么追风少年，我更多关注怎么样把自己的球踢好。绰号的由来就是因为我速度快，那个时候喜欢看欧文的比赛，欧文在利物浦的时候就被球迷称为'追风少年'，我得这个绰号有些担当不起。"

曲波有谦虚之心，然而他百米最快速度达到11秒2；从2000年开始参加职业联赛，当年即在中国足协评选活动中获最佳新人奖；在308场顶级赛事中打入78个球，其中2009年以12个进球，被评为（本土球员）最佳射手。曲波理应受到人们的褒奖。

踏入国足　尊崇米卢

一球成名之后，曲波的足球事业顺风顺水，很快成为青岛海牛队的主力前锋，在21岁时便成为国足出征世界杯的一员。踢世界杯给他留下了非常美好的回忆，给他的足球生涯增添了荣誉。"进入世界杯的那段时间，我是以很平常的心去面对的，因为年岁还小，没有经历过中国足球的很多挫折。1997年我看过前辈在金州的失败，四年后我们进入世界杯，我没有很兴奋，当然也有小激动。"曲波说。

不过提到米卢教练，曲波对他充满了认同和尊敬："米卢教练带领中国队冲击世界杯，给我感觉，他给中国足球带来了快乐。大家知道中国足球历史上有太多太多遗憾，可能也是由于受到各方关注，中国球员背负了太多的压力和包袱。米卢来了之后没有给我们任何压力，训练、比赛中他只告诉我们：'你们是职业球员，只要把训练练好，把比赛踢好就可以。'我们那届国足无论训练和比赛都用平常心对待，米卢给我们这批球员留下了深刻印象。"

在技战术方面米卢教练教授得十分细致，包括比赛中的定位球、攻防转换的衔接等，在他的要求下大家做得都很出色。再加上那届"国足"中的每一个人都有相当的实力，各方面工作准备非常充分，曲波认为冲击世界杯成功也是水到渠成。

落叶归根了却夙愿

　　然而人生并不会总是一帆风顺。世界杯归来，等待曲波的却是让他始料未及的伤病困扰和各种是非，用曲波的话说，那几年过得挺煎熬。在一年半的时间里，他经历了两次脚骨折，去英国踢球半途而废，然后又患了甲亢疾病。好在他挺了过来，在足球道路上还是完成了自己的目标和梦想。他帮助"海牛"夺得了足协杯冠军，又在贵州人和夺得了足协杯冠军。有过成功，也经历过挫折，曲波沉下心来反思自己和足球的关系："我一直在思考这个问题，其实足球只是我的一个职业，职业道路上我只需要把自己的状态做到最好就OK了。回顾之前的挫折，对我有了很多启发，也让我明白了很多人生的道理。"

曲波的赛场英姿

　　能回到家乡效力是曲波的又一心愿，2016年当落叶归根加盟泰达队的机会出现时，曲波没有半点犹豫。当曲波代表泰达队完成首秀后，他告诉采访记者自己紧张得要命："我和他们实话实说，加盟泰达心情非常紧张，毕竟自己是天津人，从小离开天津，在足球生涯最后阶段回到天津，我感受到了方方面面的压力。我当时35岁，不知道能否再为家乡父老和球迷做出应有的贡献，所以当时心情很复杂。"曲波说："虽然没能为泰达做更多的贡献，但落叶归根能够为泰达效力，也算是了却了一个夙愿，没有遗憾了。"

投身青训　　追风未来

退役后的曲波在青岛和天津都创办了"追风少年青少年足球俱乐部"，他同时还是国青队的教练组成员，忙得不亦乐乎。谈起"追风少年青少年足球俱乐部"，曲波说："早已经有了这方面的规划，因为每一个球员都会面临职业生涯的结束。我在32岁做手术之后，明显感觉自己的竞技状态大不如前，从那时候开始规划退役之后能干些什么事情。通过和几个朋友还有原来火车头的队友商量，决定投身办青训，通过我们的努力争取为国家培养一些优秀的青少年人才。"

至于国青队助理教练的身份，曲波认为更多的是一份责任："我现在是U17国足教练员，中国足协对我们这支队伍很重视，因为要代表国家冲击2024年奥运会。2001年龄段队伍是奥运会适龄年龄段，同时足协对我们打过世界杯退役的球员有一个很好的规划，通过协会平台给我们创造更多学习的空间，使我们尽快成长，能够在'国字号'平台上有担当。"

曲波在慕尼黑疗伤期间，与恩师王广泰相聚德国

因为平时工作特别忙，曲波只看晚上10点场俄罗斯世界杯比赛，即便如此他还是边看边思考中国足球未来的发展方向："通过观看世界杯，我有很深刻的感悟，即中国青少年要更加提高个人技术能力和战术素养，在这个阶段里我们的青少年还是有所欠缺。看了世界杯也给我们从事青少年工作的教练们一个思考，如何在青少年阶段教会孩子技能和本领，这是我们所要付出努力的。"

曹阳——带刀卫士　老而弥坚

1998年，17岁的曹阳是泰达青年队的一员。两年后，新千年的霞光升起，曹阳也迎来了属于自己的新世纪——2000年9月24日甲A联赛第25轮，天津泰达队赛场对阵深圳平安队，曹阳亮相顶级联赛完成处子秀。作为一名土生土长的天津球员，出生于红桥区的曹阳6岁开始接触足球，黑白相间的足球、翠绿茵茵的草坪贯穿了他的青春年华。如今他仍然驰骋中超赛场，时年已然37岁。

2004年年底，刘春明挂帅泰达队，曹阳则晋升为球队队长。这一年泰达队正处于新老交替的关键时期，刘春明教练的足球理念让很多天津球迷看到了希望，而从那时起，曹阳便渐渐成为天津足球的灵魂人物。身居最后一道防线，他有着冷静的头脑、开阔的视野、敏锐的

泰达队长曹阳的场上英姿

判断、优秀的技术，是队友心中可以信赖、依靠的后防核心。曹阳拥有1.85米的身高，时常冲刺前场助

曹阳的场上英姿

攻，尤其在角球和对方门前混战中，以出其不意的抢点头球敲开大门。他在18年的征战中攻入58球，在中超诸队的后卫中实属罕见。由此，他有了球迷称颂的美名——"带刀后卫"。

作为天津足坛的旗帜性人物，曹阳在"国字号"球队中也是不可或缺的大将。2002年世界杯后，中国男足重组，在巴林参加四国邀请赛，曹阳首次入选国家队。首次代表中国队参赛便受到重用，他在三场比赛中均首发打满90分钟，并在对巴林的最后一战中打进入队后的第一个球。2005年曹阳的职业生涯上升到顶峰，他不仅带队取得联赛第四名的好成绩，同时再次入选国家队，参加了东亚四强赛的两场比赛，球队也收获东亚四强赛冠军。2009年新一期国家队组建，主教练高洪波任命曹阳为"高一期"场上队长。

迅速成长的曹阳在中超赛场品尝到的不仅是欢笑和喜乐，还有苦涩和失望。泰达队的战绩很不稳定，他也一路跟随着球队的兴衰而起伏，曾有过迷茫，有那么一段时期，日子是真的难捱。

但关键的是，在艰难的时候，他从不动摇踟蹰，总是有信心卷土重来，用心地守护着这支球队。2011年，他作为队中老大哥，带领队友们奋勇击败一个个对手，终于夺得足协杯赛冠军，为天津带回了30年来的首座冠军奖杯。

2016年，经过一年沉寂，他凭借超人的毅力重回赛场。4月6日，中超联赛第5轮，天津泰达客场挑战辽宁宏运队，第70分钟，泰达队发出角球，外援迪亚涅倒钩踢空，替补上场的曹阳在混战中攻门得手，为球队扳平比分。这粒进球对曹阳来说也属不易，毕竟他已经35岁。

曹阳与队友们庆祝

这些年，泰达队的教练换了不少，俱乐部领导层也换了，甚至不少显赫的球员也离去了，曹阳始终在坚守，终老一支球队。在当今的足球世界中，终老于一家俱乐部的球员很少见，球员为了有更好的平台展示自己，谋求转会已经是再平常不过的事了。

曹阳的场上英姿

当人们对曹阳大加赞赏，并称颂他是泰达队中不可或缺的人物时，他说："我从来没有感觉自己是什么榜样、旗帜，我从来不这么认为。我能够走到今天，都是一步一步走过来的。我从2002年开始踢主力，十几年随着年龄的增长伤病逐渐多了，出场也少了，到2014年就彻底变成替补。之后状态不是特别好，然后又不给报名，被排除在18人名单之外，包括去年30人大名单中都没有我。随后的赛季我又回到队里，一点点争取到比赛的机会。所以说我感觉人走的每一步，都是通过自己的努力和奋斗换来的，不管处在什么样的环境和逆境当中，永远都不要放弃，这就是我。"曹阳用他对足球的忠诚，书写着不可复制的强劲后卫精彩篇章。

青涩、成长、厮守，曹阳在泰达队奋斗了近20个春秋，如今当他再次戴上队长袖标的时候，他又感受到了球队对他的信任

和期待。他深知必须全力担当，于是在比赛中担任了后腰位置。他以超强的毅力，在双方禁区间往返跑位，付出很大艰辛；他仍旧那样敬业，仍旧伺机抢射得分，仍旧是全队的榜样。

天津男人历来给人一种恋家的感觉，曹阳也不例外，俗话说一个男人的成功与背后拥有贤惠的女人密不可分。家庭给予的温暖与支持使得曹阳得以踏实、全心地投入热爱的事业。爱人和孩子也成为激励曹阳的最佳动力。因此曹阳十分珍惜和家人团聚的时刻。"我没有什么爱好，现在每天的主要任务就是让自己好好保持状态，如果一定要说个爱好，我喜欢宅在家里发呆，"曹阳解释说："我非常喜欢发呆，喜欢让自己放空，什么都不想什么都不做。家是心灵的港湾，安静待呆着最舒服。人是需要落地的，不能总是飘着。所以我觉得发呆、愣神是不错的爱好，有益身心。"面对挑战时，他的脸上写满了不服输、不妥协的坚毅；而在生活中，曹阳从容安静地享受着一切。

春去秋来，曹阳走过的路，是男人与足球割舍不断的路，在绿茵场追风逐雨，他义无反顾奋争到底。他还在驰骋赛场，他承担着天津足球承前启后的重任，他值得人们爱戴与尊重。为了泰达，为了天津，祝曹阳奋发努力，继续前行。

2005年赛季收官战后曹阳手捧"最快进步奖"奖杯

毛彪与刘春明教练的合影

机会。毛彪说："我如果想离开泰达的话，2009、2010年就可以走了，当时我踢的比赛比较多，每个赛季有5—7个进球。现在想想，如果出去的话，对自己的发展和待遇都会有很大帮助。但当时没有出去踢球，有自己的原因，也有家庭的原因。做出留在泰达的决定我也不后悔，毕竟泰达培养了我，我为它付出所有是应该的！"

毛彪的足球生涯，有浪漫，也有壮烈。他原本有棱有角，也曾委屈忍耐，经过岁月的打磨，吸收绿茵精华，沐浴风吹雨淋，已然逐渐成长为乐观、豁达、自信向上的毛彪。

回首往昔，毛彪坦言要感谢的人很多，如带他一路成长的刘春明指导、各个阶段的教练及陪伴他的家人。到了如今的年岁，毛彪自然会规划自己的未来。天津不乏像他一样曾在一线队效力多年的优秀球员，退役后已经在一线、二线等不同级别球队中执教，如刘学宇、迟荣亮、王军、侯桐等人，至少有二十多位。对于不离弃足球的选择，毛彪同样认同。

现在毛彪已经考取了教练证书，进一步强化学习现代足球基本理论、相关竞赛规则，掌握作为教练员应具备的技能。他渴望将自己化作球场上一缕温暖的光，他等待着那一天，照向中国足球的未来。

毛彪（右）与队友欢庆胜利

津门足坛双百颂

附录

令人深切怀念的过世前辈

陈治发	邵先凯	夏忠麒	陈　朴	曾雪麟	崔泰焕	陈山虎
张俊秀	金昌吉	刘荫培	袁道伦	胡凤山	任文根	邓雪昌
张尚云	万连城	穆乃龙	许嘉友	王克勤	张业福	霍同程
韩孝忠	王际树	李　抗	张大山	李贺来		

输送部队足球队代表人物名单

八一足球队：王新生　孙玉明　张永谦　刘东远　赵景荣　曹凯军　陈其昌　王金祥　张津森
唐铁林　裴恩才　李德安　傅立来　李津春　陈国仲　李世勇　张　力　宋金鑫
韩宝成　王　军

北京部队足球队：李宏伟　李连文　王美生　侯振国　崔光智　蔺新江　翟良田　张俊立　刘宏志
王玉林　闫培利　于洪林　宗山林　蔡吉祥　赵亚旺　陈胜利　徐树刚

南京部队足球队：孙玉仲　吕登岭　金英杰　乔宝林　于文伯　古洪增　刘国林　李英杰　吕学林
杨仲尧　贾凤池　徐世庆　王寿亭　赵继和　胥耀禄　袁国庆　赵春来　赵　凯

昆明部队足球队：赵维泗　李玉明　崔世杰　周凤有　蔺新勇　周世钰　刘克勤　李国延　李　刚
王家春

兰州部队足球队：张俊发　蔺新强　郝晓明　刘亚泉　赵宝林　宋贵森　张宝华　田树楷　张学培
刘大鸣　季中秀

沈阳部队足球队：张恩寿　李景泉　杨贻谋　冯雨生

广州部队足球队：张俊杰

空军部队足球队：孟广辉　陈富钧　储志文　樊靖文　王凤水

附：输送其他省市足球队代表人物名单

鲍巨岑　韩俊卿　储志远　张永谦　柯振亚
闫春芹　王　凯　李玉琪　黄长庚　黎国琪

天津队历届名单

年份	队 名	联赛级别	领 队	教 练	队 员				
1956	天津	甲级	闫学恭	夏忠麒 李朝贵	张业福 刘正民 宋茂隆 马金才 宋恩牧 王贵德 胡凤山	许嘉友 梁万有 赵富品 阚庆元 王福元	闫春芹 高树林 刘汝兴 李学浚 丁文智	孟令名 张尚云 王福成 刘志汉 丁 伟	刘家俊 赵光济 李克忠 张兰秋 贾 枢
1957	天津	甲级	王伯青	邵先凯	曾雪麟 严德俊 苏永舜 陈山虎 胡凤山	任文根 李元魁 陈少铭 金昌吉	李恒益 崔泰焕 袁道伦	邓雪昌 刘荫培 张水浩	王金丰 李学浚 孙元云
1958	天津	甲级	王伯青	邵先凯	曾雪麟 严德俊 苏永舜 陈山虎 胡凤山	任文根 李元魁 陈少铭 金昌吉	李恒益 崔泰焕 袁道伦	邓雪昌 刘荫培 张水浩	王金丰 李学浚 孙元云
1959	天津	甲级	王伯青	邵先凯	曾雪麟 李元魁 邓雪昌 苏永舜 崔泰焕 张亚男 霍同程	任文根 林贵荣 刘家俊 陈少铭 孙霞丰 孙元云（国家队） 胡凤山（国家队）	严德俊 杨彦祯 宋恩牧 李学浚	李恒益（国家队） 王金丰 崔光礼 袁道伦 张水浩（国家队）	张尚云 穆乃龙 陈山虎

年份	队名	联赛级别	领队	教练	队员
1960	天津	甲级	刘振山	曾雪麟	任文根　张业福 林贵荣　严德俊　邓雪昌　魏锦义　刘家俊 李恒益（国家队）张尚云　杨秉正　王金丰 陈少铭　崔泰焕　崔光礼　宋恩牧　王克勤 张心昌　孙霞丰　李学浚　陈山虎　张亚男 马宝林　袁道伦　胡凤山　霍同程
1961	天津	甲级	刘振山 李绍义	曾雪麟	任文根　张业福 林贵荣　严德俊　魏锦义　李恒益（国家队） 宋恩牧（国家队）邓雪昌　刘家俊　王金丰 张尚云　杨秉正　陈少铭　崔泰焕　陈贵均 崔光礼　王克勤　孙霞丰（国家队）张心昌 李学浚　陈山虎　马宝林　张亚男　袁道伦 胡凤山　霍同程
1962	天津	甲级	李绍义	曾雪麟	任文根　张业福 林贵荣　严德俊　魏锦义　宋恩牧（国家队） 刘家俊　邓雪昌　张尚云　杨秉正　王金丰 陈少铭　崔泰焕　陈贵均　崔光礼　王克勤 张心昌　袁道伦　李学浚　马宝林　陈山虎 张亚男　孙霞丰（国家队）胡凤山　霍同程
1963	天津	甲级	李绍义	曾雪麟	任文根　张业福（国家队）张大樵 李　抗　林贵荣　严德俊　刘正民　邓雪昌 魏锦义　宋恩牧（国家队）刘家俊　杨秉正 张尚云　王金丰　陈少铭　崔泰焕　陈贵均 王克勤　崔光礼　张心昌　念文汉　李家舫 马宝林　陈山虎　李学浚（国家队）张亚男 孙霞丰（国家队）胡凤山　袁道伦　霍同程

年份	队 名	联赛级别	领 队	教 练	队 员
1964	天津	甲级	李绍义	曾雪麟	张业福（国家队） 韩孝忠 王美生 林贵荣 刘正民 李 抗 高复祥 严德俊 邓雪昌 刘家俊 魏锦义 宋恩牧（国家队） 张尚云 杨秉正 陈少铭 崔光礼 李长俭 陈贵均 王克勤 张心昌 李家舫 张亚男 马宝林 孙霞丰（国家队） 李学浚（国家队） 沈福儒 霍同程 史召环
	河北	甲级	李汝衡	陈 朴 陈治发 崔泰焕	田桂义 张大樵 李 抗 朱玉田 刘景发 杨彦祯 刘国栋 王杭勤 吴洪忠 陈少铭 金光荣 蔺新江 薛恩洪 王克勤 念文汉 王建华 李家舫 王迺贵 刘作云 商家贵 万连城
1965	天津	甲级	李汝衡	曾雪麟 陈 朴 李朝贵	张业福（国家队） 韩孝忠 王美生 王伶学 李 抗 林贵荣 邓雪昌 宋恩牧（国家队） 李季英 魏锦义 杨秉正 王杭勤（国家队） 李长俭 陈少铭 陈贵均 王克勤 薛恩洪 崔光礼（国家队） 高复祥 李家舫（国家队） 张心昌 马宝林 孙霞丰（国家队） 韩 武 李学浚（国家队） 沈福儒（国家队） 霍同程 张亚男 史召环
	河北	甲级	袁振铎	陈 朴 崔泰焕	田桂义 王美生 王伶学 李文义 张大樵 张来阳 李 抗 王杭勤（国家队） 李季英 朱玉田 李振洲 杨彦祯 刘家俊 刘国栋 周宝刚 吴洪忠 李玉明 杨思桓 陈少铭 金光荣 韩宗强 蔺新江 薛恩洪 王克勤 吴宗仁 念文汉 王伯远 王建华 李世光 李家舫（国家队） 马宝林 李树农 刘作云 商家贵 史召环 万连城

年份	队名	联赛级别	领队	教练	队员
1966	天津	甲级	曾雪麟	曾雪麟	张业福　贺洪山　韩孝忠 李抗　王杭勤（国家队）林贵荣　李绍奎 宋恩牧　杨秉正　魏锦义　王际树　杨士杰 王克勤　李长俭　陈贵均　崔光礼（国家队） 周凤有　张心昌　孙国英　孙霞丰　王迺贵 冯建忠　李学浚　李家舫（国家队）张亚男 韩武　鲍玉才　刘俊鸿　霍同程　范家宸 沈福儒（国家队）
	河北	甲级	李恒益	李元魁	王伶学　王美生　田桂义 张来阳　周宝刚　朱玉田　李季英　李振洲 杨彦祯　杨思桓　李玉明　金光荣　韩宗强 蔺新江　薛恩洪　吴宗仁　念文汉　王伯远 李世光　王建华　马宝林　刘作云　李树农 李家舫（国家队）万连城　史召环
1967	天津	甲级	李汝衡 李绍义	曾雪麟	张业福　贺洪山　韩孝忠 李抗　王杭勤（国家队）林贵荣　杨秉正 宋恩牧　魏锦义　杨士杰　王际树　王克勤 李少奎　李长俭　陈贵均　崔光礼（国家队） 周凤有　张心昌　李家舫（国家队）王迺贵 冯建忠　孙国英　孙霞丰　李学浚　鲍玉才 张亚男　韩武　霍同程　沈福儒（国家队） 范家宸
	河北	甲级	李恒益	李元魁	王伶学　王美生　田桂义 张来阳　周宝刚　朱玉田　李季英　李振洲 杨彦祯　杨思桓　李玉明　金光荣　韩宗强 蔺新江　薛恩洪　吴宗仁　王伯远　王建华 李家舫（国家队）念文汉　李世光　马宝林 刘作云　李树农　万连城　史召环

384

年份	队 名	联赛级别	领 队	教 练	队 员
1968	天津	甲级	李汝衡 李绍义	曾雪麟	张业福　贺洪山　韩孝忠 李　抗　王杭勤（国家队）林贵荣　杨秉正 宋恩牧　魏锦义　杨士杰　王际树　王克勤 李少奎　李长俭　陈贵均　周凤有　鲍玉才 崔光礼（国家队）张心昌　李家舫（国家队） 王逎贵　冯建忠　孙国英　孙霞丰　李学浚 张亚男　韩　武　霍同程　沈福儒（国家队） 范家宸
	河北	甲级	李恒益	李元魁	王伶学　王美生　田桂义 朱玉田　李玉明　李季英　李振洲　杨思桓 杨彦祯　张来阳　周宝刚　金光荣　韩宗强 蔺新江　薛恩洪　万连城　马宝林　王伯远 李家舫（国家队）吴宗仁　念文汉
1969	天津（上半年）	甲级	李汝衡 李绍义	曾雪麟	张业福　贺洪山　韩孝忠 李　抗　王杭勤（国家队）林贵荣　李少奎 魏锦义　宋恩牧　杨秉正　王际树　杨士杰 王克勤　李长俭　陈贵均　崔光礼（国家队） 周凤有　孙国英　李家舫（国家队）张心昌 王逎贵　冯建忠　孙霞丰　李学浚　张亚男 韩　武　霍同程　鲍玉才　沈福儒（国家队） 范家宸
	河北（上半年）	甲级	李恒益	李元魁	王伶学　王美生　田桂义 周宝刚　张来阳　朱玉田　李季英　李振洲 杨彦祯　李玉明　杨思桓　金光荣　韩宗强 蔺新江　薛恩洪　吴宗仁　念文汉　王伯远 李家舫（国家队）王建华　马宝林　刘作云 李世光　李树农　史召环　万连城
	天津（下半年合并）	甲级	李汝衡 李绍义	曾雪麟	王美生　韩孝忠 张来阳　林贵荣　李季英　李树农　杨秉正 宋恩牧　王际树　周宝刚　金光荣　韩宗强 蔺新江（国家队）薛恩洪　王伯远　王建华 冯建忠　刘作云　沈福儒（国家队）史召环

续表

年份	队 名	联赛级别	领 队	教 练	队 员
1970	天津	甲级	文进魁 陈少铭	李元魁 曾雪麟	王美生　韩孝忠 王杭勤（国家队）　张来阳　李季英　李树农 杨秉正　宋恩牧　林贵荣　周宝刚　王际树 金光荣　崔光礼　韩宗强　蔺新江（国家队） 薛恩洪　李家舫　王伯远　王建华　冯建忠 刘作云　史召环　沈福儒（国家队）
1971	天津	甲级	赵金海	曾雪麟 李元魁 李学浚	王美生　韩孝忠 王杭勤（国家队）　张来阳　李季英　李树农 杨秉正　林贵荣　周宝刚　王际树　金光荣 韩宗强　崔光礼　蔺新江（国家队）薛恩洪 李世光　李家舫　王伯远　王建华　冯建忠 刘作云　刘俊鸿　翟良田　沈福儒（国家队） 史召环
1972	天津	甲级	赵金海	曾雪麟 李元魁 孙霞丰	王美生　张业福（国家队）韩孝忠 张来阳　王仲仁　王杭勤（国家队）李树农 杨秉正　林贵荣　周宝刚　王际树　李洪平 左树起　李世光　金光荣　蔺新江（国家队） 韩宗强　薛恩洪　刘小牛　李家舫　冯建忠 刘作云　刘俊鸿　刘金山　沈福儒（国家队） 翟良田
1973	天津	甲级	李恒益	孙霞丰 李恒益	张业福（国家队）张俊亭　郭嘉儒　韩孝忠 张来阳　王杭勤（国家队）李树农　杨秉正 杨有智　王仲仁　李洪平　杨恩祥　周宝刚 刘瑞生　朱　龙　黄绍维　左树起　李世光 蔺新江（国家队）薛恩洪　梁广跃　程凤俊 刘小牛　王毓俭　韩九江　刘作云　刘俊鸿 刘金山　张贵来　翟良田（国家队）沈福儒（国家队）

年份	队名	联赛级别	领队	教练	队员			
1974	天津	甲级	李恒益	孙霞丰 沈福儒 李恒益	张业福（国家队）张俊亭 郭嘉儒 张来阳 李树农 杨秉正 杨有智 王仲仁 王杭勤（国家队）周宝刚 李洪平 杨恩祥 刘瑞生 左树起 李世光 蔺新江（国家队） 韩宗强 王毓俭 刘小牛 刘作云 刘俊鸿 刘金山 赵继和 翟良田 张贵来			
1975	天津	甲级	袁振铎	沈福儒 李恒益 （上半年） 朱玉田	王建英 李敦 张业福 郭嘉儒 张来阳 高海明 王广泰 王杭勤（国家队） 王仲仁 沈其泰 杨有智 张俊杰 周世钰 齐玉波 周宝刚 左树起 吴泽民 韩志强 谢伟 蔺新江（国家队）王毓俭 刘俊鸿 李和来 刘瑞生 陈胜利 刘金山（国家队） 赵继和 翟良田 王家春 张贵来			
1976	天津	甲级	陈少铭	沈福儒 朱玉田	王建英 郭嘉儒 高海明 冯天宝 王广泰 王仲仁 沈其泰 郑易 蔺新勇 刘金山 齐玉波 左树声 左树起 吴泽民 韩志强 谢伟 魏浦江 王毓俭 刘俊鸿 李和来 张利明 赵继和 张贵来 翟良田			
1977	天津	甲级	焦克训	李元魁 霍同程 张业福	王建英（国家队）郭嘉儒 高俊亭 冯天宝 张宝华 高海明 王广泰 刘金山（国家队）沈其泰 郑易 蔺新勇 齐玉波 左树声 吴泽民 张宝祥 韩志强 王毓俭 王群发 刘俊鸿 李和来 宋宝海 张利明 游贵江 张贵来			
1978	天津	甲级	焦克训	严德俊 霍同程 张业福	王建英（国家队）李纪鸣 郭嘉儒 王广泰 沈其泰 冯天宝 乔世彪 刘金山 张宝华 高俊亭 齐玉波 左树声 吴泽民 韩志强 王群发 王毓俭 刘俊鸿 宋宝海 张贵来			

年份	队名	联赛级别	领队	教练	队员
1986	天津海鸥	甲级	李元魁	严德俊 蔺新江 张业福	李纪鸣　施连志 山春季　刘毅　马继明　尹怡　刘金亮 刘学宇　吕洪祥（国家队）刘洪　左树声 宋铭合　段举（国家队）左树发　王凯 刘晓彤　陈金刚　宋连勇　张俊强　霍建廷
	东亚	甲级	沈福儒	沈福儒 宋恩牧 张大樵	刘金波　赵树明 赵子玉　张云良　张伟　杨勇　沈镇 钱金刚　刘学宇　叶伟　刘学义　刘洪 孙金波　李文柱　赵子强　沈洪全　王平 王兴华　王贵德　张维克　卢世利
1987	天津海鸥	甲级	李元魁	严德俊 蔺新江 张大樵	李纪鸣　施连志 山春季（国家队）张福良　马继明　尹怡 刘金亮　刘毅　张伟　刘学宇　左树声 吕洪祥　刘洪　孙金波　段举（国家队） 陈金刚　左树发　王兴华　王凯　沈奕 宋连勇　张俊强　霍建廷　徐树刚
	东亚	甲级	沈福儒	沈福儒 宋恩牧 张业福	刘金波　赵树明 张福良　刘兵　杨勇　沈镇　张铖 赵子玉　王春林　刘学宇　叶伟　李文柱 宋铭合　赵子强　沈洪全　王兴华　王俊 沈奕　王岩　张维克
1988	天津海鸥	甲级	沈福儒	沈福儒 蔺新江 张大樵	王毅　施连志　姜新元 山春季　张伟　尹怡　刘金亮　刘毅 杨勇　陈国仲　张福良　张俊强　左树声 刘洪　孙金波　李文柱　段举（国家队） 左树发　沈洪全　王兴华　王凯　沈奕 宋连勇　霍建廷（国家队）
	天荣	甲级	王寿亭	宋恩牧 沈其泰 张业福 陈金刚	刘金波　佟宝津　张凤梧 赵子玉　刘冰　沈镇　张铖　周晋民 刘学宇　万德刚　刘学义　何军　宋铭合 赵子强　辛旭　王岩　王俊　陈金刚 韩金铭　党杰　徐树刚

年份	队 名	联赛级别	领 队	教 练	队 员				
	天津港集	甲级	崔光礼	崔光礼 刘春明 郭嘉儒 张来阳	姜新元 韩 刚				
					杨 健	张向民	邵建新	马继明	韩永立
					韩 明	穆宇欣	田春生	乔志新	刘春明
					孙金波	张世杰	陈范军	韩 松	焦 彬
					张克江	陈 达	郑 权	高 辉	薛安源
1989	天津海鸥	甲级	王寿亭	沈福儒 张大樵	李 忠	施连志（国家队）			
					山春季	尹 怡	刘金亮	杨 勇	张 钺
					陈国仲	赵子玉	刘 洪	李文柱	宋铭合
					赵子强	段 举（国家队）		左树发	沈洪全
					王兴华	王 凯	党 杰	霍建廷	
	天荣	甲级	宋恩牧	宋恩牧 沈其泰 张业福 陈金刚（兼队员）	李纪鸣	张凤梧			
					张 伟	李绍山	刘 冰	李玉龙	高玉勇
					张福良	刘学义	何 军	姜荣昆	崔红宇
					辛 旭	李 岩	张世忠	陈金刚	魏 东
					高 卫				
1990	天津中环	甲级	王寿亭	沈福儒 张业福 张贵来	王 毅	施连志			
					山春季	李韶山	张 伟	王铁忠	尹 怡
					刘 冰	杨 勇	张 钺	陈国仲	赵子玉
					刘学义	刘 洪	李文柱	宋铭合	姜荣昆
					段 举（国家队）		左树发	辛 旭	王 凯
					霍建廷	沈洪全			
	天荣	甲级	宋恩牧	宋恩牧 沈其泰 陈金刚 李纪鸣 左树声	张凤梧	苏 凯			
					张福良	尹 怡	刘 毅	周晋民	高玉勇
					刘学宇	张俊强	万德刚	何 军	张 军
					韩金铭	崔红宇	高 卫	王 俊	魏 东
					孙照贤	宋连勇	张世忠	王 岩	
1991	天津中环	甲级	张大樵	张亚男 张贵来 陈金刚	施连志	王 毅			
					山春季	李绍山	王铁忠	高玉勇	刘 冰
					张 钺	周晋民	孙照贤	何 军	张 军
					段 举	韩金铭	王 岩	王 凯	王 俊
					沈 奕	宋连勇	霍建廷		

年份	队名	联赛级别	领队	教练	队员
2000	天津泰达	甲级	刘作云	金志扬 内尔松（乌拉圭） 刘俊鸿 商瑞华 施连志 吕军（兼）	轧亚 刘云飞 江津（国家队） 于光 古斯塔博（乌拉圭） 田玉来 冯建国 刘欣 高飞 马云岭 王军 卢欣 孙建军（国家队）迟荣亮 张效瑞（国家队） 陈立诚 于根伟（国家队）埃莫森（巴西） 邢剑 欧亨尼奥（智利）梁宇
2001	天津泰达	甲级	刘俊鸿	内尔松（乌拉圭） 刘俊鸿 施连志	刘云飞 江津（国家队）宗磊 石勇 田玉来 杨旭 陈波 高飞 埃里亚斯（乌拉圭）崔立志 曹阳 马云岭 王军 卢欣 卢彦 孙建军 迟荣亮 张效瑞（国家队）陈立诚 索萨（乌拉圭） 高峰 韩燕鸣 于根伟（国家队）马塞洛（乌拉圭） 卡斯蒂亚诺（乌拉圭）邢剑 阿尔杜利（阿根廷） 桑托斯（巴西）梁宇
2002	天津泰达	甲级	刘俊鸿	内尔松（乌拉圭） 刘俊鸿 施连志	刘云飞 江津（国家队）宗磊 赵燕明 王鹏 石勇 田玉来 达科斯塔（巴西） 邢剑 刘巍 杨旭 高飞 高玉勇 崔立志 曹阳 王军 孙建军 迟荣亮 张烁 韩燕鸣 塞萨罗（乌拉圭）卢欣 于根伟（国家队）卡斯蒂亚诺（乌拉圭） 卢彦 张效瑞 陈立诚 迭戈（乌拉圭） 高峰
2003	天津泰达	甲级	刘作云	马特拉奇（意大利） 奥蒂（意大利） 刘俊鸿 刘学宇 施连志	刘云飞（国家队）宗磊 赵燕明 丁祥瑞 于光 王军 王鹏 王磊 石勇 冯扬 达科斯塔（巴西）刘巍 孙戈 杨旭 何杨 高飞 高玉勇 魏仲虎 曹阳 马霄鹏 瓦里奇（塞黑） 内那德（未查到国籍）托夫丁（丹麦）孙建军 杨晓龙 迟荣亮 张烁 韩燕鸣 于根伟(国家队) 王曙光 马拉（罗马尼亚）毛彪 卢欣 卢彦 张效瑞 陈立诚 埃莫森（巴西） 蒿俊闵 萨姆博（匈牙利）

年份	队 名	联赛级别	领 队	教 练	队 员
2004	天津泰达	超级	刘作云	戚务生 刘春明 李华筠 王建英 刘学宇	田 旭 刘云飞（国家队）杨启鹏 赵燕明 丁祥瑞 于 光 王 霄 冯 扬 曲 东 刘 巍 何 杨 张恩华 周 森 曹 阳 魏仲虎 马拉（罗马尼亚）王 军 卢 彦 孙建军 迟荣亮 张效瑞 陈立诚 韩燕鸣 哈茨凯维奇（白俄罗斯） 于根伟（国家队）王曙光 毛 彪 卢 欣 田 野 加利（罗马尼亚） 杜尔桑（土耳其）张 烁（国家队）蒿俊闵 路易斯（阿根廷）
2005	天津泰达	超级	乔世彪	刘春明 刘学宇 王建英 托马斯 （塞黑）	田 旭 刘云飞（国家队）杨启鹏 赵燕明 丁祥瑞 于 光 王 磊 王 霄 卢 斌 冯 扬 刘 巍 李成华 吴 泽 何 杨 佐里奇（塞黑）张恩华 周 森 魏仲虎 曹 阳（国家队）王 军 卢 彦 许 斌 吴伟安 迟荣亮 范柏群 蒙古尼（南非） 韩燕鸣 于根伟（国家队）毛 彪 张树栋 张 烁（国家队）蒿俊闵
2006	泰达康师傅	超级	乔世彪	刘春明 刘学宇 王建英 托马斯 （塞黑）	田 旭 杨启鹏 欧 亚 赵燕明 丁祥瑞 王 磊 王 霄 冯 扬 刘 巍 李成华 吴 泽 何 杨 佐里奇（塞黑） 周 森 曹 阳（国家队）王 军 卢 彦 李本舰 李星灿 吴伟安（国家队） 迟荣亮 韩燕鸣 奥里欧（巴西）蒿俊闵 于根伟 毛 彪 亨利（尼日利亚） 张 烁 姜 晨 本内特（尼日利亚）

年份	队名	联赛级别	领队	教练	队员
2007	泰达康师傅	超级	韩志强	雅拉宾斯基（捷克）安德烈（巴西）王建英 于根伟 王俊	杨启鹏 杨君 赵燕明 王霄 白毅 拉杜（罗马尼亚）杜金勇 李成华 吴泽 何杨 聊博超 谭望嵩 曹阳（国家队）马季奇（克罗地亚） 田原 李星灿 吴伟安 何磊 迟荣亮 范柏群 韩燕鸣 毛彪 亨利（尼日利亚） 张旭 张烁 本内特（尼日利亚）姜晨 蒿俊闵
2008	天津泰达	超级	韩志强	雅拉宾斯基（捷克）左树声 于根伟 王俊 安德烈（巴西）王建英	杨启鹏 杨君 赵燕明 王霄（国家队）白毅 杜金勇 李成华 吴泽 何杨 拉杜（罗马尼亚）聊博超 曹阳 谭望嵩 马季奇（克罗地亚）田原 卢彦 李星灿 吴伟安 何磊 迟荣亮 范柏群 韩燕鸣 马磊磊 毛彪 达乌达（科特迪瓦） 冯扬 张旭 张烁 周森 蒿俊闵 路易斯（巴西）
2009	天津泰达	超级	韩志强	左树声 于根伟 王俊 王建英	杨启鹏 杨君 赵燕明 王霄 白毅 杜金勇 何杨（国家队） 吴泽 凯莱（法国）凯撒（罗马尼亚） 聂涛 聊博超 曹阳（国家队）谭望嵩 马磊磊 王新欣 托马西（意大利）吕伟 刘毅 李洪洋 吴伟安（国家队）迟荣亮 范志强 范柏群 韩燕鸣 穆瑞桐 胡人天 毛彪（国家队）古金金 布里科（澳大利亚） 卢彦 田原 张烁 塔吉耶夫（乌兹别克斯坦） 姜晨 路易斯（澳大利亚）蒿俊闵（国家队）

年份	队名	联赛级别	领队	教练	队员
2010	天津康师傅	超级	高松森	阿里汉（荷兰）德容（荷兰）刘学宇 王霄 王建英	刘　鹏　芦哲宇　杨启鹏　赵燕明 王　健　王　霄　白　磊　何　杨（国家队） 吴　泽　佐里奇（塞尔维亚）拉多尔夫（哥斯达黎加） 聂　涛　聊博超　曹　阳　崔仲凯　马磊磊 王新欣　白　光　李本舰　李星灿　吴伟安 范柏群　胡人天（国家队）于大宝（国家队） 毛　彪　田　原　伊姆耶拉耶（尼日利亚） 李　想　林　晨　法浩特（乌兹别克斯坦）　姜　晨
2011	天津泰达	超级	高松森 王霄	阿里汉（荷兰）刘学宇 王建英	田　旭　芦哲宇　杨启鹏　赵燕明 白岳峰　权　辑（韩国）刘　松　芦　洋 李玮锋　吴　泽　何　杨　佐里奇（塞尔维亚） 赵英杰　聂　涛　贾玉栋　聊博超　曹　阳 马磊磊　王新欣　白岳轩　许小龙　李本舰 李耀悦　吴伟安　张晓彬　陈　涛（国家队） 范柏群　林　晨　郑　毅　韩　财　韩燕鸣 胡人天　于大宝　毛　彪　卢西亚诺（阿根廷） 杜君鹏　李　磊　姜　晨　奥迪塔（尼日利亚）
2012	天津泰达	超级	高松森	库泽（塞尔维亚）吉马良斯（哥斯达黎加）刘学宇 符宾 王霄	田　旭　芦哲宇　杨启鹏　宋振渝　赵燕明 戈　扬（罗马尼亚）白岳峰　吕　伟　李玮锋 李洪洋　何　杨　聂　涛　聊博超　曹　阳 苏穆利科斯基（马其顿）马磊磊　王新欣　李本舰 苏萨克（澳大利亚）陈　涛（国家队）郑　津 胡人天　毛　彪　阿尔斯（荷兰）范志强 周　燎　姜　晨　索　杰（尼日利亚）　惠家康

续表

年份	队 名	联赛级别	领 队	教 练	队 员
2013	天津泰达	超级	高松森 王霄	吉马良斯（哥斯达黎加）刘学宇 符宾	芦哲宇　杨启鹏　宗磊 白岳峰　吕伟　李玮锋　李洪洋　杨泽翔 利马（巴西）　何杨　周其明　姜卫鹏 帕尔塔鲁（澳大利亚）聂涛　聊博超　蔡曦 曹阳　王一　王秋明　王冠伊　王新欣 王磊　古金金　杜震宇　李本舰　余学毅 郑津　郭皓　德尼尔森（巴西）　胡人天 瓦伦西亚（哥伦比亚）毛彪　约万西奇（塞尔维亚） 李志斌　范志强　周燎　惠家康
2014	天津泰达	超级	高松森	阿里汉（荷兰）王霄 陈金刚 符宾 刘学宇	杜佳　杨启鹏　宗磊 白岳峰　吕伟　李玮锋　利马（巴西） 李洪洋　何杨　阿里坎（黎巴嫩）　苑维玮 聂涛　郭皓　聊博超　曹阳　储今朝 王一　王冠伊　王新欣　古金金　杜震宇 李本舰　张午　周其明　周海滨　郑津 胡人天　瓦伦西亚（哥伦比亚）毛彪　周燎 巴雷（巴西）　塔瓦雷斯（巴西）　惠家康
2015	天津泰达	超级	高松森	阿里汉（荷兰）王霄 陈金刚 符宾 刘学宇	杜佳　杨启鹏　宗磊 卢卡斯（巴西）　白岳峰　李玮锋　李洪洋 杨泽翔　苑维玮　赵宏略　聂涛　郭皓 普拉利甘吉（伊朗）　聊博超　王一　王秋明 王新欣　李本舰　范柏群　周海滨　桑一非　胡人天 毛彪　巴尔克斯（阿根廷）吕伟　范志强 周燎　维尔玛（哥伦比亚）　塔瓦雷斯（巴西） 惠家康
2016	天津泰达	超级	刘学宇	帕切科（葡萄牙）纳塔尔（葡萄牙）法耶（塞内加尔）	杜佳　杨启鹏　宗磊 白岳峰　曲波　吕伟　约万诺维奇（澳大利亚） 杨泽翔　苑维玮　聂涛　郭毅　聊博超 曹阳　潘喜明　赞纳迪内（莫桑比克）王秋明 王新欣　瓦格纳（巴西）　李本舰　李源一 范柏群　周海滨　周通　赵宏略　赵英杰 高嘉润　郭皓　胡人天　毛彪　李志斌 迪亚涅（塞内加尔）　埃武纳（加蓬）　惠家康 蒙特罗（哥伦比亚）

年份	队 名	联赛级别	领 队	教 练	队 员
2017	天津泰达	超级	唐鹏举	施蒂利克（德国）迟荣亮 王毅	杜 佳 李 铮 杨启鹏 白岳峰 邱添一 周其明 聂 涛 高嘉润 聊博超 黄 闯 黄锡镐（韩国） 曹 阳 谭望嵩 潘喜明 王 栋 古德利（塞尔维亚） 王秋明 米克尔（尼日利亚） 买提江 周 通 赵宏略 赵英杰 郭 皓 郭 毅 杨立瑜 胡人天（国家队） 阿奇姆彭（加纳） 周 燎 迪亚涅（塞内加尔） 雷永驰 惠家康
	天津权健	超级	李玮锋	卡纳瓦罗（意大利）科塔格诺（巴西）加西亚（西班牙）罗加佐（意大利）	杨 君 张 津 张 鹭 权敬源（韩国） 刘奕鸣 刘 盛 杨善平 张 诚 晏紫豪 基蓝马（中国香港） 储金朝 糜昊伦 王永珀 王 杰 王晓龙 李星灿 张修维 赵旭日 黄 龙 维特塞尔（比利时） 郑达伦 苏缘杰 张 烁 帕 托（巴西） 格乌瓦尼奥（巴西） 摩拉斯（巴西） 孙 可（国家队）
2018	天津泰达	超级	唐鹏举	施蒂利克（德国）迟荣亮 卡洛斯（阿根廷）王毅 安东尼奥（西班牙）	丁博威 杜 佳 杨启鹏 滕尚坤 巴斯蒂安斯（德国）白岳峰 杨 帆 邱添一 周其明 高嘉润 聊博超 曹 阳 彭 睿 谭望嵩 买提江（国家队） 米克尔（尼日利亚） 赵宏略 赵英杰 郭 皓 刘耀鑫 孙 亚 杨万顺 张池明 李源一 毛昊禹 乔纳森（巴西） 阿奇姆彭（加纳）周 燎 谢维军 惠家康
	天津权健	超级	丁勇 李玮锋	索萨（葡萄牙）路易斯（西班牙）纳乔（西班牙）沈祥福	孙启斌 杨 君 张 津 张 鹭 文俊杰 权敬源（韩国） 刘弈鸣 张 诚 储今朝 裴 帅 糜昊伦 王永珀 王 杰 王晓龙 刘 逸 刘 越 吴 伟 吴 雷 宋博轩 张修维 张 烁 赵旭日 钱宇淼 黄 龙 维特塞尔（比利时） 郑达伦 苏缘杰 杨 旭 帕 托（巴西） 莫德斯特（法国） 晏紫豪 孙 可（国家队）

　　《津门足坛双百颂》即将于九月付梓成册，作为编撰团队的成员之一，我急不可耐地期待捧书展卷那一刻散发出的墨香，渴望捧读图文并茂、装帧精良的图册。此时此刻，情思盎然，心潮难平——感动、感慨、感奋！

　　《津门足坛双百颂》由徐明江先生策划于两年之前，遴选百名20世纪50年代至今的足坛人物，先是组成一支采访团队，然后从2017年秋季开始逐一进行访谈，并展示于视频，同时整理成文。时至今年夏暑，增删十数，三易文稿，在确准这部作品主旨、脉络乃至执笔过程中，尊重历史，辩证唯物，崇尚真实，力求准确，可谓用心而不遗余力。

　　徐明江是一位真正的足球人，四十多年前与左树声等人同在天津青年队训练、比赛，因右膝关节十字韧带断裂过早离队后，至今多年难舍足球情愫。他一手策划并亲自率领团队精心完成即将面世的《津门足坛双百颂》，足以了却他孜孜以求、不忘初心、深爱足球的最大心愿。他组织的这支采编团队，成员多是朝气蓬勃的年轻人，有新闻媒体专业记者，有热衷于足球的业余作者，更有他所在集团的普通工作人员。他们无不身心投入、务实勤奋，而不图名利。他们千方百计地他通过各种渠道，一一联络百名人物，直至海外，历经秋冬春夏，冒着严冬酷暑、风风雨雨，深入一门一户，现场录音、摄像、笔录。他们精心剪辑修整影像，编写解说文字，征集珍贵照片，经常辛劳至深夜，一年中几乎没有节假日。

　　采编团队所有成员不辞劳苦、兢兢业业的动力，缘于两个方面。在对百名人物的采访过程中，这些被"颂"者昔日投身足球事业的艰辛经历，忘我的拼搏精神，责任感荣誉感的担当，为天津和中国足球创造的业绩，无不深深感染和激励着团体成员；而百名受访者得知"双百颂"视频和书籍所展示的立意、追求之时，绝大多数人给予了肯定并赞赏，赞美之辞溢于言表。百名人物中有半数人年过六旬，更有老迈龙钟者，无不给予大力支持，热情接受访谈，热心提供资料和图片。令人难忘的是，罹患重病的严德俊教练已基本上失语，仍旧在医院病榻上接受访谈，一周后溘然逝去，留下了珍贵的影像。如今93岁高龄的李朝贵教练，两次与登门的团队成员畅谈阅历和感受，并亲自审读文稿。移居加拿大的孙霞丰宿将，为接受采访而专程回到天津。当得知本书即将面世时，孙霞丰通过越洋电话告知徐明江，这本书出版后他一定还要回到天津好好享受阅读。如此种种，我们的团队怎能不为

这些可亲可敬的足球人所感动感慨感奋！

在本书的编委中，有几位天津和中国足坛宿将，他们又是书中被"颂"的人物。他们的足球阅历丰富，有良好的文化水准，虽然年龄都超过七十，记忆力都很强，不仅参与本书的定位、观点的确立和章节的设置，更提供了鲜为人知的相关足球史实、史料，为作品的臻于完善尽心尽力，在此更值得一书的是年维泗老先生。这位中国足坛顶级元老，对天津这座城市有着至深的情感，当我们驱车前往京城他的寓所时，老人家说早已知晓出版《津门足坛双百颂》，兴奋地说道："你们天津又做了一件让人羡慕的好事，很让人感动，值得体育界赞赏！"于是，这位耄耋老人欣然应允，奋笔挥毫，为本书题写了书名，笔法自成一格的工整、敦厚、苍劲，极具力度，令本书大为增色。由天津市体育局、天津市足球协会聘请专家组成评审组，对《津门足坛双百颂》的编辑出版给予了充分的肯定，并予以赞赏。为此，我们十分感谢天津体育学院竞技体育学部书记、足球专项硕士生导师田志琦教授，天津体育学院足球专职副教授赵弓和李元魁、沈福儒等宿将的辛勤付出。还要感谢另一位田广武先生，他曾在市体委从事体育史料研究、编写工作，这次主动为我们提供了许多资料，在此对老先生送上谢意。

《津门足坛双百颂》的顺利完成，由衷地感谢天津人民出版社的鼎力扶助。在出版时间十分紧张的情势下，黄沛社长、王康副总编亲自出面与我们商谈相关事宜，并且做了细微可行的安排。两位年轻编辑在短短几个月中，每日精心审稿、校正，热心与我们交流，提出了许多好的建议。还有版式、封面的设计人员，他们都付出了巨大的辛劳。在此，再一次向大家表示感谢！

本书完成之时，我们也深感由于水平有限，加之年代久远而史料难免缺失，致使本书存在诸多不足。对此，我们恳请足球界人士和广大读者予以订正，不吝赐教。

白金贵
于二〇一八年戊戌三伏暑日

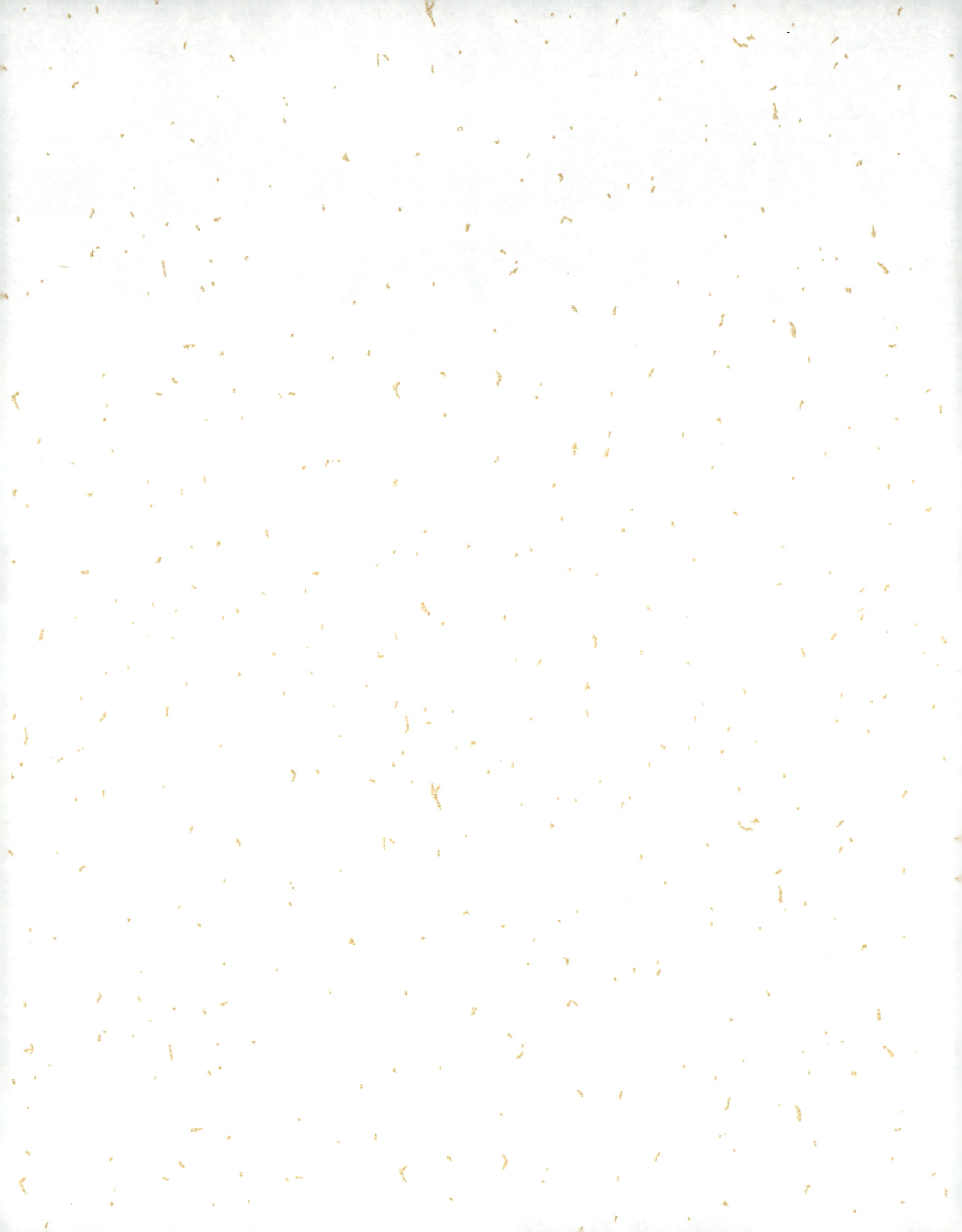